KB264716

방송저널리즘과 공정성 위기

이민웅 · 윤영철 · 최영재
윤태진 · 김경모 · 이준웅

지식산업사

방송저널리즘과 공정성 위기

초판 1쇄 발행 2006. 9. 5.
초판 2쇄 발행 2007. 7. 30.

지은이   이민웅 외
펴낸이   김경희
펴낸곳   (주)지식산업사
         서울시 종로구 통의동 35-18
         전화 (02)734-1978(대) 팩스 (02)720-7900
         인터넷 한글문패 지식산업사
         인터넷 영문문패 www.jisik.co.kr
         전자우편 jsp@jisik.co.kr
         등록번호 1-363
         등록날짜 1969. 5. 8.

책값은 뒤표지에 있습니다.

ⓒ 이민웅 외, 2006
ISBN 89-423-3067-3 03330

이 책은 관훈클럽신영연구기금의 도움을 받아 저술 출판되었다.

이 책을 읽고 지은이에게 문의하고자 하는 이는
지식산업사 전자우편으로 연락 바랍니다.

감사의 말씀

이 책은, 2004년 당시 뜨거운 쟁점이었던 대통령 탄핵 방송의 공정성 논란에 관한 보고서를 작성한 여섯 명의 학자들이, 지난 2년여 동안 방송의 공정성 문제에 관해 공동으로 연구한 결과를 엮은 것이다. 2004년에 발표한 〈대통령 탄핵 관련 TV 방송 보고서〉가 1차 보고서였다면, 이 책은 방송의 공정성 문제를 더욱 종합적이고 체계적이며, 심층적으로 분석한 2차 보고서라고 할 수 있다.

우리가 이 책을 기획했던 것은 2004년 탄핵 방송의 불공정성을 단순히 재확인하려는 것만 아니라, 공정성에 관한 이론적, 경험적, 정책적 이해의 수준을 한 단계 높이려는 생각을 가졌기 때문이다. 2004년 여름, 우리가 집필한 보고서가 극심한 찬·반 논란을 일으키는 것을 보고, 우리는 한국에서 공정한 방송의 진정한 의미를 제대로 이해하고 그 기준을 구체적으로 확립해야 할 필요성에 공감했다. 그래서 방송의 공정성을 본격적으로 논의하는 단행본을 출판하려는 생각을 굳혔다. 주변의 많은 동료학자들도 우리의 출판 계획에 대해 적극적으로 동조하면서 성원을 아끼지 않았다.

우선 당시 언론학회 회장이었던 박명진 교수와 언론학회 총무이사였던 윤석민 교수가 연구진에게 보여주었던 흔들림 없는 지지와, 조용하지만 끈기 있는 출판 권유에 감사드린다. 그리고 공정성 논란이 진행되는 동안 연구진에게 아낌없는 격려와 건설적인 논평을 보내주셨던 유재천 교수와 양승목 교수를 비롯한 여러 동료학자들에게 감사드린다. 대통령 탄핵 방송 보도 연구 기간 동안에도 그랬지만 그 뒤에도 수많은 전·현직 언론인들이 비판과 논쟁, 그리고 격려와 지지로 연구진에게 적지 않은 도움을 주었다. 우리의 주장에 동의하든 그렇지 않든 토론과 비판을 통해 연구진을 편달하

4

고 격려와 지지로써 연구진에게 힘이 되어준 전·현직 언론인들에게 감사를 표한다. 인터넷 매체 기사의 댓글로, 또는 토론방의 게시글로 연구진을 지지하고 격려해 주신 이름 모를 수많은 네티즌들에게도 감사를 드리고자 한다. 우리가 용기와 신념을 잃지 않고 연구에 매진할 수 있었던 것도 주변에 뜻을 같이하는 분들이 많이 있다는 확신이 있었기 때문일 것이다.

또한 2004년 대통령 탄핵 방송 내용분석을 위해 구슬땀을 흘려준 학생들의 공헌을 빠뜨릴 수 없다. 짧은 기간에 엄청난 양의 자료를 코딩하고 분석 결과를 정리한 고려대 조준형·서기원·박선형, 서울대 황유리·장현미, 연세대 박주연·김동윤·오소현·강혜주·홍정은 등 대학원생들의 헌신적인 노력에 각별한 고마움을 표한다.

끝으로 이 책을 출판할 수 있도록 연구비를 지원해준 관훈클럽신영연구기금에도 감사의 뜻을 전한다. 그리고 민감한 주제를 다룬 이 책의 출판을 선뜻 수락해주신 지식산업사의 김경희 사장님께 고마움을 전한다.

2006년 8월
이민웅·윤영철·최영재
윤태진·김경모·이준웅

차 례

4장 탄핵 방송 보도의 영상분석

5장 〈언론학회 보고서〉에 대한 텔레비전 보도 분석

6장 공정성 개념의 이해와 적용 : 공정성 평가의 기준

7장 한국 방송저널리즘의 현실

8장 'PD저널리즘'의 구조와 관행

9장 결론: 공정성에 관한 이론적 논의

• 표 차례 •

· 그림 차례 ·

1장
서론: 공정한 방송에 대한 염원을 담아

1. 책 출판의 배경

언론(저널리즘)으로서 방송이 갖추어야 할 가장 중요한 덕목 가운데 하나는 공정성이다. 어느 민주사회에서든 방송이 공정해야 한다는 규범은 당연히 추구해야 할 가치로 인식되어 왔다. 공정한 방송이라야 갈등적, 논쟁적 사안에 관한 다양한 정보와 의견을 제공하여 시청자들이 올바르게 판단할 수 있도록 한다는 점에서 공정한 방송은 건전한 공론장(public sphere)의 핵심 전제조건이다. 편파와 왜곡이 난무하여 건전한 공론장을 구축하지 못하는 사회에서는 건강한 민주주의를 기대할 수 없기 때문에, 방송의 공정성이 지니고 있는 정치적, 사회적 함의는 결코 작지 않다. 따라서 가장 보편적 매체인 지상파 방송의 일차 과제는 공정한 방송 보도의 구체적인 기준과 그 기준을 충족시키는 제도적 장치를 만들어내는 것이었다.

그러나 방송 공정성의 정의와 그 기준을 마련하는 일은 만만한 과제가 아니다. 방송이 공정해야 한다는 명제에는 누구나 동의하지만, 과연 무엇이 공정한 방송인가를 묻는다면 엇갈린 대답이 나오기 때문이다. 방송에 관해서 어떤 사상과 제도를 유지하는가에 따라 공정성의 의미가 달라질 뿐아니라, 비슷한 제도를 수용하고 있더라도 그 사회가 처한 역사적, 시대적 상황에 따라 공정성의 개념이 다르게 적용되어왔기 때문이다. 예컨대, 공정성의 개념은 자본주의 국가와 사회주의 국가에서 각각 다르게 정의되었으며, 자본주의 국가라고 하더라도 영국과 미국의 경우처럼 어떤 방송제도

14

— 공영방송 또는 상업방송 — 를 정착시켰는가에 따라 다른 방식으로 이해되었다. 하지만 사상과 제도가 다르더라도 방송의 공정성에 대한 시대적 요구가 있었으므로, 여러 방송선진국들은 나름대로 공정성을 구현하는 법적, 제도적, 윤리적 기반을 구축하려는 노력을 기울여왔다.

2004년에 벌어진 대통령 탄핵 방송은 한국에서 공정한 방송의 진정한 의미가 과연 무엇이며, 공정한 방송의 기준이 무엇인지를 고민하고 성찰해 볼 수 있는 좋은 기회를 제공했다. 지금까지 정치권력, 자본, 광고주, 압력단체 등 방송의 공정성을 해치는 요인들에 관한 연구는 있었지만, 정치적 또는 이념적 갈등 상황에서 방송의 공정성이 왜 필요하고 어떻게 구현되어야 하는지에 관한 본격적인 논의는 없었다. 2004년 대통령 탄핵 방송의 공정성 여부를 놓고 벌어진 논쟁은 한국 지상파 방송의 공정성 논의를 한 단계 높이고 공정성에 관한 구체적인 기준을 확립할 절호의 기회였다.

'대통령 탄핵 방송은 불공정했다'고 결론을 내린 2004년 언론학회의 〈대통령 탄핵 관련 TV방송 내용분석 보고서〉(이하 언론학회 보고서)가 정치적으로 큰 파장을 일으켰다. 그러나 한국사회는 언론학회 보고서의 연구결과를 정책적으로 반영, 공정성 기준을 구체화하는 과정에서 한계에 부딪히고 말았다. 연구를 의뢰한 방송위원회에서나 연구대상이었던 방송사들은 방송 프로그램, 성명 발표 또는 기자회견, 신문 투고를 통해서 '탄핵 방송이 공정했다'고 반박하면서 언론학회 보고서를 비난만 했을 뿐, 단 한 편의 체계적인 대응 보고서도 펴내지 않았다.

한국 방송들의 이러한 대응은 영국의 그것과는 너무나 대조적이었다. 이라크 관련 정부보고서에 관한 BBC의 보도를 평가한 〈허튼(Hutton) 보고서〉가 나오자마자, BBC는 자체 분석팀을 결성하여 BBC 뉴스에 과연 어떤 문제가 있었는지를 자발적으로 평가한 결과를 〈닐(Neil) 보고서〉로 펴냈다. 닐 보고서의 결과에 따라 영국 BBC는 공정성 기준을 다시 수정하고 편집 과정의 검증 절차를 강화하는 내용을 담은 편집 가이드라인(editorial guideline)을 새로 만들어 공표했다. 닐 보고서는 서두에 "일이 잘못되었을 때 그것으로부터 교훈을 얻으려는 시도는 조직이 허약하지 않고 건강하다는 증거다"라고 밝혀 보고서 작성의 목적을 명확하게 제시했다. 이런 자신감과 공정한 방송을 실천하려는 BBC의 노력은 한국의 공영방송들이 본받아야 할 대목이다.

언론학회 보고서가 발표되자, KBS 측은 '탄핵 방송이 불공정했다'고 판정한 연구결과를 반박하면서, '다른 연구팀에 의뢰하여 재분석한 결과를 내놓도록 하겠다'고 공언했지만, 2년이 지나도록 재분석 연구는 시작조차 되지 않은 상황이다. 2004년 언론학회 보고서의 연구진이 기대했던 공영방송의 대응 보고서는 없었지만, 보고서 발표 직후 다양한 이해당사자들이 각양각색의 반응을 보였다. 연구진은 동료학자들과 시민들로부터 많은 격려를 받기도 했지만, 다른 한편으로 방송위원회와 불공정 방송의 당사자였던 공영방송들은 일방적인 비난과 비방을 마다하지 않았다. 특히 방송의 공정성을 모니터해야 할 임무를 띠고 있는 일부 운동단체들과 학술단체들이 오히려 방송의 정파적 편파성을 옹호하고 나서는 진풍경이 벌어졌다.

2004년 탄핵 방송 내용분석 연구에 참여한 이 책의 공저자들은, 언론학회 보고서를 반박하는 대응 보고서가 나와서, 학문적 토론과 대화가 활성화하기를 바랐다. 그러나 그 뜻을 아직 이루지 못한 것을 아쉽게 생각한다. 이 아쉬움 때문에 언론학회 보고서에 참여했던 여섯 명의 연구자들은 한 사람도 빠짐없이 2004년 탄핵 방송에 대한 반응과 논의를 재점검하는 2차 연구작업에 들어갔으며, 그 결과를 책으로 묶어 이번에 세상에 내놓게 되었다. 이 책의 공저자들은, 대통령 탄핵 방송의 편파성 논란과 관련해 제기되었던 다양한 논의를 종합적이고 체계적으로 분석함으로써, 공정한 방송 보도의 필요성을 다시 한번 환기시키고 공정한 방송의 기준에 관한 이론적 근거와 실용적 지침을 제공하고자 했다. 탄핵 방송의 편파성 논란을 지켜본 공저자들이 이 책을 출판하기로 뜻을 모은 데에는 더 구체적으로 다음과 같은 간절한 열망이 있었기 때문이다.

첫째는 한국도 이제는 정파적 불공정 보도를 극복하여 선진 민주주의 사회로 진입할 때가 되었다는 열망이다. 달리 말해 공저자들은 지극히 후진적 현상인 정파적 불공정 보도 문제 하나를 제대로 해결하지 못하는 나라가 어떻게 선진 민주주의 사회로 발돋움할 수 있겠는가 하는 자괴감을 느꼈기 때문이다. 언론학회 보고서는 "아무리 느슨한 기준을 적용해도 대통령 탄핵 방송은 공정했다고 말하기 어렵다"는 결론을 내렸다. 정책과 법안을 둘러싼 의회 안 정치집단 사이의 갈등은 민주주의 사회에서 합법적 논쟁 영역에 속하는 대표적인 사회갈등으로 꼽힌다. 그럼에도 한국의 지상파 TV방송들은 국회에서 통과된 대통령 탄핵 소추안이라는 갈등 사안을 다루면서 탄핵을 반대하는 정파를 심하게 편든 정파적 불공정 보도를 했다.

여기서 공저자들의 성찰이 시작되었다. 우리는 영국 BBC와 같은 공정한 방송을 과연 가질 수 없는가? 만약 그렇다면 그 이유는 무엇인가? '훌륭한 국민만이 좋은 방송을 가질 수 있다'는 명제에 비추어 보아, 한국인이 영국인보다 열등하기 때문에 그런가, 아니면 KBS와 MBC에서 일하는 방송인이 BBC에서 일하는 방송인보다 열등하기 때문에 그런가? 선진 외국의 방송보도에서도 계급적, 이념적 편파성이 있다는 지적은 주로 신(新)마르크스주의 언론학자들에 의해 제기되어왔지만, 정파적 편파성이 있다는 지적은 거의 없었다. 잘 알다시피 한국은 경제력으로 볼 때 세계 10위권의 선진국이다. 1960년대 초 1인당 국민소득이 60달러 미만으로 헐벗고 굶주리던 국민이 참으로 놀라운 발전을 이룩한 것이다. 그럼에도 아프리카 오지의 후진국에서나 있을 법한 정파적 불공정 보도를 아직도 탈피하지 못하고 있는 것은 참으로 부끄러운 일이 아닐 수 없다.

지상파 TV방송들은 최근 들어 이용 점유율이 많이 하락하고 있지만 여전히 한국 국민이 가장 많이 이용하는 제1의 대중매체다. 그리고 한국의 인력시장에서 KBS, MBC, SBS 같은 메이저 방송사에 입사하는 사람들의 지적 수준은 다른 어느 직종과 견주어도 결코 뒤떨어지지 않는다. 그런데도 한시적으로 권력을 위임받은 집권세력의 눈치를 살피고 추종하는 것은 스스로의 지성에 대한 모독이 아니겠는가. 왜 이런 부끄러운 일이 정권의 성격과 상관없이 세세연년 이어져 오는가? 불공정 보도, 특히 정파적 불공정 보도를 극복하지 않고서는 한국이 선진 민주주의 사회로 진입하기는 어려울 것이라는 메시지를 전하는 것이 이 책을 출판하는 목적 가운데 하나다.

이 책을 출판하는 두 번째 이유는 공저자들이 작성한 언론학회 탄핵 방송 보고서가 2004년 6월에 발표되자, 바로 그 불공정 보도의 당사자인 KBS와 MBC는 보고서 내용을 대통령 탄핵 보도보다 더 편파적으로 보도하고 일방적으로 매도했다. 그 모습을 보고는 언론학회 보고서에 대한 TV방송의 보도 내용을 다시 한번 체계적으로 분석할 필요가 있다고 판단했기 때문이다.

당시 탄핵 방송 보고서는 사회적으로 극심한 찬·반 논란을 불러일으켰다. 메이저 신문들은 보고서 내용을 1면 머리기사에서부터 3~4개면에 걸쳐 대서특필하고 TV방송의 정파적 불공정 보도를 실증적 데이터를 근거로 비판했다. 당시 보고서에 대한 언론매체의 관심은 상상을 초월할 정도였다. 언론학 관련 단일 연구업적이 이렇듯 집중적이고 반복적으로 보도된 것은 아마도 전대미문이 아닐까 하는 생각이 들 정도였다. 이 과정에서 몇몇 언론학자들은 언론 기고를 통해 보고서의 내용에 적극적인 공감을 표하기도 했다.

물론 보고서 내용에 대한 반발도 있었고 또 그것들은 거칠었다. 반발은 KBS와 MBC에 의해 주도됐다. 반발 가운데 상당 부분은 정치공세나 인신 공격과 관련된 것들이었는데, 특히 보고서에 대한 KBS와 MBC의 보도는 저널리즘의 기본을 무시한 극단적 사실 왜곡과 일방적 비난으로 채워졌다. 아이러니하게도 대통령 방송 보고서에서 '파괴적(subversive)' 편파성을 드러낸 것으로 지적받은 MBC의 〈신강균의 뉴스서비스 사실은…〉과 KBS의 〈생방송 시사 투나잇〉이 보고서 내용을 가장 심하게 비방했다.

이 과정에서 시청자 권익을 위해 구성된 법률 조직인 3개 TV방송사 시청자위원회가 동원되어 유례없이 공동 기자회견을 갖고 보고서를 '사회적 공해'라고 매도하면서 시청자 권익이 아닌 방송사 권익을 위해 앞장서는 일도 벌어졌다. 또 방송사의 탄핵 보도를 공정했다고 두둔하거나, 전문지식이 부족한 채로 보고서 내용을 비방한 몇몇 대학교수, 관변 기관 및 어용 시민단체 인사들의 발언만을 반복적으로 인용 보도함으로써 사실 왜곡은 물론, 설명의 비(非)논리성, 일방적 공격과 비방만 있고 합리적 해결책 제시는 없는 '공격견 저널리즘(attack-dog journalism)'의 면모를 유감없이 드러내기도 했다. 그래서 우리는 대통령 탄핵 방송 보고서에 대한 TV방송사의 보도 내용을 체계적으로 분석했다.

이 책을 출판하는 세 번째 이유는 한국 사회의 고질인 TV방송의 정파적 불공정 보도를 극복하기 위한 방안의 하나로 '보도 공정성' 개념에 대한 이해를 충실하게 하고, 또 그 실천 기준을 가능하면 명징하게 정립할 필요가 있다고 판단했기 때문이다. 앞서 약간 말한 것처럼, 보고서에 대한 비방은 상당 부분이 정치적이고 인신공격적인 것이었지만, 부분적으로 저널리즘, 특히 보도 공정성의 이론과 분석방법론에 관한 것들도 포함되어 있어서, 이 기회에 이 문제를 체계적으로 천착할 필요가 있다고 보았다. 여기서 공저자들이 특히 주목한 대목은 일부 방송인들이 자신들의 편파 보도를 정당화하는 논리로 '시대정신' 또는 '사회정의'를 내세우고 있다는 사실이다. 핵심은 공정한 보도 없이 누군가 일방적으로 부르짖는다고 해서 특정한 정파의 이해관계가 곧바로 사회정의나 시대정신이 될 수 있는가 하는 문제다.

TV방송의 공정성을 위협하는 요인은 권력, 자본, 각종 사회집단 등 방송사 외부뿐 아니라 방송사 내부에도 존재한다. 한국의 경우 민주화가 진행되면서 외압에 따른 공정성 위협은 제한적이나마 어느 정도 줄어드는 추세를 보이고 있지만, 방송인 스스로가 인식론적 오류에 빠져 공정성을 훼손시키는 어리석음을 범하는 일도 일어나고 있다. 2004년 대통령 탄핵 방송의 경우가 대표적인 사례가 아닌가 한다. 특히 주창 저널리즘(advocacy journalism)의 실천을 천명한 일부 방송인들은 탄핵 반대가 '시대정신'임을 내세워 탄핵 반대의 목소리를 더 크게 전달한 것을 당연하다고 주장했다.

그래서 이 책은 인간의 능력과 지식과 이해에는 한계가 있고 또 잘못 판단할 수 있다는 숙의(熟議, deliberative) 민주주의의 인간 오류론(誤謬論, fallibilism)에 바탕을 두고 시대정신 그 자체도 공론장에서 경연(contest)을 거쳐 진정한 공론(public opinion)으로 승화되어야 비로소 시대정신으로 인정받을 수 있고, 이 과정에서 필수적인 절차가 경쟁하는 서로 다른 시대정신들에 대한 공정한 보도라고 논변한다. 그러므로 시대정신을 내세워 불공정 보도를 일삼는 사람들의 치명적인 잘못은 시대정신이 공정한 보도와 숙의적 토론 없이 발견될 수 있다고 보는 독단적이고 무류론적(無謬論的,

infallible) 가정, 다시 말해 스스로를 신인(神人)으로 보지 않는 한 있을 수 없는 만용과 무지에 있다고 비판한다. 강조하거니와 사회정의와 시대정신은 사회적 합의에 바탕을 두어야 하며, 그것은 다양한 의견을 공정하게 보도할 때 비로소 가능해진다.

이 책을 출판하는 네 번째 이유는 PD들이 만드는 시사·교양 프로그램이 기자들이 만드는 정규 뉴스 프로그램보다 더 심하게 정파적 불공정 보도를 하는 이유를 추적할 필요가 있다는 성찰에서 비롯되었다. 언론학회의 탄핵 방송 보고서는 결론에서 지상파 TV의 탄핵 방송 보도에서 발견되는 편파성을 ① 절제적(unobtrusive) 편파, ② 일탈적(deviant) 편파, ③ 파괴적(subversive) 편파로 구분한 바 있다. 그렇게 한 이유는 각 프로그램별로 편파성 정도가 다르게 나타났기 때문이다. 보고서에 따르면 편파성의 정도가 가장 심하게 나타난 프로그램은 PD들이 연출한 KBS의 〈미디어 포커스〉와 MBC의 〈신강균의 뉴스서비스 사실은…〉 같은 시사·교양 프로그램에서 발견됐다. 비슷한 선발 과정을 거쳐 방송사에 입사한 사람들이 직종이 다르다고 해서 공정성 인식이나 실천 방식에서 그렇게 차이가 날 수 있는가? 그 이유가 궁금하지 않을 수 없었다. 그래서 우리는 기자 저널리즘과 이른바 PD저널리즘의 취재·보도 구조와 관행을 비교 분석했다.

끝으로 공저자들이 이 책을 출판하기로 뜻을 모은 다섯 번째 이유는 그동안 탄핵 방송 보고서 자체를 단행본으로 출판할 가치가 있다는 권유를 많이 받았기 때문이다. 잘 알다시피 언론학회 탄핵 방송 보고서는 양적 내용분석 방법의 한계를 보완하기 위해 질적 방법론을 동시에 사용하여 탄핵 방송 내용을 분석했다. 다시 말해 양적 내용분석에 질적 내용분석인 프레임 분석, 담화분석을 동시에 사용하는 '삼각측정(triangulation)'이라는 신중한 확인 과정을 거쳐 '탄핵 방송이 공정하지 못했다'는 결론에 이르렀다.

이처럼 다중적 방법론(multi-method)을 사용하여 보도 공정성을 분석한 것은 한국에서뿐만 아니라 세계적으로도 드문 일인 만큼 내용분석에 관심이 있는 언론학도들에게 도움이 될 뿐만 아니라, 대통령 탄핵소추라는 우리 헌정의 역사에서 처음 있는 사건 보도에 대한 체계적 보고서란 점에서 역사적 문서로서의 가치도 있는 만큼 보고서를 반드시 단행본으로 출판해야 한다는 것이었다. 그러나 연구의 결과물인 보고서는 언론학회에 연구를 발주한 방송위원회에 귀속되므로 방송위원회의 동의 없이는 출판하기 어렵다는 사실을 고려하지 않을 수 없었다. 그래서 우리는 이 책의 한 장을 할애해서 언론학회 보고서 내용을 될 수 있는 대로 충실하게 요약, 정리하는 한편, 또 다른 한 장을 할애하여 연구 당시 시간이 촉박하여 수행하지 못했던 탄핵 당일의 보도 영상에 대한 추가적인 분석을 실시하여 제시하는 것으로 부족하나마 보고서 출판을 권유한 인사들의 뜻에 부응하기로 했다.

2. 책의 내용

위에서 밝힌 책 출판의 목적에 따라 2장은 먼저 최근 TV저널리즘에 가해진 도전의 요인들을 점검하고 이에 대한 세계 방송저널리즘의 응전을 살펴보았다. 가장 큰 도전으로는 기술 발전으로 다채널·다매체·복합매체 시대가 전개됨에 따라 뉴스 수용자가 파편화하고 이 때문에 벌어지는 저널리즘 매체 사이와 매체 안의 경쟁 격화를 지적할 수 있다. 그러나 아이러니하게도 한국의 TV저널리즘은 시장에서 살아남기 위한 상업주의적 경쟁 전략 때문이 아니라 정파적 편파성 때문에 정치적으로 파편화하고 분화된 시청자의 이해관계를 제대로 대변하지 못하고 있다는 논란에 휩싸이고 있다. 결국 현대 TV저널리즘은 시민들에게 공공 문제에 관한 정확하고 종합적인 정보를 공정하게 제공하고 이를 토대로 활발한 숙의적(deliberative) 공론장을 마련하는 데 성공하지 못하고 있다는 비판을 받고 있다.

언론 환경이 아무리 변하더라도 저널리즘의 환경 감시 역할을 비롯한 공론장 역할, 식견 있는(informed) 민주시민을 형성하는 역할, 사회 통합에 이바지하는 역할과 같은 기본 임무는 변할 수 없다. 따라서 세계 저널리즘의 역사를 살펴보면 신문이든 방송이든 성공한 언론은 사회 변화에 적극적으로 대처하면서도 저널리즘의 근본 가치를 결코 잊은 적이 없었다는 것을 확인할 수 있었다. 2장은 그 결론으로, 성공한 언론은 변화하는 언론 환경에 대해 항상 민감하게 반응하면서도 스스로의 사회적 역할에 대해 성찰하는 언론이라고 지적하면서 과연 한국 TV저널리즘은 우리 사회의 변화에 어떻게 대처하고 있으며, 또 자신의 사회적 역할에 대해 얼마나 성찰하고 있는가 하는 문제를 준엄하게 제기했다. 방송 언론인의 자기 성찰을 주문한 것이다.

3장은 이 책 출판의 토대가 되었고, 또 한국 TV저널리즘의 문제점이 한꺼번에 표출된 언론학회의 '대통령 탄핵 관련 TV방송 내용분석 보고서'의 핵심 내용을 요약해서 정리하고 있다. 특히 KBS와 MBC는 노무현 대통령에 대한 탄핵소추안이 국회를 통과한 사건을 합법적 논쟁 영역(sphere of legitimate controversy)에 속하는 사건이 아니라 일탈 영역(sphere of deviance)에 속하는 사건으로 보아 탄핵 반대 진영의 의견을 찬성 진영의 견해보다 훨씬 더 많이 보도하는 심한 양적 편파성을 드러냈다. 심지어 MBC의 〈신강균의 뉴스서비스 사실은…〉과 KBS의 〈미디어 포커스〉와 같은 PD들이 연출하는 시사·교양 프로그램의 양적 편파성은 4~5배, 15배, 25배, 심지어 11대 0, 8대 0, 7대 0 같은 극심한 편파성을 드러냈다.

그뿐만 아니라 질적 분석인 프레임 분석의 결과, 탄핵 반대 진영과 찬성 진영을 서로 갈등하는 경쟁 구도로 설정하고 탄핵 찬성 세력을 '비(非)개혁적 가해자' '정략적 정치집단' '위기의 민의 외면 집단'이라고 부정적으로 틀짓기를 한 것과 달리, 탄핵 반대 세력을 '개혁적 민주 세력' '역부족인 피해자' '민의를 대변하는 약자'로 국민의 동정을 유발하는 틀짓기를 하고 있는 데서도 탄핵 반대 세력의 편을 드는 편파성이 확인됐다.

편파적인 프레임 구도는 비판적 담화분석에서도 뒷받침되고 있다. 언어적 표현방식을 행위 주체별로 비교해 보면, 열린우리당에 대한 탄핵안 가결 초기의 방송 묘사는 분노, 비통, 울분 등이었던 데 견주어, 한나라당을 비롯한 야 3당에 대해서는 무소불위의 힘, 음모적 치밀함, 오만함 등이 집중적으로 부각되었던 점을 알 수 있다. 그러나 어느 정도 시간이 흐른 뒤 열린우리당에 대해서는 '여유' '고무' 등의 판단 표현이 활용되었던 데 견

주어, 야 3당에 대한 판단 표현은 '당황' '초조' '절박' '휘청' '경악' 등으로
바뀌어 탄핵 찬성 진영이 궁지로 몰리고 있는 모습을 부각하고 있는 데서
도 탄핵 반대 진영에 대한 정파적 편파성이 재삼 확인되었다.

4장은 노무현 대통령 탄핵소추안이 가결된 2004년 3월 12일 11시 57분
이후 6시간 동안 지상파 TV방송 3사를 통해 방송됐던 〈특보〉와 〈속보〉의
영상들을 분석한 내용이다. 분석 대상을 여러 날로 하지 않고 사건 직후 6
시간으로 정한 이유는, '사건 직후의 순간들'이야말로 사건을 바라보는 방
송사 측의 시각이 가장 잘 드러날 수 있다고 보았기 때문이다. 사건 직후의
영상이 중요한 또 다른 이유는, 사건에 대한 시청자들의 초기 인식과 이해
방식에 상당한 영향을 주었으리라는 판단 때문이다. 다시 말해 사건의 초기
정의(definition)는 사건에 대한 사람들의 인식에 일차적 영향을 주고, 나아가
후속 사건의 진행을 바라보는 인식의 틀에도 영향을 줄 수 있기 때문이다.

탄핵 관련 영상물의 분석은 다음 세 가지 질문에 바탕을 두고 진행되었다.
①어떤 장면이 집중적으로 반복 방영되었는가? ②이 장면을 배경 '자료화면'
으로 활용한 경우, 실제 보도 내용과 영상 내용의 관련성은 무엇인가? ③상황
을 요약하는 영상편집물의 경우, 어떤 샷(shot), 영상기법(줌인, 줌아웃 등), 편
집기법(음향, 사운드바이트 등) 등이 활용되었으며 그 함의는 무엇인가?

분석 결과, 탄핵 방송 보고서에 포함되지 못했던 몇 가지 흥미로운 사실
들이 추가로 발견되었다. 우선 탄핵안 가결을 전후한 사건들에 대한 내러티
브 구성이 방송사 사이에 명확한 차이가 있었다. SBS가 제도적 절차의 시간
적 흐름을 중심으로 이야기를 전개한 것과 달리 KBS와 MBC는 약자(또는
전쟁의 패자)의 시각으로 내러티브를 구성한 사실은 영상 보도가 취재 및
편집 주체의 성향에 따라 얼마나 다르게 나타날 수 있는지를 보여준다.

뿐만 아니라 앞서 요약된 프레임 분석의 결과에서도 나타났듯이, 방송사
들은 탄핵 주도 세력을 '비(非)개혁적 가해자'나 '정략적 정치집단'이라고
틀짓기를 한 것과 달리, 여당 의원들을 비롯한 탄핵 반대 세력은 '개혁적
민주 세력' '역부족인 피해자' '민의를 대변하는 약자'로 국민의 동정을 유
발하는 틀짓기를 했음을 밝힌 바 있다. 영상분석의 결과도 이와 크게 다르

지 않았다. 차이가 있다면 탄핵 주도 세력을 적극적인 행위자가 아닌 '방관자'로 여겼다는 점인데, 그럼에도 여당 의원들을 '피해자'나 '약자'로 묘사하는 영상은 반복해서 강조되었다. 영상이 문자나 음성 텍스트에 견주어 감정적 소구에 효과적이라는 점을 고려할 때, 여당 의원들에 대한 영상적 재현은 다수의 동정을 유발하는 데 큰 영향을 미쳤으리라고 추론할 수 있다.

흔히 사람들은 카메라에 의해 촬영된 영상물은 거짓말을 하지 않는다고 생각한다. 하지만 어떤 기법으로 촬영하여 어떻게 편집했는지, 그리고 어떤 캐릭터의 어떤 측면을 반복해서 강조하는지에 따라 영상물의 의미는 크게 달라진다. 정도의 차이는 있었으나, 방송 3사의 영상 처리는 모두 탄핵안 가결 그 자체보다 그것을 둘러싼 갈등과 폭력에 더 큰 무게를 실었다. 그 과정에서 여당 의원들은 정당하지만 힘없는 약자의 모습으로 재현된 것이다. 프레임 분석이 보여준 틀짓기 전략과 담화분석이 보여준 정의(definition) 방식은 일치했다.

5장은 언론학회의 탄핵 방송 보고서에 대한 지상파 TV 3사의 보도를 내용분석한 결과이다. 저녁 9시(SBS는 저녁 8시) 종합 뉴스는 ① 디지털 영상 효과(DVE, 또는 chroma-key), ② 기자 리포팅 ③ 취재원 활용 방식 등을 중심으로 분석했는데, 그 결과는 의도적으로 보도를 회피했다고 볼 수 있는 SBS를 제외한 KBS와 MBC는 보고서 내용의 사실 자체를 왜곡했을 뿐만 아니라 보고서를 일방적으로 비난하고 방송사의 탄핵 방송을 옹호하는 취재원만을 일방적으로 등장시키는 심한 편파성을 드러냈다.

이 장에서는 또 KBS의 〈미디어 포커스〉와 〈생방송 시사 투나잇〉, 그리고 MBC의 〈신강균의 뉴스서비스 사실은…〉 같은 시사·비평 프로그램도 분석했는데 ① 논리 전개와 내용의 구성방식, ② 취재원 활용을 중심으로 접근했다. 이들 세 프로그램은 모두 '앵커와 기자/PD 사이의 대화'라는 진행형식을 사용하여 언론학회 보고서를 일방적으로 비난하거나, 방송의 정당성을 두둔하고, 일부 보수 언론의 보도 태도를 비판하는 데 주력하는 내용을 보도했다. 세 프로그램 모두 심각한 사실 왜곡과 주장의 비(非)논리성을 드러냈다.

정규 뉴스와 마찬가지로 특정한 견해를 밝히는 소수의 취재원이 프로그램마다 반복 등장하여 보고서의 문제점을 지적하고 비난했으나, 대부분이 사실을 왜곡하거나 사실에 대한 판단이 잘못된 것으로 분석됐다. 사실 관계를 설명할 때 논리적 정합성이 결여된 경우도 많았다. 특히 언론학회 보고서를 비난하는 이른바 전문가의 발언에서는 방송저널리즘의 공정성 이론이나 내용분석 방법론에 대한 이해 부족도 여실하게 드러났다. 전문가라는 사람들의 지적 신뢰도와 도덕적 신뢰도를 제대로 챙기지 않은 채 방송사를 두둔하는 취재원을 무리하게 동원하다 보니 나타난 결과로 보인다.

언론은 정확하고 종합적이며 공정하게 사안을 보도함으로써 사회적 진실을 드러내야 한다. 이것이 저널리즘의 기본 원칙(fundamental principle)이다. 사회적인 논란이 수반되는 공적 사안을 다룰 경우 언론은 진실 보도에 더욱 충실해야 한다. 그럼에도 KBS와 MBC는 언론학회 보고서와 관련된 일련의 보도에서 편파적이라고 평가받았던 탄핵 방송을 공정했다고 주장하는가 하면, 언론학회 보고서가 오류 덩어리이자 신뢰할 수 없는 '사회적 공해'라는 메시지를 우리 사회에 일방적으로 주입시켰다. 사회적으로 견해가 대립된 쟁점 사안의 보도는 시민에게 다양한 관점의 정보와 견해를 공정하게 제공해야 함에도 특정 견해와 입장만을 일방적으로 편들어 강조하는 심한 편파성을 드러냈고, 이 과정에서 언론학회 보고서는 그 내용이 왜곡된 채 시청자에게 전달됐으며 탄핵 방송의 문제점을 지적한 비판의 목소리는 철저하게 무시된 것이다.

결국 탄핵 방송을 불공정하게 보도했던 공영방송인 KBS와 MBC는 언론학회 보고서에 대해서도 편파적 왜곡 보도를 일삼음으로써 진실과는 너무나 동떨어진 메시지를 우리 사회에 재귀시키려(reflect) 했고, 의도적으로 진실 보도의 책임을 방기하는 비윤리적 보도행태를 보여주었다. 결과적으로 방송이 안고 있는 현실적 문제점을 성찰하여 자기 발전의 계기로 삼을 수 있었던 호기를 놓쳐버린 채 오히려 방송저널리즘의 발전을 저해하는 악영향을 가져온 것이다. 안타까운 일이 아닐 수 없다.

6장은 한국보다 방송을 먼저 도입했던 영국·미국·일본이 방송의 공정성 개념을 구현하기 위해 의존했던 이론적 관점과 실천방안을 검토함으로써 한국에 적용 가능한 공정성 기준을 모색하고자 하는 노력을 기울였다. 외국의 사례를 검토한 결과 사회적으로 논란이 되고 있는 사안에 대해서는 방송이 균형과 불편부당성을 유지하도록 요구하는 법적, 제도적 원칙을 수용하고 있음을 알 수 있었다. 특정 사안에 대한 논란의 본질이 무엇인지, 그리고 왜 의견 차이가 발생하는지를 시청자들에게 올바로 전달함으로써 '식견 있는 시민(informed citizen)'을 형성하는 일이 방송의 기본 사명임을 인식한 결과라고 하겠다.

이 장에서는 또 이른바 관점 있는 뉴스(news with view-point)와 관련해서 특정한 관점을 제시하고 특정한 의견을 주장한다고 해서 공정성의 원칙에 반드시 위배되는 것은 아니라고 논변한다. 만약 어떤 관점과 의견이 정당성이 검증된 사실에 바탕을 둔 것이고, 또 갈등 당사자, 지지 또는 반대 집단을 공정하게 다루어 사회 구성원의 신뢰를 얻을 수 있는 것이라면 탐사 저널리즘 또는 주창 저널리즘 프로그램 제작자는 특정한 관점과 의견을 당당하게 주창할 수 있다는 것이다. 프로그램 제작진이 심사숙고해서 내린 도덕적 판단의 정당성과 이를 위해 제공한 근거의 타당성이 인정받고, 또 그 제작의도가 사회적 합의에 따라 지지를 받는다면 그러한 탐사 저널리즘은 사회 발전에 공헌할 수도 있을 것이다.

그러나 주창 저널리즘이 공정성을 확보하지 못해 신뢰를 잃게 되었을 경우에는 심각한 문제에 부닥친다. 정치적 선전과 선동을 위해 주창 저널리즘을 남용하고 있다는 의혹을 받을 수 있기 때문이다. 2004년 대통령 탄핵정국에서처럼 사회적 합의가 도출되지 않아 논쟁적인 사안에 대해 '주창(advocacy)'을 명분으로 한쪽 의견만을 증폭시킨 KBS, MBC의 경우가 바로 그렇다. 이럴 경우 가장 큰 피해는 방송사 스스로가 받는다. 즉, 방송저널리즘의 신뢰성이 위협을 받게 된다. 방송을 포함한 한국 언론 전반에 대한 신뢰성이 떨어지고 있으며, TV방송의 가장 큰 문제점으로 '정치적 편파성'과 '대안 없는 비판'이 지적되고 있다는 〈2004년 수용자 조사〉(《신문과 방송》, 2004년 7월) 결과는 이런 맥락에서 시사하는 바가 크다고 하겠다.

7장과 8장은 탄핵 방송 내용분석 결과 기자들이 만드는 뉴스 프로그램보다 PD들이 연출하거나 제작하는 시사·교양 프로그램에서 왜곡이 더 심하고 편파성이 더 두드러지게 나타난 이유를 추적하기 위해 기자 저널리즘과 PD저널리즘[1]의 취재·보도 구조, 게이트키핑(gate keeping) 과정, 그리고 관행을 비교 분석했다.

먼저 7장은 한국의 방송뉴스가 공정하지 못한 것은 '공정하고 싶어도 그럴 수 없는' 방송제작자의 능력 문제인가, 아니면 방송제작자의 의지와 능력을 넘어선 구조적인 문제인가를 규명하기 위해 텔레비전 저녁 종합 뉴스의 내용적, 형식적, 구성적 특징들을 추적하고 있다. 한국 방송뉴스의 특징들은 미국·영국·일본의 방송뉴스와는 어떻게 다른지를 비교 분석하고 한국 방송뉴스의 불공정성과 관련된 함의를 추적했다.

분석 결과는 한국 방송뉴스가 '공정성'의 측면에서 취약할 수밖에 없는 이유로 (1) 한국 방송뉴스가 도식적으로 구성되고, (2) 취재원의 수가 적을 뿐 아니라, (3) 독립적인 취재에 의존하는 경우가 적고, 보도자료에 대한 의존이 크다는 것 등은 한국의 방송뉴스가 취재원에 의해 휘둘릴 가능성이 그만큼 더 크다는 것을 밝혀냈다. 이는 곧 방송뉴스가 불공정 시비에 빠질 가능성이 크다는 것을 의미한다.

또 분석 결과는 한국적 뉴스 도식에 따른 방송뉴스 제작은 현재 한국 방송사의 뉴스 제작 여건의 상대적 취약성에 말미암은 것으로 나타났다. 다시 말해, 뉴스 조직의 구조, 취재·보도 시스템, 제작관행 등을 고려해보면, 한국 방송저널리즘이 근본적으로 공정하고, 심층적이고, 고품질의 뉴스를 제작하기에는 적합하지 않은 구조를 지녔다는 것을 알 수 있다. 따라서 이

---

[1] 한국보다 방송저널리즘이 먼저 발달한 선진 외국에서는 'PD저널리즘'이라는 용어조차 존재하지 않는다. 저널리즘을 "언론이 자율적 판단에 따라 뉴스를 취재하고 보도하는 활동"으로 정의한다면, 그러한 작업은 작업 수행 주체가 기자인지 PD인지에 상관없이 모두 저널리즘이다. 그 작업을 여성이 수행하면 여성 저널리즘, 남성이 수행하면 남성 저널리즘, 30대가 수행하면 30대 저널리즘, 50대가 수행하면 50대 저널리즘이 되지 않는 것과 똑같은 이치다. 'PD저널리즘'은 한국에서만 통용되는 편의상의 용어다. 8장에 자세하게 설명해놓았다.

러한 취재·보도 시스템과 제작관행 등에 대한 전면적인 혁신이 없이는 도식적인 뉴스 제작관행을 극복하기 어려울 것으로 보인다. 또한 방송뉴스에 대한 비판과 개혁 요구가 제시되더라도 이를 적극적으로 수용할 수 있는 조직문화를 갖추지 못한 것도 한국의 방송뉴스가 공정성과 심층성 등의 차원에서 질적으로 도약하지 못하는 원인으로 작용한다.

8장은 이른바 'PD저널리즘'의 문제를 다루고 있다. 먼저 8장은 PD저널리즘의 정의·역사·특성, '기자 저널리즘'과의 차별성, 그리고 PD저널리즘과 공정성 가치의 문제들을 논의하고 있다. 앞에서 약간 말했지만, 우리가 PD저널리즘을 특별히 논의하게 된 것은 2004년 지상파 TV의 탄핵 방송의 공정/불공정성을 분석한 결과, '기자 저널리즘'에 견주어 PD저널리즘 프로그램이 매우 명백하게 탄핵 반대 세력의 편을 드는 편파 방송을 한 것으로 나타난 데서 비롯됐다.

그렇다면, PD저널리즘의 어떤 특성이 편파 방송의 가능성을 높이는 것인가, PD들은 기자와 달리 공정성에 대한 가치 부여를 하지 않기 때문인가, 아니면 PD저널리즘의 제작관행 때문인가, 그것도 아니면 PD저널리즘의 프로그램 포맷과 양식(mode)이 원래 불공정해질 수밖에 없는 속성을 가지고 있어 기자가 PD저널리즘 프로그램을 제작하더라도 비슷하게 편파 보도의 결과를 만들어내는 것인가. 이 장에서는 이런 질문들에 대한 해답을 찾기 위해 PD저널리즘에 관한 개념, 이론적 틀, 특성을 논의한 다음, 이를 바탕으로 PD저널리즘에서 빠뜨리기 쉬운 공정성 가치를 확보하는 방안을 제안하고 있다.

나름대로 취재·보도 영역의 확대 그리고 새로운 제작 방식을 개척함으로써 대안 저널리즘의 창출에 일정하게 성공한 측면이 있는 것도 인정한다. 하지만, PD가 제작하는 시사·교양 프로그램은 많은 PD들이 기사 원고를 직접 작성하지 않고 작가에게 맡기는 치명적인 약점을 드러내고 있을 뿐 아니라 취재·보도와 관련된 저널리즘 교육을 체계적으로 받지 않아 공정성의 가치에 대한 인식 부족으로 그 실천 의지와 방식에 큰 문제점을 드러내고 있다.

따라서 현실적인 업무 분화와 현행 PD 조직의 커뮤니케이션 구조를 그대로 인정한다 하더라도 PD 개인과 PD 조직 안에 공정성 확보를 위한 제도적 장치의 마련을 고려해볼 수 있다. PD 개인들이 상시적으로 공정 보도의 규범과 원칙을 생각할 수 있도록 정기적인 저널리즘 재교육을 생각해볼 수 있고, 또한 기자 저널리즘이 준수하는 공정 보도 관행을 가이드라인 형식으로 마련해 이를 PD들이 준수하도록 하는 방안도 고려해볼 수 있다. 나아가 시사·교양 PD로 배치되는 PD들은 처음부터 저널리즘의 기본 교육을 받도록 하는 방안도 강구할 필요가 있다.

이 책의 결론에 해당하는 9장은 보도 공정성의 필요성에 대한 이론적 논의를 담고 있다. 우리는 보도 공정성의 필요성을 언론의 임무에 관한 규범 이론(normative theory), 공론장 이론(theory of public sphere), 숙의민주주의 이론(theory of deliberative democracy), 시민성 이론(theory of civility), 관용 이론(theory of tolerance) 등의 관점에서 살펴보았다.

이러한 문제의 틀(problematics)은, 민주사회가 언론에 요구하는 규범적 임무는 자유민주주의의 유지 및 발전과 깊은 관련이 있고, 특히 최근 대의제 민주정치에 대한 회의가 점차 늘어남에 따라 주목받고 있는 숙의민주주의의 이상을 실현하기 위해서는 언론의 비판적 공론장 역할이 매우 중요하며, 공론장에서 더 나은 집단적 의사 결정, 즉 숙의적 합의를 이루기 위해서는 시민성, 관용, 공정성 같은 시민적 덕성이 꼭 필요하다는 논리적 연계를 암시하고 있다.

이런 과정을 거쳐 우리는 공정한 보도가 △정보의 진실성 및 의견의 타당성 검증에 △더 나은 집단적 의사 결정의 생산에 △사회적 평화와 통합에, 그리고 △시대정신 또는 사회정의의 발견 등에 도움을 주기 때문에 그 필요성이 확고하게 인정된다는 점을 논변했다.

끝으로 공저자들은 이 책이 다양한 독자들에게 쉽게 읽히도록 되도록이면 전문용어를 자제했고, 어쩔 수 없이 전문용어를 사용할 때에는 주를 달아 그 의미를 설명했다. 그래서 공저자들은 이 책이 언론학회 탄핵 방송 보고서 내용을 지지 또는 비방했던 커뮤니케이션 학도들은 물론, 방송 현

업의 기자와 PD, 방송 규제 기구 종사자, 방송의 정파적 불공정 보도로 피
해를 보는 정치인, 그리고 좋은 방송을 염원하는 일반 시민들에게도 널리
읽히기를 바라고 있다. 그것은 국민 수준 이상의 정부를 가질 수 없고 국민
수준 이상의 정치를 누릴 수 없다는 명제는 언론(방송 포함) 영역에서도 작
동한다고 보기 때문이다.

특히 다채널·다매체·멀티미디어 시대에는 수용자(국민)의 역할이 더
중요해진다. 매체의 출구는 엄청나게 늘어나는데 수용자의 수는 대체로 고
정되어 있다. 그만큼 매체 안과 매체 사이에 수용자 쟁탈전이 심해질 것이
라는 말이다. 이런 상황에서 수용자가 시민으로서의 의무를 팽개치고 흥미
위주의 뉴스와 프로그램만 쫓아다닌다면 어떻게 되겠는가? 뉴욕 타임스, 가
디안, 르몽드, BBC는 그것을 읽고 보는 독자와 시청자가 있기 때문에 존재
한다. 미디어 시장이 공급자 중심에서 수용자 중심으로 바뀌고 있는 추세를
감안할 때 수용자가 시민으로서 활성화하지 않는 한, 아무리 다른 국면의
언론개혁, 방송개혁이 잘 진행된다 해도 종국적인 개혁은 미완성의 과제로
남을 것이다. 달리 말해 좋은 방송은 방송인과 그 수용자인 시청자가 함께
만들어간다는 점이다. 부족하나마 이 책이 좋은 방송의 핵심 요건인 공정한
방송을 함께 만들어가는 데 조그만 보탬이 되기를 간절히 바란다.

2 장

현대 방송저널리즘의 변화와 발전

방송저널리즘은 세계 어느 나라를 가리지 않고 현재 거센 도전에 직면해 있다. 이 도전은 무엇보다도 인터넷 언론의 등장과 같은 새로운 언론매체의 출현에 따라 매체 사이의 경쟁이 치열해지고 있다는 외적인 요인에서 출발한다. 채널이 증가함에 따라 각 채널에 충성스러운 시청자를 확보하려는 경쟁이 치열하게 전개되고 있다. 제한된 시청자를 놓고 방송사 사이에 치열한 경쟁이 벌어지고 있는 것이다. 시청자의 방송뉴스 시청 행태가 변하고 있는 것은 물론 방송뉴스에 대한 관심과 수요, 그리고 평가도 변하고 있다. 따라서 이렇듯 변하는 방송 시청자의 텔레비전 시청 행위와 관심과 평가에 따라 뉴스의 형식과 내용이 변해야 한다는 인식이 강해지고 있다. 세계 방송사들은 매체 환경의 변화와 시청자의 변화에 대응해야 한다는 압박을 받고 있는 것이다.

방송저널리즘이 직면한 도전은 이것뿐만이 아니다. 최근 새롭게 등장한 세계 방송저널리즘에 대한 새로운 도전 요인들은 정치적이며 사회적인 성격을 지닌다. 뉴스의 공정성과 방송사의 신뢰성에 대한 도전이 제기되고 있다. 불공정 보도에 대한 비판과 불편부당성에 대한 요구도 여느 때 못지 않다. 사회가 정치적으로 분화하고 사회적으로 다원화하면서 저널리즘이 전통적으로 수행해왔던 1) 환경 감시, 특히 권력을 감시하고 비판하는 역할, 2) 민주사회의 정통성(legitimacy)의 토대가 되는 여론을 매개하고 형성하는 공론장의 역할, 3) 건전한 비판의식을 갖춘 식견 있는(informed) 민주시민을 형성하는 역할, 4) 사회 갈등을 지양하는 담론적 실천을 통해 사회 통합에 이바지하는 역할을 제대로 수행하고 있는가 하는 근본적인 문제가 새삼스럽게 제기되고 있다.

특히 인터넷 언론의 등장에 따른 뉴스 이용자의 정치적 파편화와 분극화가 빨라지고 있다. 인터넷 언론의 발전에 따라 특정한 정치적 또는 사회적 성향을 지닌 이용자들의 '집단 안 폐쇄적 커뮤니케이션'이 확대될 뿐 서로 견해가 다른 정치적 또는 사회 집단 사이의 커뮤니케이션은 오히려 감소하고 있다는 관찰도 제기되고 있다. 집단 안의 폐쇄적 커뮤니케이션의 증가에 따른 '비슷한 정치적 의견'을 지닌 이용자들끼리의 극단적인 견해 표출과 수용이 일반화하고 있다. 이러한 조건에서 극단적 견해들 사이의 충돌, 자신들과 다른 견해에 대한 불관용, 자신들의 편을 드는 불공정한 보도에 대한 관용이 보편화하고 있다. 마침내 특정 견해를 주창하고 옹호할 뿐, 그 견해를 검토하고 검증하지 않는 이른바 주창 저널리즘(advocacy journalism)이 인터넷은 물론 전통적인 저널리즘 영역에서도 확산되고 있다. 하지만 주창 저널리즘은 사회구성원들 사이의 갈등과 반목만 초래할 뿐 사회적 갈등의 원인이 되는 이해관계의 상충을 해결하는 데 도움을 주지 못한다는 비판이 있다. 이러한 주창 저널리즘의 문제점에 대한 인식은 인터넷 저널리즘을 포함한 전체 저널리즘에 대한 공정성·합리성·독립성에 대한 요구로 나타나고 있다.

세계 방송저널리즘은 이러한 도전을 극복하기 위해 노력하고 있다. 최근 방송저널리즘은 기획과 취재를 강화하고, 뉴스의 구성을 탄탄하게 하기 위해 노력하고 있으며, 새로운 뉴스 포맷과 전달방식을 개발하고 뉴스 시간대를 변경하는 등 혁신을 통해서 더욱 새롭고 강력한 뉴스를 전달하기 위해서 노력하고 있다. 세계의 방송저널리즘은 또한 방송뉴스의 형식 변화와 양적인 개선만이 능사가 아니라는 것도 잘 알고 있다. 전통적인 언론의 역할을 유지하는 것, 분열적일 정도로 다원적인 사회의 여러 요구에 공정하고 정당하게 대응하는 것, 언론의 자유와 책임 등 저널리즘의 근본 가치를 되살리는 것이 무엇보다 중요하다는 것을 알고 있다. 특히 분극화하고 극단화한 의견이 난무하는 가운데 다양한 정치적 견해들이 서로 만나 교환되는 보편적인 공론장의 역할을 방송저널리즘이 담당해야 한다는 인식이 확대되고 있다. 세계 방송저널리즘은 이러한 인식을 바탕으로 스스로를 혁신하지 않으면 살아남기 어려울 것이라는 절박감을 느끼며 노력하고 있다. 그렇다면 우리나라의 방송저널리즘은 어떤 처지에 있으며 무엇을 하고 있는가?

1. 매체 경쟁과 시청자의 변화

세계 언론과 수용자들은 급격하게 변화하는 환경에 직면해 있다. 변화의 핵심은 새로운 매체의 등장에 따른 전통적인 언론매체의 대응으로 구성되며, 그 구체적인 양상은 (1) 매체 사이 경쟁의 격화, (2) 매체 안 뉴스 경쟁의 격화, (3) 수용자의 매체 이용 행태의 변화 등으로 나타난다. 그런데 이에 대한 방송 언론의 대응방식에 생긴 변화가 주목할 만하다. 경쟁에서 뒤떨어지지 않기 위해 채택하는 일련의 전략이 오히려 공정성 요구 등 정치적 비판의 빌미를 제공하기 때문이다. 결국 상업적 경쟁에 내몰린 언론, 특히 방송 언론은 시장에서 살아남기 위한 일련의 경쟁 전략이 정치적 비판의 대상이 되는 아이러니에 직면한다.

1) 정보통신 기술의 발전과 언론매체 사이의 경쟁 심화

저널리즘은 매체의 기술적 특징에 크게 의존하며, 매체의 기능적 가능성과 상호작용한다. 다시 말해 사회적 커뮤니케이션의 한 제도로서 저널리즘은 그것을 담아내는 매체의 물리적 한계와 기술적 제한성으로부터 자유로울 수가 없다. 따라서 새로운 뉴스 매체가 등장함에 따라 새로운 매체적 특성으로 무장하고 새로운 기능을 통합한 저널리즘이 등장하는 것은 놀라운 일이 아니다.

예를 들어, 신문 저널리즘은 라디오를 시작으로 방송저널리즘이 등장함에 따라 속보성과 현장성 같은 기능을 방송에 양보할 수밖에 없었다. 특히,

전국적 네트워크를 통해 제공되는 텔레비전 뉴스의 등장으로 전국적 의제를 실시간으로 동영상을 통해 전달하는 뉴스가 가능해졌으며, 이는 뉴스의 사회적 기능을 획기적으로 변화시켰다. 마찬가지로 케이블 네트워크의 등장으로 방송의 다채널화가 진행됨에 따라 CNN과 같은 24시간 뉴스 전문 채널의 등장하게 되었다. 하지만 최근 인터넷을 비롯한 정보통신 네트워크의 발전에 따른 새로운 언론의 등장은 저널리즘의 지형도 자체를 변화시키고 있다. 인터넷의 발전에 따라 전통적인 언론매체의 인터넷 진출, 새로운 개인 언론의 등장, 국제 뉴스 클립(clip)의 실시간 다운로드 등 과거에는 생각할 수조차 없었던 새로운 방식의 언론 행위가 등장하게 되었다.

인터넷 등 새로운 매체의 등장으로 말미암아 두드러지게 나타나는 현상이 곧 언론매체 사이의 경쟁의 격화다. 즉, 전통적으로 뉴스 수용자를 안정적으로 나누어왔던 신문·잡지·텔레비전·라디오·케이블 등 매체들은 다매체적 특성을 지닌 인터넷 언론의 등장에 큰 영향을 받고 있다. 특히 방송뉴스는 고정된 시간에 맞춰 편성되어 있기 때문에 정해진 시간대에 시청자를 확보해야 하는 매체로서 인터넷의 유동적 속성에 견주어 정보제공의 제약성이 있다. 따라서 인터넷의 등장에 따라 매체 사이 경쟁은 더욱 심화되고 있다.

〈그림 2-1〉은 지난 10년 동안 미국의 뉴스 수용자들의 언론매체 이용 실태를 요약적으로 보여준다(Pew Research Center, 2004. 6). 퓨(Pew) 리서치 보고서는 인터넷 언론이 본격적으로 등장했던 1995년을 전후해서 텔레비전·신문·케이블·인터넷 등 언론매체 가운데 '정규적으로 보는 뉴스'가 있는지 물어본 결과를 종합해서 제시하고 있다. 첫째, 전체적으로 미국 네트워크 TV뉴스가 1996년 이전에는 60%의 응답률을 보였지만 1996년 이후 40% 전후로 줄어들고, 2000년대 들어서는 30%대로 줄었다는 것을 알 수 있다. 흥미로운 점은, 2000년 30%로 최소치를 기록하고 그 뒤로 매년 2%씩 증가하는 추세를 보인다는 점이다. 지역 TV뉴스는 네트워크 뉴스보다는 정규적으로 보는 비율이 높지만 전체적으로 네트워크 뉴스와 같은 변화의 추세를 보인다. 그리고 이러한 추세는 지상파 TV뉴스가 압도적인 점유

〈그림 2-1〉 정규적으로 보는 뉴스

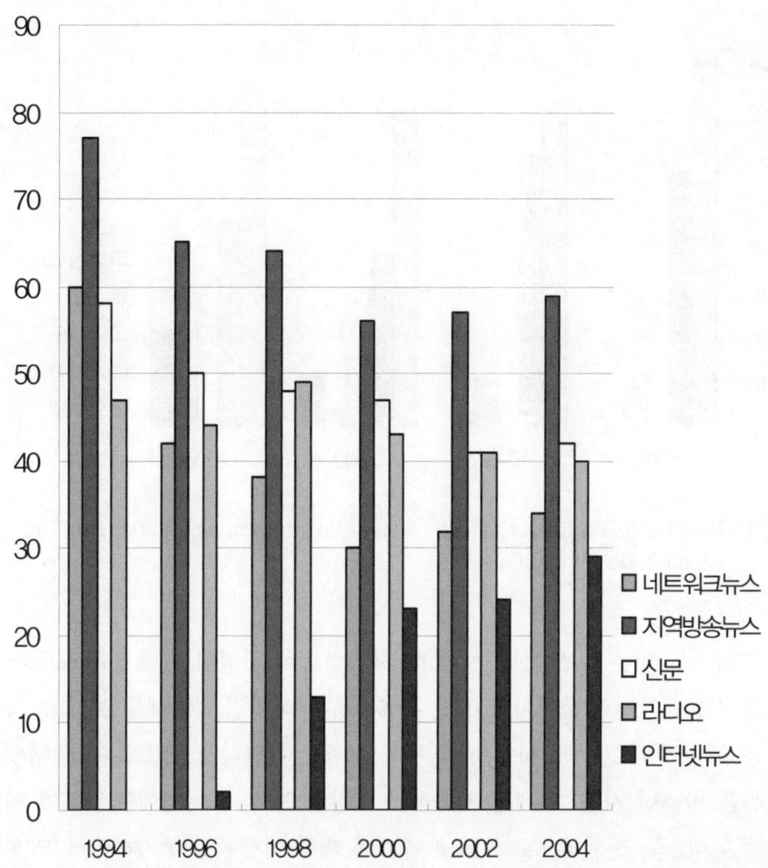

출처 : Pew Research Center (2004). News Audiences Increasingly Politicized.
주　: 1994년 방송에 대한 응답률은 1993년 5월 자료. 1996년 인터넷뉴스에 대한 응답률
　　은 1995년 6월 자료.

율을 자랑해왔던 영국 등에서도 같게 나타나고 있다(Hargreaves & Thomas, 2002 ; Towler, 2002). 한마디로 말해서, 과거 시민들의 주요한 정보원(the main source)으로 자리 잡았던 TV뉴스는(Gunter, 1987 ; Levy & Robinson, 1986) 이제 그 영향력을 현저하게 잃고 있는 것이다

〈그림 2-2〉 미국 대통령 선거기간 동안, 주요 정치 뉴스 정보원

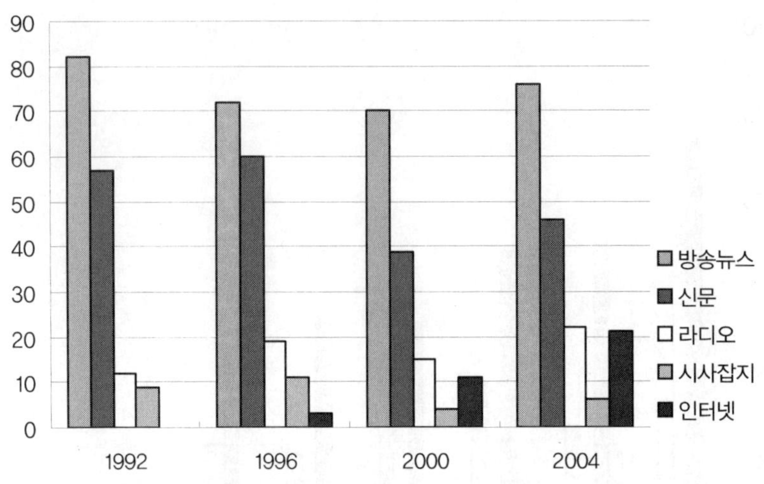

출처 : Pew Research Center (2004). Voters Liked Campaign 2004, But Too Much 'Mud-Slinging'

〈그림 2-1〉을 보면, 신문은 특히 지속적으로 하락하는 추세를 보였다. 1994년 58%의 응답률에서 2004년 42%까지 지속적인 하락세를 보였다. 특히 2000년에서 2002년 사이, 47%에서 41%로 유의하게 감소했다. 인터넷 언론은 1995년 겨우 2%에서 지속적인 성장을 보여, 2004년에는 29%에 이르게 된다. 즉, 전체적으로 인터넷 뉴스에 대한 이용률이 증가하면서 TV와 신문의 이용률은 감소하는 추세를 보인다고 해석할 수 있다. 퓨 리서치 보고서(Pew Research Center, 2000)는 특히 젊은이들을 중심으로 인터넷 뉴스 이용자가 큰 폭으로 증가했으며, 고학력자, 비즈니스 뉴스 수요자 등도 인터넷 뉴스를 활발하게 이용하는 것으로 해석했다. 이들은 특화된 케이블 뉴스 채널도 많이 시청하고 있는 것으로 확인되었다. 정해진 시간표에 따라서가 아니라 자신의 일정에 맞게 뉴스를 더 적극적으로 선택하여 시청하고자 하기 때문이다.

〈그림 2-2〉는 언론매체가 정치적 정보원으로서 주요하게 여겨지는 비율

〈그림 2-3〉 정보 유형별 주 선택 매체 (왼쪽 : 국내정치, 오른쪽 : 문화예술)

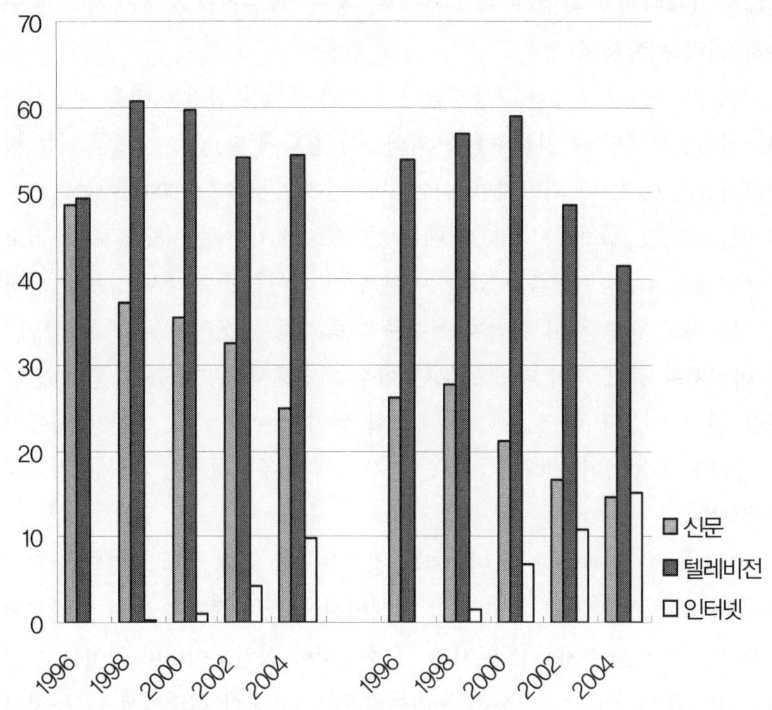

출처 : 한국언론재단. 〈언론수용자 의식조사〉

의 변화를 보여준다(Pew Research Center, 2004. 11). 미국 대통령 선거가 열린 해를 기준으로 보면, 1992년에 응답자의 82%가 TV뉴스를 주요 정치 뉴스 정보원으로 꼽았지만, 이는 2000년에는 70%까지 하락했다가, 2004년에는 76% 수준으로 다시 증가했다. 같은 기간 동안, 신문은 약 60%대에서 40%대로 하락했으며, 인터넷 뉴스는 1996년 3%에서 2004년 21%로 증가했다.

이 같은 추세는 한국에서도 예외가 아니다. TV 방송뉴스의 시청률은 방송뉴스 시청률 조사가 이루어진 1992년 1월 KBS와 MBC 저녁 종합 뉴스 시청률의 합이 약 35% 수준이었으며, 이는 꾸준히 상승해서 1997년 말에는 50%를 넘었다. 하지만 1998년 이후 KBS와 MBC 저녁 종합 뉴스 시청률의 합은 계속 하락해서 2004년에는 약 35.0%로 줄었으며, 2005년 10월 이후에는 30%이하로 줄었다. 즉, 지난 7년 동안 TV뉴스의 시청자 규모는 꾸준히 하락해온 것이다.

과거 TV뉴스의 주요한 경쟁자였던 신문의 구독률 하락은 더욱 두드러진다. '한국언론재단'의 언론수용자 의식조사 결과에 따르면, 1996년 신문 정기구독률은 69.3%나 되었지만, 이는 1998년에는 64.5%, 2000년에는 59.8%로 지속적으로 하락해서 2002년에는 52.9%, 2004년에는 48.3%로, 그리고 2005년에는 41.0%[1]로 줄고 있다. 이와 달리 케이블을 통해서 정보를 접하는 이용자의 규모는 비록 작지만 꾸준히 증가하는 것으로 나타났다. 인터넷 이용자의 규모 역시 지난 2000년 이후 계속해서 증가하는 가운데, 인터넷을 통해서 쇼핑·스포츠·교육·생활 등의 정보를 주로 접하는 이용자의 증가율이 2002년도 대비 2004년도 통계에서 두드러지게 나타는 것으로 확인되었다.

〈그림 2-3〉은 한국 뉴스 이용자의 정보유형별 주요 선택 채널의 변화에 대해 잘 보여준다. 지난 10년 동안 텔레비전 뉴스는 정치적 정보 채널로서 지배적인 위치를 차지하고 있지만 그 중요성이 약간씩이나마 줄어들고 있음을 보여준다. 이러한 경향은 문화예술 정보에 대한 선택에서 더 뚜렷하게 나타난다. 텔레비전 뉴스는 2000년 58.8%의 선택을 받은 것을 정점으로 분명하게 하강 추세를 보이고 있다.

신문의 경우에는 그림에 나와 있듯이 주요 정보 채널로서의 선택 여부가 더욱 뚜렷하게 하강 추세를 보이며, 그림에는 제시되어 있지 않지만 사건사고, 스포츠 등 정보에 대한 선택도 마찬가지 추세를 보인다. 한편 인터넷은 지배적인 정보 채널은 아니지만 대안적 정보 채널로 급격하게 상승하고 있음을 볼 수 있다. 2004년 조사의 경우 정치정보는 9.8%, 문화예술 정보는 15.0%가 인터넷이 '주 선택 정보 채널'임을 밝히고 있다. 또한 비록 한국언

---

1) 이 자료는 2005년 4월 7일 '신문에 날' 기념사에서 장대환 한국신문협회 회장이 밝힌 것이다.

론재단의 수용자 조사에는 포함되지 않았지만 케이블 뉴스 역시 대안적인 정보 채널로 입지를 굳히고 있다는 것을 알 수 있다.

결국 한국의 경우에도 TV뉴스의 지배력은 1990년대 말 이후 지속적으로 떨어지고 있으며 신문의 경쟁력도 낮아지고 있는 가운데, 이러한 공백을 인터넷과 케이블 텔레비전이 침투해 들어오면서 언론매체 사이 경쟁이 가열되고 있는 것을 알 수 있다.

종합해보면, 위에서 제시한 추세는 다음과 같이 해석할 수 있다. (1) TV뉴스는 아직도 주요한 정보원의 지위를 유지하고 있지만, 그 영향력은 10년 전과 견주어서 현저하게 줄었으며, 반대로 인터넷 뉴스의 영향력은 점점 늘고 있다. (2) 뉴스 이용자는 TV뉴스도 시청하지만 동시에 필요에 따라 인터넷과 케이블 뉴스 등 전문적이고 해설적인 뉴스를 본다. (3) 신문은 상대적으로 TV에 견주어 더 큰 타격을 입었으며, 앞으로 이러한 경향은 계속될 전망이라는 것 등이다. 결국 세계의 방송사는 이러한 위기의 시대를 맞아, 다른 매체와 기능적으로 중복되는 부분에서 경쟁력을 갖추기 위해 노력하는 한편 기능적으로 고유한 부분의 서비스를 강화해서 비교 우위를 유지하려는 전략을 채택하고 있다.

2) TV뉴스 사이의 경쟁과 뉴스의 연성화 및 선정주의(sensationalism)

TV저널리즘의 변화를 추동하는 가장 중요한 요인 가운데 하나가 바로 '경쟁'이다. TV뉴스는 시간에 대한 통제력을 근거로 다른 매체와 경쟁할 뿐만 아니라, 같은 편성시간대에 다른 TV뉴스와 경쟁한다는 매체적 특성을 갖는다. 세계의 TV뉴스는 변화한 현실과 뉴스 이용자의 요구에 대응하여 경쟁적인 뉴스 제작 시스템을 갖추어, 새로운 뉴스 포맷을 개발하고, 새로운 전달 방식을 고안하기 위해 노력하고 있다. 예를 들어, 영국과 미국은 각각 방송 시스템과 운영원리가 다르며 방송에 대한 사회와 시청자의 기대가 다르다. 각 방송사별로 고유하게 발전시킨 뉴스의 편성이나 제작의 내용적인 특성 또한 고유하다. 예를 들어, 영국의 BBC는 지난 10년 동안 영국 사회의 정치적 변화와 시청자의 요구의 변화에 대해 구조 조정, 조직 개혁, 뉴스 제작 시스템의 변화 등을 통해서 조직적으로 대응해왔다. 이와 달리 미국 네트워크 TV뉴스는 확립된 방송 형식을 더욱 세련되게 다듬어 경쟁적으로 성공하기 위한 전략을 채택하고 있는 것으로 보인다.

하지만 TV저널리즘의 경쟁적 속성은 상업방송 체제에서 발전된 미국의 네트워크 뉴스나 공영방송 체제에서 '안락한 과점'을 즐기는 것으로 보였던 영국의 BBC와 ITV에서 모두 찾을 수 있다. 즉, 미국과 영국의 네트워크 뉴스는 각각 방송의 이념, 경제적 기초, 경영의 목표, 뉴스의 내용적 특성 등이 서로 다르지만, 놀랍게도 경쟁 방송사에 견주어 더 많은 시청자를 확보하기 위한 노력, 즉 경쟁에 대한 대응은 비슷한 방식으로 추구하고 있다는 것이다. 영국의 BBC와 ITV의 경쟁 양상과 미국 네트워크 뉴스의 경쟁 양상은 세계 TV저널리즘의 진행 방향을 보여준다.

(1) 미국 TV뉴스의 경쟁 : 네트워크 뉴스를 중심으로

최근 언론매체 사이 경쟁보다도 더 치열하게 전개되고 있는 것이 방송사 사이의 경쟁이다. 미국의 경우, 특히 케이블의 전문 뉴스 채널의 등장에 따라 기존 네트워크의 저녁 종합 뉴스와 뉴스 매거진을 중심으로 진행되던 방송사 사이의 뉴스 경쟁 판도에 큰 변화가 나타났다. 〈그림 2-4〉가 제시하듯이 미국 TV뉴스를 주도한 네트워크의 저녁 종합 뉴스의 시청률은 하락하고 있으며, 이는 케이블 뉴스와 인터넷 뉴스의 이용자 증가와 대비된다. 또한 지난 9·11테러와 이라크 전쟁, 그리고 2004년 미국 대통령 선거를 거치면서 확립된 Fox 뉴스의 선정적인 '애국적 방송저널리즘'의 등장에 따라 방송뉴스 자체의 성격에 대한 논쟁이 제기되는 등 경쟁의 양상이 복잡하게 얽히고 있다.

무엇보다도 CNN, MSNBC, Fox News Channel이 등장함에 따라 기존 NBC, ABC, CBS의 삼자구도는 근본적으로 변화하게 되었다. 불붙은 경쟁은 뉴스의 내용과 형식에 큰 변화를 가져왔다. 뉴스가 전달할 수 있는 다양한 채널의 확대는 전반적으로 총 뉴스 시간의 확대로 연결되었다. 심화된 경

〈그림 2-4〉 미국 네트워크 TV뉴스의 시청률 하락

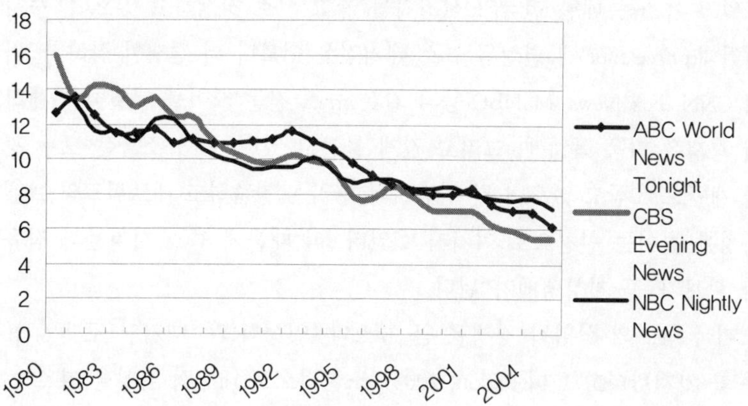

출처 : The state of the news media 2006: An annaul report on American Journalism

쟁은 네트워크 뉴스의 편성이나 제작에 관한 전략에까지 영향을 미쳐 기존의 저녁 뉴스 시간대뿐 아니라 아침, 저녁, 심야시간대, 주말 등 기존에 뉴스 시간이라고 인식되지 않았던 모든 시간대로 다양한 뉴스 프로그램이 경쟁적으로 편성되는 결과를 가져왔다. 즉, 주시청시간대 이외의 시간에서 다양한 유형의 뉴스, 시사, '리얼리티' 프로그램의 편성시간이 꾸준히 증가했다.

경쟁적인 방송 환경에서는 개별 방송사의 점유율에 대한 불확실성이 높아지게 된다. 그리고 이러한 불확실성을 제어하려는 기업의 통제 전략이 더욱 강화되며, 결국 미디어 사업은 이러한 불확실성에 효율적으로 대처하기 위한 노력을 기울이게 된다. 특히 뉴스의 경우 더욱 더 시장의 변화에 민감하게 반응하게 되었는데, 이른바 시장 중심적 저널리즘(market driven journalism)이 본격적으로 대두된 것이 그 한 결과이다. 어떤 이는 Fox 뉴스를 중심으로 한 미국적 애국 저널리즘의 등장도 궁극적으로 급격하게 보수화한 미국 시청자의 요구에 맞추어 자기 정체성을 확립한 상업적 케이블 네트워크의 경쟁적 노력의 결과로 이루어진 것이라고 평가하고 있다.

미국 TV뉴스의 특성은 살인적인 상업적 경쟁으로부터 나온다. 미국 네트워크 뉴스는 매일 전국의 시청자를 놓고 서로 경쟁하고 있으며, 주시청 시간대(prime time)에 편성된 뉴스 매거진은 이보다 더 경쟁이 심하다. 여기에 CNN, Fox News, MSNBC 등과 같은 뉴스 전문 케이블 채널이 가세하면서 경쟁은 더욱 폭넓게, 그리고 깊게 불붙고 있다. 이 뉴스들은 모두 광고를 재원으로 삼고 있으며 각 방송사의 수익을 창출하고 네트워크의 브랜드 가치를 높이는 원천으로 여겨지고 있다. 이 때문에 뉴스 시청률과 점유율의 확보가 곧 지상명제가 된다.

미국 뉴스의 상업적 경쟁은 곧 뉴스의 '연성화'와 '매거진 포맷의 표준화'를 가져왔다고 한다(Barkin, 2003). 노골적으로 대중적 취향을 따르는 새로운 형식의 뉴스가 출현한 것은 물론 네트워크의 저녁 종합 뉴스와 로컬 뉴스와 케이블 뉴스에서도 뉴스의 연성화가 두드러지게 나타나고 있다고 한다. 하지만 역시 미국 TV뉴스의 연성화와 매거진 포맷의 최악의 형태는 '타블로이드 뉴스 매거진'이다(Westin, 2003). 비판가들은 이를 '쓰레기 뉴스(Trash news)'라고 경멸하지만, 1990년대 이래 범죄·성·스캔들·유명인사를 주제로 한 선정적인 뉴스 매거진 쇼는 미국 뉴스 이용자의 일상에 깊이 파고들었으며, 미국적 방송저널리즘의 중요한 경향을 이루고 있다. 머독의 〈Current Affair〉 프로그램이 대표적으로 거론되는 타블로이드 매거진이다. 초기에는 전국적 뉴스와 가십성 뉴스가 섞여서 등장했지만, 이제는 뉴스와 오락의 경계가 완전히 사라졌다. 그리고 이와 비슷한 프로그램인 〈Inside Edition〉 또는 〈Hard Copy〉 등의 프로그램들이 등장하면서 타블로이드 매거진은 하나의 지배적인 포맷으로 자리 잡게 되었다.

타블로이드 뉴스 매거진의 주제 구조(thematic structure)와 내러티브적 관습은 선정주의(sensationalism)로 요약할 수 있다. 예를 들어, 〈Current Affair〉의 경우, 주제가 갱 또는 범죄 집단이고, 구성 방식 역시 선정적이다. 클로즈업, 슬로모션, 과도한 음악 등을 두드러지게 사용하고, 피로 얼룩진 살인 장면을 비롯한 폭력적인 화면도 그대로 보내는 경우가 많다. 뉴스 스토리의 구성은 그리고 선과 악의 대립구도를 가정하며, 심지어 잘 알려진 소설이나 영화적 스토리를 차용함으로써 사실과 허구의 경계를 모호하게 만들기도 한다. 복잡한 이야기를 단순한 도덕적 이야기나 냉소적 비판의 대상으로 삼는 경향을 보이기도 한다.

타블로이드 뉴스 매거진은 그 자체로 타락한 미국 방송저널리즘의 전형이라고 볼 수 있다. 비록 네트워크 뉴스는 높은 충실도를 지니며, 주시청시간대의 뉴스 매거진 또한 중요한 주제와 세련된 전달기법을 자랑하지만, 뉴스 이용자는 이러한 뉴스가 최악의 경우 어떻게 될 수 있는지 상상할 필요가 없다. 타블로이드 뉴스 매거진이 매일 보여주고 있기 때문이다.

이러한 미국 TV뉴스의 상업적 경쟁은 사실 오래전부터 진행되었다는 것이 중론이다 (Barkin, 2003 ; Westin, 2003). CBS, ABC, NBC 네트워크의 종합 뉴스는 서로 견제하고 경쟁하면서 미국적 뉴스 포맷의 역사를 함께 만들어왔다. 그런데 텔레비전 뉴스 시청률이 전반적으로 낮아지는 경향이 나타나면서 이들 사이의 경쟁은 점차 노골적으로 변했다. 메인 앵커 사이의 신경전, 여성 앵커의 스카우트, 대형 사건에 대한 속보 경쟁 등 상업적 경쟁의 양상이 강해지고 있는 것이다.

주시청시간대 뉴스 매거진의 경쟁은 더욱 심하다. 그 이유는 정규 뉴스 프로그램과는 달리 뉴스매거진 프로그램은 일정 부분 후속 시장에서 다시 유통될 수 있다는 장점을 가지고 있기 때문이다. 특히 뉴스 매거진은 주시청시간대에 방영되기 때문에 시청률의 승패가 네트워크에 더욱 큰 영향을 미치게 된다. ABC는 1978년 CBS의 〈60 Minutes〉에 대항하여, 〈20/20〉를 방영하기 시작하였는데, 선정적인 주제에 관한 탐사 보도의 기법을 활용함으로써 시청률 경쟁에서 성공을 거두었다. 이를 지켜본 NBC 역시 계속해서 17~21편의 뉴스 매거진 프로그램을 시도해서 CBS와 ABC와 경쟁했지만 최근까지 뚜렷한 성공이 없었다(예를 들어, 〈First Tuesday〉〈Now〉〈Weekend〉〈Prime Time Sunday〉 등). 최근 NBC의 〈Dateline〉이 마침내 성공을 거두어 일주일에 2~3번까지 방송되기도 한다.

미국 TV뉴스의 경쟁은 대통령 선거를 들었다 놓았다 할 정도로 격렬하다. 예를 들어, 2000년 미국 대통령 선거 당시, 미국의 네트워크 뉴스는 속보 경쟁으로 선거 예측에서 치욕적인 오보를 범했다. 대통령 선거 출구조사를 위해 VNS라는 컨소시엄을 형성한 ABC, CBS, NBC, Fox, CNN, AP 등 5대 뉴스 제공자는 VNS의 조사결과를 근거로 당선자 예측 보도를 준비하고 있었다. 그런데 AP를 제외한 방송사들이 서로 당선자 예측을 빨리 제시해서 더 많은 시청자를 끌어들일 목적으로, 플로리다 지역의 출구조사가 완료되기 전에 민주당 후보인 앨 고어가 당선될 것이라고 성급하게 발표했다. 이는 시차로 보아 서부지역 유권자가 아직 투표를 종료하기 전이기도 해서 선거 자체에 영향을 줄 수도 있는 중대한 실책이었다. 초(超)박빙의 결과를 보였던 2000년 대통령 선거에서 예측 실패를 저지른 미국 네트워크 뉴스는 여론조사와 선거보도에 대해 자체 조사를 벌이고 백서를 발간하는 등 반성하는 모습을 보였다. 실제로 2004년 미국 대통령 선거보도는 훨씬 차분한 분위기에서 진행되었다는 것이 중론이다. 하지만 살인적이라 할 정도로 강도가 높은 미국 방송뉴스에서 경쟁이 완전히 없어진 것은 아니다. 오히려 본격적으로 다채널 경쟁이 전개되면서, 그리고 새로운 매체인 인터넷 언론이 등장하면서 경쟁은 더욱 격화되고 있다.

예를 들어, Fox News Channel과 같은 뉴스 전문 케이블 채널은 등장한 지 겨우 수 년 만에 CNN과 MSNBC를 위협할 정도로 시청률을 끌어올렸다(Barkin, 2003, p.111). 새로운 채널의 등장은 경쟁을 더욱 험하게 만든다. 일요일 아침 뉴스 논평 프로그램 시청률을 보면, 이제 10년밖에 안 되었지만, 〈Fox News Sunday〉는 평균 140만 명의 시청자를 확보하고 있다. 사실 〈Fox News Sunday〉의 시청자 규모는 수십 년 된 NBC의 〈Meet the press〉, CBS의 〈Face the Nation〉, ABC의 〈This Week〉의 4백만, 3백만, 260만 명의 시청자에 견주면 적지만, 겨우 10년 사이 많은 시청자를 확보한 것이다(Johnson, USA Today, 2006. 4. 26).

이러한 변화는 미국 시청자의 양극화와 관련해서 해석할 수 있다. 퓨 리서치 센터의 보고서(Pew Research Center, 2004. 6)에 따르면, 미국의 시청자들은 2000년대에 들어서 점차 더 정치화하고 있으며 보수와 진보 두 진영 사이의 양극화가 더욱 강화되고 있다고 한다. 보수적인 뉴스 시청자들이

Fox News Channel과 같은 새로운 채널에 몰리는 현상이 강화되고 있다는 것이다.

이런 조건에서, 미국의 지상파 네트워크 뉴스는 뉴스 전문 케이블 채널과 비교해서 구성이나 내용에서 차별화한 양식을 강화시키는 방향으로 진화하고 있다. 즉, 단신이나 직접보도기사(straight)는 지방방송 뉴스, 케이블 뉴스, 인터넷 뉴스 등에 넘기고, 주요한 전국적 사안이나 국제적 사건, 그리고 흥미로운 피처(feature) 스토리를 강조하는 구성을 택하고 있다는 것이다. ABC 뉴스의 〈20/20〉을 성공시키는 데 결정적으로 기여했던 웨스틴(Westin, 2003)에 따르면, 미국의 네트워크 뉴스는 다른 매체의 뉴스와 경쟁하는 가운데 점차 '작은 뉴스 매거진'으로 변모하고 있다고 진단한 바 있다. 실제로 바킨(Barkin, 2003, p.167)은 1976년과 1996년의 네트워크 뉴스를 내용분석으로 비교했다. 그 결과를 보면, 평균 아이템 수는 16.7개에서 12.7개로 상당히 감소했으며, 뉴스 주제별 경제·과학·생활양식(lifestyle)·피처 등이 상대적으로 증가한 것과 달리 지역 뉴스, 국제 뉴스, 워싱턴 소식 등 공공 문제에 관한 경성(hard) 뉴스는 감소했다.

결국 네트워크 방송사들은 1990년대 들어 각 메인 뉴스를 중심으로 독자적인 차별성, 또는 정체성을 형성하여 다른 네트워크와 차별화하고자 하려는 경쟁적 전략을 채택하고 있는 것으로 보인다. 특히 독특한 고정 꼭지를 만들어서 뉴스 자체의 심층적 이미지를 강화하려는 시도라고 해석할 수 있다. ABC의 〈American Agenda〉 또는 〈Solutions〉, CBS의 〈Eye on America〉, 그리고 NBC의 〈In Depth〉 등이 대표적인 사례들이다.

미국의 네트워크 뉴스는 가족들의 생활시간 흐름상 자연스럽게 고정적으로 시청할 수밖에 없는, 또는 많은 시청자들이 꼭 보아야 한다고 인식하고 있는 그러한 프로그램에서 시청자들을 적극적으로 끌어야 하는 프로그램으로 변모하고 있음을 각 방송사가 인식하였다는 증거이다. 뉴스도 수많은 선택지 가운데 하나이고 따라서 시청자의 욕구와도 밀접하게 관련되므로 이를 잘 관찰하여야 한다. 더구나 네트워크의 저녁 뉴스는 각 채널의 브랜드 유지나 강화를 위해 아주 중요한 위치를 차지하고 있다.

미국 네트워크의 저녁 종합 뉴스 시청률은 전반적으로 하락하고 있다. 그렇다고 해서 상업적 경쟁력이 낮아지는 것은 아니다. 그 이유는 전반적인 방송 프로그램의 시청률 저하는 뉴스 프로그램만의 문제는 아니며, 수용자의 지속적인 파편화 추세 속에서 상대적으로 다양한 수용자 집단을 많이 모으는 프로그램의 광고 가치는 올라간다고 평가되고 있으며 이런 점에서 네트워크 저녁 뉴스는 여전히 중요한 프로그램으로 여겨지고 있기 때문이다.

결국 미국 네트워크 뉴스의 핵심은 상업적 경쟁력이라고 할 수 있다. 현재 미국의 네트워크 뉴스는 24시간 케이블 뉴스와 인터넷 등과 경쟁에서 뒤지지 않기 위해 동원할 수 있는 수단을 다 사용하고 있다. 그런데 뒤에서 자세히 다루겠지만, 바로 이러한 경쟁력 제고를 위한 상업주의적 접근 노력은 곧 새로운 편파성에 대한 시비와 대중의 감성에 부응하는 애국주의적 경향에 대한 비판을 불러온다. 미국 TV뉴스의 브랜드 강화 전략, 시청률 향상 전략 등 상업주의적 접근에 따른 경쟁력 제고 전략이 바로 사회적 비판의 근거를 제공하고 있는 것이다.

(2) 영국 TV뉴스의 경쟁 : BBC 뉴스를 중심으로

안정적인 공영방송 체제를 발전시켜온 영국에서도 채널 사이 경쟁과 방송사 사이 경쟁은 격렬하게 전개되고 있다. 전통적인 라이벌인 BBC와 ITV가 공영방송으로서 지배적인 자리를 유지하기 위해 노력하고 있으며, 위성방송 BSkyB가 유료 방송 시장을 지배하면서 전체적인 시청률 경쟁을 주도하고 있다. 그리고 Channel 4를 비롯한 소수 계층을 위한 공영방송이 확고히 자리잡고 있다. 이러한 경쟁적 상황에서 BBC는 인터넷을 중심으로 적극적이고 새로운 미디어의 활용과 상업적인 서비스의 적극적인 개척 등을 비롯하여 안팎으로 혁신을 지속적으로 단행하고 있다.

비록 안정적인 점유율을 확보하고 있지만, BBC는 지난 20년 동안 새로운 경쟁자들과 끊임없이 경쟁해왔다. BBC는 특히 이러한 경쟁적 도전에 대응하여 어떻게 내부적인 혁신을 이룰 것인가를 고민해왔다. 고민은 외적인 문제와 내적인 문제로 나뉘는데, 외적 문제는 주로 디지털 환경 변화와 상업적 콘텐츠 사업자들의 시장 재편에 어떻게 대응할 것인가 하는 것이고, 내적인 과제는 전통적으로 성립되어 자리 잡은 BBC의 문화·가치·조직구조 등을 어떻게 새롭게 재편할 것인가 하는 것이다. BBC는 단지 방송 환경의 변화에 어떻게 대처해야 할 것인가 뿐만 아니라 전통적인 서비스를 지속적으로 제공을 하면서도 동시에 어떻게 개혁을 이룰 것인가에 논의의 초점을 맞추고 있다(BBC, 2000, 2004).

BBC 뉴스와 ITV 뉴스는 경쟁을 통해서 서로 견제하면서 발전하고 있다. 지난 1999년부터 2001년까지 3년 동안 계속된 뉴스 편성 전쟁은 영국 지상파 TV뉴스의 경쟁이 얼마나 격심한지 잘 보여준다(〈표 2-1〉 참조). 1999년, 시청률에 민감한 ITV는 채널 전체의 시청률 상승을 위해 밤 10시 주요 뉴스를 폐지하고 11시로 주요 뉴스 시간을 이동 편성했다. BBC 9시 뉴스역시 밤 10시로 이동 편성했는데, 이에 대해 비판자들은 BBC의 상업주의적 경향이 뉴스를 주시청시간대에서 늦추어 방송하게 된 것이 아닌가 하고 비판했다. 이러한 비판에 대해 BBC는 더 많은 사람들이 뉴스를 시청할 수 있도록 하기 위한 것이라고 응수하였다. 밤 10시에 뉴스를 방송함으로써 저녁 늦게 진행되는 의회의 각종 표결 결과나 미국에서 주로 일어나는 국제 정치나 경제 관련 사안들을 뉴스로 다룰 수 있는 등의 장점이 있다는 근거를 제시했다. 하지만 거의 모든 영국의 언론들은 이러한 주장들을 BBC의 경쟁적 편성 전략에 말미암은 것으로 해석하고 있다. BBC 9시 뉴스의 편성 시간대 이동은 단순히 뉴스 프로그램의 경쟁을 선언했다는 차원에 그치는 것이 아니다. 뉴스 시간대의 이동은 뉴스의 경쟁뿐 아니라 뉴스를 밀어낸 대신 그곳에 오락 프로그램들을 배치하여 오락 프로그램들끼리의 시청률 경쟁을 동시에 선언한 것이나 마찬가지이기 때문이다. 한편 밤 11시로 주요 뉴스를 이동 편성한 ITV는 오히려 뉴스 시청률의 하락을 견디지 못해 다시 10시로 돌아오게 된다. 이로써 10시대의 본격적인 시청률 전쟁이 벌어졌다.

2000년 10월 BBC의 다이크(Dyke) 사장은 저녁 9시 뉴스를 밤 10시로 편성 시간대를 변경하면서, 이러한 결정이 기본적으로 '더 많은 시청자를 확

〈표 2-1〉 영국 뉴스의 편성 전쟁

1998년 11월	정치권과 일반 대중들의 강력한 반대에도 ITC는 ITV의 10시 뉴스를 폐지한 뒤 2편(저녁 6시30분 뉴스와 밤 11시 뉴스)의 새로운 뉴스 프로그램을 편성할 수 있도록 승인함.
1999년 3월	32년 동안 밤 10시 자리를 지켜왔던 ITV의 10시 뉴스 폐지함. 이로써 이 시간대 시청률 상승의 견인차가 될 것을 기대함.
2000년 3월	기존의 ITV 10시 뉴스 1편의 프로그램 시청자 수보다 두 편 프로그램의 합산 시청자 수가 오히려 줄어드는 현상 나타남.
2000년 10월	BBC, 9시 뉴스를 밤 10시로 옮겨서 편성함.
2001년 11월	ITV, 밤 10시 뉴스로 복귀. BBC와 뉴스 시청률 대전이 벌어졌으나, BBC의 압승으로 귀결됨(2002년 3월 현재 220만 대 660만).
2003년 11월	이라크전 기간 동안 ITV 10시 뉴스를 9시로 옮길 것을 결정하고 시청률 측면에서 상당한 성과를 거둠.
2003년 3월	BBC1의 밤 10시 뉴스, 평균 520만 시청자 수를 기록하면서 자매 프로그램인 오후 6시 뉴스를 앞섬.
2004년 1월	ITV, 기존의 밤 10시 뉴스를 10시 30분으로 옮길 것을 결정. 간판급 앵커인 맥도널드 경 강하게 반발함.

출처 : 정준희(2005). 모든 시간대 골고루 편성 지향. 《해외방송정보》 2월호. 한국방송.

보하기 위한 것'임을 숨기지 않았다. 사실 당시 시청률 조사에 따르면 BBC 채널 가운데 가장 경쟁력이 약한 시간대 가운데 하나가 BBC1의 9시 뉴스 시간대이며, 이에 대해 적극적으로 편성 정책의 변화를 꾀할 필요가 있다는 지적이 있었기에 이에 대응하여 공격적인 편성 전략을 채택한 것이다.

　일부 비평가들은 이러한 결정이 주시청시간대에서 뉴스를 없앤 결과를 초래했다고 BBC를 강력하게 비난했다. BBC는 이러한 비판에 대응해서 9시 뉴스를 10시로 옮김으로써 더 많은 뉴스 시청자를 확보할 수 있다면 그것이 바로 공익을 위한 공영방송의 임무를 수행하는 것이라고 주장했다(Billen, 2000; Snoddy, 2000). BBC가 뉴스 시간대를 변경함으로써 (1) 영국 의회의 투표 결과를 10시 뉴스 시간대에 즉각 보도할 수 있으며, (2) 2000년 미국 대통령선거 캠페인에 대한 속보와 미국 경제의 움직임을 10시 뉴스에 일보(一報)로 제공할 수 있게 되었다(Robey, 2000). 다이크 사장은 BBC1의 10시 종합 뉴스가 보도와 분석을 겸한 것이라면, 이 뉴스가 끝나자마자 10시 30분에 시작하는 BBC2의 〈Newsnight〉는 주요 기사에 대한 분석을 위한 것으로서 11시 15분까지 계속된다고 지적했다. 따라서 시청자는 원하기만 한다면 밤 시간대에 무려 1시간 15분 동안 뉴스를 시청할 수 있을 것이라고 되받았다.

영국 지상파 TV뉴스의 경쟁은 9·11테러, 이라크 전쟁 보도 등과 같은 국제적 사건 보도에서 극명하게 드러난다. 예를 들어, 9·11테러 당시 대부분의 영국 방송사들은 이 사건을 취재할 현지 기자나 장비가 준비되지 않은 상태였다. 특히 BBC의 경우 미국의 방송 파트너였던 ABC의 전송탑이 무역센터 빌딩 옥상에 있어 화면을 정상적으로 전송받는 데 장애를 겪었다(Independent, 2001. 9. 16). 결국 BBC가 기술적인 어려움을 겪고 있을 때, 9·11테러에 대한 보도를 가장 먼저 했던 방송사는 위성방송 Sky News로, 사건 발생 7분 뒤에 보도를 시작했다. 그리고 ITN의 24시간 뉴스 채널이 미국 NBC의 화면을 받아서 방송을 시작했다. 결국 속보에서 BBC News24가 상업방송인 Sky News에 뒤짐으로써 기선을 놓친 것이다. 9·11테러를 보도하는 동안 신문사 편집국들과 정부의 주요 부처에서 채널을 고정해놓은 곳은 BBC News24가 아니라 Sky News였다고 한다. BBC는 News24 화면을 BBC1에 제공함으로써 지상파 방송사 가운데에서는 최초로 이 사건을 보도했다. 이 사건을 통해 BBC는 처음으로 디지털 채널인 News 24에 강하게 의존하게 되었는데, 이를 두고 News24의 편집자는 "CNN이 걸프전을 통해 존재를 증명했듯이 News24도 9·11테러 보도를 통해 그렇게 했다"는 말을 남기기도 했다.

속보 경쟁을 주도하는 머독의 BSkyB와의 경쟁에서 고전하고 있는 BBC는 News 24의 속보를 BBC1이나 BBC2 등 기존 채널의 프로그램 중간 중간에 전격적으로 끼워 넣는 방식으로 대응하고 있다. BBC의 여러 채널에서 방송하는 다양한 뉴스 프로그램을 활용해서 채널이나 장르 브랜드 이미지를 상호홍보(cross-promotion)하고 있는 것이다. 결국 BBC는 9·11테러 사건에서도 '위기 시에 국민들이 찾는 방송'으로서 전통적인 입지를 재확인했다. 비록 속보 경쟁에서는 위성방송에 뒤졌지만, 지상파 방송사와의 대결에서는 승리를 거둔 것이다. 오후가 되면서 BBC 시청자의 수가 서서히 증가하여 220만에서 940만에 육박한 것과 달리 ITV의 시청자는 140만에서 6백만으로 증가하는 데 그쳤다고 한다. 하지만 메인 뉴스에는 BBC 메인 뉴스 앵커(David Dimbleby)가 ITV 메인 뉴스 앵커(McDonald)에 견주어 낮은 시청률을 기록하였다. 이는 시청자들이 해설 위주의 BBC 저녁 뉴스보다는 스펙터클한 사건의 재현을 반복한 ITV를 선호했기 때문이다. 더불어 맥도널드라는 앵커에 대한 시청자의 충성도 역시 하나의 요소라고 평가되고 있다.

BBC는 경쟁력 강화를 위해 스타급 저널리스트 발굴에 노력하고 있다(Broadcast News, 2002. 7. 24 ; Tribune Business News, 2002. 8. 28). 오후 6시 뉴스의 전(前) 편집자(program editor)였던 밥 위튼(Bob Wheaton)은 오늘날 경쟁적인 텔레비전 환경에서는 기자들이 어느 정도의 카리스마를 지녀야 한다고 강조한다. 그는 전통적인 일꾼형의 기자들에게는 불리한 환경이 되었다고 본다. 위튼은 카메라 앞에서 어떻게 보이는가가 중요하다고 주장한다. 뉴스 진행자와 보도기자는 유려한 용모, 말솜씨, 옷차림 등을 갖춘 사람 가운데서 골라야 한다고 본다. BBC는 ITN과 CNN 등 다른 채널로부터 스타 재목을 스카우트하는 전략을 구사하기도 한다. 결국 이러한 전략은 과거에 BBC에서 중시되던 기자 윤리보다 비디오로 어떻게 보이며 어떻게 평가받는가(performance skill)에 강조점을 둔 것이다. 이러한 BBC의 새로운 뉴스 인력 정책에 대해 비판이 제기되기도 했지만, 이에 대해 BBC는, 뉴스는 엘리트들만을 위해 존재하는 것이 아니라 모든 시청자들을 위해 존재한다는 주장을 내세운 바 있다.

BBC는 경쟁력 강화를 위해 전방위로 노력하고 있다. BBC는 특히 뉴스 부문을 경쟁에 대처해나갈 수 있는 핵심적인 전략 프로그램으로 보고 있다. 따라서 뉴스를 통해서 경쟁에 성공하는 것은 물론 공영방송 서비스의 제공이라는 전통적인 공익성 달성도 추구한다. BBC는 '적절한 자원 없이 최상의 것은 가능하지 않다'는 신조 아래 어떤 것이 BBC를 위해 중요하고도 가치 있는지를 가려서 자원을 집중하는 전략을 세웠는데, 여기에 뉴스와 드라마, 특히 뉴스가 결정적으로 중요한 역할을 한다(BBC, 2000). 이러한 전략적 고려에 따라, 뉴스 제작 시스템 등에 대규모로 투자하기도 한다. 예를 들어, 2003년 BBC와 Quantel은 세계에서 가장 거대한 디지털 뉴스 생산 시스템을 구축하려는 '주피터 프로젝트(Jupiter Project)'를 추진했다. 이는 BBC의 국내 뉴스 프로그램, BBC 뉴스온라인, BBC World를 모두 통합하는 프로덕션 시스템으로 BBC 뉴스가 BBC의 가장 중요한 자산이라는 점에 착안한 전략적 선택이다.

'주피터 프로젝트'는 가능한 모든 기술을 동원하여 가장 앞선 뉴스 룸(news room) 환경을 만드는 데 초점을 맞춘다. BBC의 저널리스트들은 이미 익숙한 데스크탑 컴퓨터로 이러한 기술을 사용하려 한다. 주피터 시스템의 가장 핵심적인 목표는 각각의 방송된 영상자료(footage)와 방송 안 된 영상자료(shot rushes)를 더 쉽게 활용할 수 있게 만드는 것이다. 이 계획이 실현될 경우 모든 1차 영상자료들을 데이터베이스에 색인화하여 저장함으로써 더 쉽게 검색하고 가공할 수 있게 되어 글로벌 뉴스 경쟁에서 기사 수집·생산·분배에 기술적 우위를 차지하게 될 전망이다. 결국 주피터 프로젝트는 다가오는 미래에 작은 리스크로 자료를 가공하고 생산함으로써 제작을 지원해줄 테크놀로지와 효율적인 미디어 자료관리를 찾는 방안을 현실화한 것이다.

뉴스 프로그램에 대한 개혁과 투자는 공영성과 상업성을 동시에 강화하고자 하는 BBC 개혁의 큰 틀이라는 맥락에서 이루어진다. BBC는 자신의 브랜드 가치가 '공정함', 특히 '뉴스의 공정함'과 관련이 있다는 것을 잘 알고 있다. BBC의 브랜드 가치는 다양한 정보 콘텐츠가 시장에서 영향력을 확대하는 데 도움을 줄 것으로 본다(BBC, 2000 ; 2004). 그리고 이러한 브랜드 가치는 역시 뉴스 프로그램을 통해서 길러지는 것이라고 본다. 이는 뉴스 프로그램이 그 자체로서도 중요할 뿐 아니라, 경쟁적인 방송 환경 속에서도 시청자들이 특정한 방송사를 선호하도록 잡아두는 도구로서 가치를 지닌다는 것을 의미한다.

〈그림 2-5〉영국 지상파 방송 점유율 추세 (개인 점유율 : 1996～2005)

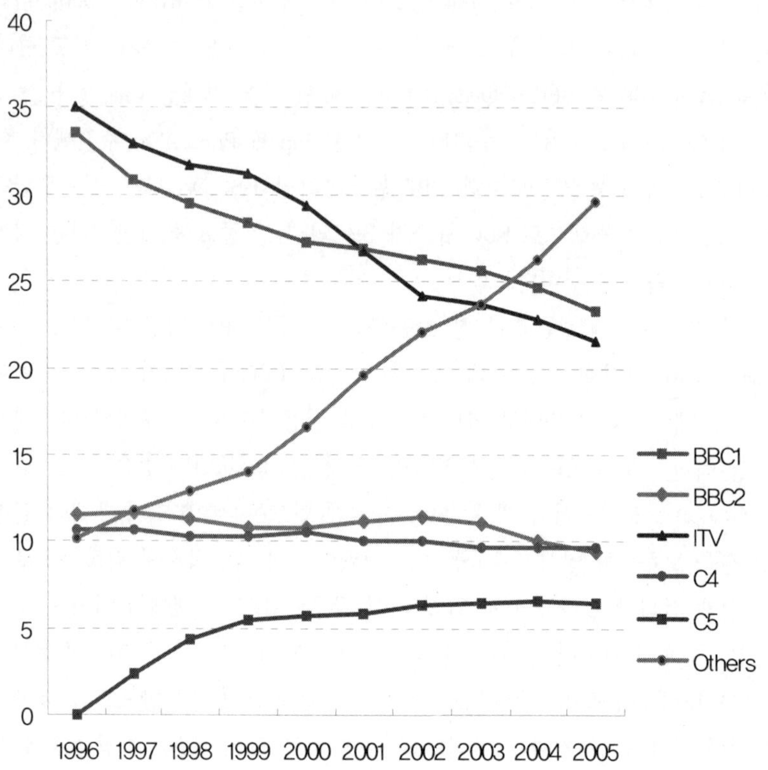

출처 : Broadcasters' Audience Research Board, 2006.

　최근 가장 두드러지게 나타나고 있는 경쟁 구도는 차츰 상업화해가는 BBC와 전통적인 경쟁자인 ITV는 물론 상업방송인 BSkyB도 참여하는 다자 사이의 구도다. 위성과 케이블 등 다양한 플랫폼 서비스 사업자의 등장으로, 경쟁은 단순한 채널끼리 경쟁을 넘어서 다차원적으로 이루어지고 있다. BBC는 다른 상업 채널로부터의 경쟁뿐 아니라 다양해지는 방송 플랫폼 사업자들에 대한 대응에서도 위상을 확립해야 하는 상황에 처해 있다. 이런 상황에서 BBC는 BskyB를 포함한 상업적 채널들의 행보를 예의 주시하면서 방송 정책적인 견지에서 상업 채널에 대한 견제를 강화하고 있다. BBC는 BSkyB 등과 같은 상업적 경쟁자가 디지털 환경에서 앞서 나가는 것을 견제하려 한다. 예를 들어, BBC 전(前) 사장 그렉 다이크(Greg Dyke)는 BSkyB가 영국의 가장 큰 위성방송 시스템을 운영하면서, 자사의 시스템에 프로그램을 공급하며, 방송 시스템을 사용하기 원하는 다른 방송 사업자들에게 가격을 매기는 시장의 지배자 역할을 하는 것에 대해 경고한 바 있다. 사실 이는 BskyB를 포함한 상업적 플랫폼 사업자들은 BBC의 독점적이고 특혜적인 지위에 대해 끊임없이 문제 제기를 하는 것에 대해 BBC가 반격에 나선 것으로 해석할 수 있다. 한마디로 BBC는 이러한 상업방송에 대해 경제적으로 경쟁해야 할 뿐만 아니라 정치적으로 끊임없이 시달리고 있는 것이다.

BBC는 2001년, 1995년 이래 처음으로 시청률에서 ITV를 앞섰다(〈그림 2-5〉 참조). 2001년 11월 19일자 《가디언》지는 "영국 텔레비전 역사에서 기념비적인 일이 지금 화면에서, 바로 우리 눈앞에서 벌어지고 있다"며 BBC가 반세기 만에 시청률의 선두에 올라선 것을 보도했다. ITV는 지난 10년 동안 지속적인 하락세를 보이고 있다. 하지만, 지상파 상업방송의 점유율은 꾸준히 증가해서 2004년에는 지상파에서 선두를 차지했다. 비록 2004년에는 점유율 선두는 빼앗겼지만 BBC는 상업방송과 ITV 등 공영방송의 견제 속에서 경쟁력을 유지하기 위해 노력해온 성과가 있다는 것을 보여준다.

BBC 뉴스는 경쟁력 유지를 위해 취재·보도 시스템을 개혁하고 조직적인 변화도 추구하고 있다. 사실 지난 BBC 시청률 경쟁의 승리는 민영방송 출신으로 경쟁 전략에서 탁월하다는 명성을 지닌 존 버트(John Birt)와 그렉 다이크 등 전(前) 사장들에 의해 주도된 것이다. 비록 최근 허튼 보고서(the Hutton report) 이후, 새로운 사장이 취임하고 대대적인 감원과 조직 개편으로 BBC의 위상이 흔들리는 모습을 보이고 있지만, BBC의 경쟁력은 끊임없는 조직 혁신과 직업윤리의 고양에서 나온다는 것이 중론이다.

예를 들어, 1997년에 개시된 조직개편은 BBC에 시장원리를 도입한 존 버트가 주도했다. 이 조직 개편은 기존의 "수직적 통합체제로부터의 탈피"로 해석할 수 있다. 즉, 제작의 효율성을 극대화하기 위해 수평적인 경쟁구조를 도입한 것이다. 그런가 하면, 2000년의 조직개편은 그렉 다이크의 첫 번째 개혁 정책으로서 "신속하고 효과적인 의사결정 시스템의 도입"으로 요약될 수 있다. 한정된 재원으로 이전보다 더 다양해진 시청자 욕구에 부응해야 하고, 동시에 공적 책무를 이행해야 하는 서비스를 운영해야 하는 공영방송으로서는 이러한 목표를 추구하는 것이 시대적 요구인 것이다. 최근 새로운 BBC 사장인 톰슨(Thompson)은 BBC 칙허장 갱신을 앞두고 다시 대규모 인원 감축과 조직 혁신을 추진하는 등 새로운 개혁의 기치를 들고 있다.

BBC는 조직을 재배치하는 등의 노력으로 언론인의 노동 유연성을 늘림으로써 경쟁력을 유지하려 한다(Broadcast News, 2002. 7. 24.). 예를 들어, 2002년 텔레비전 뉴스 요원(staff) 가운데 일부인 100여 명을 디지털 재교육을 거쳐 비디오 저널리스트로 전환시켰다. BBC는 이들에게 개인 디지털 제작(personal digital production, PDP)을 교육했는데, 이는 기자들이 리포트하고 촬영하며 편집하는 일을 한꺼번에 수행할 수 있도록 돕는 것이다.

결국 BBC 뉴스의 변화와 발전은 이러한 큰 혁신의 틀 속에서 이루어졌다고 보는 것이 옳다. BBC는 뉴스가 곧 핵심적인 전략적 입지를 제공하는 주요 프로그램이라 보고, 뉴스의 경쟁력을 높이기 위해 집중적으로 투자해 왔다. 그리고 이러한 뉴스에 대한 투자는 경쟁적인 방송환경에서 능동적으로 살아남기 위해 조직의 유연성을 극대화함으로써 오래된 조직관행을 과감하게 버리고 새로운 관행을 채택한 것과 동시에 전통적인 BBC 뉴스의 가치인 공정성을 지켜온 노력에 따른 것으로 평가된다.

(3) 한국 방송뉴스의 경쟁

한국 TV뉴스의 경쟁은 지난 2000년대까지 KBS와 MBC의 저녁 종합 뉴스인 〈뉴스 9〉과 〈뉴스데스크〉 사이의 경쟁으로 진행되었다. 하지만 최근에는 SBS의 8시 뉴스도 경쟁력이 강해지면서 KBS 〈뉴스 9〉의 시청률이 상대적으로 앞선 가운데 MBC와 SBS의 저녁 종합 뉴스가 치열하게 경쟁하는 양상을 보이고 있다.

〈그림 2-6〉 KBS 〈뉴스 9〉과 MBC 〈뉴스데스크〉의 시청률 경쟁

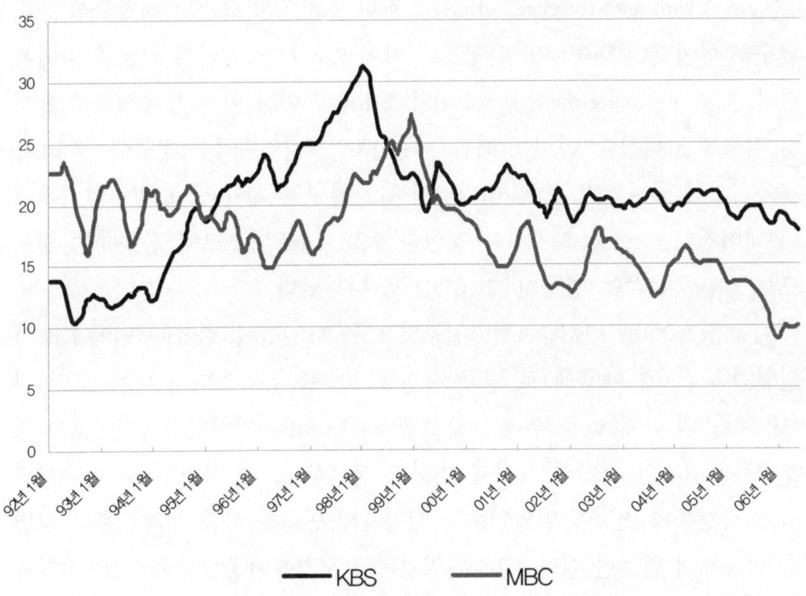

　〈그림 2-6〉은 지난 1992년부터 한국 닐슨(A. C. Nielsen)이 제공하는 시청률에 바탕을 둔 KBS와 MBC 저녁 종합 뉴스의 경쟁을 보여주고 있다. MBC는 1994년 말까지 KBS에 견주어 우위를 점하다가 1995년 KBS에게 경쟁적 우위를 내어준 뒤, 1998년 7월부터 1999년 1월까지 우세를 점했다. 하지만 그 뒤부터는 계속해서 KBS가 상대적으로 앞서고 있다.

　어떤 이는 이러한 저녁 종합 뉴스의 시청률에 따른 경쟁력의 우열이 저녁 종합 뉴스 직전에 방영되는 일일연속극의 시청률에 따른 연동효과라고 주장한다. 즉, 일일연속극을 시청한 시청자가 저녁 종합 뉴스로 그대로 넘어가는 이른바 전이효과(the carry-over effect)에 따라서 뉴스 시청률의 경쟁력 우열이 결정된다는 것이다.

　이러한 지적은 한편으로는 그럴 듯한 측면이 있다. 실제로 이재현(1994)과 이준웅(2000)의 연구에 따르면, 두 방송사의 경쟁이 치열했던 1990년대 말에는 실제로 이러한 전이효과가 있었다고 한다. 이재현(1994)은 1994년

2월 21일부터 9월 30일까지의 평일 시청률을 대상으로 다중회귀분석 (regression with auto-correlated errors)을 했다. KBS 9시 뉴스의 시청률을 종속 변수로 삼아 일일연속극의 시청률이 이에 미치는 영향력의 규모를 알아본 결과, 회귀계수(regression coefficient)가 .27(p⟨.01)이며 이는 통계적으로 유의한 것으로 밝혀졌다. 다시 말해서, 이는 KBS 일일연속극 시청률이 약 10%p 높아지거나 낮아지면, 그에 따라 9시 뉴스의 시청률이 약 2.7%p 높아지거나 낮아진다는 것을 의미하는 것이다. MBC 뉴스데스크의 경우에는 직전 프로그램이 미치는 영향이 .25(p⟨.01)로 나타났다.

이준웅(2000)은 1998년 1월 5일부터 10월 31일까지, 즉 1998년에 KBS가 일일연속극 〈정 때문에〉로 평균 시청률 50%를 유지하다가 〈살다보면〉과 〈내 사랑 내 곁에〉라는 후속 프로그램에서는 MBC 일일연속극인 〈보고 또 보고〉에 뒤지던 시기의 시청률 변화를 분석했다. 이 시기의 두 방송사의 뉴스 시청률의 변동을 일일연속극 시청률의 변화를 통해 시계열분석 방법을 이용해서 검토한 결과, KBS 일일연속극 시청률이 〈KBS 뉴스 9〉 시청률에 미치는 영향은 비표준화한 회귀계수로 .30(p⟨.001)인 것으로 나타났다. 즉, 일일연속극 시청률이 10%p 증가하면 뉴스 시청률이 3%p 연동해서 증가한다는 것을 의미한다. 한편, MBC 일일연속극 시청률이 MBC 〈뉴스데스크〉에 미치는 영향은 .23(p⟨.001)인 것으로 밝혀졌다. 따라서 1990년대에는 일일연속극이 저녁 종합 뉴스에 미치는 효과가 약 30% 정도, 그리고 통계적으로 유의한 수준에서 실재했던 것으로 평가할 수 있다.

하지만 이러한 전이효과는 최근 상당히 둔화되었거나, 아니면 아예 통계적으로 유의하지 않을 정도의 수준으로 미미해진 것으로 보인다. 최근 시청자들의 채널 선택 유형은 연속극과 종합 뉴스 등이 방송되는 채널 자체를 선호하기보다는 연속극이면 연속극, 종합 뉴스면 종합 뉴스 등 개별 프로그램을 선별적으로 선택하는 경향을 보인다. 이준웅과 김은미(2004)의 보고에 따르면, 1997년 1월부터 2003년 10월까지의 시청률 자료를 이준웅(2000)의 분석방법을 이용해서(단 일별 데이터가 아닌 월별 데이터를 이용) 일일연속극 시청률이 저녁 종합 뉴스 시청률에 미치는 효과를 분석한 결

〈표 2-2〉 선호하는 뉴스 채널 (과거 뉴스 시청자 연구결과 정리)

조사 연도	KBS 뉴스 9	MBC 뉴스데 스크	KBS2 뉴스	SBS 8시 뉴스	시청률		조사기관	
					KBS 뉴스 9	MBC 뉴스데 스크		
1987. 10	19.7	33.0					KBS 방송문화연구소	KBS 뉴스 : 고연령(50대), 저학력 (초졸, 중졸), 자영업 자
1989	33.4	62.2	4.5				서울대 언론정보연구소	
1990[1)	24.4	35.9	4.5				서울대 언론정보연구소	
1990	26.1	43.4					KBS 방송문화연구원	MBC뉴스 : 300대, 대졸 이상, 일 반기업 직장인
1991	31.9	47.3					KBS 방송연구원	
1992	32.6	42.5		1.8	13.4	20.1	KBS 방송연구원	
1992	26.0	52.2			13.4	20.1	한양대 언론문화연구소	
1998[2)	37.4	48.6	1.7	10.1	26.1	24.4	KBS 정책연구실	일일연속극/뉴스 상 관관계 발견
1998	37.4	55.4		3.8	26.1	24.4	한국 갤럽	
1999[2)	38.7	48.3	3.7	9.3	22.6	21.2	KBS 방송문화연구원	
2000. 12[3)	42.2	31.4	6.4	14.7	23.2	16.5	KBS 정책기획실	
2000. 12	36.8	36.8	-	5.7	23.2	16.5	방송문화진흥회	
2000. 12	48.6	29.8	2.9	8.4	23.2	16.5	한양대 사회정보 리서치 센터	40대 이상 대졸까지 KBS 뉴스 선호
2001. 7	41.1	45.0		8.5	23.3	16.0	한국갤럽	
2001. 12	39.7	37.0	2.1	6.8	21.8	15.0	방송문화진흥회	
2002. 12	42.9	31.6	3.1	6.1	21.6	16.8	KBS 방송문화연구소	
2003. 11[4)	37.6	42.1		8.2	21.9	15.4	방송문화진흥회	
2003. 12	45.4	44.4	.8	6.1	21.9	15.4	서울대 언론정보연구소	
2004.							방송문화진흥회	

1) 1990년 서울대 연구 - MBC 드라마 평가와 뉴스 평가의 상관관계 발견. MBC 채널 충성도가 높음.
2) 1998~9년 KBS 연구 - KBS 방송사 이미지와 KBS 뉴스 선택의 관련성 발견.
3) 2000년 KBS 연구 - 역사상 처음으로 〈KBS 뉴스 9〉 주시청자가 〈MBC 뉴스데스크〉 주시청
   자를 앞섬.
4) 2003년 방송문화진흥회 연구 - '주시청 뉴스' 선택이 역전됨.

과, 1997년 1월부터 2000년 12월까지는 KBS와 MBC 두 채널에서 모두 일
일연속극 시청률이 저녁 종합 뉴스에 미치는 효과가 각각 .25(p⟨.001,
n=48)와 .20(p⟨.001, n=48)으로 나타났지만, 2001년 1월부터 2003년 10월

까지는 KBS와 MBC 두 채널에서 모두 통계적으로 유의한 관계가 발견되지 않았다.

결국 이는 최근 한국 저녁 종합 뉴스의 경쟁력은 이제는 일일연속극의 경쟁력에서 비롯된 종속적인 것이 아니라, 시청자들의 시청경험으로 형성된 뉴스 프로그램에 대한 평가에서 비롯된 독립적인 것이라고 해석할 수 있다. 따라서 이 결과를 바탕으로 하여 이제는 뉴스 시청률이 연속극 시청률에 따라 결정된다는 가정 아래 연속극에 치중하는 편성전략으로 뉴스의 경쟁력을 높일 수 있다고 생각하는 것은 이미 통하지 않는 낡은 사고방식이 되었다고 말할 수 있다.

한국 저녁 TV뉴스 사이 경쟁을 알아보기 위한 또 다른 자료는 시청자 표본이 응답한 '주시청 뉴스 채널'에 대한 조사자료이다. 〈표 2-2〉에 제시된 '주시청 뉴스 선택'에 대한 조사결과 종합을 보면, 지난 20년 남짓 동안 주시청 뉴스의 선택이 변화해왔음을 알 수 있다.

〈표 2-2〉에서 제시된 '주시청 뉴스 선택'에 대한 시청자 응답은 뉴스 시청률 자료와는 다르다. 시청률 자료가 개인의 시청행위에 바탕을 둔 '행동자료'라면 주시청 뉴스에 대한 자료는 개인의 뉴스에 대한 인식과 평가가 포함된 '인지적 자료'다. '주시청 뉴스'에 대한 자료는 특히 저녁 종합 뉴스에 대한 인식과 평가를 포함하기 때문에 시청률 자료보다 미묘한 속성을 지닌다. 즉, 이는 뉴스에 대한 인지도, 선호도, 그리고 충성도와 같은 평가적 요인이 포함된 것으로 보아야 한다. 그리고 '주시청 뉴스 선택'은 방송사 이미지(station image)와도 관계가 있는 것으로 지적되고 있다. 한마디로, '주시청 뉴스 선택' 여부는 일종의 '체감된 뉴스 선호도'라고 볼 수 있다.

'주시청 뉴스'에 대한 자료를 보면 뉴스의 경쟁력은 단순히 '시청률'로만 평가할 수 없는 복잡한 개념이라는 것을 알 수 있다. 뉴스의 경쟁력은 시청자들의 뉴스 내용에 대한 평가, 뉴스에 대한 신뢰, 그리고 방송사 이미지에 대한 평가 등이 결합하여 구성되는 것이라고 볼 수 있다는 것이다. 즉, '주시청 뉴스 선택'에 대한 응답을 기준으로 분석하는 경우, 각 조사에서 확인된 주시청 뉴스 선택 원인에 대한 분석을 활용할 수 있다는 장점이 추가로 있다. 이준웅과 김은미(2004) 보고서에 제시된 〈표 2-2〉를 중심으로 주시청 뉴스 선택의 변화와 시청률 변화의 추세를 정리해보면 다음과 같다.

① 1990~1999년

초기의 조사자료를 검토해보면, 1990년대 초기에 〈KBS 뉴스 9〉은 〈MBC 뉴스데스크〉와 비교해서 '주시청 뉴스'로 인정받는 경우가 적었다. 특히 1999년까지는 한마디로 MBC 뉴스의 전성기라고 할 수 있다. 그 이유는 시청자 구성의 특성에 있었던 것으로 볼 수 있다. MBC 뉴스의 주시청자는 전체 연령대에 걸쳐 고르게 분포했지만, KBS 뉴스 주시청자는 고연령(50대 주축), 저학력(초·중졸), 그리고 자영업자 중심이었기 때문이다. 특히 이 시기의 자료를 보면, MBC 뉴스가 30대와 40대를 주축으로 한 상대적으로 젊은 시청자와 대졸 이상의 일반기업 직장인을 기반으로 한 충성스러운 시청층을 거느리고 있었음을 확인할 수 있다.

하지만 이 시기의 시청률 자료를 보면, 1992년에서 1994년 말까지는 실제로 〈MBC 뉴스데스크〉가 〈KBS 뉴스 9〉에 견주어 시청률이 높았지만, 1994년 말부터 1998년 5월까지 4년 남짓 동안은 〈KBS 뉴스 9〉의 시청률이 더 높았다. 즉, 〈KBS 뉴스 9〉가 〈MBC 뉴스데스크〉보다 시청률이 더 높았던 기간에도 〈MBC 뉴스데스크〉가 〈KBS 뉴스9〉보다 시청자들에 의해 주로 시청되는 뉴스로 인정받는 경향이 있었던 것이다. 즉, 뉴스 시청률 자료와 '주시청 뉴스' 선택에 대한 서베이 결과가 달리 나왔다.

이렇게 시청률 자료와 주시청층 응답이 다른 이유는 첫째, 이 시기 시청자들의 뉴스에 대한 체감적인 평가가 MBC 뉴스에 대해 더욱 호의적으로 이루어졌기 때문이라고 해석할 수 있다. '뉴스 시청 행위'와 '뉴스에 대한 평가'는 다를 수 있으며, 〈MBC 뉴스데스크〉의 경우 이 시기에 실제 시청자의 수는 줄었지만 이에 대한 긍정적인 평가는 별로 줄지 않았기 때문이라고 볼 수 있다. 둘째, 이 시기의 자료를 종합해보면, 공정성, 신뢰도 등 MBC 방송사 이미지가 KBS 방송사 이미지에 견주어 전반적으로 좋았다. 마지막으로, 앞에서 제시했듯이 이 시기의 뉴스 시청률은 일일연속극에 크게 영향을 받았다는 것을 알 수 있다. 드라마 시청률이 뉴스 시청률에 영향을 미쳤기 때문에 뉴스 시청률 자체가 뉴스의 경쟁력을 정확히 나타내지 않았다고 해석할 수 있다.

② 2000~2002년

이 시기에 〈KBS 뉴스 9〉은 처음으로 주시청 뉴스에서 〈MBC 뉴스데스크〉를 제치고 '주시청 뉴스'로서 더 인정을 받기 시작했다. 비록 시청률은 1994년부터 1998년까지 〈KBS 뉴스 9〉이 〈MBC 뉴스데스크〉보다 앞서왔지만, 시청자 평가의 측면에서 2000년 이후 처음으로 〈KBS 뉴스 9〉이 주시청 뉴스로 인정받기 시작한 것이다. 특히 2000년 말 한양대의 사회정보 리서치센터에서 수행한 뉴스 연구에서는 주시청 뉴스로서 〈KBS 뉴스 9〉을 선택한 시청자가 48.6%로 나타나 〈MBC 뉴스데스크〉의 29.8%보다 훨씬 더 많았다(이민웅, 2001).

이 연구에 따르면, 〈KBS 뉴스 9〉이 주시청 뉴스로 인정받게 된 것은 시청자 가운데 40대가 처음으로 KBS 뉴스를 MBC 뉴스에 견주어 더 많이 '주시청 뉴스'로 선택한 때문이다. 또한 이 시기에는 시청자 집단 가운데 30대도 주시청 뉴스 선택에서 큰 변화를 보였다. 과거보다 더 많이 KBS 뉴스를 '주시청 뉴스'로 선택했던 것이다. 또한 고학력자가 KBS를 선택하는 행위가 증가한 것도 이 시기다. 즉, 저녁 종합 뉴스 시청자의 인구학적 특성이 근본적으로 변화하면서 주시청 뉴스에 대한 평가도 변화한 것으로 해석할 수 있다.

특히 이 시기에 〈KBS 뉴스 9〉에 대한 평가가 '공정성' '신뢰성' '뉴스 완성도' 등의 측면에서 긍정적으로 평가받기 시작했다는 점에 주목할 수 있다. 즉, 뉴스의 경쟁력 강화는 단순히 시청률의 우위로만 나타나지 않고, 공정성, 신뢰성, 뉴스 완성도 등에 대한 평가가 종합적으로 개선되면서 나타난다는 것이다. 이 시기에 〈KBS 뉴스 9〉에 대한 '주시청 뉴스' 선택이 증가한 주요한 이유는 KBS 뉴스가 경쟁사의 뉴스보다 더 '공정하다' 또는 '신뢰할 수 있다'고 평가받았기 때문인 것으로 추론할 수 있다. 또 다른 요인으로는 1990년대 말부터 좋아지기 시작한 KBS 방송사 이미지의 긍정적인 효과가 서서히 나타난 것을 들 수 있다.

③ 2003년~최근

2003년부터 최근에 이르기까지, 〈KBS 뉴스 9〉과 〈MBC 뉴스데스크〉가 '주시청 뉴스'를 놓고 각축하는 양상을 보인다. 최근 조사결과들은 어떤 조사에서는 〈KBS 뉴스 9〉이 '주시청 뉴스'로 확인되고, 다른 조사에서는 〈MBC 뉴스데스크〉가 더 인정받는 결과를 보이고 있다. 또한 두 방송뉴스의 우세 정도가 점차 줄고 있는 것도 확인된다. 비록 시청률 측면에서는 〈KBS 뉴스 9〉이 지속적으로 앞서고 있지만, 이러한 시청률의 우세와는 별도로 시청자가 평가한 KBS 뉴스와 MBC 뉴스에 대한 선호도·공정성·신뢰도·품질평가 등은 최소한의 차이에 머물고 있으며, 서로 '주시청 뉴스'를 두고 각축하는 양상을 보인다는 것이다.

결국 최근 자료를 종합해서 평가해보면, 〈KBS 뉴스 9〉은 〈MBC 뉴스데스크〉보다 시청률에서는 지속적이고 압도적으로 앞서고 있지만 시청자로부터 '더 좋은 뉴스' '더 신뢰할 만한 뉴스' '더 공정한 뉴스'로 평가받는 데서는 일관되지도 않고 근소한 우위만 점하고 있는 것으로 보인다. 뉴스의 내용적인 차원에 대한 평가, 즉 신뢰성, 공정성, 완성도 평가 등에서 한 방송사의 뉴스가 다른 방송사를 압도하는 정도는 아니라고 볼 수 있다.

3) 뉴스 이용자의 변화: 파편화·다극화·능동화

방송저널리즘의 변화는 사실, 뉴스의 주요 수용자 군의 시청행태 변화와 긴밀하게 관련이 있다. 새로운 매체가 등장하고 시청자의 라이프스타일이 복잡해지면서 뉴스 시청행위도 분화하고 있다. 따라서 이제 뉴스 시청자라는 하나의 고정된 시청자 군이 존재한다고 말하기 어렵게 되었다. 현대 뉴스 이용자는 (1) 일단 저관여(low involvement) 최소 뉴스 이용자와 고관여(high involement) 다중 뉴스 이용자로 구분될 뿐만 아니라,[2] 연령별, 계층별로, 그리고 정치적 성향별로 다양한 뉴스 이용 행태를 보이고 있으며, 전반적으로 방송·신문 같은 전통적 뉴스 채널을 이용하면서도 동시에 인터넷과 뉴스 전문 케이블 같은 새로운 채널을 이용하는 등 성향적으로나 매체이용적으로 파편화하고 있다. (2) 정치적, 사회적으로 갈등의 사안이 제기되는 경우, 뉴스 이용자는 다양한 이해관계를 기반으로 분화되는 이른바 '갈등적 집단'으로 전화하는 등 정치적으로 다극화한 공중을 구성한다. 마지막으로 (3) 뉴스 이용자 가운데는 단순한 수동적 정보 습득자가 아닌 인터넷 등에서 적극적으로 뉴스를 검색하고 댓글을 다는 일종의 담론적 생산자로 기능하는 적극적 정보 매개자 또는 창출자가 있다는 특징을 보인다. 결국 이러한 각 특성을 뉴스 이용자의 파편화, 정치적 다극화, 뉴스 활용의 능동화라고 규정할 수 있다.

(1) 뉴스 이용자의 파편화

2002년 가을, 영국의 ITC와 방송기준위원회(Broadcasting Standards Commission)가 발간한 〈새로운 뉴스와 낡은 뉴스(New News, Old News)〉라는 연구보고서에 따르면(Hargreaves & Thomas, 2002), 시청자들의 주당 평균 방송뉴스 시청시간이 1994년 9시간에서 2002년 상반기 8시간으로 줄었다. 이 같은 뉴스 수요의 하향 추세는 젊은층과 소수 인종에게서 두드러지게 나타나고 있다고 한다. 이 연구보고서에 따르면 뉴스와 관련된 시청자들의 뉴스 시청 평가와 욕구는 다음과 같이 요약될 수 있다.

---

2) 뉴스 관여도(news involvement)는 시청자가 뉴스에 대해 느끼는 관련성 정도에 대한 주관적 평가를 의미한다. 즉, 시청자가 특정 뉴스를 보고 난 뒤에 자신이 본 뉴스의 내용이 자신의 일상생활에서 갖는 관련성과 중요도 등에 대해 주관적으로 평가한 결과이다. 예컨대 '방송뉴스에서 본 내용이 내 삶과 관련이 있다' 또는 '방송뉴스의 내용이 내 삶에 중요한 의미를 갖는다' 등과 같은 서술문에 대해 '매우 그렇다' '대체로 그렇다' '그저 그렇다' '별로 그렇지 않다' '전혀 그렇지 않다'는 응답 항목 가운데 하나를 선택하게 하는 방식으로 측정한다. 관여도와는 다르지만, 뉴스에 대한 의도적 시청을 측정하기 위한 '뉴스 시청 의도(intentional selectivity)'가 있다. 예컨대 '뉴스를 보기 위해 귀가시간을 조정한다' 또는 '집에서 다른 일을 하다가도 뉴스 시간이 됐는지 확인한다'와 같은 서술문을 주고 뉴스 관여도와 똑같은 응답 항목 가운데 하나를 선택하도록 하여 측정한다. 이들은 뉴스 이용의 다양한 차원을 측정하기 위해 개발된 개념들이다.

첫째, 소수 인종이나 젊은층이 뉴스에 대해 흥미를 잃고 있다. 이들은 특히 방송뉴스 보도가 지루하거나 사회의 당면문제와 관련이 없다고 느껴 뉴스나 시사 프로그램을 꺼버린다는 응답을 했다. 단지 43%의 소수 인종만이 텔레비전 뉴스가 공정하게 사회 전반을 재현한다고 믿고 있다. 그래서 아시아계 젊은이의 8%는 아예 인터넷을 주요 뉴스 매체로 여긴다.

둘째, 시청자들은 세계 뉴스나 전국 뉴스에 견주어 지역 뉴스가 빈약하다고 느낀다. 아울러 영국 뉴스의 다른 부분에 견주어 정치 관련 뉴스를 덜 좋아한다. 단지 16%의 시청자들이 자신을 시사 프로그램의 고정 시청자로 생각하며, 대다수의 시청자들은 뉴스가 유명인사들과 정치인들에게 편중되어 있다고 느끼고 있다.

셋째, 젊은이들은 그들이 아는 무엇인가 재미있는 것이 나올 때만 뉴스를 보는 경향이 있다. 즉, 젊은이들은 뉴스를 무엇인가 재미있는 것이 일어나고 있다는 것을 알 때나 관심을 가져야 하는 것으로 여긴다. 결국 시청자들은 뉴스를 선별적으로 소비하고 젊은이들은 인터넷에 점차 의존할 것이고, 그들이 재미있어하는 정보에 관한 짧은 형식의 뉴스에 더욱 의존할 것이다.

이러한 뉴스 시청자의 욕구 변화는 영국뿐 아니라 전 세계적으로 공통적으로 발견되는 현상이라고 보아야 한다. 무엇보다도 이제 뉴스는 더 이상 기본적으로 '보아야 하는' 프로그램이라기보다는 '선택하는' 프로그램이 된 것이다. 그리고 시청자가 뉴스를 통해서 보고 싶어하는 것은 기존의 뉴스 룸에서 제공하였던 것에 견주어 급격히 다양해지고 있으며 뉴스 룸에서 중요하다고 생각하는 것과 수용자가 보아야겠다고 생각하는 것은 점차 달라지고 있다.

(2) 뉴스의 정치적 다극화

2004년 미국의 퓨 리서치 센터가 발행한 〈뉴스 수용자가 점차 정치화하고 있다(News Audiences Increasingly Politicized)〉는 보고서는 최근 뉴스 이용자의 변화를 지적하면서, 점차 정치적으로 분화되고 있는 미국 뉴스 이용자의 특성을 염려한 바 있다. 보고서에 따르면, 공화당 지지자들은 Fox

News Channel과 같은 보수적인 케이블 뉴스나 〈Rush Limbaugh〉와 같은 보수적 라디오 정보 쇼에 집중하는 반면, 민주당 지지자들은 CBS 저녁 종합 뉴스나 NPR, CNN 등과 같이 자유주의적이라고 알려진 매체의 뉴스를 선호한다는 것이다. 이러한 정치 성향에 따른 차이는 지난 2000년 이후로 더욱 강조되어 나타나는 것으로 밝혀졌다. 또한 과거에 지적된 뉴스 이용의 연령적 차이 역시 더욱 커지는 것으로 나타났다. 노년층은 약 60% 이상이 뉴스를 정기적으로 이용하고 있지만 30세 미만의 젊은이들은 단지 23%가 그렇다고 응답했다고 제시했다.

결국 파편화한 뉴스 이용자는 주요 사회적, 정치적 이슈에 따라 정치적 의견을 달리하는 다극화한 이용자로 전환한다. 뉴스 이용자 집단의 성·직업·세대·이념·관여도 등에 따른 파편화는 정치적, 사회적으로 갈등적인 이슈들이 제기되는 상황에서 각 이슈에 대해 서로 다른 정치적 주장을 갖는 상호갈등적인 집단으로의 다극화를 초래한다. 문제는 경쟁적 상황에 내몰린 뉴스 공급자들이 이러한 파편화한 갈등적 집단의 이해관계를 따라 보도하는 순간 뉴스 자체도 갈등적이고 분화한 이해관계를 담보하는 불공정, 불완전, 편파적인 뉴스가 되기 쉽다는 것이다.

결국 뉴스 경쟁의 핵심에는 이렇게 분화한 뉴스 이용자의 관심과 이해관계에 방송저널리즘을 비롯한 뉴스 제공자가 어떻게 대응할 것인가라는 문제가 놓여 있다. 그리고 현대 저널리즘의 '공정성 위기'는 이렇듯 격화된 경쟁에 대한 대응에서 시작되기도 한다. 더욱 세분화하고, 이슈에 따라 갈등 집단이 되기도 하는 뉴스 이용자들을 충성스런 이용자로 유지, 확보하기 위해 뉴스 이용자의 관심과 요구를 대상으로 경쟁을 벌이다 보면 마땅히 유지해야 할 '공정성'을 유지하지 못한 채 시청자 확보 전략에만 주력할 수 있다.

(3) 뉴스 활용의 능동화

최근 뉴스 이용자의 또 다른 중요한 특징 가운데 하나는 이용자들이 뉴스 채널을 적극적으로 탐색하는 능동성을 보인다는 점이다. 최근 제기되고 있는 뉴스 채널 사이의 경쟁에 대한 논의는 이러한 뉴스 이용자의 능동성을 기본 전제로 깔고 있다. 즉, 방송뉴스, 신문, 인터넷 언론 등 다양한 언론매체 사이의 보완재—대체재 논쟁은 위와 같은 관찰에 바탕을 두고 있다.

뉴스의 이용자들은 능동적이며 언론매체들은 이러한 능동적인 뉴스 채널 선택자인 뉴스 이용자의 관심과 요구를 대상으로 경쟁한다는 설명은 이른바 '뉴스 매체의 기능적 보완 및 대체 가설'로 제시된다 (강미은, 2000 ; 이준웅, 최영재, 2005 ; 황용석, 2004 ; Kayany & Yelsma, 2000 ; Robinson, Barth & Kohut, 1997). 다채널 시대에 신문독자는 다른 채널로도 뉴스를 접할 수 있으므로, 정보 요구를 비롯한 다양한 뉴스 관련 요구가 충족되는 인터넷 언론 등으로 뉴스를 이용하면서 자연히 방송과 신문 등 전통적 언론매체에 대한 이용이 줄어든다고 할 수 있다. 하지만 중요한 것은 그 줄어드는 정도와 양상에 대한 설명이다. '매체의 기능적 대체 가설'은 인터넷 언론이 방송과 신문을 대체하는 정도는 언론매체의 '기능적 중복 여부'에 달려 있다고 본다. 즉, 인터넷과 신문 사이에 기능적 중복이 나타나는 정도만큼 채널 대체가 일어나며, 중복되지 않는 나머지 여지만큼 신문은 고유한 역할을 담당하고 특화된 기능을 수행하게 될 것이라는 것이다.

'매체의 기능적 대체 가설'은 매체 이용은 이용자의 요구와 충족 수준에 따라 결정되는 것이며, 이용자의 요구와 충족 수준은 경쟁하는 매체가 제공하는 다양한 서비스에 대한 평가에 따라 달라진다고 본다(Jeffres & Atkin, 1996 ; Kayany & Yelsma, 2000). 사실 뉴스 이용자의 관점에서 보면 매체가 종이 신문이든, 방송이든, 인터넷이든, 휴대용 단말기든 중요하지 않다. 문제는 매체가 특정 시간과 공간에서 이용자에게 접근 가능하며, 접근 가능한 매체가 이용자의 특정한 요구를 충족시켜주는가이다. 즉, 뉴스 매체들은 뉴스 이용자의 동기와 요구에 따라 경쟁적일수도 상호보완적일수도 있다. 따라서 전통적으로 존재하는 것으로 가정되었던 충성스러운 신문 독자의 존재나 충성스러운 특정 텔레비전 채널의 뉴스 시청자는 아마도 이제는 더 이상 독립된 실체로서 존재하지 않을지도 모른다. 뉴스 시청자는 뉴스의 접근성, 뉴스의 내용에 대한 평가, 특히 뉴스의 공정성과 신뢰성에 대한 평가 등을 기초로 다양한 뉴스 제공 채널을 두루 섭렵하면서 그때그때 필요에 따라 이용할 뿐이라는 것이다.

결국 위와 같은 논의를 최근 전개되고 있는 언론매체 사이의 경쟁에 적용시키면, 이용자와 긴밀한 상호작용 기능, 불확실한 정보의 교차 확인적 기능 등은 각각 인터넷 포탈 사이트나 기존 언론의 인터넷 사이트 등과 같은 새로운 뉴스 채널이 앞서나가기 때문에 이러한 점에서 TV뉴스 시청은 인터넷 뉴스로 기능적으로 더 많이 대체될 것이라고 예상할 수 있다. 특히 뉴스 이용시간 자체가 매우 제한된 바쁜 뉴스 이용자의 경우, 제한된 시간을 쪼개 최소한의 뉴스만을 이용한다고 했을 때, '접근 가능한 매체가 제공하는 뉴스'를 주로 이용하는 등 전환이 지배적으로 나타날 것으로 예상할 수 있다.

2. 저널리즘의 근본적 가치의 위기

아직도 그 영향력과 파급력에서 텔레비전 뉴스에 견줄 만한 위력을 갖고 있는 뉴스는 없다. 비록 인터넷과 디엠비(DMB) 등 새로운 매체의 뉴스가 강력하게 도전하고 있지만, 현실적으로 확보하고 있는 이용자의 규모, 뉴스 생산을 위해 지출하는 비용의 규모, 뉴스 생산에 투입되는 인력과 기술 등 자원의 규모를 고려하면 텔레비전 뉴스야말로 우리 시대의 가장 중요한 뉴스 생산기지라고 해도 지나친 말이 아니다.

하지만 이렇듯 영향력과 파급력을 갖고 있는 방송뉴스가 저널리즘의 근본 가치를 유지하지 못하고 비사실성, 불공정성, 상업적 오락성 등을 이유로 비판을 받는다면 어떻게 될까? 미국, 영국, 프랑스 등 서구 방송저널리즘의 최근 경향을 보면, 이러한 방송뉴스의 비사실성, 불공정성, 오락성 등에 대한 비판이 강화되고 있으며, 이로써 방송저널리즘의 근본적 가치에 대한 성찰이 이루어지고 있는 것을 알 수 있다. 그리고 여기에 최근 중요한 논쟁거리로서 '이념적 편파성 논란' '애국주의 논란' '정부에 대한 과도한 적대성 논란' 등이 제기되고 있다. 이러한 논란은 정치적 쟁론으로 옮겨가기 마련이며, 이러한 쟁론을 거치면서 세계의 방송저널리즘은 그 자체로 위기를 맞게 된다. 그리고 BBC의 경우가 보여주듯이 뉴스의 위기가 곧 방송사의 위기를 불러오는 악재가 된다.

하지만 우리가 주목해야 할 것은, 저널리즘의 위기가 단순히 뉴스 제도의 위기가 아닌 전(全) 사회적인 함의를 갖게 되는 경우이다. 한국의 경우, 텔레비전 방송이 다른 뉴스 공급자에 견주어 경쟁적으로 우월한 위치를 점하고 있음에도 다른 뉴스 공급자와 마찬가지로 '공정성 비판'의 대상이 된다는 점을 지적하지 않을 수 없다. 다음에서 검토하게 되겠지만 한국 언론이 전반적으로 겪고 있는 이른바 공정성 위기는 '방송저널리즘'의 경우에도 예외 없이 적용된다. 그리고 이러한 공정성 위기를 겪는 언론이 민주주의를 위해 기여할 수 있는 바는 극히 제한될 뿐 아니라, 오히려 민주적인 여론 형성에 방해가 될 것이라는 이론적 전제를 받아들인다면, 언론의 위기는 곧 민주주의의 위기로 전화한다는 우려가 심각하게 제기된다.

1) 미국의 경우—이념적 편파성 논쟁과 애국주의적 경향

앞에서도 논의했듯이, 미국의 방송뉴스는 세계에서 가장 화려하고, 유려하며, 정제된 형식을 지닌 '상업 뉴스'의 전형을 보여준다. 미국의 네트워크 뉴스와 로컬 뉴스, 그리고 케이블을 통해 전달되는 뉴스 전문 채널의 뉴스는 모두 내용과 형식의 구성에서 세련됨의 극치를 보여주고 있다. 즉, 같은 내용이라 해도 구성과 편집을 유려하게 구성하고 세련되게 포장하는 데 미국의 방송뉴스는 독보적이라고 할 정도로 발전해 있다. 또한 같은 내용이라고 해도 시청자의 입맛에 맞게 전달하는 데서도 미국 방송뉴스를 따라갈 수 있는 것은 없다.

하지만 미국의 방송뉴스는 좌파와 우파의 편파성 논쟁으로부터 자유로운 적이 없었다. 과거에는 주로 공화당 지지자들과 보수적 유권자가 네트워크 뉴스의 진보적 편파를 문제 삼았지만, 요즘은 반대로 민주당 지지자들과 진보적 유권자들이 특정 케이블 뉴스의 우파적 편파를 비판하고 있다. 특히 최근에는 9·11테러에 대한 보도와 이라크 전쟁 보도에서 극명하게 드러난 '애국주의적 편파'로 말미암아 저널리즘의 근본 가치를 훼손하고 있는 점에 대한 우려가 높다.

원래 미국 뉴스의 편파성에 대한 논쟁은 주로 보수주의자들이 미국 언론의 자유주의적 편파(liberal bias)에 대한 비판에서 비롯된 것이다. 지난 1980년대 이래, 보수주의자들은 CBS 네트워크 뉴스나 뉴욕 타임스와 같은 언론사의 자유주의적 경향을 비판해왔으며, 특히 2000년과 2004년 대통령 선거를 거치면서 자유주의적 언론에 대한 비판이 최고조에 다다르게 된다. 예를 들어, 전직 CBS 기자였던 골드버그(Goldberg, 2002)는 CBS 뉴스가 진보쪽으로 편파되어 있다며 취재관행, 기사작성, 편집, 인사 등에 대한 구체적인 비판을 제시한 바 있다. 콘(Kohn, 2003)이 제시한 뉴욕 타임스의 진보적 왜곡에 대한 비난도 보수주의자의 자유주의 비판의 전형적인 사례 가운데 하나이다. 또한 보수적인 라디오 쇼 진행자인 러쉬 림보(Rush Limbaugh)는 지난 10년 동안 지속적으로 미국 언론, 특히 뉴욕 타임스와 네트워크 방송 뉴스의 진보적 편파에 대해 공격해왔다. 하지만 많은 평자들이 논의하듯이 이러한 편파적 비판은 그 자체가 또한 편파적이라는 것, 즉 또 다른 왜곡과 편파성 시비를 유발한다는 것 등이 논의되면서 흔히 논란에 그칠 뿐 심각한 논쟁으로 발전하지는 않았다.

최근 미국의 방송뉴스는 9·11테러와 이라크 전쟁에 대한 보도를 통해서 이른바 '보수주의 편파' 또는 '애국주의적 경향'을 보였는데, 이에 대해서도 우려의 소리가 높다. 이른바 '애국주의적 경향'을 선도했던 뉴스 전문채널인 Fox News Channel은 지극히 미국 중심적인 세계관과 보수적인 정치관을 바탕으로 경향적이며 편파적인 보도를 일삼았다. 문제는 이러한 경향적이며 애국주의적 편파가 미국 언론의 고질적인 문제인 경쟁적 선정주의와 결합해서 미국 시청자의 이목을 잡는 데 성공했다는 것이다. 보수주의와 애국주의 편파를 선도한 Fox News Channel은 CNN와 MSNBC를 제치고 가장 많은 시청자를 확보했다. 이라크 전쟁 당시 약 45%의 시청자가 케이블을 통해서 뉴스를 접했으며, 단지 22%만이 네트워크 뉴스로 전쟁보도를 접했다는 통계를 볼 때, 애국주의 편파가 미국 시청자에게 얼마나 큰 영향을 끼쳤는지 짐작하기 어렵지 않다.

보수주의와 애국주의적 편파는 단지 Fox News Channel에 국한된 것이 아니었다. 이와 직접적인 경쟁관계에 있는 CNN과 MSNBC와 같은 뉴스 전문 채널들도 함께 애국주의적 편파를 보였다. 그리고 네트워크 뉴스도 케이블이 주도한 이러한 경향으로부터 영향을 받게 되었다. 이라크 전쟁에 대해 최소한의 객관성을 유지하려 했던 뉴욕 타임스 등의 권위 있는 언론은 오히려 매국적이며 좌파적이라고 일방적으로 매도되기도 했다. 사실 미국 방송저널리즘의 애국주의적 편파는 9·11테러와 이라크 전쟁과 같은 위기를 맞은 미국 사회가 전반적으로 보수적인 경계심이 높아지면서 촉발된 것이라는 분석이 있다. 즉, Fox News와 같은 보수적 성향의 언론이 불을 지핀 탓도 있지만, 미국의 뉴스 이용자들이 위기에 대한 공포심으로 전쟁과 테러에 대해 보수적인 관점을 갖게 된 것이 근본적인 이유였다는 것이다.

그 근본적인 이유가 무엇이든, 최근 미국 방송저널리즘이 보여준 애국주의적 편파는 선정주의 그리고 상업적 경쟁과 무관하지 않은 것으로 보인다. 즉, Fox News와 같이 원래 보수적 경향을 띠었던 뉴스 전문 채널이 애국주의적 편파를 보인 것은 이념적 이해의 일치로 이해할 수 있다. 하지만 CNN과 다른 네트워크 방송뉴스도 애국주의적 보도 경향을 모르는 사이에 따르는 경향을 보이게 된 것은 이미 Fox News에 빼앗긴 시청자를 더 이상 놓칠 수 없다는 상업적 경쟁논리에 따른 결과로 보인다. 즉, Fox News가 주도한 애국주의 경향이 일정한 성공을 거둠에 따라 이에 질 수 없다고 여기는 경쟁 방송뉴스들이 같은 경향을 띠게 된 것으로 해석할 수 있다. 애국주의와 상업주의의 결합은 미국 방송뉴스를 최악의 상태로 몰아가고 있는 것이다.

사실 미국 언론의 자국 중심주의, 보수성, 다양성에 대한 무관심 등은 지속적으로 비판받아왔다. 그리고 미국 뉴스의 상업적 선정주의 경향도 항상 지적받아온 문제점이다. 그리고 이는 미국 방송저널리즘의 물질적 토대, 즉, 광고에 전적으로 의존하는 수익 구조가 변화하지 않는 한 쉽게 극복할 수 있는 점들이 아니라고 한다. 전적으로 광고에 의존하는 상업방송 시스템을 갖고 있는 미국 방송 언론은 전쟁, 전국적 규모의 사고와 같은 큰 사건이 있을 경우에 시청률이 오르고 평소에는 그렇지 못한 지속적인 경쟁 상태에 놓이게 된다. 인터넷, 케이블 등과 같은 새로운 뉴스 매체가 등장하면서 네트워크 뉴스의 시청률은 지속적으로 떨어지고 있다. 따라서 평소에는 어떻게 조금이라도 시청자의 관심을 끌 수 있을까 고민하고 있으며, 전쟁이나 전국적 사건·사고가 일어난 경우에는 높아진 시청자의 관심을 자신의 뉴스로 끌어들이기 위해서 고민하고 있다.

상업적 경쟁이 단기적 성공을 가져올지는 모르지만 사실은 더 큰 실패를 낳는다는 지적도 있다. 알렌(Allen, 2005)에 따르면, 미국 방송저널리즘의 보수주의와 애국주의적 경향성은 단기적인 시청률의 상승을 낳았지만, 장기적으로 미국 언론에 대한 불신과 반발을 낳을 것이라고 전망한다. 실제로 미국 방송의 애국주의적 보도가 기승을 부리던 이라크 전쟁 시작 당시, 미국 뉴스 이용자들이 BBC World News 시청이 획기적으로 늘었으며, BBC 뉴스 웹사이트 방문자도 증가했다고 한다(Robertson, 2003/2004). 이는 미국 정부의 주전론에 대해 비판적인 시각을 제시하지 못하는 자국 뉴스를 봐야 하는 미국 시민이 전쟁에 대한 더 객관적이고 공정한 시각을 요구하게 되었기 때문에 일어난 일이라고 볼 수 있다는 것이다. 즉, 더 많은 시청자를 확보하기 위해 대부분의 시청자가 요구하는 '주류적인 견해(즉 이라크 전에서는 주전론과 애국주의로 대표되는 주류)'를 택하는 것이 단기적으로 이익을 주는 듯이 보이지만, 실제로 이는 미국 언론에 대한 불신과 BBC나 《가디언》 등과 같은 다른 언론에 대한 추구로 나타난다는 것이다(Christensen, 2004).

2) 영국의 경우―BBC의 불편부당성 위기

영국 방송저널리즘은 BBC, ITN, Sky News 등 세계 최대의 뉴스 생산조직들이 지상파 공영방송 체제와 경쟁적 위성방송 체제를 근간으로 상호견제하며 발전하고 있다. 이러한 영국 방송저널리즘에서 나타나는 두드러진 가치는 공공성이다. 공영방송사인 BBC는 물론, ITV의 채널에 양질의 뉴스를 공급하는 ITN은 높은 정보성을 지니며 동시에 불편부당한 뉴스를 제공하는 임무를 수행하는 것으로 평가받는다. 심지어 상업적 경쟁자인 머독의 Sky News도 미국의 상업적 뉴스 전문 채널인 CNN 등과는 차별되는 영국적 위엄을 갖추고 있는 것으로 알려져 있다.

영국의 방송저널리즘, 특히 BBC의 뉴스는 공정성과 정보성으로 명성이 높다. 하지만 이러한 전통이 우연히 이룩된 것은 아니다. 조직적으로는 정부, 정당 및 기타 이익단체로부터 독립적이어야 한다는 요구를 현실화하고, 내용적으로 '불편부당성(impartiality)'라는 BBC 특유의 공정성 규범을 현실적으로 실천하기 위해 부단히 노력해왔기 때문에 가능한 일이었다. BBC의 불편부당성 원칙은 방송뉴스가 논쟁적인 사안에 대해 정파적으로 보도하는 것을 막기 위해 발전된 하나의 공정성 보장 장치로서, 언론에 대한 부정적 규제에 대한 자구책의 함의를 지닌다. 구체적으로, 영국방송공사 초창기에 내려졌던 '논쟁적 사안에 대한 개입 금지'와 '논평 금지'가 바로 이러한 부정적 규제를 위한 규범이었다. 하지만 이 개념은 1954년 영국 방송법에 포함된 이후, 논쟁적인 사안이 있을 경우 소수 의견일지라도 정당하게 다루어야 한다는 조절적인 균형 전략으로 발전하게 된다(이창근, 2004 ; Allen, 2005).

예를 들어, 1982년 포클랜드 전쟁에서 영국과 아르헨티나의 전황을 보도하면서, BBC가 영국 군대를 '우리 군'라고 부르지 않고 그냥 '영국군'이라고 부르며 정부의 입장만을 대변하는 방송을 하지 않았던 것, 1994년 당시 수상이었던 대처의 출연 금지 조치에도 북아일랜드의 페인 정당(Sinn Fein)의 당원을 BBC에 출연시킨 것(BBC는 페인 정당의 당원을 화면에 내세우고, 그의 주장을 배우가 대신 낭독하는 방식을 택함으로써 대처의 페인 정당 지지자 방송 금지 조치를 형식적으로 피해나갔다), 1999년 NATO가 코소보에 폭격한 것에 대해 BBC의 외신담당 국장이 세르비아 측의 여론을 전달한 것 등 BBC 뉴스의 독립성·불편부당성·균형성을 보여준 사례는 수없이 많다(McNair, 1994 ; Robertson, 2003/2004).

역사적으로 BBC 뉴스의 불편부당성이 하나의 언론 규범으로서 인정받고 구체적인 사례를 통해 확립된 것은, 첫째, BBC의 정치적, 재정적, 사회적 독립성이 확립된 것과 관계가 있다. 둘째, BBC 기자들이 의견과 사실의 분리, 취재 윤리의 준수 등과 같은 전문직주의(professionalism)를 내면화하고 'BBC 제작자로서 도덕과 사기(士氣, morale)'를 높일 수 있었던 것도 일정하게 이바지한 것으로 보인다.

하지만 최근 BBC는 이른바 길리건 사건(the Gilligan affair)과 허튼 조사위원회(the Hutton inquiry) 파문을 거치면서 위기를 겪고 있다. 특히 이 위기는 '언론과 정부의 관계' '취재원 보호' '사실 확인의 기준' 등에 대한 기존의 규범과 관행에 중대한 논쟁을 유발했다. 먼저 '길리건 사건'이란 2003년 5월 29일 BBC의 길리건 기자가 국방부의 한 소식통을 인용하면서, 영국정부가 이라크에 대한 전쟁을 정당화할 목적으로 이라크의 군사적 위협을 과장했다는 보도를 하면서 시작되었다. 다시 말해, 정부가 2002년 이라크 관련 문서를 "윤색했다(sexed up)"는 것이었다. 그리고 수상의 홍보담당 국장인 캠블(Alastair Campbell)이 이라크 문서를 윤색한 당사자로 지목되면서 사건은 정치적으로 확대되었다. 영국정부가 진상을 파악하기 위해 내부조사를 벌이던 가운데, 국방부 안의 소식통으로 지목된 군사전문가 켈리 박사(David Kelly)가 자살을 하고, 블레어 총리는 허튼 경을 위원장으로 하는 조사위원회를 설치하면서 사건은 일파만파 확대된다. 특히 BBC의 사장인 다이크와 보도국 간부들은 길리건 기자를 옹호하려 나서고, 블레어 정부는 BBC의 오만함과 정부에 대한 과도한 적대성을 비판하면서 사태는 정부와 BBC의 전면전으로 치닫게 되었다.

2004년 1월, 허튼 보고서는 길리건 기자의 주장, 즉 영국정부가 이라크 관련 문서에서 이라크 무기의 위험성을 과장했다는 BBC의 주장은 근거가 없다고 결론 내렸다. 허튼 보고서는 또 길리건 기자의 보도가 근거 없으며, 동시에 이 문제를 다루는 과정에서 보인 BBC 보도국의 고위 관계자들의 처사에 '결함이 있다'고 지적했다. 결국 허튼 보고서는 BBC 보도국의 취재·편집·관리 전반에 문제가 있음을 지적한 것이다. 허튼 조사위원회와 정부의 압력에 못 이긴 BBC 사장과 경영위원회 의장은 결국 사퇴했다. 비록 허튼 보고서가 '정부 쪽에 편향되어 있으며', '정부를 위한 면죄부를 작성한 것'이라는 역비판이 제기되기도 했지만, 전반적으로 사태의 결말은 BBC 뉴스·인사·경영 등에 문제가 있다는 이른바 BBC 위기론으로 발전되었다. 특히 영국정부와 보수 진영이 한목소리로 BBC의 규제기관과 집행기관 사이의 상호견제가 없는 구조를 문제 삼으면서, 새로운 규제기구를 도입할 것을 논의하는 등 BBC의 구조 자체에 대해 공격했다.

사실 이러한 BBC의 위기는 BBC가 자초한 감이 없지 않다는 것이 일반적인 분석이다. 즉, 길리건 기자 개인도 그렇지만, BBC의 간부들이 내부적으로 초기에 사태를 분명하게 파악하고 제3의 정보원을 통해서 사실 관계를 확인하는 등 정확성을 기하고, 겸손하게 대응했더라면 사장이 사임하는 등 BBC 역사에서 최악의 사태로까지 번지지 않았을 것이라는 지적이 있다. 결국 BBC의 독립성과 전문성에 대한 과도한 자신감 그리고 내부 점검 시스템의 부재 등이, 사소한 실수를 전략적 위기로 전화시킨 원인이 되었던 것으로 평가된다(Sambrook, 2004).

이에 BBC는 전임 보도국장인 닐(Ronald Neil)을 위원장으로 하는 연구팀을 구성해서 2004년 6월 〈허튼 이후의 BBC 저널리즘〉이라는 보고서를 발간했다. 닐 보고서는 (1) 검증 가능한 자료를 바탕으로 한 진실성, (2) 공익을 위한 봉사, (3) 의견의 불편부당성과 다양성, (4) 당파적 이해관계로부터의 독립성, (5) 시청자에 대한 설명의 책무(accountability) 등 다섯 개의 가치를 확립할 것을 강조하고 있다. 이 보고서는 BBC의 저널리즘 가치와 실행을 강화하기 위한 구체적인 대책을 담고 있다. 예를 들어, BBC를 통해서 제시되는 모든 주장들(allegations)은 주장의 대상이 되는 사람, 시청자, 그리고 주장의 당사자 등에 대해 공정해야 한다는 원칙을 제시했다. 그리고 BBC의 기자들은 모두 정확하고 신뢰할 수 있는 '취재수첩 작성방법'을 습득하고 실천할 것을 주문했다. BBC는 출연자와의 대담이나 토론에서 공적인 문제에 관한 심각한 주장들을 담은 새로운 뉴스를 터뜨리는 것을 삼갈 것을 제시하기도 했다. 또 보고서는 BBC 기자는 자신의 편집책임자에게 답변해야 할 의무가 있음을 규정하기도 했다. 즉, 하나의 정보원에 기대서 주장하거나, 확인되지 않은 주장(allegation)에 대해서는 그 뒤에 편집자가 이를 확인하라고 요청할 수 있다는 것 등이다(BBC, 2004).

BBC는 또한 2004년 같은 달 〈공적 가치의 확립(Building Public Value)〉이라는 보고서에서 칙허장 갱신을 앞두고 BBC가 추구해야 할 중심 가치를 재천명했다. 이 보고서는 지금까지 BBC가 핵심적으로 추진해온 영국의 디지털 전환을 책임 있게 진행하면서, 동시에 BBC의 전통적인 공공 서비스를 더욱 강화하는 한편, 지배구조와 경영을 분리해서 내적인 통제를 더욱 강화할 것임을 다짐했다.

결국 BBC 뉴스는 독립성·불편부당성·심층성 등의 가치를 유지하면서 점유율에서도 뒤지지 않는 경쟁력을 자랑해왔지만, 지난 2년 동안 일련의 정치적 사건을 거치면서 독립성 등이 심각하게 훼손되는 결과를 낳게 되었다. 최근 BBC는 공공 서비스 강화라는 전통적인 공익적 이념과 실천을 강조하고 사실성 확립과 불편부당성의 유지라는 저널리즘의 원칙을 강화하는 방향으로 노력할 것을 다짐하고 있다. 하지만 일단 훼손된 BBC의 위상이 심화된 경쟁과 정치적 견제로 더욱 각박해진 영국 방송가에서 어떻게 회복될 수 있을지 모두가 주목하고 있다. 특히 악화될 대로 악화된 정부와의 갈등을 어떻게 극복할 것인지 걱정하고 있다 (Brunson, 2004 ; Seaton, 2003). 미증유의 위기를 겪고 있는 BBC는 그 밖의 다른 뉴스 콘텐츠 공급자 가운데 하나로 전락할 것인가, 아니면 공영방송의 신화를 계승하고 새롭게 저널리즘의 전통을 확립하는 데 성공할 것인가 하는 기로에 서 있다.

3) 한국 방송저널리즘의 공정성 논란

한국 방송저널리즘은 공정성 시비에 시달리고 있다. 방송뉴스는 비록 신문이나 인터넷에 견주어 공정성이나 신뢰성 평가에서 약간 앞서고 있지만,

공정성에 대한 평가 점수가 최근 몇 년 동안 하락하는 경향을 보여준다. 한국 언론의 신뢰도는 지난 10년 동안 지속적으로 하락하고 있다. 한국언론재단의 〈언론수용자 의식조사〉에 따르면, 방송에 대한 신뢰도는 1994년을 정점으로 1996년 3.42, 1998년 3.29, 2000년 3.41, 2002년 3.27로 부침을 거듭하지만, 전체적인 추세는 완만하게 하향하고 있음을 알 수 있다. 신문의 경우에는 그 경향이 좀더 뚜렷해서 1994년을 정점으로 최근까지 신뢰도가 하락하는 추세를 보인다.

〈표 2-3〉 일반 공중의 언론에 대한 신뢰도 평가

	1994	1996	1998	2000	2002	2004
신문	3.97	3.46	3.21	3.22	3.13	3.18
방송	4.08	3.42	3.29	3.41	3.27	3.29

* 한국언론재단 〈언론수용자 의식조사〉 1994~2004년 자료를 기준으로 재구성

한국 언론의 신뢰도가 떨어진 원인에 대해서는 다양한 분석과 평가가 있다. 하지만 지난 2004년 이른바 '대통령 탄핵정국'에서 결정적으로 나타났듯이, 우리 언론의 문제는 정파적 편파성으로 비롯되는 '공정성 위기'에 빠져 있다는 것이 중론이다. 그리고 방송저널리즘도 예외는 아닌 것으로 보인다.

'공정성 위기'란 다음과 같은 상황을 의미한다. 항상 그런 것은 아니지만 '대통령 탄핵 정국'과 같은 결정적인 순간에 방송뉴스를 포함한 한국 언론은 특정한 정파의 이해관계를 대변하는 경우가 있다. 이러한 정파적 이해관계의 표출은 시청자의 이념적 성향에 따른 이념적 분화를 가속할 뿐만 아니라 뉴스 시청자와 비시청자의 이념적 분화를 가속하는 경향이 있다. 이러한 경향은 결국 특정 뉴스를 보는 시청자 이외의 잠재적 시청자를 소외시키는 경향을 낳기도 하는데, 이는 곧 전체 뉴스 시청자의 토대(base) 축소로 이어진다. 다시 말해서, '공정성 위기'란 방송뉴스가 — 신문도 마찬가지이며 때로는 더욱 그러하지만 — 정파적인 이해관계를 대변한다고 평

가받는 순간 불공정 시비에 휘말리게 되고 결국 신뢰를 잃게 됨으로써, 다시 시청률 저하와 뉴스 시청자의 이반으로 이어지는 악순환에 빠지는 것을 의미한다.

이준웅(2005)에 따르면, 한국 언론에 대한 공정성 시비는 다음과 같은 특징을 보인다. 첫째, 지난 대선과 총선 정국에서 언론은 정치적 현실의 전달자·매개자·해설자의 역할을 넘어서 정치적 투쟁 자체를 수행하는 참여자 또는 행위자의 역할까지 담당했던 것으로 보인다. 사적 영역에 걸쳐 있는 신문사와 민영방송은 물론 새롭게 공적 영역을 파고들고 있는 인터넷 언론, 그리고 심지어 공영방송까지도 '결과적으로 또는 효과로 보았을 때 정파적인 양상을 띠는 것'을 넘어서 정치적 쟁론 자체를 구성하는 담당자로서 등장하고 있다는 것이다. 그런데 더 심각한 문제는, 우리 언론은 이제 '당파적'이라는 비판에 별로 부끄러워하지 않는다는 점이다. 지난 2004년 총선 직전의 대통령 탄핵정국과 같은 갈등 상황에서는 심지어 충분히 당파적으로 보이지 않는 것이 오히려 면구스럽다고 생각하는 듯, 상대 정당이나 언론에게 불리한 일이라면 무엇이든지 문제 삼고 상대에게 유리한 일이라면 어떻게든 축소하거나 외면하는 태도를 보였다. 따라서 이제는 《조선일보》를 보수신문 또는 수구신문이라 부르고 《한겨레신문》을 진보신문 또는 급진적 신문이라고 부르는 것에 대해 누구도 시비를 걸지 않는다. 언론사에 대해 붙여진 진보니 보수니 하는 형용어는 일상적인 정치적 담론에서 따로 확인할 필요 없는 형용어가 되어버렸고, 그 형용어의 당사자인 언론조차 이를 문제 삼지 않고 당연시하고 있다.

둘째, 언론사들의 상호비판이 활성화하면서 그러한 상호비판은 '사회적 제도'로서 언론의 정당성 훼손에 기여하고 있는 것으로 보인다. 최근 전개되고 있는 언론사의 상호비판을 보면 그 내용이 다른 언론사의 텍스트에 대한 사실성이나 부주의한 편파성을 문제 삼는 것을 넘어서 그 언론사의 '정치적 의도'를 문제 삼고 있다는 것을 알 수 있다. 이는 언론사 사이 비판의 문제가 언론의 객관성 또는 불편부당성에 대한 비판을 넘어서 진정성을 의심하는 차원에 이르렀음을 의미한다. 예컨대, MBC가 "《조선일보》를 비롯한 수구신문들은 매우 꾸준하게 탄핵을 적극적으로 그리고 비판 없이 언급함으로써 사실상 야당의 목소리에 힘을 실어주는 역할을 했습니다"라고 비판할 때(《신강균의 뉴스서비스 사실은…》, 2004. 3. 19), 그 비판의 논점은 문제가 되는 언론의 사실 관계 확인의 실패나 사실에 대한 부주의한 해석에 따른 편파성을 문제 삼는 것이 아니다. 오히려 적극적이고 의도적이며 정파적인 태도 그 자체를 문제 삼는 것이다.

셋째, 언론에 대한 신뢰가 급격하게 떨어지고 있으며 이는 일부 언론, 특히 전통적으로 정치적 영향력을 행사해온 신문과 방송의 영향력 저하의 한 원인이 되고 있다. 과거 우리 언론은 시민의 정치적 활동에 가장 중요한 정보적 지위와 해석적 권위를 누렸지만, 이제는 지식인은 물론 일반 시민들도 언론의 해석적 권위에 도전하고 있으며, 심지어 정보원으로서의 지위에 대해서도 의심하곤 한다. 특히 최근 전개되고 있는 언론의 신뢰도 하락은 특정 언론매체의 활동과 성과에 대한 불신의 차원이 아니라 언론 전체에 대한 불신 또는 언론인의 행위 전반에 대한 공공연한 문제 제기를 동반한다는 데 그 특징이 있다. 뉴스 이용자들은 과거에는 당연하게 받아들여졌던 신문의 중개자·해설자·심판관으로서의 역할을 의심한다. 그리고 과거에는 자연스럽게 인정되었던 언론의 권위에 저항하고 또한 도전한다. 이에 따라서 언론의 정치적 영향력이 줄고 있다. 적어도 해석적 차원에서 언론의 권위는 심하게 훼손된 것으로 보인다. 결국 한국 언론은 지금 전반적인 위기를 경험하고 있는 것으로 보인다. 그리고 특히 언론이 정치적 현실의 한가운데에서 정쟁의 중심적 담당자로서 더욱 결정적 역할을 수행하는 것과 비례해서 그 정보적, 해석적 권위가 떨어지고 있다는 점이 주목할 만하다.

이준웅과 최영재(2005)의 연구에 따르면, 뉴스 이용자들은 그들이 정치적으로 보수적이거나 진보적이거나 관계없이 정치적 이념성이 강할수록 신문과 방송뉴스의 공정성과 신뢰도를 낮게 평가한다고 한다. 이들은 정치적 지식이 많은 뉴스 이용자일수록 신문과 방송의 공정성과 신뢰도를 부정적으로 평가한다고 보고했다. 덧붙여, 교육수준이 높은 이용자들이 방송뉴스의 공정성과 신뢰도를 부정적으로 평가한다는 결과도 제시했다. 이러한 연구결과는 한국 사회의 언론이 이념적으로 극단적 집단으로부터 점차 외면 당하고 있으며, 동시에 정치적으로 세련된 이용자들이 점차 신문은 물론 방송까지 외면하고 있음을 보여준다. 결국 한국 언론은 정치적으로 진보와 보수로 분극화하고 사회적으로 다극화하는 우리 사회에서 공정하고 신뢰할 만한 언론으로서 인정받지 못하면서 언론 이용자가 특정 매체로부터 광범위하게 이반되는 이른바 '공정성 위기'의 악순환에 빠진 것으로 해석할 수 있다.

4) 방송저널리즘의 근본적 성찰: 공론장 기능의 복원

미국의 네트워크 방송뉴스와 영국의 지상파 방송뉴스는 가열하는 경쟁에 쫓기면서 정치적 논쟁에 휩싸이고 있다. 이에 따라 방송저널리즘의 사회적 기능에 대한 근본적인 성찰이 일어나고 있다. 미국, 영국, 그리고 우리나라에서도 방송 언론은 신문, 인터넷 언론 등에 견주어 더 신뢰를 받는 언론이지만 현재 진행형인 방송저널리즘이 과연 민주사회에서 요구하는 언론의 기능을 충분히 수행하고 있는가에 대해 회의가 일고 있다.

앞에서 살펴본 바와 같이, 현재 방송저널리즘에 가해지는 비판은 주로 상업적 경쟁 논리와 정파적 편파성 시비를 중심으로 전개된다. 이 두 비판은 사실 방송저널리즘에만 적용되는 것은 아니며 전통적인 신문·잡지 저널리즘과 새로운 매체 저널리즘에도 적용될 수 있지만, 방송저널리즘 특유의 '대중적(popular)' 특성으로 말미암아 방송저널리즘에 대해 전형적으로 제기되는 것이 현실이다(Dahlgren, 1995). 따라서 세계의 방송저널리즘은 상업적 경쟁에 시달리면서도 상업성에 굴복하지 않고, 정파적 편파성 시비에 공격을 당하면서도 정치적으로 타락하지 않기 위해서 분투하고 있다. 그렇다면 이러한 비판을 극복하기 위한 최소한의 이론적, 현실적 기초를 어디에서 찾을 수 있을까?

(1) 공론장 기능의 수행을 위한 언론의 이념

커뮤니케이션 이론가들은 방송, 특히 방송뉴스가 '공론장'으로서 기능을 복원함으로써 현재 저널리즘 전반에 대해 제기되는 일련의 비판을 극복할 수 있다고 조언한다(Curran, 1991 ; Dahlgren, 1995 ; Keane, 1991 ; Thompson, 1995). 방송저널리즘은 다양한 이해관계를 가진 시민들이 공통의 사안에 대해 충분한 정보를 갖고 이성적 토론을 거쳐 합리적 판단을 내릴 수 있도록 '공적인 토론의 공간'으로서 기능해야 한다는 것이다. 이는 하버마스가 고전적인 '시민계급의 정치적 공론장'의 이념적 특성을 설명하면서 제시한 공개적이고, 평등하며, 합리적인 토론을 거쳐 여론을 형성하는 과정을 방송 커뮤니케이션이라는 현대적 매체에 적용한 것이다. 하버마스의 공론장 개념이 역사적으로 타당한 개념인지, 이론적으로 유지될 수 있는 범주인지에 대한 논쟁이 계속되고 있는 것은 사실이지만(Calhoun, 1993 ; Negt & Kluge, 1972/1993), 언론이 자신의 사회적, 정치적 이상을 달성하는 데 하버마스의 공론장 개념이 하나의 이론적 준거를 제시한다는 데에는 이견이 거의 없다.

공론장으로서 기능하는 방송저널리즘이란 (1) 공익성, (2) 국가와 시장으로부터의 독립성, (3) 공정성 등을 핵심적인 가치로 삼는 저널리즘을 뜻한다.

첫째, 공익성이란 무엇보다도 사회 구성원 다수에게 중요하다고 여겨지는 '공통의 사안'을 다룬다는 것을 뜻한다. 사회 각계각층의 이해관계를 공정하게 담아내기 위해서 특정한 계층이나 집단의 이해와 관련된 사안만을 다루는 것이 아니라 모두가 중요하다고 평가하고 관심을 갖는 사안을 다루는 것이 중요하다. 특히 사회 구성원 모두가 공통의 사안에 대해 충분한 정보를 바탕으로 해서 합리적 이유를 들어 판단할 수 있도록 도와주는 것이 공익성의 핵심 구성요소가 된다. 하지만 어떤 사회에든 서로 충돌하는 이해관계들이 존재하기 마련이며, 일반 시민이 이해하기 어려운 복잡한 사안이 존재하기 마련이다. 또한 잘 알려져 있지 않지만 결과적으로 또는 궁극적으로 모두에게 중요한 결과를 가져올 수 있는 잠재적 사안도 있다. 공익성을 추구하는 언론은 이러한 갈등적 사안, 복잡한 사안, 그리고 잠재적으로 문제가 되는 사안들을 회피하지 않고 적극적으로 발굴해서 그 사안이 모두에게 왜 문제가 되는지 제시하고, 왜 관심의 대상이 되어야 하는지 설명해야 한다(BBC, 2004). 결국 공익성을 추구하는 언론이란 한 사회의 모든 가능한 문제들에 대해 되도록이면 내용적으로 가장 포괄적인 상호작용의 마당, 즉 일종의 토론의 마당을 제공하는 것을 뜻한다(Curran, 1991 ; Dahlgren, 1995).

최근 인터넷 등 새로운 매체의 등장으로 매개적 공론장의 비중은 점차 줄어들고, 대신 같은 이해관계를 갖는 사람들의 고립된(enclave) 모임과 토론의 마당이 늘어나는 것을 걱정하는 견해가 있다(Sunstein, 2001). 이른바 인터넷 언론이나 정파적인 신문 등이 특수한 사회집단의 특수한 이해관계만을 대변하고 그들 사이의 상호작용만을 도울 뿐, '특수 이해관계를 넘어서는 공통의 마당'을 만드는 데는 실패하는 것을 우려하는 것이다. 이러한 집단의 구성원은 일단 파편화해 있으며(fragmentation), 집단 사이의 의견이 분극화하면서(polarization), 결국 집단 내적인 강화 기제를 통해서 극단적인 의견을 창출하는 경향(extremization)이 있다고 한다. 하지만 방송저널리즘은 인터넷 언론이나 정파적 신문 언론과는 달리 방송매체가 갖는 특유의 '가시성(visibility)'과 '공중 매개성(mediatedness)'을 활용함으로써 이러한 파편화·분극화·극단화를 극복하는 데 도움을 줄 수 있다는 전망도 있다 (Sunstein, 2003 ; Thompson, 2005). 즉, 방송저널리즘은 적극적으로 다양한 의견들을 포괄하고 이를 전국적으로 전파함으로써 일종의 공동의 '공적 숙의 영역'으로서 기능할 수 있다는 것이다.

둘째, 독립성은 공론장 유지의 핵심적인 조건이다. 방송저널리즘이 공론장으로서 기능을 수행하기 위해서는 국가의 간섭이나, 시장의 압력으로부터 자유로워야 한다. 공론장은 역사적으로도 시민사회의 다양한 이해관계를 반영하기 위해 국가에 대항에서 공적인 의제를 제시하고 그에 대한 공적 토론을 거쳐 이해관계 조정을 시도함으로써 구성되었다고 한다. 따라서 공론장의 가장 중요한 형식적 구성요소는 바로 직접적인 국가권력의 행사가 아닌 다양한 이해관계의 조정 그리고 상품 생산과 교환이 지배하는 시장의 무자비한 거래관행에 종속되는 것이 아닌, 다시 말해 거래 관행을 초월한 협동의 창출에 있다고 하겠다.

방송 시스템은 자본주의적 시장 시스템과 구조적으로 연관되어 있으며 시장의 압력으로부터 완전하게 자유로울 수 없다. 특히 방송사는 그 자체로 대규모 자본이 필요한 하나의 경제단위이기 때문에, 상업방송이든 공영방송이든 관계없이 경쟁적으로 변해가는 매체 시장으로부터 방송사의 설립·재원구조·운영·실행 등의 측면에서 직간접적으로 영향을 받게 된다(Hoynes, 1994). 따라서 시장과 완전히 절연하는 것은 불가능하며 오히려 시장의 역동성을 받아들이되 공익적 임무를 적극적으로 수행하는 언론매체로서 위상을 튼튼히 하는 것이 바람직하다는 의견이 있다(Thompson, 1995). 국가에 대한 독립성도 마찬가지다. BBC의 길리건 사건의 전말이 제시하듯이 국가권력과의 불필요한 기 싸움이나 국가권력에 대한 지나친 적대성은 언론 자신에 대한 위기 요인으로 작용한다. 따라서 국가로부터의 독립은 적당한 거리두기와 건전한 비판성의 유지를 의미한다는 해석이 타당할 것이다.

셋째, 공정성은 특정 사안과 관련된 모든 이해 당사자에 대해 공정해야 한다는 것을 의미하며, 여기에서 이해 당사자란 언론 주장의 대상이 되는 사람, 언론에 자신의 주장을 제시한 사람, 그리고 일반 시청자를 모두 포함한다. 예를 들어, BBC의 닐 보고서는 언론이 제시하는 주장의 대상이 되는 사람에게 — 특별히 그럴 만한 이유가 없는 경우를 제외하고는 — 보통 그 주장의 내용을 미리 알려줄 필요가 있다고 제언했다(BBC, 2004, p.14). 주장을 제기한 사람에 대해 공정하기 위해서는, 그 사람과 인터뷰를 포함한 모든 상호작용을 할 때, 정직하고 분명하고 구체적으로 그 주장에 접근해야 한다고 제언했다. 또한 시청자에 대한 공정성을 유지하기 위해서, 언론이 아닌 시청자가 스스로 자신의 의견을 형성할 수 있도록 최대한의 정보를 제공하는 것이 필요하다고 제언했다. 결국 BBC의 닐 보고서는 특정인이나 집단에게 해가 될 수 있거나 논쟁의 대상이 될 수 있는 사안에 대해서는 그 사안의 관련자들에게 공개적이고 공정하게 접근할 것을 규정하고 있다.

공정성은 또한 공론장에 소수자의 의견이 충분히 들리지 않을 경우 이를 보정(補正)해서 충분히 들릴 수 있도록 기회를 주어야 한다는, 이른바 '소수 의견 경청의 원칙'을 포함한다. 선스틴(Sunstein, 2003)에 따르면 소수 의견, 특히 정치적으로나 사회적으로 인기가 없는 소수 의견은 흔히 집단 동학(動學)에 의해 무시됨으로써 제대로 의견 표출의 기회를 얻지 못하는 경우가 많은데, 이는 곧 전체 집단의 내적인 성찰 기회의 부재로 이어지고 궁극적으로 전체 집단이 극단적인 견해를 갖게 하는 실패로 이어진다고 한다. 특히 여기에서 결정적으로 작용하는 기제가 바로 다수의 견해가 옳을 것이라고 비성찰적으로 따르는 이른바 다수에 대한 동조 또는 순응(conformity) 현상이다. 한 사회가 다양한 대안들을 충분히 다루고, 소수의 반대에 대해서 적극적으로 검토함으로써 다수에 대한 비성찰적인 동조를 방지하는 것은 그 사회가 잠재적으로 범할 수 있는 '다수의 실패'를 극복하는 방법이 된다. 따라서 건강하게 기능하는 공론장은 항상 소수의 의견을 충분히 검토하고 그 의견이 표출될 기회를 제공함으로써 이러한 극단적인 실패가 발생하는 것을 막아야 한다. 언론은 사회가 집단적으로 다수의 의견에 동조하여 극단적인 의견을 무비판적으로 수용하는 것을 막기 위해 소수 의견을 제시하는 통로가 되어야 한다는 것이다.

(2) 기술의 발전과 공론장의 확대 가능성

최근 새로운 커뮤니케이션 기술이 발전하면서 이를 언론의 공론장 기능을 수행하는 데 도움이 되도록 이용할 수 있는 가능성에 대한 탐색이 늘고 있다. 특히 방송은 새롭게 발전된 커뮤니케이션 기술을 활용해서 더욱 빠르고, 확장되고, 세분화한 방송 서비스를 할 수 있게 되었다(황용석, 2003). 그런데 이런 기술의 발전이 뉴스의 공정성이나 언론의 민주주의에 대한 기여에 반드시 도움이 되는 것만은 아니라는 관찰이 있다. 예를 들어, 위성 취재와 위성방송 등 기술에 바탕을 둔 24시간 케이블 뉴스 채널은 전 세계적인 취재망을 자랑하고 있으며 동시에 중요한 사건에 대해서 '현장에서 실시간으로' 보도할 수 있다는 장점을 가지고 있다. 하지만 전개되는 현실에 대한 '현장 실시간 보도'가 반드시 그 현실에 대한 시청자의 이해와 판단에 도움을 주는 것은 아니다 (Dahlgren, 1995). 첫째, 이러한 현장성과 실시간의 특성은 그 자체가 '상업적 경쟁'에 따라 발전된 것으로 뉴스의 내용이 선정적이고 감각적인 영상을 중심으로 구성되는 경우가 많으며, 둘째, 급박한 취재와 제작으로 말미암아 뉴스의 품질 자체가 떨어지는 경우가 있다는 것이다. 셋째, 이렇게 '현장에서 실시간으로' 보도하는 것은 전통적인 뉴스의 개념, 즉 현장에서 취재하고, 기사를 작성해서, 데스크의 게이트 키핑 과정을 거침으로써 생산되는 뉴스가 아닌, 일종의 '현장 중계식 보도'가 됨으로써 전통적인 저널리즘의 종말(the end of journalism)을 보여준다고 한다(Katz, 1992).

방송기술의 발전으로 방송저널리즘은 '토론'이나 '대화'를 뉴스에 포함시켜 단순한 정보를 제공하는 것이 아닌 토론 중심적인 정보 프로그램으로 진화하기도 한다. 최근 아침 뉴스에서 출연자를 초대하거나, 화상 인터뷰를 갖는 등 '대화'의 양식으로 뉴스를 진행하는 것이나, 아니면 '토론 그 자체'를 주요한 포맷으로 삼는 정보 프로그램의 증가가 이러한 추세를 보여준다. 하지만 이러한 토론과 대화가 포함된 새로운 형식의 프로그램은 분명 시청자의 참여를 돕고, 민주적 숙의 과정을 시뮬레이션으로 보여주는 효과를 준다고 가정되지만 진정 이러한 효과가 발생하는지는 분명하지 않다. 이에 대한 낙관적인 기대가 많은가 하면, 이러한 토론 관련 프로그램은 오히려 가상적인 토론을 거쳐서 '실제로 발생하지 않은 토론을 흉내는 것이며 이는 진정한 토론을 경험하는 것과는 다른 유사 경험을 제공하는 것일 뿐'이라는 비판적인 시각도 있다(Dahlgren, 1995).

결국 최근 세계 방송저널리즘에서 활발하게 도입하고 있는 새로운 커뮤니케이션 기술에 따라 더욱 빠르고, 확장되고, 세분화한 방송 서비스가 가능해질지는 모르지만, 이렇듯 빠르고, 확장되고, 세분화한 방송 서비스가 더 좋은 방송저널리즘으로 이어질지에 대해서는 아직 논의가 분분하다(황용석, 2003). 따라서 이렇듯 발전하는 방송 기술이 방송의 공익성·독립성·공정성 등과 같은 방송저널리즘의 기본적 가치를 확장하고 현실화하는 데 얼마나 기여할 수 있는지는 좀더 면밀한 검토가 필요하다. 세계의 방송저널리즘은 하루가 다르게 새로운 기술을 도입하여 프로그램 제작에 반영하고, 또한 뉴스 서비스를 개선하는 데 이용하고 있지만, 이러한 혁신이 곧 언론의 공론장 기능의 강화로 이어질지는 앞으로 본격적인 검토가 필요하다는 말이다.

3. 소 결

이 장에서는 최근 세계 방송저널리즘이 직면한 도전 요인들을 점검하고, 이에 대한 세계 방송저널리즘의 대응을 살펴보았다. 최근 논의되고 있는 방송저널리즘에 대한 도전 요인으로 새로운 매체의 등장에 따른 방송저널리즘 사이 경쟁의 심화와 시민적 생활 유형의 변화에 따른 뉴스 이용자의 요구 변화 등도 추적했다. 그런데 최근 진행되는 방송저널리즘에 대한 비판은 이에 대처하는 경쟁적 전략에 대한 것이라기보다는 정치적인 성격을 드러낸다. 즉, 방송저널리즘이 정치적으로 파편화하고 분화하는 시민들의 이해관계를 제대로 대변하지 못하면서 공정성 시비와 편파성 논란에 휩싸이는 것을 문제 삼는다. 결국 현대 방송저널리즘은 시민에게 공적인 정보를 공정하게 제공하고 참여적인 토론의 기회를 마련하는 데 성공하지 못한다는 비판을 받고 있다.

방송저널리즘은 언제나 현재 진행형으로 변화해왔다. 특히 방송은 언제나 매체 환경의 변화와 시청자 요구의 변화에 능동적으로 대처해왔으며, 최근 그 변화의 속도는 더욱 빨라지고 있다. 방송저널리즘이 언제나 새로운 사건과 이야기를 추구하며 동시에 사회적 변화와 매체 환경의 변화에 적극적으로 대응해온 것이다. 하지만 저널리즘의 기본 임무는 변하지 않는다. 시민이 공적 이슈에 관해 잘 알게 하는 것, 시민에게 참여에 필요한 정보와 견해를 제공하는 것, 공적·사적 권력에 대한 감시와 비판을 늦추지 않는 것, 시민적 토론을 활성화해서 건전한 여론을 형성하는 것 등 저널리즘의 기본 기능은 도전과 변화의 압박이 강화되고 있는 21세기의 현대 저널리즘에서도 변함이 없다.

따라서 기술적으로 진보하고 상업적으로 성공한 언론이라고 하더라도 이러한 공적 정보의 제공, 토론의 마당 마련, 그리고 정당한 여론 형성의 기능 수행 등을 제대로 하지 못하는 언론이라면 이는 비판의 대상이 될 수밖에 없다. 특히 언론이 하나의 경쟁적 조직으로서 다른 언론, 다른 매체와 경쟁에 정신이 없는 사이에 저널리즘의 근본 가치, 즉 공정성·공익성·독립성 등이 훼손되어서는 안 된다.

저널리즘의 역사를 보면, 성공한 언론은 사회적 변화에 적극적으로 대처하면서 동시에 이러한 저널리즘의 근본을 잊지 않았다는 것을 알 수 있다. 성공한 언론이란 새로운 문제를 제기하면서 동시에 해묵은 사안을 놓치지 않는다. 또한 성공한 언론은 변화하는 언론 환경에 대해 항상 민감하게 반응하면서 스스로의 사회적 기능에 대해 반성하고 성찰한다. 결국 이렇듯 기본에 충실하고 자신을 되돌아보는 언론이 수용자의 신뢰를 얻으며 더 많은 수용자에게 더 큰 영향력을 행사하는 언론이 된다. 그런데 한국 방송저널리즘은 한국 사회의 변화에 어떻게 대처하고 있으며, 또한 어떤 새로운 문제를 제기하고, 자신의 사회적 기능에 대해 얼마나 성찰하고 있는가?

3 장

〈대통령 탄핵 방송 내용분석 보고서〉 요약

1. 2004년 탄핵 방송 연구의 배경과 개요

2004년 6월 10일 일반에 공개된 〈대통령 탄핵 관련 TV방송 내용분석 보고서〉는 방송위원회의 연구의뢰를 받아 한국언론학회가 6명의 연구진을 구성하여 연구를 수행한 결과물이다.[1] 방송위원회는 "탄핵정국과 관련한 방송 내용에 대해 공정성, 객관성, 여과되지 않은 진행자의 발언 등에 문제가 있어 개선·시정·사과 등을 요구한다는 시청자 민원이 제기되어" 보도교양 제1심의위원회가 이 문제를 논의한 결과, 제재 여부에 관한 심의위원회의 '평결'을 내리기 전에 방송 내용에 대한 언론학회 전문가 집단의 체계적인 분석이 필요하다는 건의를 하였고, 방송위원회는 이를 수용하여 언론학회에 연구를 의뢰한 것이다. 연구팀이 설정한 일차적 연구목적은 지상파 방송 3사의 탄핵 관련 방송이 얼마나 공정했는지를 평가할 수 있는 기초 자료를 제공하는 데 있었다. 추상적이고 규범적 수준의 개념인 공정성을 구체적이고 체계적으로 평가할 수 있는 지표에 기초하여 분석하고자 하였다. 이 결과를 가지고 탄핵 방송이 '질 좋은 저널리즘'의 조건을 어느 정도 충족시켰는지를 살펴보고자 한 것이다.

연구진은 여섯 가지의 질문에 기초하여 연구를 설계하였다. 첫째, 방송

---

[1] 〈대통령 탄핵 관련 TV방송 내용분석 보고서〉 원본은 공영방송 발전을 위한 시민연대(공발연) 홈페이지(www.ccpb.or.kr) '자료실'의 '연구논문'에서 찾을 수 있다. 연구진이 사용한 다중 방법론이 상세하게 기록되어 있다.

3사는 탄핵에 관해 무엇을, 얼마나, 어떻게 방송했는가? 방송사별, 프로그램 유형별, 시기별 탄핵 관련 방송의 기본 구성은 어떠했는가? 둘째, 방송 3사의 탄핵 관련 방송(저녁 종합 뉴스와 시사·교양·정보 프로그램)은 양적, 질적인 측면에서 얼마나 공정했는가? 방송사별, 프로그램 유형별, 시기별로 어떤 차이를 보이는가? 셋째, 방송 3사는 공정성 이외의 좋은 저널리즘의 기준을 얼마나 충족시키고 있는가? 방송사별, 프로그램 유형별, 시기별로 어떤 차이를 보이는가? 넷째, 탄핵 관련 방송이 활용한 프레임(frame)은 어떤 것들인가? 프레임 활용 면에서 행위자나 쟁점에 대해 얼마나 공정했는가? 프레임 활용 방식은 방송사별로, 프로그램 유형별로, 시기별로 어떤 차이를 보이는가? 다섯째, 탄핵 관련 시사·교양·정보 및 토론 프로그램의 사회자는 어떤 유형의 발언을 어떻게 사용하고 있는가? 발언의 사용 기법은 방송의 공정성에 어떤 영향을 미쳤는가? 행위자나 쟁점에 대해 방송사별로, 프로그램 유형별로, 시기별로 사용한 발언 유형은 어떤 차이를 보이는가? 여섯째, 탄핵 관련 시사·교양·정보 및 토론 프로그램 진행자가 토론자들의 발언권을 관리하는 방식은 무엇이며, 출연자의 성향에 따라 어떤 차이를 보이는가? 발언권 관리 방식은 방송의 공정성에 어떤 영향을 미치는가?

이 연구는 이상과 같은 질문에 바탕을 두고 세부적인 연구문제를 이끌어 냈다. 연구문제는 영역에 따라 크게 4개의 부분, 즉 1) 저녁 종합 뉴스 분석을 위한 연구문제, 2) 시사·교양·정보 프로그램 분석을 위한 연구문제, 3) 프레임 분석을 위한 연구문제, 그리고 4) 담화분석을 위한 연구문제로 분류되었다. 부분별로 두 개에서 여덟 개의 구체적 연구문제가 설정되었다. 그리고 설정된 연구문제에 적절한 연구방법을 적용하기 위해 다중방법론(multi-method)을 동시에 적용하는 전략을 채택하였다. 사실 이 보고서가 지니고 있는 특징 가운데 하나가 양적인 내용분석과 질적인 프레임 분석 그리고 '비판적 담화분석(critical discourse analysis)'[2]을 동시에 수행함으로써

---

2) 'Discourse' 개념의 의미나 활용방식은 매우 다양하며, 그 번역어 또한 '담론'과 '담화'가

각각의 분석 결과를 확인, 점검할 수 있는 이른바 삼각측정(triangulation)을 가능하게 했다는 데 있다.

우선 저녁 종합 뉴스와 시사·교양·정보 방송 프로그램의 분석에는 양적 내용분석 방법이 적용되었다. 2004년 3월 12일과 13일 오후 1시부터 오후 6시 사이에 집중적으로 편성된 △뉴스 특보·속보, 3월 12일부터 3월 18일까지 KBS·MBC·SBS의 △저녁 종합 뉴스, 그리고 3월 12일부터 3월 20일까지 방영된 종합 구성 형식의 △시사·교양·정보 프로그램을 분석 대상으로 선정했다. 뉴스 아이템은 총 977개였으며, 시사·교양·정보 방송 프로그램은 16개 프로그램의 28건이었다.

탄핵 관련 보도에서 구축된 프레임을 이끌어내기 위한 질적 분석방법인 '프레임 분석'은 3월 12일 탄핵소추안이 가결된 직후부터 3월 20일까지 방영된 세 유형의 프로그램 가운데 탄핵소추를 직접적으로 다루고 있는 아이템 전체를 분석의 대상으로 삼았다. 프레임을 이끌어내기 위하여 뉴스 특보·속보와 저녁 종합 뉴스의 경우 개별 기사를, 시사·교양·정보 프로그램의 경우 하나의 이야기를 구성한다고 판단되는 에피소드나 소재를 각각 1차 분석단위로 삼았다. 명확하게 정의된 프레임 유형을 사전에 설정하기 곤란하다는 판단에서, 프레임 분석은 귀납적 방법을 사용하였다.

양적 분석과 프레임 분석, 이와 더불어 '비판적 담화분석'이라는 질적 분석방법을 병행, 사용하였다. 다만 비판적 담화분석 방법을 적용하는 데 앞에서 제시된 프레임 분석과 중복된다고 판단되는 부분은 논의를 거쳐 분석의 틀에서 제외하였다. 분석의 대상은 조사 3월 12일부터 3월 20일까지 방

혼용되곤 한다. 보통 Foucault 등 탈구조주의자들이 역사성과 권력관계를 개입시켜 이 개념을 사용하는 경우에는 '담론'으로, 언어학적 의미가 강한 경우에는 '담화'로 번역하는 것이 통상적이다. 이 연구에서 활용한 'CDA(critical discourse analysis)'는 언어학적 시각에서 언론 현상을 분석해온 Roger Fowler (1991)의 비판 언어학 모델에 바탕을 둔 분석방법이다. 뒤에 반 다이크(van Dijk)가 이 모델을 활용하여 많은 뉴스 분석을 시도한 바도 있으나, 사실 이 모델은 할리데이(Halliday)의 언어기능 모델에 그 뿌리를 두고 있다. 따라서 '담론'보다는 '담화'로 번역하여 '비판적 담화분석' 방법으로 부르는 것이 더 적합하리라 판단한다.

영된 보도물, 심층분석 보도물, 교양정보물, 토론물의 '사회자' 발언만 하기로 하였다. 분석 대상 프로그램은 3개 주요 방송사의 정규 뉴스 및 특보와 17개 정규 프로그램들이었다. 분석의 단위는 기본적으로 문장이었으나, 분석단위의 일관성보다는 의미의 파악이 더 중요하다는 점을 고려하여 두 개 이상의 문장을 하나의 사례로 여기기도 했다. 그 결과 사례 수는 총 609개, 활용 항목의 누계는 900개로 집계되었다. 한편 비판적 담화분석과 별도로 발언권 관리 형태에 대한 분석도 병행하여 토론 프로그램에서만 진행자의 구실에 대한 보조적 연구를 수행했다. 7개 토론 프로그램을 통틀어 발언권 부여 발언은 총 187회, 발언권 박탈 발언은 총 33회 활용되었다.

2. 저녁 종합 뉴스 내용분석의 결과

1) 기사의 갈등성

탄핵 관련 방송 보도가 전반적으로 사회적, 정치적 갈등의 관점에서 탄핵 문제를 다루는 데 실패했음을 보여주는 결과를 얻었다. 즉, 전체 977개의 탄핵 관련 뉴스 아이템 가운데 비슷한 성격의 기사끼리 묶어서 편집한 '묶음 기사(bundle stories)'는[3] 201건이었고, 이 가운데 약 절반인 49.8%만이 갈등 당사자들이 모두 등장하는 '갈등적 사안'으로 다루어졌다. 이것은 나머지 약 절반의 기사는 마치 갈등적 사안이 아닌 것처럼 어느 일방의 갈등

---

[3] 방송뉴스는 중요 사건이 발생할 경우, 관련 기사를 여러 꼭지(items)로 나누어 편집하는 관행이 있다. 예컨대 중요한 정치 갈등 기사의 경우에 여당의 반응과 야당의 반응을 각각 나누어 보도하는 관행이 그것인데, 이 경우에 각각의 보도에서 갈등 상대방이 등장하지 않는다고 해서 갈등이 아닌 것처럼 보도했다고 판단해서는 안 된다는 뜻이다. 탄핵 보도에서 특히 관련 기사들을 '묶음 기사'로 처리하는 관행이 두드러지게 나타났는데, 바로 그런 관행을 감안하여 코딩했음을 밝혀둔다. 실제로 탄핵 방송의 저녁 9시 뉴스의 경우 각 기사들을 개별 기사로 파악하여 코딩하면, 모두 977건의 기사가 보도됐고, 이 가운데 16.7%만이 갈등 기사로 처리됐다.

당사자의 움직임과 반응만 보도되었다는 것을 의미한다. 갈등 사안이 아닌 것으로 보도된 약 절반의 기사 가운데 대부분은 탄핵을 반대하는 세력의 동정에 관한 기사였다.

탄핵 관련 뉴스를 '갈등적 사안'으로 다루는 데 방송사별 차이가 '탄핵 정치과정' 관련 뉴스와 '시민 여론 반응' 관련 뉴스의 경우 두드러지게 나타난 것으로 확인되었다. 전체 뉴스 가운데 KBS가 상대적으로 탄핵 뉴스를 갈등적으로 다룬 비율이 높았으며, MBC와 SBS는 상대적으로 그 비율이 낮았음을 발견했다. 이것은 MBC와 SBS가 어느 일방의 갈등 당사자만을 중심으로 '탄핵 정치 과정'과 '시민·여론 반응' 기사를 가장 많이 다루었다는 것을 의미한다.

2) 기사의 심층성

사회적 갈등 뉴스는 심층적으로 보도해야 함에도 이번 탄핵 관련 방송 뉴스 보도는 심층성의 측면에서 기대에 미치지 못했음을 발견했다. 탄핵 관련 뉴스 아이템 가운데 심층적인 분석과 논평을 포함하지 않은 단순 보도가 전체의 67.1%인 656 아이템을 차지했다. 더 심층적인 원인에 대한 분석을 더한 기사는 8.5%인 83건, 그리고 가장 심층적이라 할 수 있는 사건의 발생과 과정에 대해 원인과 영향에 대한 분석을 더한 기사가 24.4%인 238개에 머물렀다. 전반적으로 심층적이지 못한 보도를 했음을 알 수 있다.

하지만 KBS의 경우 다른 방송사에 견주어 탄핵 관련 기사를 더 심층적으로 다루었다는 것이 발견됐다. 그리고 KBS의 기사 심층성은 뉴스 주제별로 보아 '시민 여론 반응' 관련 뉴스일 경우와 '전문가 반응' 관련 뉴스일 경우 더욱 강조되어 나타나는 것으로 확인되었다. 이것은 KBS가 다른 방송에 견주어 '시민 여론 반응'과 '전문가 반응'을 자세하게 심층적으로 보도했다는 것을 의미한다.

3) 크로마키(chroma-key, 또는 DVE)와 자막의 사용

탄핵 관련 방송뉴스에서 사용된 크로마키와 자막에서 특히 공정성 확보가 매우 미진했던 것으로 나타났다. 크로마키(chroma-key)와 자막이 탄핵 찬·반 진영 가운데 어느 쪽 주장 요지를 담았는지 분석했는데, 방향성이 조금이라도 불분명한 경우는 분석에서 제외하였다. 이처럼 매우 '느슨한' 기준을 적용한 결과, 방향성이 불분명한 경우가 전체의 80%를 넘었고, 탄핵 반대 진영의 주장 요지를 전달하는 크로마키는 13.8%, 찬성 진영의 주장 요지를 제시하는 경우는 4.7%로 탄핵 반대 진영의 주장 요지가 탄핵 찬성 반대 진영의 주장 요지보다 거의 3배나 더 보도됐다. 즉, 탄핵 관련 뉴스를 보도하면서 방송뉴스에 전반적으로 탄핵 반대 진영의 목소리가 탄핵 찬성 진영의 목소리보다 훨씬 많이 반영된 것이 확인된 셈이다.

이러한 크로마키 사용의 편향성은 또한 방송사별로 차이를 보이는 것으로 확인되었다. 즉, MBC의 경우 탄핵 반대 진영의 주장 요지를 제시한 경우가 19.6%로 다른 방송사에 견주어 상대적으로 많았으며, KBS와 SBS는 각각 11.2%와 10.6%로 상대적으로 적었던 것으로 확인되었다.

크로마키 사용에서의 불공정성은 뉴스가 방송된 시점에 따라 다른 것으로 나타났다. 탄핵안이 가결된 12일(토) 뉴스 속보와 정규 뉴스의 경우에는 탄핵 반대 진영과 찬성 진영의 주장 요지가 각각 11.1%와 3.7%였지만, 13일 이후에는 16.9%와 6.9%였다.

자막의 사용에서도 공정성 규칙이 지켜지지 않았다는 증거를 발견했다. 자막을 사용한 461개의 뉴스 아이템 가운데 30.2%가 탄핵 반대 진영의 주장 요지를 담은 자막을 방송했고, 탄핵 찬성 진영의 주장 요지가 담긴 자막은 이보다는 적은 19.1%였다.

특히 MBC의 경우 전체 자막을 보낸 뉴스 아이템 가운데 12.1%만이 탄핵 찬성 진영의 주장 요지를 담은 자막을 내보낸 데 견주어, KBS와 SBS는 20.9%와 25.9%가 탄핵 찬성 진영의 주장 요지를 담은 자막을 방송한 것으로 확인되었다. 결국 MBC가 KBS와 SBS에 견주어 가장 불공정하게 크로마키와 자막을 처리했음을 알 수 있다.

4) 인터뷰 대상자의 성향과 빈도

탄핵 뉴스에서 누구를 대상으로 얼마만큼 인터뷰를 방영했는지 분석하였다. 인터뷰의 공정성과 관련된 핵심 질문은 어떤 성향을 가진 인터뷰 대상이 얼마만큼 자주 보도되었느냐 하는 것이다. 다시 말해 '탄핵에 찬성하는 인터뷰'와 '탄핵에 반대하는 인터뷰' 가운데 어떤 것이 더 많았는지 분석한 결과, 탄핵 반대 진영의 인터뷰 수가 뉴스 아이템 당 평균 .51건, 탄핵 찬성 진영의 인터뷰 수가 평균 .32건으로 탄핵 반대 진영의 인터뷰 수가 더 많았던 것으로 확인되었다.

특히 '시민 여론 반응' 관련 뉴스에서 탄핵 반대 진영과 찬성 진영의 인터뷰 수가 큰 차이를 보였다. 즉, 탄핵 반대 진영의 인터뷰는 평균 1.01건이었지만, 탄핵 찬성 진영의 인터뷰는 평균 .26건으로 거의 4배 차이를 보였다.

이러한 차이를 방송사별로 보면, KBS의 경우 탄핵 반대와 찬성 진영의 인터뷰 수가 각각 .95대 .32건으로 3배 차이를, MBC의 경우 1.24대 .29건으로 약 4배 이상 차이를, SBS의 경우 .79대 .15건으로 5배 이상 차이를 각각 보인 것으로 나타났다. 즉, 시민 여론 반응과 관련된 기사의 경우 방송 3사 모두, 탄핵 반대 진영의 인터뷰 수가 탄핵 찬성 진영의 인터뷰 수에 견주어 3배에서 5배나 차이가 났다.

인터뷰의 내용과 관련해서 중요한 발견 가운데 하나는 인터뷰 대상에 따라 인터뷰의 성격이 달라졌다는 것이다. 언론인을 대상으로 한 인터뷰의 경우는 주로 정보적이거나 분석적인 성격이었다. 하지만 시민을 대상으로 한 인터뷰를 보면, 주로 평가적이거나 심지어 감정적인 경우가 상대적으로 많았음을 발견할 수 있었다.

94

5) 기자의 리포팅

탄핵과 관련해서 가장 논란이 되었던 것이 기자 논평의 공정성 여부이다. 탄핵 관련 기사의 공정성을 평가하기 위해서 기자 리포팅 자체에 기자의 주관적 논평이 있었는지 검토해보았다. 그 결과 전체 977건의 뉴스 아이템 가운데 26%에 해당하는 254개 아이템에서 기자의 논평이 발견되었다.

탄핵 관련 방송뉴스에 포함된 기자의 논평은 대체로 '균형적이거나' 또는 '양시양비론적인' 성격을 띠었던 것으로 확인되었다. 크로마키와 자막의 편파성 코딩에서와 마찬가지로 기자 논평의 방향성이 조금이라도 불분명한 경우는 '균형적' 또는 '양시양비론적'으로 코딩하는 매우 '느슨한' 기준을 적용하여 불공정성 유무를 판정했다.

그 결과, 기자 논평이 포함된 254개 기사 가운데 극소수인 3.9%의 경우에만 특정 정파의 편을 드는 논평을 한 것으로 밝혀졌다. 그런데 3.9%의 정파적 편파성을 드러낸 논평은 전부 탄핵 반대 진영의 입장을 대변하는 논평이었음이 확인되었다. 이러한 정파적으로 불공정한 논평은 방송사별로 차별성이 드러나지 않았다.

3. 시사 · 교양 · 정보 프로그램 내용분석의 결과

1) 프로그램의 주제 분포

국회가 탄핵안을 가결한 2004년 3월 12일부터 9일 동안 방송 3사에서 방송된 시사 · 교양 · 정보 프로그램을 분석하였다. 뉴스와 토론 프로그램을 제외한 결과 총 15개 프로그램 28건의 방송분이 분석대상으로 선정되었으며, 이들의 총 방송시간은 892분(14시간 52분), 총 아이템 수는 256건이었다. 이들을 주제별로 보면, 전체의 25.4% 정도가 탄핵 가결 과정과 쟁점에 관한 내용이었고, 시민 반응과 여론 동향이 19.9%, 정치권 반응이 13.7%, 탄핵 보도·비평이 9.8% 등으로 나타났다. 한편, 탄핵을 반대하는 촛불 시위가 총 16건(6.3%)의 아이템에 걸쳐 다루어진 것과 달리, 탄핵 찬성 시위는 1건에 그쳤다.

방송사별 주제 분포를 보면 방송 3사가 공통적으로 탄핵 가결 과정에 4분의 1 정도의 시간을 할애한 가운데, KBS와 MBC가 시민 반응과 여론 동향에 상당 부분 방송 시간을 할애한 반면, SBS는 야권 등 정치권 반응에 치중하는 경향을 보였다.

탄핵 반대와 찬성 시위의 구성 분포 면에서 방송 3사 모두 탄핵 반대 진영에 유리한 편파성을 보인 것으로 나타났다. 방송 3사는 탄핵을 반대하는 촛불 시위를 모두 16건의 아이템에 걸쳐 다룬 것과 달리, 탄핵 찬성 시위는 MBC의 1건을 제외하고는 아이템 단위에서 전혀 방송하지 않은 것으로 나타났다.

2) 자료화면 구성

탄핵을 다룬 시사·교양·정보 프로그램이 자료화면을 공정하게 구성했는지 비교 검토하기 위해 내용분석을 한 결과, 총 256건 가운데 74건(28.9%)에서 탄핵 가결 장면이 자료화면으로 활용되었다. 이어서 촛불 시위와 탄핵 반대 시위 장면(25.8%)이 많았는데, 이와 달리 탄핵 찬성 시위 장면은 4.7%에서만 사용되었다.

방송사별로 MBC가 탄핵소추안 가결 장면을 전체 프로그램의 41%에 걸쳐 사용해 KBS(18.8%)와 SBS(27.0%)보다 자주 탄핵 장면을 방송한 것으로 나타났다. KBS는 화면 없이 대담이나 토론식으로 프로그램을 진행한 비율이 전체의 53.1%나 되었고 MBC는 37.0%, 이에 견주어 SBS는 7.9%에 그쳐 자료화면 없는 프로그램 구성을 지양한 것으로 나타났다.

3) 내부 출연자(앵커와 기자)와 외부 출연자의 발언 분석

먼저 내부 출연자 가운데 앵커 발언의 편파성을 조사한 결과, 앵커 발언이 포함된 아이템은 모두 144건으로 이 가운데 80.6%인 116건의 발언은 중립적인 것으로 나타났다. 탄핵 반대 진영을 두둔한 앵커 발언은 27건으로 18.8%였고, 탄핵 찬성 진영을 두둔한 앵커 발언은 단 1건(0.7%)만 발견되었다. 방송사별로 MBC의 앵커 발언 42건 가운데 탄핵 반대를 두둔한 발언이 20건(47.6%)인 것과 달리, 탄핵 찬성 진영을 두둔한 앵커 발언은 전혀 없었다. 앵커 발언의 편파 기법에서 MBC의 편파적인 발언 가운데 70% 이상이 윤색적인 형용사를 사용하거나 주관적인 감정을 드러낸 것으로 분석됐다.

프로그램별로는 MBC의 〈신강균의 뉴스서비스 사실은…〉에서 11건의 앵커 발언이 모두를 탄핵 반대를 두둔했고, 탄핵 찬성에 관한 발언은 전혀 하지 않는 극단적인 편파성을 드러냈다. 편파기법도 80%가 윤색적인 형용사나 주관적인 감정을 드러낸 것으로 조사됐다.

기자(또는 PD) 리포트의 편향성 조사결과도 앵커 발언과 비슷하게 나타났다. 총 187건의 리포트 가운데 164건(87.7%)은 탄핵 반대나 찬성 진영을 두둔하지 않은 중립적인 것으로 조사됐다. 그러나 편파성이 확인된 23건의 리포트는 모두 탄핵 반대 진영을 두둔하는 것으로 나타났고, 탄핵 찬성 진영을 두둔하는 리포트는 한 건도 없었다.

한편, 외부 출연자의 발언은 모두 96건이었는데, 이 가운데 61건(63.5%)은 방향성이 없었다. 나머지 35건은 단 한 건을 제외하고 모두 탄핵 반대 진영을 두둔하는 내용이었다.

프로그램별로는 MBC의 〈신강균의 뉴스서비스 사실은…〉의 출연자 8명이 모두 탄핵 반대를 두둔하는 경향을 보인 것으로 나타났다. 탄핵 가결 다음날 방송된 KBS의 〈탄핵 정국 국민에게 듣는다〉와 〈대통령 탄핵-대한민국 어디로 가나〉 두 프로그램에 출연한 57명 가운데 22명(39%)이 탄핵 반대를 두둔하는 경향을 보였고, 단 한 명만이 탄핵 찬성을 두둔하는 발언을 한 것으로 분석됐다.

4) 인터뷰의 편파성

시사·교양·정보 프로그램에 나타난 인터뷰의 편파성도 조사하였다. 인터뷰 수는 총 561건이었는데, 이 가운데 탄핵 반대 진영을 두둔하는 인터뷰는 245건(43.7%), 탄핵 찬성 진영을 두둔하는 인터뷰는 141건(25.1%), 그리고 중립적인 인터뷰는 175건(31.2%)으로 나타났다.

프로그램별로는 KBS의 특집 〈대통령 탄핵─대한민국 어디로 가나〉와 〈탄핵 정국 국민에게 듣는다〉의 인터뷰 구성이 각각 반대와 찬성 31건 대 1건과 29건 대 4건으로 매우 심한 편향성을 보여 탄핵 사태 초반에 KBS의 불공정 편파 시비의 원인을 제공한 것으로 나타났다. 또 KBS의 〈미디어 포커스〉는 탄핵 반대 진영 두둔과 탄핵 찬성 진영 두둔이 7건 대 0건, MBC의 〈신강균의 뉴스서비스 사실은…〉은 반대와 찬성이 9건 대 2건으로 비슷하게 심한 편파성을 보였다.

5) 보도의 심층성과 공정성

심층성과 공정성도 측정하였다. 그 결과, 조사대상이었던 256건의 아이템 가운데 보도와 분석, 논평이 모두 있는 심층적 아이템은 40건(15.6%)에 그쳤다. 보도와 분석이 33.2%로 가장 많았고, 논평이 26.2%, 보도가 25.0%였다. 인터뷰의 심층성을 측정한 결과는 평가적인 인터뷰가 198건(51%), 분석적인 인터뷰 128건(33%), 감정적 인터뷰 42건(10.8%), 정보적 인터뷰 20건(5.2%) 순으로 나타났다.

아이템의 전개 방식에 따라 방송사별로 보도의 심층성을 비교분석한 결과, SBS가 보도(31.7%)와 보도 분석(54.0%)에 주로 의존하는 경향을 보였고, KBS와 MBC는 보도 분석 논평(KBS 17.8%, MBC 22.8%)과 논평(KBS 33.7%, MBC 12.7%)의 비중이 높은 것으로 나타났다.

프로그램별로는 SBS의 〈세븐데이즈〉와 MBC의 〈화제집중〉과 KBS의 〈추적 60분〉이 프로그램 아이템의 절반 또는 그 이상을 사건 보도에 치중

한 것과 달리, MBC의 〈신강균의 뉴스서비스 사실은…〉과 KBS의 〈미디어
포커스〉, SBS의 〈뉴스 추적〉 등은 분석과 논평을 자주 사용한 것으로 분석
됐다.

인터뷰 수준에 대한 심층성 분석은, 방송사별로 KBS가, 평가적인 인터뷰
가 전체 인터뷰의 75.8%를 차지하는 높은 비중을 차지하는 것으로 나타났
고, MBC는 다른 방송사에 견주어 감정적인 인터뷰(23.8%)를 자주 사용하
는 특성을 보였다. SBS는 평가적인 인터뷰(51.7%)와 분석적인 인터뷰
(31.0%)를 많이 사용한 것으로 조사됐다.

아이템 전개 방식과 인터뷰 수준에서 탄핵 관련 시사 · 교양 · 정보 프로
그램은 상당 부분 심층성을 확보하는 데 성공했다. 그러나 탄핵 방송과 관
련해서 방송의 건전한 여론 형성 기능을 방해한 것은 보도의 심층성의 빈
곤이나 결여가 아니었다. 오히려 방송의 공정성 원칙을 벗어난 심층성이라
는 측면에서 심층성이 악용될 수도 있음을 탄핵 방송의 사례가 새삼 상기
시키고 있다. 논쟁적인 사안에 방송이 섣불리 참여자로 나서서 주관적 판
단을 내리고 어느 한편을 일방적으로 비방하는 순간 방송의 건전한 여론
매개 기능은 사라지고 만다. 그 순간 사회적 쟁점에서 다른 편에 선 정치
세력과 시민은 소외되며, 방송은 불공정 편향 시비에 휘말려 신뢰를 잃고
표류하게 된다.

4. 프레임(frame) 분석의 결과

정규 뉴스와 시사 · 교양 · 정보 프로그램의 구분 없이, 탄핵 관련 보도의
행위자별, 쟁점별, 주제별 프레임 특성을 분석하였다. 단순한 양적 분석이
가진 한계를 극복하기 위하여, 언론의 프레임 구성방식을 분석한 것이다.
프레임으로 보도 대상의 이미지를 드러내는 과정에서 미디어는 그 중심 특
성을 눈에 띄게 처리하고자 특정 서술 방식이나 표현기법 등을 사용한다.
이 연구에서는 총 1,523개의 탄핵 관련 보도 아이템의 프레임 장치(요소)를

세목화하고 측정함으로써 탄핵 정국에 대한 텔레비전의 보도 프레임과 그 변화를 추적했다.

1) 주요 정치 행위자의 이미지 프레임

탄핵 정국이라는 정치 갈등 상황을 보도하는 방식에서 텔레비전 방송은 주요 정치 행위자의 이미지 프레임을 통해 열린우리당, 촛불 시위대/참여 시민단체, 노무현 대통령(청와대), 시민/국민을 한 축에 두고 이들에게 동정적이거나 긍정적인 이미지를 강조한 것으로 밝혀졌다. 이와 달리 한나라당, 민주당, 야 3당, 박관용 국회의장, 보수단체를 다른 축에 두고 이들에게 비판적이거나 부정적인 이미지를 부여하는 대립 구도를 설정하였다. 그리고 이들을 중재하는 충격 완화 집단 또는 위기 사태의 해결사로서 중립적인 이미지의 고건 총리, 행정 관료, 헌법재판소를 위치 짓는 것으로 나타났다.

좀더 구체적으로 살펴보면, 열린우리당과 노대통령은 이번 탄핵안 가결 국면에서 힘없는 약자로 묘사된 것과 달리 한나라당과 민주당은 수적인 우세를 지닌 힘 있는 강자의 모습으로 틀지어졌다. 이 과정에서 시민과 국민적 공감대를 형성한 촛불 시위대/참여 시민단체는 힘없는 약자인 열린우리당과 노대통령을 지지하는 세력으로 틀지어진 것과는 달리, 보수단체 시위는 힘 있는 강자인 한나라당과 민주당의 탄핵안 가결을 적극 지지하는 세력으로 부각되었다. 그러나 시민들과 촛불 시위는 비교적 다양한 관점에서 다양한 활동상으로 보도된 데 견주어, 보수단체 시위는 단순히 탄핵 지지 의견을 밝히거나 시위 사실 자체의 전달이라는 매우 제한적인 프레임을 통해 이미지가 구축되는 것으로 나타났다. 이와 연장선 위에서, 보수단체 시위에 대한 영상 이미지도 차별적인 것으로 드러났다. 탄핵 반대 시위에 대해서는 촛불을 들고 흔들며 즐거워하는 시민들의 다채로운 표정을 생동감 있게 묘사하거나, 때로는 롱샷(long shot)으로 때로는 클로즈업(close-up) 기법을 써서 시각적 효과가 큰 장면들을 구성했다. 이와 달리, 보수 단체 시위에 대해서는 단순한 바스트샷(bust shot)이나 피켓(picket)을 들고 엉성하게 군집한 모습을 보여주는 것으로 그치고 있었다.

한편, 박관용 국회의장은 이번 탄핵안 가결의 숨은 주역으로 한나라당과 민주당에 편승한 편향되고 강제적이며 무리한 의사 집행자로 틀지어졌다. 이와 달리 고건 권한대행과 행정관료들은 공정하고 객관적인 국정 운영방침을 제안하거나 시의적절한 경제 및 정국 안정 방안을 내놓음으로써 탄핵안 가결로 조성된 위기 정국을 관리하는 숨은 일꾼으로서 이미지가 강하게 부각되었다. 이러한 이분법적 구조는 헌법재판소와 국회에 대해 설정된 프레임에도 그대로 적용된다. 국회는 비이성적인 구성원들이 절차와 대화를 중시하지 않는, 원칙 없는 조직으로 틀지어진 반면, 헌법재판소는 국회에서 비이성적으로 꼬아놓은 어려운 매듭을 풀 수 있는 원칙과 절차가 분명한 조직으로 틀지어진 것으로 나타났다.

2) 주요 정치 쟁점의 경쟁 프레임

프레임 요소를 바탕으로 경쟁 프레임이 구성되는 정치 쟁점을 조사한 결과, 크게 ① 탄핵소추안 가결, ② 촛불 시위(집회), 그리고 ③ 편파 방송 시비라는 세 가지 쟁점이 텔레비전 보도에서 중요하게 다루어졌다는 사실을 파악하였다.

먼저, 탄핵소추안 가결에 대한 프레임 요소는 매우 다양하게 배열되어 있다는 사실을 확인하였다. 그만큼 미디어 보도는 이 사건의 다양한 측면 (various aspects of the issue)을 대비되는 관점에 따라 제시했다는 것이다. 문제 정의에서 보면, 탄핵 반대 진영은 '정당성이 결여된 비상시국'이라고 사태를 정의한 것과 달리, 찬성 진영은 소추안 가결이 '국정 파탄에 대한 심판이자 의회 민주주의의 승리'라고 보았다. 탄핵 찬성 진영보다 탄핵 반대 진영의 강조가 더욱 두드러진 경향을 보였다.

시민의 지지를 얻기 위해 양 진영이 사용한 은유를 살펴보면, 탄핵 반대 진영은 '의회 쿠데타'라고 공격했고, 탄핵 찬성 진영은 '구국의 결단'이라 주장했다. 사태의 원인과 결과를 이해하는 관점도 다르다. 반대 진영은 야

3당의 당리당략과 총선 전략에 말미암은 무리수가 결국 정국 혼란을 가져와 경제 악영향은 물론 총선에도 매우 커다란 영향을 미칠 것이라고 부정적인 전망을 했다. 이와 달리 찬성 진영은 이번 사태가 무능하고 측근 비리에 둘러싸인 대통령이 스스로 불러온 일이며 탄핵소추안 가결은 자업자득이므로, 조만간 사태가 진정되는 국면이 찾아오고 이번 가결이 민주주의가 발전하는 계기로 승화할 것으로 예상했다. 탄핵소추안 가결에 대한 해결책으로, 반대 진영에서는 원천무효인 탄핵소추를 철회하는 것을 주장했고, 찬성 진영에서는 헌재 판결을 존중하고 기다려야 한다는 주장을 고수했다.

탄핵 사태에 대한 시민들의 반응을 보면, 반대 진영의 시민 반응은 감정적인 반응과 정치권 전반에 대한 불신이 강하게 들어 있었다. 이와 달리 찬성 진영의 시민 반응은 감정적 반응과 더불어 대통령 책임론을 주장하는 경향을 보였다. 사태에 대한 영상 이미지 프레임 요소는 반대 진영에서는 탄핵소추안 가결 당시의 난장판이 된 국회 모습과 열린우리당 의원들의 울부짖는 모습, 끌려나가는 모습 등을 집중적으로 드러내었고, 찬성 진영에서는 야당 의원들의 여유로운 모습, 박수치는 모습, 세 과시하는 모습 등을 부각시켰다. 특히 전체적으로 탄핵소추안 가결 당시의 난장판 국회 모습이 가장 많이 보도됨으로써 반대 진영의 이미지에 도움을 주는 바탕을 마련했다.

이처럼 사태의 의미 구성과 관련된 여러 측면에서 서로 충돌하는 두 시각은, 탄핵소추안 가결의 본질과 관련하여 반민주 세력의 다수 횡포로 규정하는 반대 진영과 적법하고 민주적인 절차를 밟은 의회의 의사 결정 과정이라고 정의하는 찬성 진영 사이의 전면적인 프레임 경쟁으로 나타났다.

두 번째 쟁점은 촛불 시위(집회)를 둘러싼 논란이다. 상대적으로 많은 보도량에도 탄핵소추안 가결만큼 다양한 프레임 요소들이 발견되지는 않았으나, 찬반 진영 사이에 프레임 경쟁이 꽤 다양한 측면에서 전개된 것으로 나타났다.

탄핵 반대 진영은 촛불 시위를 국민적 울분의 발산으로 정의하는 반면, 탄핵 찬성 진영은 은밀한 배후 세력의 조직적인 동원 행사로 사태를 바라

본다는 대립적인 프레임을 만들었다. 쟁점에 대한 입장 차이도 커서, 반대 진영은 성숙한 시위 문화 보장을 주장했던 것과 달리, 찬성 진영은 집회를 원천적으로 봉쇄하는 조치를 내릴 것을 정부당국에 촉구하는 것으로 묘사되었다. 탄핵 반대 진영은 기본적으로 민주화 운동의 연장선 위에서 촛불 시위를 이해하고 또 축제 분위기로 행사의 역사적 의미를 구성하고 있다. 촛불 시위대에는 대규모이지만 질서정연하고 평화적인 시위라는 이미지가 강조되며 특히 어린아이, 노인, 젊은 여성들을 클로즈업해서 보여주는 영상 기법이 빈번하게 동원됐다. 이런 점에서, 역사적 의미와 영상 이미지라는 프레임 장치에서 텔레비전 보도는 탄핵 반대 진영의 입장에 공명하는 의미 구성의 현저성(顯著性)을 보여준다고 해석할 수 있다.

사태의 원인과 결과를 두고 탄핵 반대 진영은 당리당략적 탄핵에 대해선 대규모 집회를 지속할 수밖에 없다는 인과 논리를 주장하는 것과 달리, 찬성 진영은 사회 혼란과 국론 분열을 일으킬 뿐이라는 논리를 강조하는 프레임이 구성되었다. 사태 해결을 위해 찬성 진영이 즉각 자진 해산할 것을 촉구하는 데 견주어, 반대 진영은 공식 선거기간이 시작되면 그만둘 것이라는 자제력을 내세운 점이 강조되었다. 결국, 촛불 시위를 둘러싸고 정당한 시민권의 행사라는 프레임과 은밀한 배후 세력의 조직적인 동원이라는 프레임이 서로 대립하는 방식으로 정치 갈등 현실이 재구성되었다고 볼 수 있다.

세 번째로 탄핵 관련 방송은 편파방송 시비 논란을 또 하나의 경쟁하는 프레임들로 구축하였다. 탄핵소추안 가결 이후 민주당과 한나라당 관계자가 두 공영방송사를 차례로 항의 방문하면서 이 문제가 탄핵 정국의 정치 쟁점으로 떠올랐다. 여권은 야권이 제기하는 편파방송 시비를 언론 자유에 대한 중대한 침해로 규정하며 방송에 대한 야권의 규제 방침을 신군부 세력의 방송 장악이라는 역사적 사례에 견주거나 신(新)보도지침이라는 은유를 써가며 비판했다. 그러나 편파방송을 주장하는 처지에서 특별히 강조하는 은유나 역사적 의미와 관련된 프레임 요소는 관찰되지 않았다. 결국, 편파방송 시비는 공영방송의 본분 망각이라는 방송 공격 진영의 프레임과 야권의 정치 공세라는 방송 옹호 진영의 프레임이 서로 경쟁하면서 탄핵 정국의 갈등을 새 국면으로 전개시켰다.

3) 주제(맥락) 프레임의 유형과 변화

탄핵 관련 방송의 주제(맥락) 프레임은 크게 7가지로 부각되었다. 탄핵소추안 가결 과정과 관련된 보도에서 국정 공백 프레임, 권한대행 체제 사태 수습 프레임, 경제적 결과 프레임, 시민 동요 프레임, 정치적 결과 프레임이 나왔고, 촛불 집회 관련 보도에서 시민 저항 프레임이, 그리고 편파방송 시비 관련 보도에서 국면 전환책 프레임이 각각 도출되었다.

국정 공백 프레임은 탄핵소추안 가결에 대한 정의이기도 하지만 동시에 시민들의 혼란을 우려해, 국정 운영을 차질 없이 해가야 한다는 내용과도 관련이 있다. 권한대행 체제 사태 수습 프레임은 대부분 대통령의 권한 정지로 말미암은 국가 비상시국에 잘 대처하는 방법으로 시민들에게 안정을 약속하는 이미지를 제공한다. 이런 점에서 이상의 두 주제(맥락) 프레임 모두 정국 안정화를 꾀하는 효과를 거둘 수 있다는 해석이 가능하다.

경제적 결과 프레임과 정치적 결과 프레임은 탄핵소추안 가결로 말미암은 정치적 결과와 경제적 결과를 전망하는 프레임이다. 정치 갈등 문제를 다루는 보도에서 자주 등장하는 경제적 결과 프레임은 이번 탄핵소추안 가결 과정 보도에서도 빈번하게 등장하였다. 탄핵 정국이 경제 불안을 조성할 것으로 전망하고 있다. 정치적 결과 프레임은 총선에 미칠 영향을 말하는 측면이 부각되었다. 이러한 두 가지의 주제(맥락) 프레임은 대개 정파 사이의 대립이나 사회 갈등적인 내용과 연관되므로 부정적인 의미를 구축할 수 있다.

시민 저항 프레임은 촛불 집회 또는 보수단체 시위 관련 보도에서 나타난 프레임으로 대부분 여러 날 계속해서 대규모로 일어나는 촛불 집회가 평화적인 시민권의 행사라는 의미를 부각시키는 것으로 나타났다. 보수단체 시위 보도에서도 드러나지만 촛불 집회 보도만큼 다양하지 못했다.

국면 전환책 프레임은 주로 편파방송 시비 관련 보도에서 이끌어낸 프레임으로 탄핵소추안 가결에 대해 야권과 여권이 모두 편파방송 시비를 하나의 국면 전환용으로 사용하고 있다는 점을 두드러지게 했다.

4) 방송사별 정치 쟁점에 대한 프레임 요소 분석

탄핵 정국의 정치 행위자와 정치 쟁점에 대한 이미지 프레임과 경쟁 프레임을 구축하는 과정에서 활용하는 프레임 장치(프레임 요소)에서 방송사별 또는 프로그램 유형별로 현저성의 차이가 나타나는지 양적 분석을 시도한 결과, 정치 행위자에 대한 이미지를 구성하는 과정에서 활용하는 프레임 장치의 현저성에는 방송사나 프로그램 유형을 가릴 것 없이 차이가 없는 것으로 나타났다. 따라서 이 연구는 오직 정치 쟁점에 대한 방송사별 프레임 요소의 현저성만 집중적으로 분석하였다.

정치 쟁점의 경쟁 프레임을 구성하기 위해 미디어가 동원하는 프레임 요소의 현저성이라는 측면에서 볼 때, 방송사 사이의 미세한 차이가 있음에도 한국 지상파 방송 3사는 대체로 쟁점의 주제나 내용과 관계없이 탄핵 반대 진영에 공명하는 프레임을 강조하는 쪽으로 현실을 재구성하는 보도에 주력했다는 사실을 발견했다.

5. 비판적 담화분석(critical discourse analysis)의 결과

1) 탄핵 관련 행위 주체별 담화의 특성

여·야를 가리지 않고 정치인들을 묶어서 부르는 경우, 가장 빈번하게 사용된 언어 표현방식은 사회자들의 가치가 개입된 '판단 표현'이었고, 그 내용은 대개 부정적 함의를 가지고 있었다. 국회를 '도덕성이 결여된 집단'으로 표현한다든지, '(이것은) 정치가 아니다'라고 깎아내리는 것이 대표적

예이다. 열린우리당을 특정하는 내용이 포함된 발언의 경우, 탄핵 가결 직후에는 분노·비통·울분을 의미하는 '판단 표현'이 가장 자주 활용되었다. 이와 달리 한나라당을 비롯한 야 3당에 대해서는 무소불위의 힘, 음모적 치밀함, 오만함 등이 집중적으로 부각되었다. 이들에 대해서 빈번하게 평가하는 동사나 형용사가 활용되었는데, "계속 트집 잡고 있다" "엉뚱하게 화풀이를 하고 나섰다" "국민의 뜻을 겸허히 살피기는커녕" 등의 표현은 공정성 논란과 관련된 판단 표현의 구체적 예이다.

노무현 대통령에 대한 묘사에서도 평가하는 부사나 형용사, 명사가 포함된 판단 표현이 많았다. 그러나 정작 그 내용은 침통함·담담함·분주함이라는 서로 다른 세 종류의 수식어가 뒤섞여 있었다. 고건 총리와 정부(행정관료)가 관련된 문장의 주요 언어 표현방식으로는 '진실 양태'를 활용하여 정부당국의 안정적 자세와 능력을 당연시하고 강조하는 경우와 긍정적 평가를 보탠 '판단 표현'이 빈번하게 발견되었다. 마지막으로 시민·국민·시청자에 관한 언급을 보면, '진실 양태'와 '주장'이 적극적으로 활용됐다. "다소 안심이 된다는 반응을 내비쳤습니다" "충격에서 벗어나 일상으로 돌아가 차분한 모습이었습니다" 등의 예에서 보듯, 안정을 유도하고자 하는 의도가 근거 없는 단정의 방식으로 드러나곤 하였다. 게다가 이 '진실 양태' 표현은 가끔 지나친 일반화로 이어졌다. 마치 전 국민을 탄핵 가결에 대해 흥분하거나 걱정하는 집단으로 단정하는 진실 양태가 빈번하게 등장하였으며, "많은 국민들은 탄핵소추안 철회와 대통령의 유연한 사태 수습을 요구했지만 결과는 파국이었습니다" 또는 "지금 여론은 (헌재가 결정을) 빨리 하라는 것이죠" 같은 발언이 정당한 근거 없이 제시되었다. 국민에 대한 묘사는 사실상 정치인 전체와의 대조, 그리고 고건 총리나 행정부와 견주면 더욱 명확해진다. 피해당하고 불안해하는 국민의 모습이 있고, 안정을 위해 노력하는 고건 총리와 행정부에 화답하는 차분한 국민의 모습이 있다. 이 사이에서 방송매체는 어느 한쪽을 지나치게 과장하거나 분명하게 당부하는 구실을 하기도 했다.

2) 탄핵 관련 보도 주제별 담화의 특성

탄핵 관련 보도에서 가장 자주, 그리고 주요하게 다루어진 주제를 세 가지로 묶을 수 있었다. 탄핵 가결과 탄핵 사태 그 자체에 관한 보도, 탄핵안 가결 이후에 대한 전망과 예측, 그리고 탄핵안 가결에 대한 각계의 반응에 대한 보도였다. 우선 탄핵 가결 과정에 대한 보도에서는 대립과 폭력을 강조하는 '판단 표현'이 가장 빈번하게 사용되었다. 이와 달리 탄핵 사태 자체에 대해서는 판단 표현보다 '진실 양태'가 더 자주 활용되었다. 탄핵 사태를 '세계적 망신'으로 정의한 경우는 진실 양태와 판단 표현이 중첩되어 있는 사례라 할 수 있다. 전망과 예측에 관한 보도의 경우, '판단 표현'을 통한 '혼란'의 이미지 구성이 가장 두드러졌고, '소극적 근거성'을 이용하여 갈등을 예측하는 경우도 많았다. 전망에 관한 보도는 우려와 의무라는 대조적 개념으로 요약된다. 대개 '진실 양태' 기법으로 전달되었는데, 상황의 혼란함과 안정의 희구, 미래에 대한 우려와 국민의 의무로 요약될 수 있다. 탄핵안 가결 직후 가장 빈번하게 보도된 것이 바로 국민의 반응이었다. 국민의 반응을 거의 일반화하여 '사태에 대한 당혹감'과 '정치권에 대한 성토'로 반복, 강조했다. 다양한 반응을 이성적으로 보도하는 대신, 감정적 반응을 똑같이 감정적으로만 표현했다고 볼 수 있다. 열린우리당과 야3당의 반응 역시 지나치게 '판단 표현'에 의존하였다. '분노한 여당'과 '오만한 야당'의 구도 속에서 다양한 표현이 적용되었고, 시간이 흐르면서 '여유 있는 여당'과 '당황하는 야당'의 구도가 만들어졌다. 이러한 구도는 정확한 정보 전달에 따라서가 아닌 화자의 가치가 개입된 단어들을 사용하여 만들어졌다는 데에 문제가 있다.

3) 언어적 표현방식의 행위 주체별 담화 비교

탄핵과 관련된 행위자이면서 방송 보도에서 자주 말해진 주체를 여섯 집단으로 구분하여 각각의 특성을 정리하였다. 정치인 일반의 경우는 부정적 함의를 포함하는 판단 표현이 많이 사용되었고, 열린우리당은 '분노'를 나타내는 판단 표현과 '여유' '만족'을 나타내거나 부정적 함의가 있는 판단 표현 및 진실 양태가 두드러졌다. 이와 달리 야 3당은 부정적 함의의 판단 표현과 양면적 성격의 진실 양태를 사용하였다. 또한 노무현 대통령과 청와대는 중립적 판단 표현으로 기술하였고, 고건 대통령 권한대행과 행정관료에 대해서는 긍정적 성격의 진실 양태와 긍정적 함의의 판단 표현을 사용하였다. 국민에 대해서는 '충격'을 나타내는 판단 표현과 '안정'을 강조하는 진실 양태, 과도한 일반화를 유도하는 진실 양태, 그리고 당부의 의미를 담은 주장을 주로 사용하여 보도했다.

열린우리당과 야 3당의 비교를 보면, 열린우리당에 대한 방송의 초기 묘사는 분노·비통·울분 등이었던 것과 달리 한나라당을 비롯한 야 3당에 대해서는 무소불위의 힘, 음모적 치밀함, 오만함 등이 집중적으로 부각되었던 점을 알 수 있다. 그러나 어느 정도 시간이 흐른 뒤, 열린우리당에 대해서 '여유' '고무' 등과 더불어 '잡음' '곤혹' 등의 판단 표현이 함께 활용되었던 것과 달리 야 3당에 대한 표현은 '당황' '초조' '절박' '휘청' '경악' 등으로 바뀌었다. 탄핵 가결 직후 열린우리당에 부여되었던 많은 감정적 표현들이 야 3당으로 옮겨간 형국이다.

표현기법의 방송사별 특성을 보면, MBC가 KBS나 SBS에 견주어 평가적인 표현을 상당히 많이 사용하였다는 점을 지적할 수 있다. 탄핵 가결에 대한 국민 반응이건 야 3당에 대한 표현이건, 좀더 감정적이고 역동적인 표현을 사용하였다. 헌법재판소의 판결에 대해서도 근거가 충분치 않은 단정이나 예측을 함으로써 문제점을 드러냈다.

4) 언어적 표현방식의 탄핵 관련 주제별 비교

방송 보도에서 중요하게 다루어진 세 주제에 대한 발언을 분석하여 각각의 특성을 정리하였다. 탄핵 가결 과정과 탄핵 사태, 탄핵안 가결 이후에 대한 전망과 예측, 탄핵안 가결에 대한 각계의 반응 등 세 주제를 어떻게 보도했는지 분석한 결과, 주제를 가릴 것 없이 가장 주목되는 언어적 표현기법은 판단 표현이었다. 탄핵 가결 과정은 특히 감정이 지나친 판단 표현이 많았으며, 앞일에 대한 전망 역시 마찬가지였다. 더구나 의미적으로 대조적인 '혼란'과 '안정'을 각각 상징하는 판단 표현이 동시다발적으로 활용되었다.

각 계의 반응을 보도하면서도 판단 표현이 자주 사용되었는데, 내용에서도 문제점들이 드러났다. 국민의 반응은 '사태에 대한 당혹감'과 '정치권에 대한 성토'로 일반화하였고, 열린우리당과 야 3당의 반응 역시 '분노한 여당'과 '오만한 야당'의 구도 속에서 지나치게 많은 판단 표현이 사용되었다. 정확한 정보 전달에 따라서가 아닌 화자의 가치가 개입된 단어들을 사용하여 여야 구도를 묘사하였다는 점이 문제로 지적될 수 있다.

5) 토론 사회자의 발언권 관리 양식

토론 프로그램의 사회자가 누구에게 발언권을 부여하고 누구로부터 박탈하는지를 조사한 결과, 발언권 부여 횟수에서 탄핵 찬성 진영과 반대 진영의 차이는 두드러지지 않았다. 발언권 부여 횟수에서 박탈 횟수를 빼고 비교했을 때, 탄핵 찬성 집단은 총 75회의 발언권을, 반대 집단은 총 79회의 발언권을 가졌다. 결과적으로, 그 차이가 진행자의 공정성을 심각하게 문제 삼을 만큼 크다고 보이지는 않는다.

그러나 발언 기회를 박탈한 횟수는 탄핵 찬성 토론자의 발언 중단 횟수가 탄핵 반대 토론자에 견주어 22 대 9회로 두 배가 넘은 것으로 나타났다. 핵심 논지와 논거를 제시하는 도중에 발언을 중단시키거나 기회를 박탈하는 것은 토론의 공정성을 해칠 수 있다.

6. 연구 결과에 대한 논의

탄핵 방송 보고서를 마무리할 때까지 연구진의 뇌리에는 줄곧 떠나지 않왔던 하나의 화두가 있었다. 그것은 대통령 탄핵소추안 가결이라는 우리 헌정사에서 처음 있는 중대 사태에 직면하여 한국의 TV방송이 그들의 존재 조건의 하나인 '국민의 알권리'를 위해 관련 정보와 견해를 공정하게 보도했는가 하는 질문이다. 분석 결과는, 아무리 '느슨한' 기준을 적용해도 공정했다고 말하기 어렵다는 것이다.

한국의 방송사는 모두 공정성과 관련해서 스스로 지키겠다고 스스로 만든 규정을 갖고 있다. 그럼에도 TV방송은 왜 스스로 만든 규정조차 제대로 지키지 못했는가? 한국의 방송 언론인은 국회가 대통령 탄핵소추안을 가결한 사안의 기본적 성격을 잘못 파악한 것이 아닌가 하고 우리는 추론한다. 탄핵안 가결을 둘러싼 갈등을 합법적 논쟁의 영역에 속하는 제도권 정치집단 사이의 정치적 갈등으로 본 것이 아니라, 일탈적 행위로 보았거나 그렇게 보려 했다고 추론하는 것이다. 국내외의 무수한 선행 연구에 따르면, 일탈 영역(sphere of deviance)과 합의 영역(sphere of consensus)에 속하는 사안의 보도에는 공정성 규범이 제대로 지켜지지 않으나, 합법적 논쟁 영역(sphere of legitimate controversy)에 속하는 사안의 보도에는 공정성 규칙이 비교적 잘 지켜지고 있다는 것이다. 특히 정책과 법안을 둘러싼 의회 안 정치집단 사이의 정치적 갈등, 공직자 선거에서 승리하기 위한 정당끼리의 정치적 경쟁은 민주주의 사회에서 합법적 논쟁의 영역에 속하는 대표적인 사회갈등으로 꼽힌다. 더구나 헌법재판소는 지난 2004년 5월 14일 탄핵소추안 가결의 절차적 적법성에는 하자가 없었다는 판결을 내린 바 있다.

그럼에도 한국의 TV방송이 국회의 대통령 탄핵소추안 가결의 성격을 일탈적 행위로 파악한 증거는 연구 결과 여러 곳에서 확인되고 있다. 예컨대 탄핵 반대 진영의 의견이 찬성 진영의 견해보다 훨씬 더 많이 보도된 양적 편파도 그렇지만, 탄핵 반대 진영의 '의회 쿠데타'와 찬성 진영의 '의회 민주주의의 승리'라는 경쟁 프레임 구도 아래 하위 프레임으로 탄핵 주도 세력을 '비(非)개혁적 가해자' '정략적 정치집단' '위기의 민의 외면 집단'이라고 부정적으로 틀짓기를 한 것과 달리, 탄핵 반대 세력을 '개혁적 민주

세력’ ‘역부족인 피해자’ ‘민의를 대변하는 약자’로 국민의 동정을 유발하는 틀짓기를 하고 있는 데서도 확인된다.

뿐만 아니라 영상 이미지도 대립적 경쟁 프레임의 구도에 따라 처리되고 있는 것으로 나타났다. 열린우리당 의원들이 행위 주체로 등장하는 기사의 영상은 탄핵소추안 가결 과정에서 국회 경위들에게 끌려 나가거나 무릎 꿇고 애국가를 부르며 서로 껴안고 우는 모습을 반복적인 영상 처리로 보여 주었고, 또 대야 투쟁 결의와 탄핵 부당성을 호소하는 활동을 빈번하게 보도함으로써 탄핵 반대 세력의 개혁적이고 민주적인 이미지를 나타내는 내용을 두드러지게 하는 등 탄핵 반대 진영의 영상 이미지를 긍정적으로 처리한 것을 확인할 수 있었다. 이와 달리 한나라당을 포함한 탄핵 찬성 집단의 영상은 힘을 사용하여 탄핵안을 강제 처리한 가해자라는 이미지가 강조되고 있다. 이를테면, 열린우리당 의원에게 강제력이나 폭력을 사용하는 장면, 또는 국회 경위들과 함께 열린우리당 의원들을 끌어내는 장면, 그리고 헌정사에서 처음 있는 탄핵안 가결을 앞두고 한가하게 웃고 서로 격려하는 모습 등이 강조됨으로써 앞서 말한 세 개의 프레임, 즉 비(非)개혁적 가해자, 정략적 정치집단, 민의를 외면하는 정치집단의 이미지를 강화하는 것으로 보인다.

요컨대 한국의 TV방송은 약자와 강자의 대립 구도를 설정해놓은 뒤에 ‘억울한 약자’의 프레임과 ‘부당한 강자’의 프레임을 대비시켜놓고 전자를 두둔하는 방향으로 전체 프레임을 구성하였다. 약자를 개혁 및 민주 세력으로 묘사하여 이들에게는 긍정적 프레임을 부여한 것과 달리, 강자에게는 반개혁 및 비(非)민주 세력으로 규정하여 부정적 프레임이 돋보이게 했음을 알 수 있었다. 약자의 분노를 촉발하는 프레임을 많이 만들어냈다는 사실은 중요한 의미를 지닌다. 왜냐하면 탄핵안이 가결된 바로 뒤 인터넷 영역에서도 이러한 ‘약자 분노 프레임’이 모든 주요 사이트를 지배하고 있었으며, 그러한 사이트를 거쳐 확산되었던 메시지는 ‘강자에 대한 저항’ 곧 ‘촛불 시위에 참여 촉구’였기 때문이다. 탄핵 관련 TV방송의 프레임 분석은 방송과 인터넷 사이의 프레임 공명 현상이 여론의 변화와 군중의 동원에 어떠한 영향을 미칠 수 있는지를 분석해볼 수 있는 기초 자료를 제공해준다.

탄핵 방송에 대한 프레임 분석의 중대한 성과는 귀납적 프레임 분석에 바탕을 두고 이끌어낸 행위 주체와 쟁점별 프레임들을 다차원적으로 해석했을 뿐 아니라 프레임의 빈도 분포를 분석함으로써 질적 분석 방법과 양적 분석 방법을 통합하는 '종합적' 프레임 분석을 시도했다는 점이다. 엄청난 분량의 자료에서 프레임을 뽑아냈을 뿐 아니라 프레임의 분포를 계량화하였던 이런 작업은 국내에서 최초로 시도되는 연구기법이었다는 점에서도 그 의의는 대단히 크다고 하겠다.

불공정한 프레임은 비판적 담화분석에서도 뒷받침되고 있다. 언어적 표현방식을 행위 주체별로 비교해보면, 열린우리당에 대한 탄핵안 가결 초기의 방송 묘사는 분노·비통·울분 등이었던 것과 달리, 한나라당을 비롯한 야 3당에 대해서는 무소불위의 힘, 음모적 치밀함, 오만함 등이 집중적으로 두드러졌던 점을 알 수 있다. 그러나 어느 정도 시간이 흐른 뒤 열린우리당에 대해서는 '여유' '고무' 등의 판단 표현이 활용되었던 것과 달리, 야 3당에 대한 판단 표현은 '당황' '초조' '절박' '휘청' '경악' 등으로 바뀌어 탄핵 찬성 진영이 궁지로 몰리고 있는 모습을 두드러지게 하고 있는 데서도 재삼 확인된다.

프로그램 사회자의 발언을 분석한 결과 사회자는 가치판단과 평가를 개입시키는 발언을 가끔 쓰고 있는 것으로 드러났다. 특히 야 3당을 말할 때 부정적 평가가 개입된 발언을 많이 사용했다는 결과에 주목할 필요가 있다. 이 결과 또한 프레임 분석이나 양적 내용분석 결과와 일치하는 부분이다. 방송 프로그램 사회자가 탄핵과 같이 정치적으로 예민한 문제를 다루면서 정파적으로 비칠 수 있는 가치 개입적 표현기법을 쓴다는 것은 공정성과 관련하여 중대한 문제를 제기한다. 특정한 정파에 "우호적이거나 적대적인 말은 피한다"는 방송사 자체의 윤리 강령을 위반한 것도 문제이며, 이런 성향이 점차 폭넓게 퍼지고 있는 것도 우려할 만한 현상이다.

사실에 바탕을 두지 않은 채 과장하거나 지나치게 일반화하는 발언도 좋은 저널리즘의 조건에 위배되는 사항이었다. 사실 확인이나 진실 검증의 노력을 기울이지 않는 무책임성을 지적하지 않을 수 없다. 뚜렷한 근거도 없이 국민들을 정서적 상태를 표현하기 위해 '충격' '당혹' '절망' '격렬' '요동' 등의 용어를 사용하고 있었다. 다시 말해 사회자는 국민들을 지나치게 걱정하거나 흥분한 집단으로 묘사했다고 하겠다. 이런 분석 결과는 사회자가 방송의 상업주의와 선정주의에 편승하는 경향이 있었음을 보여준다. 또한 사회자가 시청자를 향해 '무엇을 해야 한다' 식으로 주장하는 발언에도 국민을 등장시키는 경우가 많은 것으로 나타나 방송을 계몽의 도구로 보고 있음을 알 수 있었다.

정규 뉴스와 시사·교양·정보 프로그램 모두의 탄핵 반대 진영과 찬성 진영에 대한 양적 편향은 크로마키, 자막, 인터뷰 수나 그 내용에서 두드러지게 나타났다. 그리고 크로마키와 자막 사용에서의 편파성은 '시민 여론 반응'과 관련된 기사에서 더욱 심하게 나타났다.

크로마키와 자막 사용의 심한 편파성은 이론적으로 중요한 함의가 있다. 기사 텍스트에 대한 시청자의 이해는 반드시 텍스트의 모든 문장을 다 듣고 난 다음에 일어나는 것이 아니다. 시청자는 크로마키 또는 앵커의 소개 발언만 듣고도 전체 또는 부분적으로 기사 방향을 이해한다. 신문의 표제나 소제목과 비슷한 구실이다. 다시 말해 TV뉴스의 크로마키와 자막은 특정 기사가 보도하는 대상인 현실과 정치 지도자나 그 정책을 이해하고 판단하는 기준에 영향을 미치는 점화 효과(prime effect)를 일으킨다. 크로마키와 자막이 시청자의 현실인식에 큰 영향을 미칠 수 있다고 보기 때문에 각 방송사는 크로마키와 자막 처리에 관한 자체 규정을 갖고 있는 것이다. 그럼에도 위에서 살펴본 대로 이들 자체 규정은 거의 지켜지지 않았다. '시민 여론 반응' 관련 뉴스에서는 탄핵 반대 진영과 찬성 진영의 인터뷰 수도 매우 큰 차이를 보였다. 즉, 탄핵 반대 진영의 인터뷰 수는 기사마다 평균 1.01개였지만, 탄핵 찬성 진영의 인터뷰는 평균 .26개로 거의 4배 차이를 보였다. 이처럼 크로마키와 자막, 인터뷰 수에서의 편파성이 '시민 반응 여론' 주제에 더 심하게 나타난 것은 방송사의 보도 방향이 시민의 반응을 동일시한다는 측면에서, 나아가 서로 입장을 보강하는 시너지 작용을 할 수 있다는 측면에서 함의를 지닌다.

정규 뉴스를 보도하는 앵커의 발언이나 기자의 리포트에서는 전체 977 건의 기사 가운데서 탄핵 반대 진영에 대한 편파가 발견된 것은 앵커 발언이 5건, 기자 리포트가 15건에 지나지 않아 상당히 절제하는 모습을 보였다. 그러나 이와는 달리 시사·교양·정보 프로그램의 앵커 발언과 기자 리포트는 상대적으로 심한 편파성을 드러냈다. 앵커 발언의 경우 탄핵 반대 진영을 두둔하는 발언이 찬성 진영을 두둔하는 발언보다 압도적으로 많은 것으로 나타났고, 특히 방송사별로는 MBC가 심한 것으로 나타났다. 예컨대 MBC 앵커 발언의 47.6%가 탄핵 반대 집단을 두둔한 것과 달리, 찬성 집단을 두둔한 발언은 단 한 건도 없는 것으로 나타났다. 기자 리포트에서도 3개 방송 모두 탄핵 반대 집단을 두둔하는 리포트가 찬성 집단을 두둔하는 리포트보다 압도적으로 많았지만, 여기서도 MBC가 KBS와 SBS보다 더 심했다.

프로그램별로는 연구진이 나중에 통계 처리 과정에서 통계적 편파(bias)를 줄이기 위해 극단적 사례를 분석 대상에서 제외하고 통계 처리를 했을 정도로 MBC의 〈신강균의 뉴스서비스 사실은…〉과 KBS의 〈미디어 포커스〉는 그 정도가 심했다. MBC의 전체 시사·교양·정보 프로그램의 리포트 가운데서 21.5%(KBS는 12.7%)가 탄핵 반대 진영을 두둔하는 리포트를 보도한 것과 달리 〈신강균의 뉴스서비스 사실은…〉에서 방송된 11건의 리포트는 한 건도 빠짐없이 탄핵 반대를 두둔한 리포트를 한 것으로 나타났다. 이러한 탄핵 반대와 찬성의 일방적인 불균형은 앵커 발언에서도 11 대 0으로 확인됐고, 출연자의 성향에서도 8 대 0으로 나타났다. 인터뷰의 편파성은 그나마 탄핵 반대와 찬성이 9 대 2로 나타났다. 극단적 편파성이라고 말하지 않을 수 없다.

KBS의 〈미디어 포커스〉도 크게 다르지 않았다. 〈미디어 포커스〉는 인터뷰 보도에서 탄핵 반대 진영 두둔과 탄핵 찬성 진영 두둔이 각각 7건 대 0건으로 심한 편파성을 드러냈다.

우리는 탄핵 과정에서 나타났던 한국 TV방송의 편파성 수준을 세 가지로 분류하고자 한다. 첫째는 절제적(unobtrusive) 편파로, 공정성 규범을 의식하고 절제한 흔적이 보이나 자체의 공정성 규칙을 어느 정도 어긴 것으로 나타난 편파를 말한다. 여기에는 정규 뉴스 프로그램 가운데 '탄핵 정치 과정'으로 분류된 기사의 처리에서 심하지 않게 편파성이 나타난 기사들이 포함된다. 두 번째는 일탈적(deviant) 편파로 방송사가 지키겠다고 스스로 만든 공정성 규범을 심하게 일탈한 기사와 프로그램들이다. 정규 뉴스 프로그램의 '시민 반응 여론' 관련 기사에서 크로마키, 자막, 인터뷰 수가 심하게 편파된 기사가 있었고, 시사·정보·교양 프로그램의 앵커 발언, 기자 리포트, 인터뷰에서 심한 편파성을 보인 프로그램도 포함된다. 셋째는 파괴적(subversive) 편파로, MBC의 〈신강균의 뉴스서비스 사실은…〉, KBS의 〈미디어 포커스〉같이 극단적인 편파성을 드러낸 기사와 프로그램들이 포함된다. 우리가 이렇게 이름을 붙인 것은 이들 프로그램과 같은 일방적 편파성은 스스로 만든 공정성 규범의 토대마저 스스로 무너뜨리는 행위와 다름없다고 보았기 때문이다.

연구를 끝내면서 우리는 공정성 문제를 다시 한번 반추해본다. 사실 한국 사회에서 공정성 논란은 주로 선거 보도에서 첨예화하였다. 그러나 우리가 벤치마킹하려는 서구 선진국은 물론이고 가까운 일본만 해도 선거 과정 또는 선거가 끝난 다음에 언론의 보도 공정성 문제가 사회적 쟁점으로 등장했던 적은 없었다. 이런 점에서 한국 사회의 공정성 논란은 본말이 전도된 후진적이며 소모적인 논제다. 공정성 문제는 후진성을 벗어나지 못한 사회에서 주로, 그리고 그것이 전부인 것처럼 치열하게 논의되어온 주제다. 이처럼 후진적이며 소모적인 주제에 관한 논의는 조속히 벗어나야 한다. 특히 주(主)정보원으로서 위치를 확고하게 굳힌 TV뉴스의 사회적 위상을 고려할 때 앞으로는 무엇이 좋은 방송뉴스냐, 다시 말해 방송저널리즘의 질을 제고하는 문제가 중점적인 논의의 대상이 되어야 한다.

진실에 이르는 길은 험난하다. 때로 언론 보도의 편향성은 명백한 정치적, 경제적 이해관계에서 유래하기도 하고, 더 구조적인 이념적 성향에서 비롯되기도 한다. 그러나 우리가 이 세상을 이해하려고 노력하는 한 공정성의 가치와 그 가능성, 이 두 가지를 가정하지 않고는 곤란하다는 것을 말하고자 할 뿐이다.

저널리즘을 진지하게 생각하면서 건전한 문제의식과 의지를 갖고 끈질긴 탐사 노력을 해본 언론인이라면, 공정성은 세상을 이해하는 데 우리가 만들어가야 할 전제조건이라는 사실에 동의할 것이다. 이런 점에서 공정성은 형이상학이 아니라 실천적 규범인 것이다. 다시 한번 강조하거니와, 국민의 주(主)정보매체로서, 그리고 가장 영향력 있는 매체로서 TV 저널리즘의 질을 그 사회적 위상에 걸맞게 제고하는 대승적 차원의 논의에 지혜를 모으기 위해서도 공정성 논란은 하루 빨리 반드시 극복되어야 할 과제다.

7. 보고서의 한계

〈탄핵 방송 내용분석 보고서〉가 언론에 보도된 뒤로, 언론인과 시민단체, 방송 종사자, 그리고 언론학자들은 여러 가지 문제점들을 지적한 바 있다. 그러나 대부분의 지적은 보고서를 제대로 읽지 않거나 정확히 이해하지 않은, 또는 정파적 이해가 전제된 비판이었다. 이들 비판의 핵심은 '공정성의 기준'이 무엇인가와 직접 관련되어 있으나, 정작 엄밀하고 보편적인 공정성의 기준을 제시하면서 체계적으로 비판한 사례는 없었다. 재분석을 요구하는 목소리도 많았으나, 보고서를 발표한 뒤 2년이 지나도록 과학적 연구결과를 바탕으로 보고서를 반박한 경우도 없었다. 과연 공정성의 기준은 무엇인지, 그리고 비판론자들의 논리적 허구가 무엇인지에 대해서는 5장과 6장에서 자세하게 기술하였다. 여기서는 보고서를 발표한 뒤로 제기되었던 비판과 그 문제점을 간단하게 소개하고, 이어서 정작 비판론자들은 지적하지 않았지만 연구진이 스스로 아쉽게 생각했던 연구의 한계를 말하고자 한다.

보고서 발표 직후 제기된 비판의 내용은 크게 다섯 가지로 분류된다. 첫째, 비판론자들은 보고서가 '기계적(수학적) 중립'을 공정성의 기준으로 삼았다고 주장했다. 사안의 당사자였던 방송사들이 주로 비판한 내용이다. 그러나 보고서 어디에도 5대 5의 산술적 균형보도가 공정성의 기준이라고 말한 곳이 없으며, 따라서 이는 이들이 보고서를 제대로 읽지 않았음을 고백하는 것으로 이해된다. 연구는 양적 분석은 물론 질적 내용분석의 결과를 모아 종합적 결론을 내렸으며, 그 결론은 방송사가 자체적으로 가지고 있는 공정성 실천규칙을 분명하게 어겼다는 것이었다.

둘째, 비판론자들은 보고서가 과장된 결론을 내렸다고 주장한다. 중립적 보도가 대다수라는 연구결과가 나왔음에도 소수의 편파적 보도내용을 바탕으로 마치 전체 보도가 불공정하다는 듯이 결론지었다는 지적이다. 그러나 이는 앵커 발언이나 기자 리포팅 하나하나가 항상 정파적이거나 편파적일 수 없다는, 그리고 그래서는 안 된다는 저널리즘의 기본적 상식을 무시한 비판이다. 공정성 여부를 확인하기 위해서는 보도의 대부분을 차지하는 사실적 정보 전달을 제외한 가치 개입적 진술을 중심으로 분석해야 함은 당연하다. 그 결과, 보고서는 탄핵 반대를 지지하는 논평이 일방적으로 많았다는 점을 지적하였다.

셋째, 비판론자들은 연구자들이 사실에 대한 객관적 보도조차 '편파성'으로 파악했다고 주장하면서 탄핵 찬·반 집회에 대한 보도를 그 대표적 예로 든다. 반대 집회 참가자가 실제로 훨씬 많았기 때문에 이들을 크게 보도한 것은 아무 문제가 없다는 논리다. 규모가 상대적으로 큰 집회가 더 큰 뉴스 가치를 지니는 것은 당연하고, 따라서 많은 시간을 배정하여 방송하는 것도 타당하다. 그러나 보고서의 핵심은 방송시간의 많고 적음이 아니라 각 집회를 어떻게 묘사했는지 여부다. 그리고 분석 결과, 찬반 집회에 대한 뚜렷한 가치 개입적 프레임을 발견할 수 있었던 것이다.

넷째, 사건 자체가 갈등적 사안이라는 연구의 전제가 잘못되었다는 주장이다. 일부에서는 '갈등'이라는 용어를 잘못 이해한 나머지 뉴스가 왜 통합이 아닌 갈등을 지향해야 하느냐고 비판하는 어이없는 경우도 있었다. 탄핵안 가결은 논쟁이 필요 없는 일탈행위로 볼 수 없으며, 오히려 깊이 있는 토론이 필요한 사안이었다. 따라서 언론은 갈등의 주체인 두 진영의 주장이나 그 근거를 명확하게 소개함으로써 국민들로 하여금 숙의과정에 직·간접적으로 참여할 수 있도록 해야 했다.

마지막으로, 노무현 정권에 대해 비판적 성향을 가진 학자들이 주요 연구자로 선정되었으며, 이들은 결론을 특정 방향으로 미리 설정하고 연구를 시작했다는 지적이다. 연구자는 그가 수행한 연구의 질적 수준으로 평가받는다. 개인적 정치성향이 전혀 없는 연구자는 있을 수 없겠으나, 그 성향이 연구과정이나 결과에 영향을 미쳐서는 안 된다. 따라서 과학적 연구가 제시한 결과는 동등하게 과학적인 근거에 따라 비판되어야 한다. 연구자의 학문 외적인 입장을 바탕으로 연구결과를 곡해하거나 깎아내리는 행위는 또 다른 정치적 행위일 뿐이다. 또한, 연구에 참여했던 연구진 가운데 대통령 탄핵이 옳지 않다는 견해를 가진 연구자가 반 이상이었음을 밝히고자 한다. 연구결과에 대한 정치적 논쟁에 말려들지 않기 위해서 개인적 의견을 밝히지 않았을 뿐이다. 연구내용은 탄핵에 관한 방송보도의 공정성이었지 탄핵이라는 사안 자체가 아니었고, 따라서 이에 대한 연구진 개개인의 정치적 견해는 연구과정과 관련이 없었던 것이다. 선입견을 가지고 연구를 진행했다는 지적도 타당한 주장은 아니다. 보고서 서론에서 말한 일부 구절을 바탕으로 비판한 것인데, 서론은 대개 분석을 마치고 나서 집필의 마지막 단계에서 쓴다는 상식을 무시한 지적이었다. 더구나 이를 연구자의 정치적 성향과 결부한 것은 매우 비학문적 비판이라고 보아야 할 것이다.

이렇듯 보고서의 발표 이후 제기되었던 비판의 대부분은 즉흥적이고 감상적이었으나, 그렇다고 해서 연구가 흠 잡을 데 없이 완벽한 것도 아니었다. 연구자들이 여전히 아쉽게 생각하는 한계는 오히려 다른 부분에 있다. 그 한계의 가장 큰 원인은 극히 제한적인 연구기간이었다. 6명의 연구진과 6명의 연구보조원, 그리고 수십 명의 보조원이 투입되었음에도 두 달이 채 되지 않는 기간 동안 96시간에 이르는 TV방송을 모두 꼼꼼하게 분석하기란 쉽지 않았다. 특히 분석 이후 원고 작성에 할애된 시간이 넉넉

하지 않다보니 충분한 수정과 보완의 기회가 없었고, 연구자들 사이의 토론도 계획했던 만큼 가질 수 없었다. 보고서에서 발견할 수 있는 표현에서의 비일관성이나 어색함이 있다면, 이는 상당 부분 시간적 제약에 말미암은 것이다.

분석대상의 주제나 소재별 구분이 아닌 방법론적 구분으로 연구 설계가 이루어진 점 또한 아쉬운 부분이다. 다양한 방법론을 겹쳐서 활용했다는 점은 이 연구의 큰 장점임에도, 이를 위해 연구자별 분업이 횡적으로 이루어졌기 때문에 종적 통합이 만족스럽게 이루어지지 않았던 것이다. 양적 분석은 뉴스와 시사・교양・정보 프로그램이 같은 틀로 분석되었으나 프레임 분석과 담화분석은 명확한 구별 없이 진행되었고, 세 가지 방법론의 결과를 유기적으로 묶어주는 작업이 꼼꼼하게 이루어지지 않았다. 그 결과, 내용의 일부 중복을 해소하지 못했다. 이는 연구자들끼리 충분히 논의할 시간적 여유가 없었다는 데에 일차적 원인이 있었다.

각 방법론에 따른 분석이나 결과의 해석에서 의도적 왜곡이나 부주의로 말미암은 실수는 없었다고 자신한다. 하지만 짧은 시간 안에 집필하는 과정에서 일부 논리나 표현을 충분히 다듬지 못한 부분도 있었다. 예를 들어, 역사적으로 볼 때 일부 신문과 방송이 정치적 편파성을 보여왔다는 서론에서의 지적은 다소 오해의 소지가 있었다. 한국의 현대사에서 방송이 친정부적 성향을 가져왔다는 것은 이미 학문적 연구로써 여러 차례 제시된 바 있는 연구결과이지만, 구체적으로 기존 연구들을 인용하지 않고 이 사실을 지적함으로써 마치 연구자의 인상이나 짐작에 바탕을 둔 주장처럼 오해되는 경우가 생긴 것이다.

결론에서 '느슨한 기준을 적용해도 공정했다고 말하기 어렵다'고 말한 것 역시 충분한 설명이 부족했다.[4] 논란에 휩싸인 사안에 대해 언론이 정

---

4) 연구진이 '아무리 느슨한 기준을 적용해도……'란 용어를 사용한 것은 두 가지 이유가 있었다. 하나는 탄핵 반대 진영이 주장하는 탄핵 찬・반 여론이 3 대 7이기 때문에 탄핵 반대 진영을 7 대 3의 비율로 더 크게 보도하는 것은 불공정한 것이 아니라는 주장을 인정한다 해도 그 정도가 3~5배, 15배, 25배, 심지어 11 대 0, 8 대 0, 7 대 0 같은

확하게 5 대 5로 보도해야 한다는 것이 연구의 전제는 아니었지만, 그렇다고 해서 8 대 2나 9 대 1의 비율로 보도해서도 안 된다는 것이 연구진의 이론적 관점이었다. 여론조사의 결과와 비슷한 편파성을 보이는 보도가 바람직하다는 일부의 주장도 논리적 결함을 많이 가지고 있다(이에 대해서는 5장과 6장에서 논의했다). 그러나 분석 결과 당시 여론조사에 나타난 탄핵 찬·반 진영의 지지율 편차보다도 더 편파되게 나온 경우가 꽤 많았다. 보고서의 비판론자들이 강조한 여론조사 결과라는 '느슨한 기준'을 적용해도 공정했다고 말하기 어려웠던 것이다. 특히 일부 프로그램의 경우 100%의 일방적 편파성을 보였다는 사실은 '느슨한 기준'조차 얼마나 무의미했는지를 잘 보여준다. 그럼에도 이에 대한 충분한 설명이 빠진 점은 아쉬움으로 남는다.

같은 맥락에서, 이 연구가 가지고 있던 한계를 보고서 안에서 충분하게 제시하지 못한 점 역시 흠결로 지적될 수 있을 것이다. 모든 학문적 발표나 논의는 최대한 겸손한 자세로 이루어져야 함에도, 스스로의 부족함을 밝히는 데에 지면을 할애하지 않음으로써 오만한 연구로 비칠 소지가 다분히 있었다. 짧은 시간 안에 보고서 작성을 마치는 과정에서 불가피하게 소홀했던 부분이다. 시간의 부족이야말로 연구의 가장 큰 한계였으나 정작 시간의 부족으로 말미암아 그 한계를 자세히 다루지 못한 셈이 되었다.

탄핵 보도에 대한 연구보고서는 세 가지 다른 방법을 동원한 다중적 분석의 결과물이었으며, 이는 연구의 커다란 장점으로 남아 있다. 하지만 연구 설계 단계에서는 이 세 가지 방법 말고도 영상에 대한 별도의 분석을 기획한 바 있었다. 탄핵 보도물의 화면에 나타난 영상 요소의 분석은 큰 의미가 있으리라고 생각하였으나, 이 역시 연구와 집필에 필요한 시간의

극심한 편파성이 나타났기 때문이다. 다른 하나는 크로마키, 자막, 앵커 발언의 편파성을 판단할 때 그 방향성이 조금이라도 불분명하면 모두 중립으로 코딩을 하는 '느슨한' 코딩 기준을 적용했음에도 나타난 편파성이 3~5배나 되었기 때문이다. 그러나 당시에 '느슨한'의 의미를 구체적으로 설명하지 못했다.

부족으로 말미암아 아쉽게 접어야 했다. 그러나 보고서 발표 이후에라도 이 부분에 대한 보완이 필요하다는 것이 연구진들의 공통된 의견이었고, 그래서 이 책에서 영상분석의 결과를 제시하고자 한다. 충분하지는 않겠지만, 보고서에서 빈자리로 남아 있던 부분을 채우고자 하는 노력의 일환임을 밝힌다.

4장
탄핵 방송 보도의 영상분석

1. 분석 대상의 선정

탄핵 보도의 영상을 분석하는 목적은 탄핵안 가결 직후 방송사들이 관련 사건들, 인물들, 그리고 개념들을 어떤 이미지로 묘사했는지 알기 위함이다. 텔레비전은 음성 텍스트만을 제공하는 것이 아니기 때문에 앵커나 기자가 '무슨 말을 했는지'만을 분석하는 것은 부분적 연구에 그칠 수밖에 없다. 음성 텍스트와 더불어 제공되는 영상 이미지는 시청자들이 사태를 나름대로 정의하고 이해하는 방식에 큰 영향을 주는 바, 이 부분에 대한 연구가 병행되어야 하는 것이다. 텔레비전 영상은 카메라라는 기계적 장치로 만들어지기 때문에, 이를 보는 사람들은 대개 인위적 조작이나 왜곡이 개입되지 않은 '사실(fact)'을 목격한다는 느낌을 갖는다. 픽션이 아닌 보도물의 경우에는 더욱 그러하다. 영상이 문자나 음성만큼 명료하고 제한적인 의미를 전달하지는 않지만 여전히 강력한 힘을 발휘할 수 있는 까닭이 여기에 있다. 따라서 방송사들이 탄핵 사태를 보도하는 과정에서 어떤 영상물을 사용했는지는 탄핵 방송의 특성을 규정하는 중요한 부분이 된다.

분석의 대상은 대통령 탄핵안이 가결된 2004년 3월 12일 방송 3사에서 방영했던 속보와 특보 속의 영상들이다. 당시 방송 3사의 탄핵 관련 보도는 여당 의원들이 국회 본회의장 국회의장석을 점거하고 의장의 진입을 막으려 했던 12일 새벽부터 시작되었다. 그러나 정규편성 위주로 방송되면서 잠깐씩 속보를 내보내는 정도였고, 본격적인 국회 생중계가 시작된 것은 당일 오전 11시경부터였다. 그 뒤 탄핵안 가결이 선포된 오전 11시 57분까지는 방송의 대부분이 현장중계 화면으로 채워졌다. 마침 곧 12시 뉴스로 이어지면서, 12시 1분경부터는 국회 생중계를 중지했다. 영상분석은 12시 이후의 방송물, 즉 생중계가 아닌 '편집에 의한 보도물'로 제한했다.

탄핵안이 가결된 직후 방영된 정오 뉴스에서는 사안에 대한 정리, 분석, 향후 전망 등이 보도되었고, 이후 속보와 특보의 내용도 전문가와의 대담 등이 추가된 정도를 제외하면 크게 다르지 않았다. 뉴스 중간 중간에 '현장 스케치' 형식으로 잠깐씩 생중계 형태가 삽입되기는 했으나, 양적으로 매우 적었고 내러티브에서도 큰 의의는 없었다. 오전에 의사당에서 생중계를 하던 순간에는 화면 자체를 '보도 대상'으로 여길 수 있다. 화면이 중심이 되고 기자의 목소리는 해설자 노릇을 했기 때문이다. 그러나 같은 장면이라 하더라도 12시 이후 속보에 활용될 때는 '참고자료'였다고 볼 수 있다. 앵커나 기자가 보도내용을 전하는 동안 화면으로 보여준 오전의 국회 모습은 자료화면 구실을 한 것이다. 오전의 국회 모습 말고도 별도의 자료화면(예를 들어 과거 비서관회의를 주재하는 대통령의 모습), 외국 방송사의 방영화면, 거리에서 시민 인터뷰 장면 등을 보여주기도 했지만, 당일 밤까지 가장 여러 차례 반복해서 방영한 화면은 오전의 국회 모습이었다.

그렇다면 왜, 그리고 어떤 장면을 어떤 상황에서 반복해서 방영했는가? 1분이 약간 넘는 기자 리포트에 배경화면으로 사용하기 위해서는 어떤 이유에서건 '중요하다고 판단하는' 장면을 선택하고 편집했을 것이다. 어떤 장면들이 '선택'을 받았는가? 분명한 것은, 각 리포트 꼭지에 적합한 장면을 따로 골라 방영할 수는 없었다는 것이다. 시간의 제약도 한 이유이겠으나, 예컨대 '미국의 현지 반응'을 보도하면서 그 주제에 걸맞은 '특별한' 1분짜리 화면을 고르는 것은 거의 불가능했기 때문이다. 결국 12일 11시 이후 촬영된 1시간 정도의 녹화분량 가운데 방송사가 어떤 장면을 '자료화면'으로 선택할 것인지는 대개 그 장면 자체가 가지고 있는 중요성이 기준이 될 것이다. 박관용 의장이 의사봉을 두드리며 가결을 선포하는 장면이 대표적이다. 하지만 장면의 중요성이 유일한 기준은 아니었으리라. 정확하게 말하자면, '방송사(보도국)가 가치 있다고 판단한 화면'이 선택되었을 것이다.

어느 장면이 가장 반복적으로 방영되었는지를 찾기 위해 우선 12일 12시 오후 방송 3사에서 방영한 화면을 분석했다. 방송사들의 탄핵 관련 특별 보도방송은 KBS와 SBS의 경우 오후 6시경까지, MBC의 경우 오후 4시경까지 계속되었다. MBC는 오후 4시 9분에 특보를 종료하고 정규방송을 시작했다가 오후 4시 55분부터 5시 21분까지 뉴스를 방영하고 나서 다시 정규방송을 진행했다. 물론 방송 3사 모두 오후 6시 이후에도 관련 화면을 지속적으로 활용했지만, 일단 이 시간까지를 분석 대상으로 했다. 분석의 대상을 여러 날로 하지 않고 사건 직후의 6시간으로 정한 이유는, 이 '직후의 순간들'이야말로 사건을 바라보는 방송사 측의 시각이 가장 잘 드러날 수 있기 때문이다. 사안에 대한 정보와 방송에 대한 다양한 반응들이 쌓이면서 서서히 관점이 변화할 수 있겠지만, 사건 직후에는 순전히 방송사의 직관적 판단, 보도국 조직의 관습, 담당자의 전문가적 태도가 화면 선택의 이유였을 것이다. 이 기간의 화면이 중요한 또 다른 이유는, 사건 직후의 보도내용이 사건에 대한 사람(시청자)들의 이해방식에 어느 정도 영향을 주었으리라는 판단 때문이다. 언론에 따른 사건의 초기 정의는 사건에 대한 사람들의 인식에 일차적 영향을 주고, 나아가 후속 사건이 진행되는 방향에도 영향을 줄 수 있기 때문이다.

2. 분석 설계와 그 절차

영상을 만들어내기 위해 카메라 기자는 다양한 기법을 활용한다. 촬영기법의 가장 중요한 요소로는 샷(shot), 앵글(angle), 카메라 움직임(camera movement) 세 가지를 들 수 있다. 이 세 가지 기법의 의미와 그것들이 함축하는 바를 정리하면 〈표 4-1〉과 같다.

이 밖에도 조명(조명의 위치와 밝기에 따라 음산한, 초라한, 화사한, 피곤한, 자신 있는 모습 등 똑같은 피사체라도 그 이미지를 다르게 표현할

〈표 4-1〉 카메라 기법의 종류와 함의

close-up	얼굴만 확대	친근감 / 감정적 호소 / 중요함 강조
midium shot	신체 상반신	대인관계 / 안정적 권위
full shot	신체의 반 이상	중립성 부각
long shot	신체 전체와 배경	전후맥락 / 활동범위 / 관계 / 공적 거리감
extreme long shot	배경설명 또는 설정	장엄함 / 독특한 효과
low-angle	카메라가 피사체 아래	역동성 / 위압감 / 혼란함
high-angle	카메라가 피사체 위	외로움 / 열등감
tilted-angle	카메라를 기울여 촬영	역동성 / 불안감 / 긴장감
eye-level angle	피사체의 눈높이 고정	안정감 / 일상성
tracking	움직이면서 촬영	현장감 / 불안감 / 충격 / 사고
zoom-in	피사체 확대	내부자 / 새로운 감각 / 방향성
zoom-out	피사체 축소	대상과 맥락의 연결 / 타자성
panning	카메라 좌우 이동	시점의 변화
tilting	카메라 상하 이동	불안함 / 시점의 변화

출처 : Berger, 1972 ; Zettl, 1992 재편성.

수 있다), 카메라 위치(전면에서 촬영하느냐 후면에서 하느냐에 따라 함축하는 바가 다를 수 있다), 편집(시간의 순서를 조작하거나 몽타주 기법 등을 써서 특정 행위의 문제성과 긴박성을 강조할 수 있다) 등도 중요한 영상기법이라 할 수 있다. 또한, 배경음악이나 사운드바이트(sound bite)가 삽입될 경우 이 역시 영상(편집)기법의 하나로 볼 수 있다.

그런데 탄핵 방송의 경우, 위에 열거한 모든 영상기법을 분석의 대상으로 하기에는 많은 한계가 있다. 우선 본회의장 안팎 장면의 경우, 카메라의 위치가 자유롭지 못하기 때문에 앵글이나 카메라의 위치를 마음대로 선택하는 것은 거의 불가능했으며 조명 역시 촬영자의 의도대로 선택할 수 없는 상황이었다. 게다가 편집에 필요한 충분한 시간이 없었기 때문에 특히 탄핵 직후의 속보 때에는 앞서 녹화했던 영상자료들을 시간 순으로 잘라 배경화면으로 사용하는 정도에 그쳤다. 시간이 지나면서 간단한 편집물이 등장하기는 했으나 몽타주 등의 특별한 편집기법은 거의 발견되지 않았다. 따라서 샷의 설정이나 시간 간격을 두고 되풀이하여 활용되곤 했던 줌인과 줌아웃, 그리고 사운드바이트가 탄핵 관련 영상물의 분석 대상으로 될 수 있었다.

카메라 활용기법보다 더 중요한 것은 생중계 이후 어떤 장면들을 '반복해서' 방영했는가 하는 점일 것이다. 앞서 말한 바 있듯이, 방송사는 중요하게 생각된 부분을 편집하여 뉴스나 속보로 반복 방영했기 때문에 '여러 차례 보여준 장면들'이 어떤 것이며 이 장면들을 어떻게 활용했는지 분석하는 것이 중요하다. 결국 탄핵 관련 영상물의 분석은 다음 세 가지 질문에 바탕을 두어 진행되었다.

1) 어떤 장면이 집중적으로 반복 방영되었는가?
2) 이 장면을 배경 '자료화면'으로 활용한 경우, 실제 보도 내용과 영상 내용의 관련성은 무엇인가?
3) 상황을 요약하는 영상편집물의 경우, 어떤 샷(shot), 영상기법(줌인, 줌아웃 등), 편집기법(음향, 사운드바이트 등) 등이 활용되었으며 그 함의는 무엇인가?

3. 영상물 분석 결과

1) 방송사별 자료화면 활용 사례

분석 기간(12~6시) 동안 방송 3사의 보도방식은 매우 비슷했다. 청와대, 국무총리실 등 주요 기관의 기자들을 연결하는 리포트, 전국 주요 도시의 분위기, 외국 정부나 해외 언론의 반응, 전문가나 각계 인사와의 인터뷰 등으로 이루어졌다. 그러나 자료화면의 활용방식은 꽤 달랐다. KBS의 경우 주로 상황 요약을 위해 탄핵안 가결 전후 장면을 자료화면으로 활용했는데, 기자가 사건 개요를 설명하면서 사용한 경우가 4회, 별도의 리포팅 없이 (편집된) 영상 구성물을 보여준 경우가 5회였다. 상황 요약 이외의 기자

〈표 4-2〉 탄핵안 가결 전후 장면의 자료화면 활용 방식(KBS)

일련 번호	방영 시각	화면 길이	기자 리포트 내용	특기사항
K01	12:11	56초	국무총리실 연결	
K02	12:12	4분 10초	없음(영상구성 : 상황 요약)	
K03	13:03	4분 10초	없음(영상구성 : 상황 요약)	K02과 같음
K04	13:40	8초	외교부 반응	
K05	14:15	10초	대구 현지 반응	
K06	14:24	25초	없음(영상구성 : 상황 요약)	
K07	15:30	20초	없음(영상구성 : 상황 요약)	K06과 거의 비슷함
K08	15:31	1분 45초	상황 요약	
K09	15:34	2분 15초	상황 요약	
K10	15:58	30초	각 당의 표정	
K11	16:03	1분 10초	열린우리당 반응	
K12	16:59	4분 10초	없음(영상구성 : 상황 요약)	K02, K03과 같음
K13	17:03	1분 45초	상황 요약	K08과 같음
K14	17:05	2분 15초	상황 요약	K09와 같음
K15	17:36	1분 30초	열린우리당 반응	K11과 거의 비슷함

리포트에 배경화면으로 사용된 경우는 다른 방송사에 견주어 상대적으로 적었으며, 그 분량도 많지 않았다. 12시 03분에 시작한 KBS 특보의 화면 활용방식을 요약하면 〈표 4-2〉와 같다.

위 〈표 4-2〉에서 보듯, 탄핵안 가결 전후 장면을 특정 보도의 배경화면으로 활용한 경우는 6번에 그쳤다. 대신 영상자료들을 편집하여 짧은 영상 구성물을 제작하여 반복 활용했다. 가장 긴 영상물(K2, K3, K12)의 경우 박 관용 의장이 입장하고 나서 탄핵안 가결 선포까지의 과정을 4분 10초로 편 집한 것인데, 여기에는 의장석 주변의 격렬한 몸싸움부터 탄핵안 가결 선 포 직후의 아수라장까지가 포함되어 있으며, 영상물 중간에는 세 차례 자

〈표 4-3〉 탄핵안 가결 전후 장면의 자료화면 활용 방식(MBC)

일련 번호	방영 시각	화면 길이	기자 리포트 내용	특기사항
M01	12:05	1분 16초	한나라당 반응	
M02	12:06	52초	민주당 반응	
M03	12:08	1분 31초	열린우리당 반응	
M04	12:23	44초	전문가 대담	M01과 거의 비슷함
M05	12:25	2분 8초	상황 요약	
M06	12:29	1분 13초	한나라당 반응	
M07	12:30	1분 1초	민주당 반응	
M08	12:31	1분 23초	열린우리당 반응	
M09	12:41	1분 52초	상황 요약	
M10	12:48	11초	해설(대통령 수난사)	
M11	12:49	59초	전문가 대담	
M12	12:50	32초	전문가 대담	
M13	12:56	14초	국회 상황	
M14	12:58	1분 7초	민주당 반응	
M15	12:59	1분 26초	열린우리당 반응	
M16	13:22	28초	법무부 연결	
M17	13:29	1분 42초	전문가 대담	
M18	14:08	3분 45초	없음(영상구성 : 상황 요약)	
M19	14:29	1분 32초	상황 요약	
M20	14:30	1분 52초	상황 요약	M09와 같음
M21	14:45	34초	한나라당 반응	
M22	15:12	3분 50초	없음(영상구성 : 상황 요약)	M18과 같음
M23	15:31	22초	상황 요약	
M24	15:54	3분 28초	없음(영상구성 : 상황 요약)	M18, M22와 거의 비슷함
M25	15:59	34초	한나라당 반응	M21과 같음
M26	16:55	1분 32초	상황 요약	M19와 같음
M27	16:52	1분 52초	상황 요약	M09, M20과 같음

막("국회의장 본회의장 입장" "탄핵안 무기명 투표 실시" "대통령 탄핵안 가결")이 삽입되었다. 별도의 리포트나 음향은 추가되지 않았다. 오후 2시

24분부터 3시 30분까지 전문가 대담을 삽입하는 등 순수 보도시간이 상대적으로 적었고, 다양한 자료화면을 활용한 탓에 탄핵안 가결 전후 장면을 활용한 횟수는 나머지 두 방송사에 견주어 훨씬 적었다.

MBC는 16시 09분에 특보를 종료하고 정규방송을 시작했다가 16시 55분부터 17시 21분까지 다시 뉴스를 방영했다. 따라서 6시간 동안 계속 특보를 내보내던 KBS나 SBS보다 1시간 30분가량 총 보도량이 적었다. 그럼에도 탄핵안 가결 전후 장면을 보여준 횟수는 오히려 KBS에 견주어 많았다. 한편 MBC도 KBS처럼 별도의 영상구성물을 편집하여 3회 방영했다. 수 초가량의 차이는 있었으나, 앞의 〈표 4-3〉에서 M18, M22, M24는 내용에서 동일한 편집물이었다. 그 밖에 탄핵안 가결 전후 장면은 대개 기자의 리포팅 배경화면으로 활용되었다. 특히 12시 직후에는 오전에 확보된 영상물을 채 편집하지 못하고 보도 내용과 무관하게 순차적으로 방영했다. 즉, 기자와 리포트가 바뀌더라도 자료화면의 내용은 이어지는 경우가 많았다. 스튜디오에 나온 전문가와 대담을 하면서도 자료화면을 배경그림으로 삼는 경우가 많았는데, 이는 KBS와는 다른 점이었다. 또 다른 특징으로는, 시차를 두고 같은 리포트가 반복되는 경우에도 자료화면은 다른 경우가 많았다는 점이다.

SBS는 순수하게 편집으로만 구성된 영상물을 내보내지 않았다. 모든 탄핵안 가결 전후 장면들은 기자 리포팅의 배경화면으로 활용되었다. 탄핵안 가결 직후, 보도 주제와 무관하게 자료화면을 순차적으로 잘라서 방영한 점은 MBC와 비슷했다. SBS 역시 전문가와의 대담이 삽입되기는 했으나, 순수한 보도 시간이 두 방송사에 견주어 가장 많았다. 〈표 4-4〉에서 보듯 총 43회에 걸쳐 탄핵안 가결 전후 장면을 보여줬고[1], 편집화면의 종류도 32개나 되었다 (나머지 11개는 반복 방영). 대신 자료화면 한 개당 평균 시간은 59.8초로 KBS(142.6초)나 MBC(84.8초)에 견주어 훨씬 짧았다.

---

1) 외국 반응을 소개하면서 비춰준 외국 방송사 화면까지 포함하면 50회 이상 자료화면을 사용한 셈이다.

〈표 4-4〉 탄핵안 가결 전후 장면의 자료화면 활용 방식(SBS)

일련 번호	방영 시각	화면 길이	기자 리포트 내용	특기사항
S01	12:04	1분 10초	상황 요약	
S02	12:10	1분 5초	국무총리실 연결	S01과 거의 비슷함
S03	12:13	1분 15초	헌법재판소 연결	
S04	12:16	1분 7초	시민들 반응	
S05	12:25	57초	청와대 연결	
S06	12:27	52초	한나라당 반응	
S07	12:28	1분 4초	민주당 반응	
S08	12:29	1분 5초	국제 뉴스 룸 연결	
S09	12:32	18초	경제부 기자 연결	
S10	12:38	1분 16초	베이징 연결	
S11	12:41	25초	경제부 기자 연결	
S12	12:42	1분	워싱턴 연결	
S13	12:43	1분 18초	시민들 반응	
S14	12:47	25초	열린우리당 반응	
S15	12:49	58초	청와대 연결	(32초+26초)
S16	12:53	22초	헌법재판소 연결	S11과 거의 비슷함
S17	12:57	17초	경제부 기자 연결	
S18	13:06	1분 15초	전문가 대담	
S19	13:15	51초	청와대 연결	
S20	13:22	54초	헌법재판소 연결	
S21	13:39	2분 8초	국회 상황	
S22	13:43	19초	한나라당 반응	
S23	13:45	36초	민주당 반응	
S24	13:53	2분 14초	국제뉴스룸 연결	
S25	14:03	35초	청와대 연결	
S26	14:04	1분 20초	국방부 연결	
S27	14:15	2분 12초	상황 요약	
S28	14:24	38초	민주당 반응	
S29	14:34	2분 12초	상황 요약	S27와 같음
S30	15:21	59초	열린우리당 반응	
S31	15:51	20초	시민들 반응	
S32	15:53	30초	유럽 특파원 연결	
S33	15:56	1분 23초	국제 뉴스 룸 연결	
S34	16:19	12초	해설(향후 법적 절차)	
S35	16:20	2분 12초	상황 요약	S27, S29와 같음
S36	16:30	20초	시민들 반응	S31과 같음
S37	16:53	2분 12초	상황 요약	S27·29·35와 같음
S38	17:12	24초	국회 상황	
S39	17:15	12초	해설(향후 법적 절차)	S34와 같음
S40	17:18	20초	시민 반응	S31, S36과 같음
S41	17:39	2분 12초	상황 요약	S27·29·35·37과 같음
S42	17:47	24초	국회 상황	S38과 같음
S43	17:48	12초	해설(향후 법적 절차)	S34, S39와 같음

130

한편 3사 모두 해외언론의 반응을 전할 때는 해당 언론의 보도화면[2])을 그대로 보여줬는데, 이 화면들은 위의 〈표 4-4〉에서 생략했다. KBS는 CNN과 NHK의 화면을 편집하여 1~2분짜리 해외 반응 리포트에 활용했으며, 분석 대상 시간 가운데 3회에 걸쳐 방영했다. MBC 역시 CNN, NHK 등 외국 방송사 화면을 9회에 걸쳐 보여줬지만 3분 정도의 영상자료를 3회 반복 방영한 것이었다. 화면의 내용 역시 대부분은 탄핵 가결 전후의 국회 본회의장 모습이었다. 하나 특이한 점은, SBS의 경우 외국 반응을 보도할 때에도 자체적인 자료화면을 보여주는 경우가 가끔 있었다. 외국 방송사 화면을 보여준 경우도 8회 있었으나 위의 〈표 4-4〉에서 보듯 자체 자료화면 위에 외신 관련 리포트가 삽입되는 경우도 6회나 있었다.

2) 자료화면의 영상 내용

방송사들이 탄핵 가결 전후의 국회 본회의장 모습을 자료화면으로 활용할 때, 과연 어떤 장면이 자주 등장했는지 분석했다. 화면 속 인물(character)을 중심으로 본다면 여당 의원, 야당 의원, 국회의장, 경위, 당직자 등으로 나눠볼 수 있으나, 이 인물들이 어떤 행위(act)를 하고 있는지까지 감안한다면 분류의 방식은 더 복잡해진다. 이 다양한 화면 가운데 가장 자주 반복 방영된 그림들을 추려 정리한 결과는 아래의 〈표 4-5〉와 같다.[3])

위 〈표 4-5〉에서 보듯이, 전체적으로 가장 자주 비춰준 대상은 여당 의원들이었다. 소리 지르거나 구호를 외치는 여당 의원(들)의 모습이 총 59회 나왔고, 쓰러져 있거나 울부짖는, 또는 끌려 나가는 여당 의원(들)의 모습도 각각 40회가량 보였다. 그 밖에 단상 근처의 실랑이 장면과 박관용 의장의

---

2) 주로 미국 CNN의 보도화면을 비추는 경우가 많았는데, CNN이 활용한 자료화면은 국내 YTN의 보도화면을 받아 편집한 것이었다.

3) 〈표 4-5〉에 포함되지는 않았지만 자주 등장했던 기타 장면으로는 투표함을 집어던지는 여당의원(송석찬)의 모습(총 12회)과 단상 앞에 침통한 모습으로 둘러앉아 있는 여당 의원 모습(총 8회)이 있었다.

〈표 4-5〉 자료화면의 내용 빈도[4]

일련 번호	화면 내용	KBS	MBC	SBS	계
A	소리 지르거나 구호 외치는 여당 의원(들)	16	16	27	59
B	끌려 나가는 여당 의원(들)	10	20	13	43
C	단상 근처의 실랑이	16	18	9	43
D	쓰러져 있거나 울부짖는 여당 의원(들)	26	12	0	38
E	가결 선포(서류 뭉치 등이 날아오는 장면 포함)	10	8	16	34
F	박관용 의장의 의장석 진입 시도(몸싸움 장면 포함)	11	9	10	30
G	관망하거나 박수 치는 야당 의원(들)	9	5	12	26
H	투표하는 야당 의원(들)	4	6	14	24
I	의장의 의사 진행(법안 상정 포함)	7	10	6	23
J	박관용 의장의 회의장 입장	0	13	5	18
K	호위 받으며 퇴장하는 의장	3	4	11	18

의장석 진입 시도 장면도 많았으며, 오히려 탄핵안 가결 선포 장면은 방송 3사를 합해 총 34회 나오는 데에 그쳤다. 법안이 상정되고 가결 선포되는 장면이나 의원들이 투표하는 장면에 견주어 다양한 모습의 여당 의원들이 포함된 장면이 훨씬 많았는데, 이날 오전에 있었던 사건들의 핵심을 수많은 여당 의원들이 쓰러지고 끌려 나가고 울고 소리 지르는 것으로 묘사했음을 알 수 있다. 이 장면들이 (특히 시각적 측면에서 본다면) 높은 뉴스 가치를 가졌기 때문이라고 판단되지만, 결과적으로는 "탄핵안이 가결되었다"는 사실보다 "(그 과정에서) 여당 의원들이 엄청난 핍박을 받았다"는 사실이 강조되었다고 볼 수 있다.

탄핵 가결 전후의 국회 본회의장 모습을 자료화면으로 활용하는 방식에

---

4) 〈표 4-5〉에 제시된 횟수는 뉴스 아이템의 수가 아니라 화면(shot) 수이다. 따라서 한 아이템에 여러 장면이 나올 수 있다. 예를 들어, 1분짜리 뉴스 꼭지에 '끌려 나가는 여당 의원(들)' 모습이 3, 4회 포함되는 경우도 있었다.

132

서 몇 가지 방송사별 차이도 드러났다. 우선 KBS의 경우, 쓰러져 있거나 울부짖는 여당 의원(들)의 모습이 26회로 가장 많았다. 이어 소리 지르거나 구호를 외치는 여당의원(들) 모습과 단상 근처의 실랑이 모습이 16회로 꽤 많았고, 국회의장이 입장하거나 퇴장하는 장면의 비중은 매우 낮았다. 이 와 달리 MBC는 끌려 나가는 여당 의원(들)의 모습을 자주 비췄고(20회), SBS는 소리 지르거나 구호를 외치는 여당 의원(들) 모습을 27회로 가장 많 이 보여줬다.

같은 시간대의 같은 인물을 묘사하는 데 각 방송사 사이에 적지 않은 차 이가 있음을 알 수 있다. KBS가 강조한 여당 의원의 모습은 쓰러져 있거나 울부짖는 모습이었다. 이와 달리 MBC는 완력에 의해 밖으로 끌려 나가는 모습을, SBS는 소리 지르거나 구호를 외치는 모습을 여당 의원의 상징적 이미지로 두드러지게 했다. 같은 여당 의원들이지만, KBS 화면 속에서는 '억울한 패배자'의 이미지가, MBC에서는 '부당하게 핍박받는 피해자'의 이 미지가, SBS에서는 '적극적으로 저항하는 약자'의 이미지가 강조된 것이다. 특히 SBS는 쓰러져 있거나 울부짖는 모습의 여당 의원들을 한 차례도 활용 하지 않아 '억울한 패배자'의 이미지가 거의 두드러지지 않았다. 또한 KBS 나 MBC에 견주어 야당 의원들의 모습을 자주 비춰주었는데, 정상적인 법 안 처리과정이라면 중시되었음직한 야당 의원들의 투개표 장면이 KBS(4회) 와 MBC(6회)에서는 거의 나오지 않지만 SBS는 14회에 걸쳐 방영했다. 또한 MBC가 13회에 걸쳐 보여준 의장의 입장 장면을 KBS는 한 차례도 보여주 지 않았다는 점도 특이하다.

앞의 〈표 4-5〉에는 포함되지 않았으나, SBS는 정동영 의원과 박관용 의 장의 모습을 화면분할 형식으로 총 6회에 걸쳐 보여주기도 했다. 의장석에 서 쫓겨나 의원석으로 돌아온 정동영 의원이 눈물을 글썽이며 항의하는 장 면과 의장석 옆에 서서 무표정하게 앞을 바라보는 박관용 의장의 모습이 극명하게 대비된 장면이다. 이 장면들은 모두 사건의 경위를 요약 설명하 는 기자 리포팅의 자료화면으로 활용되었다.

3) 화면과 보도내용의 관련성

어떤 장면이 자주 활용되었는가도 중요하지만, 이 장면들이 어떤 보도내용의 자료화면으로 활용되었는가도 역시 중요하다. 빈번하게 나타났던 장면들을 위주로 화면과 보도내용의 관련성을 정리하면 다음 쪽의 〈표 4-6〉과 같다.

회의를 강행하려는 의장이나 이를 위해 동원된 경위들을 향해 소리 지르거나 삼삼오오 모여 단상을 향해 구호를 외치는 장면들은 방송 3사를 합했을 경우 가장 자주 등장한 장면이다. 특히 SBS가 자주 보여줬는데, SBS는 여당 의원들이 쓰러져 있거나 울부짖는 모습을 비춘 적이 없는 대신 이 장면을 자주 보여줌으로써 여당 의원들을 카메라로 정의하는 방식이 타 방송사와 다소 달랐음을 알 수 있다. 특히 상황을 요약하기 위한 목적 말고도 다양한 리포트의 자료화면으로 사용했는데, 민주당의 반응을 보도하면서 화면은 오히려 열린우리당 의원들을 보여주는 경우가 4차례나 있었다. 외신 보도 때에도 다른 장면들에 견주어 자주 활용했는데, 이는 탄핵안 가결 전후의 사건들을 단적으로 보여주는 장면이 소리 지르거나 구호 외치는 여당 의원들이라고 판단했기 때문으로 보인다.

의장이 가결을 선포하기 직전, 이를 위해 의장석 주위를 둘러싸고 있던 여당 의원들을 국회 경위들이 물리적으로 끌고 나가는 장면이다. 반항하는 의원들의 모습이나 두세 명에게 들려 나가는 장면 등이 포함되어 있다. 이 장면은 상황 요약 보도에 가장 많이 활용되었는데, 특히 KBS의 경우 이 장면을 상황 요약이 아닌 다른 목적에 활용한 경우는 없었다. MBC의 경우, 여당 의원들이 끌려 나가는 장면을 보여주면서 보도 내용은 민주당에 관한 것이었던 경우가 4차례나 있었다. 투표를 하거나 의석에 앉아 있는 민주당 의원들의 모습을 활용하는 대신 끌려 나가는 열린우리당 의원들을 보여준 것은 사태의 핵심이 법안의 통과보다는 여당 의원들의 핍박이라고 판단했기 때문으로 보인다. SBS는 특이하게도 헌법재판소 연결 리포트에 이 장면을 5차례 활용했는데, 마땅한 자료화면이 없었기 때문이라고밖에는 설명하기 어렵다.

134

〈표 4-6〉 '소리 지르거나 구호 외치는 여당 의원(들)' 장면 방영 때 리포트 내용

KBS (총 16회)	MBC (총 16회)	SBS (총 27회)
- 상황 요약 (16회)	- 상황 요약 (11회) - 열린우리당 반응 (4회) - 민주당 반응 (1회)	- 상황 요약 (5회) - 민주당 반응 (4회) - 시민들 반응 (4회) - 국제 뉴스 룸 연결 (4회) - 청와대 연결 (4회) - 국회 상황 (2회) - 베이징 연결 (2회) - 전문가 대담 (1회) - 한나라당 반응 (1회)

〈표 4-7〉 '끌려 나가는 여당의원(들)' 장면 방영 때 리포트 내용

KBS (총 10회)	MBC (총 20회)	SBS (총 13회)
- 상황 요약 (10회)	- 상황 요약 (11회) - 열린우리당 반응 (5회) - 민주당 반응 (4회)	- 헌법재판소 연결 (5회) - 상황 요약 (1회) - 열린우리당 반응 (1회) - 한나라당 반응 (1회) - 국회 상황 (1회) - 시민들 반응 (1회) - 국무총리실 연결 (1회) - 청와대 연결 (1회) - 유럽특파원 연결 (1회)

〈표 4-8〉 '단상 근처의 실랑이' 장면 방영 때 리포트 내용

KBS (총 16회)	MBC (총 18회)	SBS (총 9회)
- 상황 요약 (15회) - 각 당의 표정 (1회)	- 상황 요약 (8회) - 민주당 반응 (3회) - 전문가 대담 (3회) - 열린우리당 반응 (2회) - 한나라당 반응 (1회) - 법무부 연결 (1회)	- 해설 (2회) - 국회 상황 (2회) - 헌법재판소 연결 (2회) - 상황 요약 (1회) - 국무총리실 연결 (1회) - 국방부 연결 (1회)

여기서 '단상 근처의 실랑이' 장면이란 의장석이나 단상 밑의 발언석 가까이에서 여야 의원들이 몸싸움을 벌이는 모습을 의미한다. 의장이 의장석에 진입하는 과정에서 생긴 몸싸움은 제외된 것이다. 발언석 마이크를 잡기 위해 서로를 밀치는 모습이나 의원석 중간 통로에서 밀고 당기는 모습 등이 여기에 포함된다. MBC가 상대적으로 자주 보여주었으며 매우 다양한 리포트 내용과 더불어 방영되었다는 점을 제외하면 특이할 만한 점은 발견되지 않았다.

바닥에 쓰러져 있거나 오열하는 열린우리당 의원들의 모습이다. 앞의 두 장면에 견주어 활용 횟수가 약간 적었으나, 이는 SBS가 단 한 번도 보여주지 않았기 때문이다. 오히려 KBS는 이 모습을 다른 어떤 장면보다도 자주 비춤으로써 당시 여당 의원들에 대한 감성적 소구에 치중했음을 알 수 있다. 당시의 실제 상황이나 방송사들의 생중계 모습을 보면 여당 의원들이 바닥에 쓰러져 있거나 오열하는 장면은 격렬하게 항의하거나 구호를 외치는 장면에 견주어 훨씬 적고 그 가운데 대부분은 한 명의 여당 의원(임종석 의원)이었다. 그럼에도 이 장면을 가장 자주 보여줌으로써 결과적으로 '억울한 약자'로서 여당 의원들 모습이 두드러졌다고 볼 수 있다.

박관용 의장이 탄핵안 가결을 선포한 뒤 명패 등이 날아오고 야당 의원들과 경위 등 주위 사람들이 몸으로 막는 장면이다. 이어 의장의 산회 선언이 포함되는 경우도 있었다. 이 장면은 당시의 상황을 요약하는 보도에 가장 많이 활용되었다. SBS의 경우, 시민들의 반응이나 절차 해설 등을 리포트하는 경우에도 자주 사용했다. 사실 국회의장의 탄핵안 가결 선포는 이 날 있었던 일련의 사건들을 결론짓는 매우 상징적인 순간이었다. 그럼에도 여당 의원들의 모습들을 묘사한 것에 견주면 상대적으로 적게 다루어졌다. 자료화면이 활용된 총 85건의 보도물 가운데 가결 선포 장면이 등장한 경우는 32번5)에 그친 것이다. 이와 달리, 수난을 당하거나 항의하는 여당 의

---

5) 총 34회 등장했으나, 한 꼭지 보도물에 2번 나온 경우가 2회 있었기 때문에 보도물을 기준으로 한다면 32회였다.

〈표 4-9〉 '쓰러져 있거나 울부짖는 여당 의원(들)' 장면 방영 때 리포트 내용

KBS (총 26회)	MBC (총 12회)	SBS (총 0회)
- 상황 요약 (26회)	- 상황 요약 (8회) - 열린우리당 반응 (2회) - 한나라당 반응 (1회) - 민주당 반응 (1회)	

〈표 4-10〉 '가결 선포(서류 뭉치 등이 날아오는 장면 포함)' 장면 방영 때 리포트 내용

KBS (총 10회)	MBC (총 8회)	SBS (총 16회)
- 상황 요약 (9회) - 대구 현지 반응 (1회)	- 상황 요약 (6회) - 한나라당 반응 (1회) - 해설 (1회)	- 상황 요약 (5회) - 시민들 반응 (4회) - 해설 (2회) - 전문가 대담 (1회) - 국회 상황 (1회) - 국제 뉴스 룸 연결 (1회) - 워싱턴 연결 (1회) - 유럽 특파원 연결 (1회)

〈표 4-11〉 '박관용 의장의 의장석 진입 시도(몸싸움 장면 포함)' 장면 방영 때 리포트 내용

KBS (총 11회)	MBC (총 9회)	SBS (총 10회)
- 상황 요약 (7회) - 국무총리실 연결 (1회) - 외무부 연결 (1회) - 대구 현지 반응 (1회) - 각 당의 표정 (1회)	- 상황 요약 (3회) - 전문가 대담 (2회) - 한나라당 반응 (1회) - 법무부 연결 (1회) - 국회 상황 (1회)	- 상황 요약 (6회) - 열린우리당 반응 (1회) - 국무총리실 연결 (1회) - 헌법재판소 연결 (1회) - 청와대 연결 (1회)

〈표 4-12〉 '관망하거나 박수 치는 야당 의원(들)' 장면 방영 때 리포트 내용

KBS (총 9회)	MBC (총 5회)	SBS (총 12회)
- 상황 요약 (9회)	- 한나라당 반응 (4회) - 전문가 대담 (1회)	- 상황 요약 (5회) - 국제 뉴스 룸 연결 (2회) - 한나라당 반응 (1회) - 민주당 반응 (1회) - 전문가 대담 (1회) - 청와대 연결 (1회) - 베이징 연결 (1회)

원들의 모습이 포함된 보도물은 85건 가운데 55건이었다.

〈표 4-11〉은 박관용 의장이 여당 의원들과 몸싸움을 벌이며 의장석에 앉는 장면이다. 여당 의원들의 제지로 의장석에 접근하지 못한 채 옆에 서 있는 장면이나 그 주위에서 실랑이를 벌이는 장면도 여기에 포함되었다. 이 장면은 사건의 경위를 요약하는 보도에 가장 많이 활용되었고, 그 밖에는 해외언론 동향, 여러 기관 연결 리포트, 해설 등 다양한 보도내용과 함께 활용되었다. KBS는 거의 모든 자료화면을 상황 요약을 위해 활용한 경향이 있었지만 유독 의장의 의장석 진입 장면은 다양한 상황에서 활용했다. 국무총리실이나 외무부 등을 연결하여 리포트하는 과정에서 '의장의 가결 선포 장면' 대신 굳이 '의장의 의장석 진입 시도 장면'을 배경화면으로 활용했다는 사실은 매우 특이하다. 사건들의 '결론적 행위(가결 선포)'보다는 결론에 이르는 '과정에서의 충돌'을 보도의 핵심(이른바 '야마')으로 여겼음을 알 수 있다. 세 방송사 사이에 특별한 차이는 드러나지 않았다.

여당 의원들 모습은 주로 소리 지르거나 끌려 나가거나 울부짖는 모습이었으나, 야당 의원들 모습은 주로 관망하거나 박수 치는, 또는 투표하는 모습이었다. 웃으며 대화하는 모습도 가끔 포함되어 있었으나 많지는 않았다. 몸싸움의 주체도 많았으나, 여야의 구분이나 국회 경위와의 차별성이 모호한 경우가 많아 야당 의원의 이미지를 분명하게 구성했다고 보기는 어렵다. 방송 3사 가운데서는 MBC가 유독 관망하는 야당 의원들 모습을 적게 비췄다.

관망하거나 박수 치는 야당 의원들 모습과 마찬가지로, SBS가 투표하는 야당 의원 모습들도 가장 자주 비춰주었다. KBS는 이 장면을 거의 방영하지 않았다. 탄핵안 통과를 법적 절차로 여긴다면 의안 상정 선언과 투표, 그리고 가결 선포가 가장 중요한 장면이어야 한다. 그러나 이들 모습은 상대적으로 적게 나타난 대신 소리 지르거나 끌려 나가는, 또는 울부짖는 여당 의원들의 모습이 훨씬 더 빈번하게 등장했음을 알 수 있는데, 이는 방송 3사가 12일 오전 사건의 핵심을 '법적 절차'에 두지 않았음을 의미한다.

〈표 4-13〉 '투표하는 야당 의원(들)' 장면 방영 때 리포트 내용

KBS (총 4회)	MBC (총 6회)	SBS (총 14회)
- 상황 요약 (4회)	- 열린우리당 반응 (4회) - 상황 요약 (2회)	- 상황 요약 (5회) - 민주당 반응 (3회) - 국제 뉴스 룸 연결 (2회) - 한나라당 반응 (1회) - 청와대 연결 (1회) - 베이징 연결 (1회) - 유럽 특파원 연결 (1회)

〈표 4-14〉 '의장의 의사 진행(법안 상정 포함)' 장면 방영 때 리포트 내용

KBS (총 7회)	MBC (총 10회)	SBS (총 6회)
- 상황 요약 (7회)	- 상황 요약 (8회) - 열린우리당 반응 (2회)	- 상황 요약 (5회) - 민주당 반응 (1회)

〈표 4-15〉 '박관용 의장의 회의장 입장' 장면 방영 때 리포트 내용

KBS (총 0회)	MBC (총 13회)	SBS (총 5회)
-	- 상황 요약 (8회) - 한나라당 반응 (1회) - 전문가 대담 (3회) - 법무부 연결 (1회)	- 상황 요약 (5회)

〈표 4-16〉 '호위 받으며 퇴장하는 의장' 장면 방영 때 리포트 내용

KBS (총 3회)	MBC (총 4회)	SBS (총 11회)
- 상황 요약 (3회)	- 상황 요약 (3회) - 한나라당 반응 (1회)	- 상황 요약 (6회) - 시민들 반응 (2회) - 열린우리당 반응 (1회) - 전문가 대담 (1회) - 유럽 특파원 연결 (1회)

의안을 상정하는 등 회의를 진행하는 의장의 모습은 총 23회 등장했다. 탄핵안 가결을 선포하는 장면은 여기에 포함되지 않는다. 특히, 여당 의원들을 향해 '사필귀정'이라며 훈계하는 모습도 여기에 포함되는데, 이 장면은 KBS에서만 3회 이상 반복 방영되었다. 세 방송사 모두 이 장면은 유용한 '상황 요약'용 자료화면으로 여겼다.

의장의 입장과 퇴장 장면은 각각 18회씩 방영되었다. 의장의 입장은 MBC가, 퇴장은 SBS가 상대적으로 많이 비춰주었으며, KBS는 의장의 입퇴장에 대해 대체로 무관심했다. 방송사 사이에 차이가 드러나는 이유는 분명치 않다. KBS의 경우 반복해서 보여준 자료화면 대부분이 의장의 입장 이후부터 퇴장 이전까지였지만, MBC는 새벽에 있었던 사건부터 사태 종료 뒤 본회의장 모습에 이르기까지 넓은 시간대의 영상물들을 자료화면으로 사용한 사실이 반영된 결과이다.

4) 편집 보도물의 영상분석

방송 3사 모두 '상황 요약'을 위해 꽤 긴 시간의 자료화면을 편집하여 활용했다. 리포트 없이 아예 영상물과 현지 사운드바이트로만 구성된 영상물을 만들거나, 상황을 요약하는 기자 리포팅의 배경화면으로 띄우기 위해 제작한 영상 편집물들이 있었다. 이 영상물들은 시차를 두고 두 차례 이상 반복해서 방영되곤 했다.

KBS의 경우, 네 개의 서로 다른 영상 편집물을 9회에 걸쳐 방영했다. 앵커가 바뀌는 동안 짧게 방영한 20초 안팎의 영상물이 2회 방영되었고, 1분 45초짜리 2회, 2분 15초짜리 2회, 그리고 가장 자세한 상황 요약을 위해 제작한 4분 10초짜리를 3회 방영했다. MBC는 네 개의 서로 다른 영상 편집물을 10회에 걸쳐 방영했다. 가장 긴 영상물은 3분 40여 초짜리로 3회 방영되었고, 그 밖에 1분 52초짜리 3회, 1분 32초짜리 2회, 그리고 2분 8초짜리와 22초짜리를 각각 1회 방영했다. 자료화면을 가장 많은 43회 활용했던 SBS의 경우, 상황 요약을 위한 영상 편집물은 두 종류에 지나지 않았다. 그나마 하나는 탄핵안 가결 뒤 급히 편집하여 방영한 1분 10초짜리이며, 2분 12초짜리 다른 영상물은 오후 2시 15분 처음으로 방영한 이후 다섯 차례에 걸쳐 반복 방영했다.

구체적인 영상분석을 위해 각 방송사가 만든 가장 긴 영상 편집물 하나씩을 선택했다. 이 영상물들은 가장 길었을 뿐 아니라 각각 3회 이상 반복 방영되었으므로 각 방송사의 대표적인 '상황 요약' 내러티브로 볼 수 있다. 앞서 제시되었던 〈표 4-2〉〈표 4-3〉〈표 4-4〉의 K2(4분 10초 ; 3회 방영), M18(3분 45초 ; 3회 방영), S27(2분 12초 ; 5회 방영)이 그 대표적 영상 편집물이다. 이 가운데 앞의 두 개는 리포트가 따로 없는 순수 영상 편집물이며, S27은 상황을 요약하는 기자의 리포트가 첨부된 영상물이다.

이 연구에서는 구체적인 텍스트 분석을 위해 코즐로프(Kozloff, 1987)의 영상물 분석방식을 원용했다. 그는 프로프(Propp, 1970)의 민담 연구를 현대 영화와 소설에 적용시킨 채트먼(Chatman, 1978)의 내러티브 분석틀을 텔레비전 분석에 구체적으로 적용한 바 있다. 채트먼에 따르면 모든 형태의 서사는 스토리(story)와 담론(discourse)[6]으로 나뉜다.[7] 스토리는 '누구에게 무슨 일이 일어났는가'를, 담론은 '스토리가 어떻게 이야기되는가"를 표현하며, 스토리는 사건(등장인물들의 행동이나 벌어지는 상황들)과 존재(등장인물과 배경)로 다시 분류할 수 있다(Chatman, 1978, p.19). 특히 등장인물은 내러티브에서의 역할에 따라 '영웅(hero)' '악인(villain)' '조력자(helper)' '희생자(victim)' '방관자(bystander)' 등으로 분류할 수 있으며 스토리를 주도적으로 이끌어가는 인물을 '적극적 행위자(actor)'로 이름 붙일 수 있다. 채

---

6) 채트먼 등의 서사이론가들이 사용하는 '담론(discourse)'이란 용어는 푸코(Foucault) 등 탈구조주의자들이 사용하는 '담론(discourse)' 개념과는 다른 의미를 가지며, 앞서 3장에서 말한 파울러(Fowler)의 '담화(discourse)' 개념과도 거리가 있다. 의미에서의 분명한 차이에도, 별도의 마땅한 용어를 찾기 어려워 채트먼의 'discourse' 역시 편의상 '담론'으로 번역하여 사용하고자 한다.

7) 코즐로프는 채트먼이 제시한 두 층위에 더하여 세 번째 단계인 'schedule'을 추가한 바 있다. 그러나 탄핵 관련 보도는 모두 속보와 특보로 이루어졌기 때문에 schedule을 논하는 것은 무의미하다고 판단하여 이 분석에서는 제외했다.

트먼의 분류 가운데 '스토리'에 관한 정보들을 수집, 정리하여 분석하는 '스토리 분석' 방법은 에피소드의 시간적, 공간적 배경, 등장인물의 특성, 반복적으로 나타나는 주제를 정리함으로써 가능하게 된다. 시퀀스의 이음새를 들여다봄으로써 텍스트가 이끌어가고자 하는 방향성을 알 수 있으며, 특별히 강조하려는 주제(제작자의 기획의도)를 파악함으로써 역설적으로 은폐하거나 주변화하고자 하는 바를 추론할 수 있다. '담론'에 대한 분석은 텍스트의 밀도 있는 반복 관찰로써 그 시각적, 청각적 기호들이 내포적 의미를 생성해내는 과정을 이해하는 작업이다. 서사 전개와 관련된, 예를 들어 주제를 전진 배치하는 '기법'이라든가 '기술적 요소'의 활용(음향, 조명, 카메라 기법 등) 등이 여기에 포함될 것이다. 방송 3사의 영상물이 탄핵사태를 어떻게 정의하고 어떤 시각에서 조망했는지를 밝히는 것이 분석의 목적이니만큼, '스토리'와 '담론'의 분석을 분리하여 실시하지는 않았다. 어떤 캐릭터(등장인물)와 어떤 사물들이 어떻게 묘사되는지, 캐릭터들의 행동과 사건들을 어떤 방식으로 영상화하는지, 그리고 어떤 상황에서 어떤 기술적 요소들이 활용되는지를 총체적으로 분석함으로써 전체 내러티브의 주제와 방향성을 그리고자 했다.

우선 KBS의 영상물을 샷 단위로 분해한 결과는 다음과 같다.[8]

다음의 〈표 4-17〉에 요약된 KBS의 대표 영상물은 총 3회(12:12, 13:03, 16:59) 방영되었다. 러닝타임은 4분 10초, 샷의 수는 총 39개로 샷당 평균 시간은 6.4초였다. 각 샷은 시간 흐름의 순서에 맞춰 편집되지는 않았으며, 반복해서 사용된 화면도 있었다. 우선 스토리의 흐름을 읽기 위하여 시퀀

---

8) 〈표 4-17〉 안의 약자는 다음을 뜻한다:
- ELS : extreme long shot
- LS : long shot
- FS : full shot
- MS : medium shot
- CU : closed-up shot
- ZI : zoom-in
- ZO : zoom-out

〈표 4-17〉 상황 요약 영상편집물 분석(KBS)

shot #	상황 (화면 내용)	shot	카메라 기법	sound	자막
01	뒷짐 지고 있는 박의장과 주위 여야 의원들의 실랑이	LS		·웅성거림, 소란스러움	
02	끌려 나가지 않으려는 여당 의원들 (울부짖는 임종석 ; 뒤편의 이강래, 송영길 등 실랑이)	FS		·울부짖음 (임종석)	
03	경위 대여섯 명에 의해 끌려 나가는 이종걸	LS	panning		
04	끌려 나가지 않으려는 여당 의원(송석찬)	FS	ZI		
04	뒷쪽에서는 여당 의원들이, 앞쪽에서는 경위들이 서로 잡아당김 ; 결국 앞으로 내동댕이쳐지는 송석찬	MS		·웅성거림, 소란스러움	
05	뒷짐 진 채 관망하는 의장	FS→MS	ZI and ZO		
05	주위의 몸싸움들; 끌려 나가는 정세균, 관망하는 박진	LS			<A>
06	단상 주위 실랑이 ; 끌려 나가며 반항하는 임채정	FS			
07	끌려 나가지 않으려는 안영근·유시민 ; 앞쪽을 향해 소리 지르는 안영근	FS		안영근 : "당신들 정신 있어?!"	
08	단상 주위의 수많은 의원들; 가운데 대형 국회표식 ; 양 옆에 전광판	ELS	ZI	·웅성거림, 소란스러움	
08	의장석 주위의 몸싸움들	LS			
09	회의장 밖의 몸싸움들 (당직자?); 서로 잡아당기며 몸싸움하는 사람들	MS	hand-held (흔들림)		
10	회의장 밖의 몸싸움들 (당직자?) ; 서로 잡아당기며 몸싸움하는 사람들	MS	hand-held (흔들림)	·소란스러움 "나쁜놈들!" 등 험악한 소리들 (배경)	
11	회의장 밖의 몸싸움 ; 한가운데 이부영	CU	hand-held (흔들림)		
12	회의장 밖의 몸싸움; 한 당직자	CU		당직자 : "즉각 중지해! 놔!"	
13	단상 근처의 실랑이	FS→LS	ZO		
14	양쪽에서 팔을 잡힌 채 끌려 나가는 임채정	FS	ZO		
14	앞에 역시 세 명에 의해 끌려 나가는 다른 의원	LS		·웅성거림, 소란스러움	
15	의장석 가까이에서 몸싸움 (안간힘 쓰는 여당의원들)	FS	panning		
15	좌측의 의장과 야당 의원들	FS	ZI		
15	뒷짐 진 채 관망하는 의장	MS			
16	끌려 나가지 않으려는 안영근·유시민 ; 앞쪽을 향해 소리 지르는 안영근 (#7과 같음)	FS		안영근 : "당신들 정신 있어?!" (※뒷 말은 잘 안들림)	
17	세 명에게 끌려나가는 이부영	FS			
18	단상 주위의 사람들 (단상 좌측 위에서 high angle)	ELS	ZI		
18	세 명에게 끌려 나가는 천정배	CU		·웅성거림, 소란스러움	
19	단상 근처 실랑이 (끌려나지 않으려는 안영근·유시민 등)	FS	panning		
19	끌어내려는 경위들과 반항하는 의원들 사이의 실랑이	FS			

	단상 근처(좌측 앞)에 일렬로 서서 사태 관망하는 야당 의원들 (이윤성·김기춘 등)	FS	panning	의장 : "…… 상정합니다" · 쾅쾅쾅 (의사봉) · 박수소리 · 정동영 등 여당 의원들이 소리 지름 (※내용은 잘 들리지 않음)
20	의원석에 서서 손가락질하며 소리지는 정동영	FS	ZO	
	옆의 이강래도 일어서서 소리 지름; 그 옆의 김원웅도 일어나서 구호 외침 ; 앞쪽으로는 김영춘	LS		
	의원석에서 구호 외치는 김근태	FS	panning	
	발언석 근처 실랑이	FS	ZO	
21	실랑이하는 장영달과 야당 의원들; 제지를 뿌리치고 결국 마이크 잡는 장영달	LS	ZI	· "안 돼!" 등 (배경)
	발언석에서 뭔가 말하려는 장영달 ; 옆에서 제지하는 이윤성 ; 옆에 서 있는 정세균	MS		
22	바닥에 누워 울부짖는 임종석과 옆에서 달래는 두어 명 의원	LS	ZI	· 울부짖음 (임종석) · 박수 소리 (배경)
	옆에서 부축해서 상체를 약간 일으키는 임종석 ; 그러나 다시 부축 뿌리치고 누워버림	CU		
23	의원석에 앉아 옆에 서 있는 양정규와 대화하는 최병렬	FS		· "손대지 말라니까?" 등 (배경)
24	너댓 명에게 끌려 나가는 모 의원	LS		"안 돼!" "놔!"
25	의장석을 바라보며 몰려 서 있는 사람들 (뒷쪽은 여당 의원들; 앞쪽은 여야 구분 안 됨)	LS		· 의원 이름 부르는 소리 (배경)
26	의장석 앞에서의 실랑이; 넘어지는 임종석	LS	ZI	
	쓰러져 있는 임종석과 옆에서 달래는 이성헌 등	MS		
27	(의원석 중간 중앙복도에서) 끌려 나가는 모 의원 (야당의원들이 잡아당김)	LS → FS → LS	ZI and ZO	· 웅성거림, 소란스러움 의장 : "다시 한번 말합니다……" (※뒷 말은 잘 안 들림) <B>
	의장석에 앉는 의장	FS	ZO	
28	단상 주위의 많은 사람들; 박수 치는 사람들 등	ELS	ZI	· 웅성거림, 소란스러움, 박수 소리
	발언석 앞 여당 의원들 (강봉균 등)	LS	panning	
	다른 의원들 (여야 섞여서 웅성거리는 모습)	LS		
29	의장석에서 마이크 잡은 의장	MS		의장 : "대통령 노무현 탄핵소추안을 상정합니다" · 쾅쾅쾅 (의사봉)
30	의장석 앞 발언대 가까이에서 실랑이 ; 안영근 밀어내는 야당 의원들	FS		· 웅성거림, 소란스러움
31	의장석에서 마이크 잡은 의장	MS		의장 : "존경하는 정세균 의원, 장영달 의원, 존경하는 김근태 의원, 의장으로서 할 이야기는 아닙니다만, 왜 이런 일을 자초합니까? 자업자득입니다"

(뒷면에 계속)

32	의장석 앞 발언대 근처의 실랑이 ; 앞으로 나아가려는 송영길과 제지하는 야당 의원들	FS		·웅성거림, 소란스러움	
33	의원석에 서 있는 와이셔츠 차림의 신기남	MS		·의원 이름 부르는 소리 (배경)	
34	투표 행렬과 그 앞에 서서 담소하는 야당 의원들 (조순형 등)	FS			
35	양쪽에서 부축받아 나가는 안영근	FS			
36	쓰러져 우는 임종석	MS	ZO	·"안 돼!" "쿠데타야!" 등 (배경)	
	단상 주위의 많은 사람들	ELS			
37	회의장 밖의 몸싸움들 (당직자?) ; 서로 잡아당기며 몸싸움하는 사람들	MS	hand-held (흔들림)	·웅성거림, 소란스러움 ·"나쁜놈들아!" 등 욕지거리들	
38	의장석 주위 (단상 주위에서 구호 외치는 많은 여당 의원들)	ELS		·구호 소리 의장 : "투표결과를 말씀드리겠습니다"	
39	의장석에서 마이크 잡은 의장	MS	ZO	·구호 소리 의장 : "총투표수 195표 중 가 193표, 부 2표 …… 법 제65조 2항 단서의 규정에 의하여 대통령 노무현 탄핵소추안은 가…… 선포합니다" (※마이크 상태가 고르지 못해서 중간 중간 소리가 들리지 않음)	<C>
	의장석 주위 ; 서류 뭉치 날아오고 의장 주위의 경위들이 막는 모습	FS		·쾅쾅쾅 (의사봉)	

※ 자막 A : "국회의장 본회의장 입장"
※ 자막 B : "탄핵안 무기명 투표 실시"
※ 자막 C : "대통령 탄핵안 가결 (찬성 193표, 반대 2표)"

스별로 사건(event)과 존재(existence)의 내용을 보면 다음과 같다.

▷ **SQ1 : 단상 위의 몸싸움 (shot #01~08)**

의장석을 점거하고 있던 여당 의원들을 완력으로 끌어내는 적극적 행위자(actor)는 국회 경위로 보이는 사람들이지만 시각적 정체성은 분명하지 않다. 정체성이 두드러지지 않는 만큼 내러티브에서 큰 역할을 하지도 않는다. 이와 달리 단상에서 끌어내지는 여당 의원들은 분명한 희생자로 묘사된다. 이들은 내동댕이쳐지거나 울부짖거나 끌려나지 않기 위해 안간힘을 쓴다. 특히 소란스러움 속에서 안영근 의원의 "당신들 정신 있어?"라는 고함소리와 임종석 의원의 울부짖음 소리가 크게 들림으로써 희생자의 억울함이 강조된다. 의장, 박진 의원 등 화면 속의 야당 의원들은 방관자로 묘사된다. 익스트림롱샷(extreme long shot)에서 화면의 중심이 되는 대형 국회 표식은 국회의 권위를 대변하며, 그 아래서 벌어지고 있는 몸싸움과 아수라장은 겉모습만 남은 권위의 역설을 보여준다. 화면 아래쪽에는 "국회의장 본회의장 입장"이라는 자막이 생겼다가 사라진다.

▷ SQ2 : 회의장 밖의 몸싸움 (shot #09~12)

shot #11에서 클로즈업되는 이부영 의원을 제외하면 대부분의 적극적 행위자는 인지도가 떨어지는 여야 당직자이다. 여야의 분명한 구분 없이 욕설을 뱉으며 밀고 당기는 장면을 카메라를 들고 찍음으로써 긴박함과 어지러움이 극대화하고 있다. 여당 당직자로 보이는 한 남자가 "즉각 중지해!"라고 울부짖는 장면을 클로즈업함으로써 사건의 주도자(누구인지 확실히 보이지는 않지만)는 악인, 항의하는 사람들은 희생자임을 명확히 한다.

▷ SQ3 : 끌려 나가는 여당 의원들 (shot #13~19)

희생자로 여겨지는 여당 의원들이 비참하게 밖으로 끌려 나가는 장면들이 풀샷이나 미디엄샷으로 연속 편집되었다. 임채정 · 이부영 · 천정배 의원 등이 각각 서너 명에게 완력으로 끌려 나가며, 중간 중간 비치는 의장과 야당 의원들은 여전히 방관자로 묘사된다. 끌고 나가는 경위들과 끌려 나가는 여당 의원들, 그리고 방관하는 야당 의원들이 대비된다. 특히 몸싸움을 풀샷으로 비추다가 뒷짐 지며 무표정하게 앞을 바라보는 의장의 모습을 줌인함으로써 방관자의 모습이 강조된다. 화면 속의 의장은 바로 옆에서 벌어지고 있는 몸싸움을 외면하며 앞을 바라보고 있다. 안영근 의원의 "당신들 정신 있어?"라는 고함소리가 다시 반복된다.

▷ SQ4 : 저항과 울분 (shot #20~27)

바닥에 쓰러져 울부짖는 여당 의원, 여전히 끌려 나가고 있는 여당 의원들의 모습은 전형적인 희생자이지만, 쫓겨난 뒤 멀찌감치에서 소리 지르며 항의하는 여당 의원들이나 마지막 반항을 시도하는 여당 의원들의 모습은 주도적인 적극적 행위자(actor)로 바뀌어 있다. 이와 달리 의자에 앉아 귀엣말을 나누는 야당 의원들은 여전히 방관자의 모습이다. 의장은 화면에 나오지 않지만, 흘러나오는 목소리로써 사건 전개의 적극적 행위자로 기능하고 있다. 바닥에 누워 울부짖는 임종석 의원의 모습이 두 차례 줌인, 클로즈업되고 "안 돼! 놔!" 등의 고함소리와 야당 의원들의 박수소리가 대비된다. "탄핵안 무기명투표 실시"라는 자막이 나오지만 야당 의원들의 투표 장면이 아닌 끌려 나가거나 울부짖는 여당 의원들이 화면을 채움으로써 투표 그 자체보다는 투표가 (희생자들의) '저항과 울분' 속에서 진행되었다는 사실이 강조된다.

▷ **SQ5 : 의장의 통제권 확보 (shot #28~31)**

의장의 모습이 풀샷이나 미디엄샷으로 비치며 유일한 행위자로 기능한다. 의장은 의안을 상정할 뿐 아니라 여당 의원들을 향해 훈계를 하는 전능적 행위자이고, 주위에서 박수 치는 야당 의원들은 조력자(helper) 기능을 한다. "왜 이런 일을 자초합니까? 자업자득입니다"라고 타이르는 듯한 의장의 발언이 가감 없이 전달된다. 이 시퀀스만 보자면, 의장은 사건을 해결하고 교훈을 전달하는 내러티브에서의 영웅(hero) 기능을 한다고 볼 수 있다.

▷ **SQ6 : 패자의 허탈과 분노 (shot #32~36)**

승부가 결정난 뒤의 경기장 모습처럼, 패자인 여당 의원들의 초췌한 모습들이 묘사된다. 멍하니 서 있는 신기남 의원, 넥타이가 풀어헤쳐진 채 부축 받아 나가는 안영근 의원, 쓰러져 우는 임종석 의원 등의 모습을 풀샷이나 미디엄샷으로 비춘다. 배경 소리로는 여전히 소란스러움 속에서 "안 돼!" "쿠데타야!" 등의 고함이 들린다. 희생자가 아닌 캐릭터는 등장하지 않는다.

▷ **SQ7 : 회의장 밖의 몸싸움 (shot #37)**

한 개 샷으로 구성된 시퀀스며, 내용은 두 번째 시퀀스와 거의 같다. 삽입된 이유는 분명하지 않다.

▷ **SQ8 : 탄핵안 가결의 순간 (shot #38~39)**

가결을 선포하는 의장의 모습을 미디엄샷이나 풀샷으로 비추며, 날아드는 서류나 명패 등이 함께 보인다. 의장의 선포와 의사봉 소리로 사건의 종료를 분명하게 한다. 소리(의장의 선포 내용을 중계)와 자막("대통령 탄핵안 가결")도 종료 사실을 강조하는 기능을 한다. 선포하는 의장은 앞서 말한 대로 '영웅'의 역할을, 주위의 경위들은 '조력자'의 역할을 담당하지만, 경기의 승자는 분명하게 구분되지 않는다. 다만 종이나 명패를 던지는 보이지 않는 사람들이 '희생자'임이 암시된다.

이상 8개의 시퀀스로 구성된 전체 영상물의 흐름은 '싸움 ⇒ 패배 ⇒ 울분과 허탈 ⇒ 마무리'의 순서로 이어지며, 이는 싸움의 배경이 제시되지 않는다는 점만 제외하면 전쟁이나 스포츠의 내러티브와 비슷하다. 다만 승자(또는 적극적 행위자 ; actor)나 영웅의 관점이 아니라 패자(또는 희생자 ; victim), 즉 여당 의원(들)의 관점에서 내러티브가 전개된다. 첫 시퀀스부터 여당 의원(들)은 희생자, 야당 의원들은 방관자임이 분명하게 드러나며, 시퀀스가 진행될수록 그 대비는 강화된다. 희생자의 대척점에 서야 할 행위자나 악인의 존재는 분명하게 드러나지 않는다. 캐릭터의 의미가 모호한 존재로는 의장이 있는데, 초반에는 방관자의 모습을, 중간에는 적극적인(전능한) 행위자의 모습을, 그리고 마지막에는 암시적으로나마 악인의 모습을 갖는다. 그러면서도 시종일관 미디엄샷이나 풀샷으로 비침으로써 안정적으로 묘사된다. 이와 달리 클로즈업은 여당 의원들에 국한되었다. 중요함을 강조하거나 감정적 호소를 유발하는 클로즈업은 여당 의원들이 끌려 나가는 모습(천정배)이나 쓰러져 있는 모습(임종석)을 비출 때 활용되었다.

다음의 〈표 4-18〉에 요약된 MBC의 대표 영상물은 총 3회(14:08, 15:12,

15:54) 방영되었다. 러닝타임은 3분 45초, 샷의 수는 총 42개로 샷당 평균 시간은 5.4초였다. 각 샷은 거의 시간 흐름의 순서에 맞춰 편집되었다. 시퀀스별로 사건과 존재의 내용, 그리고 기술적 요소의 활용방식 등을 보면 다음과 같다.

▷ **SQ1 : 새벽 대치 (shot #01~06)**

첫 샷에서 카메라가 심하게 흔들린다. 불안정함과 긴박함을 보여준다. 의장석을 점거하고 있는 여당 의원들과 진입하려는 야당 의원들의 몸싸움을 보여주지만, 김부겸 의원의 울먹거리는 소리가 여당 의원들의 억울함과 정당성을 암시한다. 주먹질 일보직전까지 가는 실랑이도 보이지만 적극적 행위자와 희생자의 뚜렷한 구별은 없다. 특별한 카메라 기법이 활용되지는 않았으며, 이 시퀀스가 끝날 무렵 "AM 3:50, 야당 의원 의장석 진입 시도"라는 자막이 나와 상황을 설명한다.

▷ **SQ2 : 전장 밖의 산발적 사건들 (shot #07~11)**

본회의장 밖에서 벌어진 몇몇 사건들을 묘사한다. 한나라당 회의 모습과 홍사덕 의원, 김근태 의원, 이병완 홍보수석이 저마다 별개의 샷에 등장한다. 김근태 의원의 경우, 국회의장실을 방문했으나 야당 당직자로 보이는 사람들이 막아서서 뜻을 이루지 못하는 화면이다. 홍보수석의 성명 발표 화면에는 "AM 9:50, 청와대 대국민 사과 성명"이라는 자막이 아래쪽에 나온다.

▷ **SQ3 : 폭풍전야 (shot #12~14)**

배경 소리가 거의 없이 의장석 주위에 엉켜 있는 여야 의원들과 의원석의 조순형 의원 등을 비춘다. 본회의장 정면의 대형 국회 표식을 클로즈업했다가 줌아웃하면서 의장석 주위의 의원들 모습을 익스트림롱샷으로 비춘다. 익스트림롱샷에서 줌인하여 클로즈업을 하거나 그 반대의 경우는 전체 모습의 구도와 특정 부분의 모습을 서로 연결지으며 둘 다 강조하는 효과를 낳는다. 이 시퀀스에서는 국회의 권위를 대변하는 상징(클로즈업)과 그 아래의 실랑이(익스트림롱샷)를 대비하는데, 결과적으로는 국회의 권위가 왜곡되거나 축소되는 양상을 띤다. 이 시퀀스에서는 특히 아무런 소리나 음향효과가 없기 때문에 긴장감이 더하다.

▷ SQ4 : 의장의 진입 시도 (shot #15~19)

본회의장에 입장하는 의장 모습을 풀샷으로 비춘다. 의장은 여당 의원들과 악수도 하는 등 여유 있는 적극적 행위자의 모습으로 묘사된다. 카메라는 중앙 통로를 걸어가는 의장을 따라 움직이고, 주위의 웅성거림이 들린다. 의장을 막는 여당 의원들과 이들을 제지하는 경위들과 야당 의원들이 엉킨 모습을 롱샷과 익스트림롱샷으로 비춘다. SQ3의 정적과 대비되어, 의장의 등장이 사건 흐름에 전기를 가져오는 효과를 일으킨다. 화면 내용과 일치하는 자막이 잠시 등장한다.

▷ SQ5 : 끌려 나가는 여당 의원들 (shot #20~31)

여당 의원들이 잇달아 끌려 나가는 희생자로 반복해서 묘사된다. 항의하거나 소리 지르는 모습도 풀샷으로 보여주기는 하지만, 완력에 의해 끌려 나가거나 쓰러져 있는 여당 의원들의 모습이 미디엄샷이나 줌인 등으로 강조된다. 전체적으로 소란스러운 배경 소리가 들리고, 울부짖는 소리, 항의하는 소리, 명패 부러지는 소리 등이 깔려 있다. 야당 의원들은 거의 보이지 않거나 방관자 모습으로 비친다.

▷ SQ6 : 마지막 저항 (shot #32~35)

의장석에 오른 의장이 의사봉을 두드리는 장면과 단상 아래에서 송영길 의원이 저항하는 모습을 패닝(panning)으로 잇달아 보여준다. 또한, 익스트림롱샷으로 전경을 비추다가 줌인하여 의원석에서 구호를 외치는 여당의원들을 풀샷으로 보여주기도 한다. 이미 의장석에 쫓겨나 '패배'가 확정된 상황에서 마지막 저항을 하는 여당 의원들을 담은 화면이다. 내용은 분명

〈표 4-18〉 상황 요약 영상 편집물 분석(MBC)

shot #	상황 (화면 내용)	shot	카메라 기법	sound	자막
01	회의장 중앙 high-angle; 웃옷 벗은 채 의장석 지키고 있는 여당의원들	ELS	hand-held (흔들림)	・"야야!" 등 고성과 웅성거림	
02	의장석 주위 실랑이 ; 의장석으로부터 야당 의원 뿌리치는 여당의원들 (정세균 등)	FS			
03	의장석 주위 실랑이 ; 의장석 사수하는 정세균・김영춘 등	LS→ FS	ZI	・고성과 웅성거림	
04	회의장 중앙	ELS	ZI	김부겸 : "…… 안 된다…… 좀 일어나라…… (울부짖음)"	
04	야당 의원 끌어내리려는 임종석・정세균・김부겸 등	FS	panning		
04	의장석 오른쪽의 몸싸움 (김영춘 등)	FS			
05	의장석 왼쪽의 실랑이 ; 유시민・송석찬 등	LS	panning	・웅성거림	
05	의장석 주위 실랑이 ; 의장석 사수하는 정세균・김영춘 등	FS			
06	의장석 주위 몸싸움 (주먹질 일보직전)	FS		・"어어어……" "하지마~" 등 실랑이 소리	<A>
07	열려진 약간의 문 틈 사이로 회의하는 의원들 모습			・카메라 플래쉬 소리 ; 간헐적으로 기자들 질문 소리 (내용은 들리지 않음)	
08	사람들에 둘러싸여 걸어가는 홍사덕; 주위에 수많은 기자들	MS			
09	사람들에 둘러싸여 문쪽으로 걸어가는 김근태 ; 막아서는 (야당) 사람들; 주위에 수많은 기자들	FS			
10	사람들에 둘러싸여 움직이지 못하는 김근태; 막아서는 (야당) 사람들	MS	hand-held (흔들림)	수행당원 : "대표의원님이 …… 의장님을 만나러 오셨는데……" "혼자 오셨단 말야, 혼자"	
11	홍보수석 발표	MS		홍보수석 : "국민 여러분께 오늘과 같은 대결국면에 탄핵정국에 이르게 된 것을 참으로 죄송하게 생각한다"	<B>
12	회의장 중앙 벽의 국회 문양	CU	ZO	(정적)	
12	의장석 주위에 엉켜 있는 여야 의원들	ELS			
13	의장석 주위의 여당 의원들 (송석찬・이강래)	FS		(정적)	
14	의원석에 앉아 있는 조순형 (옆 의원과 대화)	MS		(정적)	
15	의원석 사이 복도를 따라 호위 받으며 입장하는 의장 (주위 의원들과 웃으며 악수하기도 함)	FS	panning	・웅성거림	
16	의장석 주위에 엉켜 있는 여야 의원들 ; (화면 아래쪽에는) 계속 입장하는 의장 일행	ELS			<C>
17	의장석 진입 시도하는 의장과 막아서는 여당 의원들 (장영달・정세균・정동채 등)	FS		・웅성거림, 소란스러움	
18	야당 의원들 제지하는 단상 왼쪽의 여당 의원들 (유시민・임종석・송영길 등)	LS			
19	의장석 주위에 엉켜 있는 여야 의원들	ELS			

20	의장석 사수하며 울부짖는 임종석 ; 주위의 이강래·송영길	MS		· "안 된다!" 등 울부짖는 소리 (배경)	
21	의장석 주위 몸싸움 ; 끌려 나가며 반항하는 김영춘	MS			
22	경위들에게 끌려 나가는 이해찬	LS	panning	· 소란스러움, 울부짖음	
23	중앙통로에서 의사봉 찾아 단상 쪽으로 걸어가는 사람들	FS	panning		
	의장석 앞에서 항의하는 여당 의원들	FS			
24	몸싸움 속 쓰러져 있는 의원(미상)	LS→CU	ZI		
25	경위들에게 끌려 나가는 이부영	LS	panning		
26	의장석 주위에 엉켜 있는 여야 의원들	ELS		· 웅성거림, 소란스러움, 울부짖음	
27	의장석 사수하는 여당 의원들 ; 치열한 몸싸움	MS			
28	의원석에 서서 명패 두드리며 소리 지르는 정동영 (명패 깨짐)	FS		· 고성, 명패 부러지는 소리	
29	끌려 나가는 여당 의원(미상) ; 주위의 송석찬·강성구 등	FS		· 소란스러움, 울부짖음	
30	의장석에서 끌려 나가는 장영달	FS		· "손대지 마!" 등 소란스러움, 울부짖음	
31	누운 채 세 명에게 질질 끌려 나가는 임종석	FS			
32	의장과 단상을 중심으로 둘러서 있는 여야 의원들	ELS		· 웅성거림, 소란스러움, 울부짖음	
33	의사봉 두드리는 의장 옆모습 ; 정면에는 야당 의원들 모습	MS		의장 : "…… 선언합니다" · 쾅쾅쾅 (의사봉)	<D>
34	단상 아래의 실랑이	FS	panning	· 소란스러움, 울부짖음	
	단상 아래에서 손을 뻗어 의사봉 뺏으려는 송영길 ; 저지하는 야당 의원들	FS			
35	의장과 단상을 중심으로 둘러서 있는 여야 의원들	ELS	panning/ZI	· 소란스러움, 구호소리	
	의원석에서 소리 지르거나 구호 외치는 여당 의원들 (정동영·김영춘 등)	FS			
36	마이크 들고 이야기하는 의장 ; 날아드는 종이뭉치 ; 막는 경위들	MS	ZO	의장 : "대통령 노무현 탄핵 소추안은 …… 선포합니다" (※ 마이크 상태가 고르지 못해서 중간 중간 소리가 들리지 않음) · 쾅쾅쾅 (의사봉)	<E>
	의사봉 두드리는 의장 ; 계속 날아오는 종이뭉치 등	FS			
37	의장과 단상을 중심으로 둘러서 있는 여야 의원들 ; 박수 치는 야당 의원들과 종이 던지며 고성 지르는 여당 의원들	ELS	ZI	· 박수 소리, 고성, 소란스러움	
	의장석 주위의 의장과 경위들	LS			
38	투표함 두 번 집어던지는 송석찬	LS		· 소란스러움, 투표함 부서지는 소리	
39	주저앉아 땅을 치며 울부짖는 송석찬	FS	ZO/panning	· 웅성거림, 소란스러움	
	거의 비어 있는 의원석과 꽉 찬 2층의 기자/방청석				
40	호위 받으며 퇴장하는 의장	FS	panning		
41	무릎 꿇고 앉아 있는 정동영·김성호	MS			
42	부축 받아 걸어가는 임종석	ELS			

※ shot #40~42에는 기자 리포트가 부분적으로 삽입되어 있으나 편집 실수에 따른 것으로 보임
※ 자막 A : "AM 3:50, 야당 의원 의장석 진입 시도"
※ 자막 B : "AM 9:50, 청와대 대국민 사과 성명"
※ 자막 C : "AM 11:05, 박관용 의장 국회 입장"
※ 자막 D : "AM 11시:20, 개회 선언"
※ 자막 E : "AM 11:55, 탄핵안 가결 선언"

하지 않지만 여당 의원들의 구호 소리가 들어가, 희생자였던 여당 의원들은 더 적극적인 행위자로 역할을 바꾼다. 이들의 저항 속에서 자막은 개회가 선언되었음을 알려준다.

▷ **SQ7 : 탄핵안 가결의 순간 (shot #36~37)**

가결을 선포하는 의장의 모습과 날아드는 서류 뭉치나 명패 등을 비춘다. 의장의 미디엄샷이 줌아웃되면서 종이뭉치 등이 날아드는 모습까지 비추게 되고, 익스트림롱샷으로 단상 주위를 비추던 카메라는 다시 줌인하여 의장석 주위의 혼란스러움을 보여준다. 의장의 선포, 의사봉 소리, 박수 소리, 고성 등이 뒤섞인 음향이 배경에 깔린다. 의장은 전능한 힘으로 사건의 결과를 최종 결정짓는 적극적 행위자의 역할이지만, 강력한 반발을 불러일으킴으로써 암시적으로는 악인이 되기도 한다. 탄핵안이 가결되었다는 자막이 화면 아래에 잠시 나온다.

▷ **SQ8 : 울분과 허탈 (shot #38~42)**

투표함을 집어던지는 송석찬 의원의 모습을 롱샷으로 비춘다. 줌아웃하여 거의 비어 있는 의원석을 보여줌으로써 상황이 거의 종료되었음을 암시한다. 이어 퇴장하는 의장의 모습과 망연자실한 여당 의원들의 모습을 교차하여 비춘다. 그러나 의장의 퇴장은 일관되게 풀샷으로 안정되게 보여주는 것과 달리 여당 의원들의 모습은 미디엄샷과 줌, 패닝 등을 활용하여 역동적으로 재현된다.

MBC의 대표 영상물은 '대치 ⇒ 준비 ⇒ 싸움 ⇒ 저항 ⇒ 패배 ⇒ 울분'의 순서로 구성되어 있다. 여당 의원들의 패배에만 초점을 맞춘 KBS의 스토리라인에 견주어 앞뒤로 긴 내용을 포함하고 있다. 싸움(과 패배)의 전 단계에서는 가벼운 충돌과 '협상'의 이미지가 표현되는데, 특히 김근태 의원의 모습과 수행 당직자의 목소리가 담긴 shot #10은 싸움을 피하려 했던(그러나 이루지 못한) 약자의 모습이 강조된다. 싸움 이후의 단계에서는 여당 의원들의 울분과 허탈이 강조된다. 한편 여섯 번째와 여덟 번째 시퀀스의 경우, 희생자(여당 의원들)가 비교적 능동적으로 '저항'하는 내용이 삽입되어 있기도 하다. 본회의장 정면에 붙어 있는 국회 문양을 제외하면 클로즈업은 여당 의원으로 추정되는 몸싸움의 피해자를 비춘 것이 유일하다.

다음의 〈표 4-19〉에 요약된 SBS의 대표 영상물은 총 5회 (14:15, 14:34, 16:20, 16:53, 17:39) 방영되었다. 러닝타임은 2분 12초, 샷의 수는 총 28개로 샷당 평균 시간은 4.7초였다. KBS나 MBC의 영상물에 견주어 화면 전환이 매우 빨랐음을 알 수 있다. 각 샷은 거의 시간 흐름의 순서에 맞춰 편집되었다. 시퀀스별로 사건과 존재, 그리고 기술적 요소의 활용방식 등을 분석한 결과는 다음과 같다.

▷ **SQ1 : 의장의 진입 시도 (shot #01~07)**

의장석으로 진입하려는 의장과 의장석을 사수하려는 여당 의원들의 모습이 반복해서 비친다. 미디엄샷과 익스트림롱샷이 번갈아 활용되며, 마지막에는 무표정하게 앞을 바라보는 의장의 모습을 클로즈업한다. 기자 리포트는 여야 의원 사이의 몸싸움을 그리고 있고, 첫 샷이 나오면서 아래쪽에 "오전 11시 6분 국회의장 본회의장 입장"이라는 자막이 등장한다. 의장이 사건의 발단자 역할을 하지만, 영웅/악인, 또는 행위자/희생자/방관자의 구분은 명확하게 드러나지 않는다.

▷ **SQ2 : 끌려 나가는 여당 의원들 (shot #08~13)**

일방적으로 희생자 역할을 하는 여당 의원들의 모습이다. 이강래·장영달·송영길 의원 등이 끌려 나가는 모습이 미디엄샷이나 풀샷으로 비친다. 중간에는 소리 지르며 항의하는 정동영 의원과 무표정한 의장 모습을 화면 분할로 보여주기도 한다(shot #11). 이 샷은 SQ2의 캐릭터 사이의 구도를 상징적으로 보여준다. 무표정한 의장은 방관자의 모습으로 비치지만, 동시에 희생자의 항의가 집중되는 대상이 되기도 한다. 결국 의장은 내용에서 악인의 기능을 갖는다. 기자 리포트 역시 여당 의원들이 저항하며 끌려 나

154

〈표 4-19〉 상황 요약 영상 편집물 분석(SBS)

shot #	상황 (화면 내용)	shot	카메라 기법	sound	자막
01	의장, 경위들에 둘러싸여 의장석 쪽으로 진입 시도	MS		기자 : 박관용 국회의장이 오전 11시 6분쯤 야당 의원과 국회 경위들에게 둘러싸인 채 본회의장에 진입했습니다	<A>
02	의장, 경위들에 둘러싸여 의장석 쪽으로 진입 시도	ELS			
03	의장 진입 시도 계속 ; 여당 의원들의 제지	MS			
04	의장석 주위에 모여 있는 수많은 사람들	ELS		기자 : 이때부터 의장석을 지키던 열린우리당 의원들과 야당 의원 사이에 치열한 몸싸움이 시작됐습니다	
05	의장석 주위의 몸싸움들 ; 의장석 사수하는 유시민 등	FS	panning		
06	의장석 주위의 몸싸움들 ; 의장석 진입 시도하는 야당 의원들(경위?)과 사수하려는 송영길·유시민 등	MS		기자 : 의장석을 몸으로 막는 열린우리당 의원들과 야당 의원 사이에 고성이 오갑니다	
07	혼란 속에서 무표정하게 앞을 쳐다보고 있는 의장	CU		기자 : 진입 시도에 실패하자 박관용 의장은 곧바로 경호권을 발동했습니다	
08	끌려 나가는 이강래 ; 의장석을 둘러싼 실랑이	FS	panning	기자 : 경호권이 발동되자 경위들은 의장석을 점거하고 있던 열린우리당 의원들을 차례로 끌어 내렸습니다	<B>
09	송영길 들어서 끌어내는 경위들	FS			
10	의장석 근처 몸싸움들 ; 끌려 나가는 여당 의원들	LS	ZI	기자 : 열린우리당 의원들은 경위들의 손길을 뿌리치며 거세게 저항했습니다	
	의장석 사수하려는 장영달 ; 끌어내려는 경위들	MS			
11	소리 지르는 정동영(좌) ; 고개 끄덕이며 무언가 말하는 의장(우)	CU	분할 화면	기자 : 정동영 열린우리당 의장은 경호권 발동에 항의하며 울부짖습니다	
12	의장석 사수하려는 장영달 ; 끌어내려는 경위들	MS		기자 : 의장석을 끌어안고 버티던 송영길, 장영달 의원을 마지막으로 15분만에 의장석이 정리됐습니다	<C>
13	앞으로 나아가려다가 제지당하는 송영길	FS			
14	의장석으로 들어서는 의장 (앉기 직전)	FS		기자 : 의장석에 오른 박관용 의장이 비장한 표정으로 본회의 개의를 선언합니다	
15	마이크 들고 의사 진행하는 의장	MS		의장 : "난동을 피우시면은 퇴장을 명하겠습니다. 퇴장을 명하겠습니다"	
16	의장석 향해 소리 지르는 정동영 ; 제지하는 야당 의원들(?)	FS		의장 : "제2차 본회의를 개의하겠습니다"	
17	의사봉 두드리는 의장	MS		· 쾅쾅쾅 (의사봉)	
18	발언석에서 들려서 내쫓기는 장영달 ; 주위에 야당 의원들	FS		기자 : 장영달 의원이 의사봉을 내던지며 거세게 항의하자 끌려 나갔습니다	

19	의장석 향해 손가락질하며 소리 지르는 여당 의원들 (정동영 · 김근태 · 이강래 · 김원웅 등)	FS		기자 : 열린우리당 의원들의 구호 속에 대통령 탄핵안 표결이 시작됐고
20	회의장 안 전광판 "대통령(노무현) 탄핵소추안"		panning/ZO	기자 : 야당 의원들은 의사 진행을 위해서 의장석 주변을 에워쌌습니다
	마이크 들고 의사 진행하는 의장; 의장석 둘러싼 여야 의원들	ELS		
21	기표하는 야당 의원들	FS		기자 : 어수선한 분위기 속에서 11시 25분쯤 표결이 시작됐습니다
22	의석에 앉아 대화하는 최병렬과 홍사덕	MS		
23	투표함에서 투표용지 쏟는 개표위원들	MS		기자 : 25분만에 투표가 끝나자 곧바로 개표에 들어갔습니다 〈D〉
24	소리 지르는 김근태	MS		기자 : 잠시 뒤 박관용 의장은 개표결과를 발표하며 탄행안 통과를 선언했습니다
25	의장석을 둘러싸고 서 있는 수많은 여야 의원들	ELS		
26	마이크 들고 의사 진행하는 의장	MS		의장 : "투표결과를 말씀드리겠습니다. 총투표수 195표 중 가 193표, 부 2표 …… 법 제65조 2항 단서의 규정에 의하여 대통령 노무현 탄핵소추안은 가…… 선포합니다" (※ 마이크 상태가 고르지 못해서 중간 중간 소리가 들리지 않음) · 쾅쾅쾅 (의사봉)
	날아오는 서류 뭉치 등; 옆에서 막는 경위	MS	ZO	
	의사봉 두드리는 의장 ; 명패 등 날아듬; 막아 서는 경위들	FS		
27	날아오는 종이 등을 막는 경위들 ; 퇴장하는 의장	FS	panning/ZO	기자 : 박관용 의장이 본회의장에 들어선 지 50여 분 만에 탄핵안 투표와 개표가 모두 끝났습니다. SBS 노홍석이었습니다
	발언석 근처에서 소리 지르는 여당 의원들	LS→FS	ZI	
28	퇴장하는 의장	MS		

※ 자막 A : 오전 11시 6분 국회의장 본회의장 입장
※ 자막 B : 박관용 국회의장 경호권 발동
※ 자막 C : 15분 만에 의장석 정리
※ 자막 D : 11시 25분 탄핵안 표결 개시

가는 모습을 그리고 있고, 결국 15분 만에 상황이 정리되었음을 설명한다. SQ2의 시작 즈음에는 "박관용 국회의장 경호권 발동"이라는 자막이, 끝날 즈음에는 "15분 만에 의장석 정리"라는 자막이 나온다.

▷ **SQ3 : 의장의 의사 진행 (shot #14~17)**

회의를 진행하는 의장 모습을 객관적으로 (풀샷이나 미디엄샷으로) 비춘다. 기자의 별도 리포트가 잠시 중단되고 "난동을 피우면 퇴장을 명하겠다"는 의장의 말과 개의 선언을 그대로 들려준다. 의장에 대한 시각적, 음성적 묘사는 모두 안정적인 이미지를 구성한다. 의장은 전능한 힘을 갖고 어지러운 상황을 정리하는 (또는 정리하고자 하는) 영웅 기능을 맡는다. 특히 "…… 의장이 비장한 표정으로 본회의 개의를 선언합니다"라는 기자의 리포트는 영웅으로서 의장을 더욱 강조한다.

▷ **SQ4 : 여당의 항의와 야당의 투개표 진행 (shot #18~25)**

끌려가거나 항의하는 여당 의원들 모습과 차분하게 기표, 개표하는 야당 의원들의 모습이 대비된다. 의원석에서 대화를 나누는 최병렬 의원과 홍사덕 의원을 미디엄샷으로 비추다가 소리 지르는 김근태 의원 모습을 역시 미디엄샷으로 비춘다. 기자 리포트도 여당 의원들의 항의와 야당 의원들의 기표를 대비하여 설명하고 있고, "11시 25분 탄핵안 표결 개시"라는 자막이 아래쪽에 등장한다. 그러나 '대통령(노무현) 탄핵소추안'이라고 적힌 본회의장 안 대형 전광판을 비추다가 의사 진행하는 의장의 모습으로 패닝함으로써 탄핵안 표결의 공식적인 진행을 알려준다. 다시 말해, 여당 의원들의 항의나 실랑이가 오히려 2차적 사건으로 배경화하고, 기표와 개표 등 탄핵소추안의 진행이 주요 사건으로 묘사된다. 이는 의회의 공식 절차를 주변화하고 여당 의원들의 반응(울분이나 항의)이 전면에 드러났던 KBS나 MBC의 재현방식과 가장 극명하게 구별이 되는 부분이다.

▷ **SQ5 : 탄핵안 가결의 순간 (shot #26~28)**

가결을 선포하는 의장의 모습과 날아드는 서류나 명패 등을 비춘다. 의장의 미디엄샷이 줌아웃되면서 종이뭉치와 명패 등이 날아드는 모습까지 비추고, 이어 퇴장하는 의장 모습과 소리 지르는 여당 의원들의 모습이 대비된다. 의장의 투표결과 발표와 가결 선포가 그대로 전달되고, 이어 기자의 마무리 발언으로 리포팅이 완료된다.

SBS의 영상물은 KBS나 MBC의 그것에 견주어 짧을 뿐 아니라 스토리 전개도 다소 다르다. 기자의 리포트와 자막이 보완된 영상물의 흐름은 '준비 ⇒ 충돌 ⇒ 진행 ⇒ 결과'로 요약된다. 여당 의원들이 희생자로 묘사되거나 의장이 방관자/악인의 모습을 보이는 것은 다른 방송사들과 비슷하지만 스토리는 탄핵안의 상정과 통과를 중심으로 진행된다. 의장이 입장하고, 여야의 충돌을 거쳐, 법안이 상정되고, 투개표가 진행된 뒤, 가결이 선포되는 순서이다. KBS나 MBC와는 달리 쓰러져 울부짖는 여당 의원들의 모습이 삽입되지도 않았고 야당 의원들의 투표 모습이 분명하게 묘사되었다. 정동영 의원과 박관용 의장의 분할화면을 제외하면 클로즈업을 사용한 경우도 한 차례(의장 표정)에 지나지 않았고 줌인을 자주 사용하지도 않았다. 대신 한 샷의 평균 길이가 짧아서 스토리의 전개가 매우 빨리 이루어지고 감정적 소구가 개입될 여지가 적다고 볼 수 있다.

4. 요약 및 소결 : 영상자료 활용방식의 해석

대통령 탄핵에 관한 방송 3사의 보도가 보여준 문제점들은 《대통령 탄핵 관련 TV방송 내용분석 보고서》에 이미 자세하게 기술된 바 있다. 이 절에서는 보고서 내용과는 별도로 방송 3사가 탄핵사태를 보도하면서 보여준 화면들에 대한 영상분석을 실시했다. 영상분석은 보도내용이 공정했는지를 즉각적이고 직접적으로 드러내줄 수 있는 연구방법은 아니다. 화면 속 캐릭터와 사건에 대한 정의와 재현 방식, 반복적으로 강조된 주제, 활용된 영상기법 등에 대한 면밀한 독해로써 방송 3사의 영상물이 탄핵사태를 어떤 시각에서 조망했는지 밝히는 것이 영상분석의 목적이다. 그 결과, 보고서에 포함되지 못했던 몇 가지 흥미로운 사실들이 추가로 발견되었다. 이 연구에서는 대통령 탄핵이 가결된 2004년 3월 12일 정오부터 오후

6시까지 방영된 영상물을 분석 대상으로 삼았고, 특히 어떤 장면들을 '반복해서' 방영했는지, 그리고 이 화면은 어떤 보도내용과 함께 방영되었는지에 주목했다. 그리고 방송 3사의 대표적인 영상 편집물 하나씩을 선정하여 스토리와 담론을 통합적으로 분석했다. 주요 분석결과를 정리하면 다음과 같다.

첫째, 자료화면의 전반적인 활용방식이 방송사에 따라 차이가 있었음을 지적할 수 있다. KBS의 경우, 사건을 요약 보도하는 경우에는 당일 장면이 담긴 화면을 중점적으로 사용한 것과 달리 다른 주제의 보도(예를 들어 청와대 연결 리포트) 때에는 다른 자료화면(예를 들어 과거의 비서관회의 장면)을 이용하는 비율이 높았다. 그 결과 탄핵안 가결 전후 장면을 활용한 횟수는 나머지 두 방송사에 견주어 훨씬 적었다. SBS는 기자 리포팅의 배경화면으로 탄핵안 가결 전후 장면들을 폭넓게 활용하였다. 리포팅 없이 순수하게 영상편집으로만 구성된 영상물은 내보내지 않았으며, 편집화면의 종류도 3사 가운데 가장 많았다. MBC는 여러모로 KBS와 SBS의 중간 정도 성향을 보였다. 자료화면 한 개당 평균 시간(84.8초)도 KBS(142.6초)와 SBS(59.8초) 중간쯤이었으며 방영 횟수(27회) 역시 KBS(15회)와 SBS(43회)의 중간이었다. SBS와는 달리 순수 영상 편집물을 만들기는 했으나 KBS만큼 자주 방영하지는 않았다. KBS가 비교적 긴 자료화면을 준비한 것과 달리 방영 횟수는 적었다면, SBS는 짧은 자료화면을 자주 방영했고, MBC는 중간 정도의 성향을 보인 것이다.

둘째, 탄핵과 관련하여 방송 3사의 카메라가 가장 빈번하게 비춘 대상은 여당 의원들이었다. 소리를 지르거나 구호를 외치는 모습이 총 59회, 쓰러져 있거나 울부짖는, 또는 끌려 나가는 모습은 각각 40회가량 보였다. 이와 달리 탄핵안 가결 선포 장면은 방송 3사를 합해 총 34회 나오는 데에 그쳤다. 이날 사건의 핵심은 수많은 여당 의원들이 쓰러지고 끌려 나가고 울고 소리 지르는 것으로 묘사되었음을 알 수 있다. 다시 말해, "탄핵안이 가결되었다"는 사실보다 "(가결되는 과정에서) 여당 의원들이 핍박을 받았다"는 사실이 훨씬 강조되었다. 심지어 관련성이 적은 내용의 보도(특히 민주당 상황이나 헌법재판소 연결 리포트)를 하면서도 화면은 여당 의원들을 보여주는 경우도 꽤 많았다.

셋째, 여당 의원들을 묘사하는 데 방송사 사이에 적지 않은 차이를 발견할 수 있었다. KBS는 쓰러져 있거나 울부짖는 모습을, MBC는 밖으로 끌려나가는 모습을, SBS는 소리 지르거나 구호를 외치는 모습을 강조했다. 같은 여당 의원들이지만, KBS는 '억울한 패배자'의 이미지를, MBC는 '부당하게 핍박 받는 피해자'의 이미지를, SBS는 '적극적으로 저항하는 약자'의 이미지를 강조한 것이다.

넷째, 박관용 의장의 탄핵안 가결 선포 장면은 주로 당시의 상황을 요약하는 보도에 가장 많이 활용되었으나 정작 그 횟수는 많지 않았다. 탄핵안 가결 선포는 이날 있었던 일련의 사건들을 결론짓는 매우 상징적인 순간이었음에도, 자료화면이 활용된 총 85건의 보도물 가운데 32건에만 가결 선포 장면을 등장시켰다. 다만 KBS(10회)와 MBC(8회)에 견주어 SBS(16회)는 이 장면을 빈번하게 보여주었다. SBS의 경우, 야당 의원들의 모습도 상대적으로 자주 비춰주었다(KBS 13회, MBC 11회, SBS 26회).

다섯째, KBS는 탄핵안 가결 선포 장면보다 박관용 의장이 의장석에 앉는 장면을 더 강조하는 경향을 보였다. 다른 자료화면들은 대부분 상황 요약을 위해 활용했으나 유독 의장의 의장석 진입 장면은 다양한 상황에서 활용했는데, 국무총리실이나 외무부 등을 연결하여 리포트하는 과정에서조차 '의장의 가결 선포 장면' 대신 굳이 '의장의 의장석 진입 시도 장면'을 배경화면으로 활용했다는 사실은 사건들의 '결론적 행위(가결 선포)'보다 결론에 이르는 '과정상의 충돌'을 보도의 핵심으로 여겼음을 알 수 있다.

여섯째, 방송 3사가 제작한 영상 편집물은 모두 전쟁물과 비슷한 내러티브를 가지고 있었다. 그러나 전쟁물의 핵심 캐릭터인 '영웅'과 '악인'은 분명하게 존재하지 않은 대신 패자, 즉 '희생자'의 시선으로 내러티브가 진행되었다. 상황에 따라 의장이 '영웅'과 '악인'의 역할을 중첩적으로 맡기도 했으나, 전체적인 흐름은 일방적으로 당하는 '희생자(여당 의원)'와 적극적 개입이 없는 '방관자(야당 의원)'의 대조로써 구성되었다. 다시 말해, 탄핵

사태를 요약한 영상물은 패자 관점의 전쟁 내러티브이며 악인이 없이 희생자만 강조되는 양상을 띠었다.

일곱째, 캐릭터가 비슷한데도 내러티브의 구체적인 내용은 방송사별로 다소 달랐다. KBS가 '싸움⇒패배⇒울분/허탈⇒마무리'의 순이라면 MBC는 '대치⇒준비⇒싸움⇒저항⇒패배⇒울분'의 순서로, 그리고 SBS는 '준비⇒충돌⇒진행⇒결과'의 흐름을 보였다. KBS와 MBC는 기본적으로 비슷한 모양새이지만 MBC는 맨 앞과 맨 뒤에 한 시퀀스씩을 추가했다. 이와 달리 SBS는 여야 의원 사이의 실랑이를 2차적 사건으로 배경화하는 한편, 탄핵소추안의 진행을 사건 흐름의 뼈대로 활용했다. 특히, SBS는 쓰러져 있거나 울부짖는 모습의 여당 의원들을 한 차례도 활용하지 않는 대신 야당 의원들의 투표 모습을 분명하게 묘사했다. 정상적인 법안 처리과정이라면 중시되었음직한 야당 의원들의 투개표 장면이 KBS(4회)와 MBC(6회)에서는 거의 나오지 않은 것과 달리 SBS는 14회에 걸쳐 방영된 것이다. SBS의 경우, 스토리의 전개도 매우 빠르게 이루어져서 감정적 소구가 개입될 여지가 적었다.

앞서 말한 바 있듯이, 영상분석에만 바탕을 두고 보도가 '공정'했는가를 판단하는 것은 불가능하다. 대신 방송 3사의 영상물이 탄핵사태를 어떤 시각에서 조망했는지 밝히는 것은 가능했고, 몇 가지 흥미로운 사실들도 발견되었다. 그리고 이 영상분석의 결과를 이미 발표된《대통령 탄핵 관련 TV방송 내용분석 보고서》의 주요 결과와 연관지어 해석할 때, 방송 3사는 탄핵사태 관련 영상 처리에서도 균형 있는 보도를 하지 못했다는 결론을 내릴 수 있다.

이러한 결론의 논거는 우선 방송 3사 사이의 차이로부터 찾을 수 있다. 자료화면의 전반적인 활용방식이 달랐음은 물론이거니와, 여당 의원들을 묘사하는 방식에 명백한 차이가 있었다는 점은 카메라의 시선, 즉 보도국의 관점에 따라 보도 대상의 이미지가 다르게(다양하게) 바뀔 수 있음을 의미한다. 쓰러져서 울부짖는 이미지와 소리 지르며 항의하는 이미지는 당연히 서로 다른 함의를 낳는다. 특정 방송사의 재현 방식이 다른 방송사보다 더 '공정'했다고 말하기는 어려울지 몰라도, 각 방송사가 같은 사건이나 인물을 다르게 재현했다는 점은 영상자료의 활용 방식이 객관적이지 않았음을 방증한다. 야당 의원들에 견주어 여당 의원들을 양적으로 자주 비췄다는 사실보다도 재현하는 방식에 주목해야 하는 이유도 여기에 있다.

탄핵안 가결을 전후한 사건들에 대한 내러티브 구성도 방송사 사이에 명확한 차이가 있었음을 지적한 바 있다. 특히 SBS가 제도적 절차의 시간적 흐름을 중심으로 이야기를 전개한 것과 달리, KBS와 MBC가 약자(또는 전쟁의 패자)의 시각으로 내러티브를 구성한 사실은 영상보도가 취재와 편집의 주체에 따라 얼마나 다르게 나타날 수 있는지를 보여준다. 이는 '카메라는 결코 객관적일 수 없다'는 격언을 확인하는 사례9)이며, 방송사들의 탄핵 보도에 제작진의 특정 '시각'이 개입했음을 알 수 있는 실마리가 된다.

방송 3사의 차이점만이 문제점의 근원은 아니다. 앞서 요약된 프레임 분석의 결과에서도, 방송사들은 탄핵 주도 세력을 '비(非)개혁적 가해자'나 '정략적 정치집단'이라고 틀짓기를 한 것과 달리 여당 의원들을 비롯한 탄핵 반대 세력은 '개혁적 민주 세력' '역부족인 피해자' '민의를 대변하는 약자'로 국민의 동정을 유발하는 틀짓기를 했음을 밝힌 바 있다. 영상분석의 결과도 이와 크게 다르지 않았다. 차이가 있다면 탄핵 주도 세력을 적극적인 행위자가 아닌 '방관자'로 여겼다는 점인데, 그럼에도 여당 의원들을 '피해자'나 '약자'로 묘사하는 영상은 반복해서 강조되었다. 영상이 문자나 음성 텍스트에 견주어 감정적 소구에 효과적이라는 점을 고려할 때, 여당 의원들에 대한 영상적 재현은 다수의 동정을 유발하는 데 큰 영향을 미쳤으리라 짐작된다.

---

9) 1992년 미국 LA에서는 로드니 킹(Rodney King)이라는 흑인을 일군의 백인 경찰들이 폭행한 사건이 벌어졌다. 이들에 대한 재판에서 변호인과 검사 측은 모두 조지 홀리데이(G. Holliday)가 촬영한 비디오 테이프를 증거물로 제시하였다. 똑같은 영상물이지만, 어떻게 편집하고 무엇을 강조하느냐에 따라 피고에게 유리하거나 불리하게 작용할 수 있었던 것이다. 배심원들은 변호인 측이 편집한 영상물을 더 신뢰하였고, 그 결과 피고였던 경찰관들에게는 무죄판결이 내려졌다. 이 판결은 유명한 'LA 폭동'의 빌미를 제공하였다.

흔히 사람들은 카메라에 의해 촬영된 영상물은 거짓말을 하지 않는다고 생각한다. 하지만 어떤 기법으로 촬영하여 어떻게 편집했는지, 그리고 어떤 캐릭터의 어떤 측면을 반복 강조하는지에 따라 영상물의 의미는 크게 달라진다. 탄핵안 가결을 선포하는 장면보다 의장이 의장석에 앉는 장면을 더 강조하는 경향을 보였다면, 이는 사건의 핵심이 제도적 절차에 있지 않음을 암시한다. 정도의 차이는 있었으나, 방송 3사는 모두 탄핵안 가결 그 자체보다 이를 둘러싼 갈등과 폭력에 더 큰 무게를 실었다. 그 과정에서 여당 의원들은 정당하지만 힘없는 약자의 모습으로 재현된 것이다. 이는 프레임 분석이 보여준 '틀짓기 전략'이나 담화분석이 보여준 '정의 (definition) 방식'과 일치하는 결과였다.

5 장

〈언론학회 보고서〉에 대한 텔레비전 보도 분석

1. 분석 배경과 목적

2004년 6월 10일 방송위원회는 탄핵 관련 텔레비전 방송 보도의 편파성에 대한 심의를 진행하던 과정에서 한국언론학회가 제출했던 〈대통령 탄핵 관련 TV방송 내용분석 보고서〉(이하 언론학회 보고서)를 공개했다. 이를 계기로 잠잠했던 탄핵 방송의 공정성 시비가 재연되고 보고서의 분석결과를 중심으로 사회적 쟁론이 다시 격렬하게 일어났던 것은 두루 아는 사실이다.

언론학계, 시민단체, 정당, 일반시민 등 사회집단과 정치세력이 언론학회 보고서를 놓고 격론을 벌이면서 신문, 방송, 인터넷을 포함한 각종 언론매체가 보고서의 배경·내용·평가 등에 대해 집중 보도했고, 보고서 관련 논란에 따른 시시비비로 말미암아 직접적인 이해 당사자였던 텔레비전 방송의 보도 태도가 또다시 편파성의 도마에 올랐다. 이는 보고서에 대한 논란 자체가 찬반으로 갈리면서 뜨거운 사회적 논쟁을 불러일으킨 공적 사안이었다. 따라서 공정보도 원칙을 준수했어야 함에도 텔레비전 방송의 관련 보도는 탄핵 방송 때보다 더 심한 편향성을 드러냈다. 이 장에선 언론학회 보고서에 대한 지상파 TV 방송 보도의 심각한 불공정성 문제를 집중 분석할 것이다.

저널리스트가 사회 현안을 뉴스로 다룰 때는 할 수 있는 한 진실되고 (truthful), 비(非)편파적이며(unbiased), 충실하고(full), 공정하게(fair) 보도해야 한다(Merrill, 1997). 이는 저널리즘의 기본원칙(fundamental principles)에 해당하는 문제다. 취재 결과물인 뉴스 보도가 이 원칙을 구현하고 있다면 질좋은 저널리즘을 성취하고 있음을 의미하는 것이지만, 동시에 저널리스트는 취재 초기부터 보도 종료까지 모든 과정에 걸쳐 이 원칙을 준수하고 있는지 부단히 자신을 성찰해야 함을 뜻하는 것이기도 하다. 그런데 객관주의 저널리즘을 가능하게 하는 자기 성찰에 대한 이해 부족이 이른바 '기계적 중립주의'를 낳는다. 객관주의 저널리즘이 가끔 '저널리스트는 가치판단을 하거나 주관적 견해를 털어놓아선 안 되고 항상 중립을 지켜야 한다'는 뜻으로 곡해되기 때문이다. 이처럼 객관주의 저널리즘이 요구하는 중립성을 소극적으로 또는 기계적으로 이해하는 것은 바람직하지 않다. 오히려 저널리스트는 취재과정에서는 중립적 자세를 지키되 진실에 직면해서는 진실에 바탕을 두고 판단을 내리는 적극적인 중립성을 발휘해야 한다(이민웅, 1996). 필요할 때는 분석·해설·논평 등의 형태로 적극적으로 의사를 개진해야 하는 것이다. 다만 중요한 것은 해석과 주장을 담는 주창(advocacy)에 앞서 저널리스트는 정확하고, 편파적이지 않으며, 충실하고, 공정하게 사실정보를 수집하고 취재하는 기본 요건이 먼저 충족되었는지 양심과 전문성에 비추어 확신할 수 있어야 한다는 점이다. 해석과 주장은 사실관계를 정확하게 파악한 다음의 일이다.

그럼에도 언론학회 보고서의 공개와 이에 따른 사회적 파장에 대해 지상파 텔레비전 방송이 보여준 편파보도는 공정성 시비를 넘어 저널리즘 원칙 차원의 문제부터 다시 점검해볼 필요가 있다는, 다시 말해 방송저널리즘의 '근본 위기'에 대한 문제를 심각하게 제기한다. 사실관계부터 정확하게 파악해야 하는 저널리즘의 기본원칙조차 무시한 채 섣부른 주관적 가치 판단을 성급하게 앞세우거나 편파적인 주의·주장만 넘치는 보도로 일관했기 때문이다.

이 장은 언론학회 보고서에 대한 지상파 방송 3사의 저녁 종합 뉴스와 시사교양 프로그램의 보도를 분석했다. 정규 뉴스의 경우, ① 뉴스의 제목(자막 처리), ② 기자의 리포팅, ③ 취재원 활용을 집중 분석했다. 시사교양 프로그램은 ① 통합체 분석을 응용한 논리전개와 내용의 구성방식 ② 취재원 활용 등에서 나타나는 문제점을 집중 관찰했다. 이로써 지상파 방송의 언론학회 보고서 관련 보도가 ① 흔히 지적되는 불공정 취재관행의 문제는 물론 자체적으로 마련했던 보도의 공정성 기준을 아예 무시하는 제작 분위기에서 ② 일정한 거리감을 두고 객관적이어야 할 저널리스트가 섣불리 사안에 개입하여 주관적 가치판단과 편파적 논평을 일삼음으로써 사실의 왜곡, 부정확한 사실관계 확인, 사실관계 설명의 논리적 결함 등 저널리즘이 기본적으로 고수해야 할 원칙이 얼마나 심각하게 무너졌는지, 그 결과 ③ 자기 이해관계가 걸렸을 때 방송 보도가 선정성과 결합하면서 불공정성을 어떻게 증폭시켰는지 밝히고자 한다. 탄핵 방송의 공정성 논란에 이어 저널리즘의 기본원칙부터 철저하게 무시된 또 하나의 사례인 텔레비전 방송의 언론학회 보고서에 대한 보도를 분석하고 이를 기록으로 남겨 반면교사로 삼고자 한다.

2. 언론학회 보고서 논란 관련 텔레비전 방송 보도 현황

연구를 의뢰했던 방송위원회가 언론학회 보고서를 공개한 2004년 6월 10일부터 탄핵 방송 관련 심의를 완전히 종료한 2004년 7월 23일까지 보고서 자체에 대한 논란이나 방송위 심의과정에 대한 지상파 방송 3사의 저녁 종합 뉴스 보도는 〈KBS 뉴스 9〉 9건, MBC 〈뉴스데스크〉 7건, SBS 〈8시 뉴스〉 3건 등 모두 19건이었다. 이 사안에 대한 관심과 의제가 두드러진 정도에서 방송사별로 차이가 있음을 알 수 있다. 특히, SBS는 3건 모두 앵커의 단신 처리로 사실(fact)만 간략하게 보도함으로써 두 공영방송과 달리 의제 설정을 회피했던 것으로 보인다.[1]

---

1) 보고서 논란에 대해 SBS가 보도를 자제했던 데는 회사 안팎의 여러 요인이 복합적으로 작용한 것 같다. SBS 보도국의 한 중견기자는 연구자와의 전화 인터뷰에서 다음과 같이 말했다. "방송위원회의 공개 이후 보고서를 둘러싼 사태가 정치적 논란으로 번져가고

〈표 5-1〉 지상파 방송 3사의 보고서 논란과 방송위 심의 관련 보도 현황

일자	저녁 종합 뉴스			시사교양		
	KBS	MBC	SBS	KBS	MBC	SBS
6. 11	1	1				
6. 12	1	1				
6. 14	1					
6. 15	2			1		
6. 16	1	1	1	1		
6. 17	1	1	1	1		
6. 18					2	
6. 19				1		
6. 24	1	1				
7. 1		1	1			
7. 2	1					
7. 23		1				
계	9	7	3	4	2	

* 단위 : 뉴스는 기사 건수, 시사교양은 보도 아이템 수

정규 뉴스 보도는 대부분 언론학회 보고서 공개 직후의 일주일에 집중되었다. 그러나 심의종결 시점까지 관련 보도는 시기적으로 정치권 공방, 언론시민단체 반발(6. 11) → 언론학회 보고서에 대한 비판 제기, 방송위 책임론 부각(6. 12.~6. 24) → 방송위원회 심의종결(7. 1.~7. 23) 순으로 사태의

있던 당시 상황에서 뉴스로 상세하게 취급하면 어느 쪽으로든 정치적 의견을 드러낼 수밖에 없어 팩트(fact)만 보도하는 선에서 간략하게 다루기로 내부적으로 정리했다. KBS나 MBC와 달리 미디어 비평 전문 프로그램도 없었기 때문에 정규 뉴스만으로 소화하기에 부담스런 측면도 있었다. 우리도 그렇게 생각하고 있었지만, 언론학회 보고서가 나온 뒤 읽어보니 두 방송사에 견주어 상대적으로 SBS는 중립을 지켰던 것으로 나왔다. 그런데 탄핵을 반대하는 쪽에서는 오히려 SBS의 방송 태도를 심하게 공격하던 상황이었다. 엎친 데 덮친 격으로 드라마 방송 중에 노대통령 탄핵과 관련된 내용의 연습용 자막이 송출되는 어이없는 사고가 터져 사과방송을 하는 등 어수선했다. 시기적으로 방송위원회의 주파수 재허가 결정이 얼마 남지 않은 미묘한 시점에서 회사로서도 정치적 논란에 휩싸이는 것을 달가워하지 않는 분위기였다. 이런 내외 상황 때문에 보고서 논란 관련 보도가 제한적일 수밖에 없었다.”(2006년 1월 10일 개인 인터뷰).

전개를 다루었다.

시사교양 프로그램의 경우, KBS의 〈생방송 시사 투나잇〉이 6월 15일부터 사흘 연속으로 3개의 아이템을 다루었고, 18일에는 〈미디어 포커스〉에서 관련 사안을 보도했다. MBC는 19일 〈신강균의 뉴스서비스 사실은…〉에서 2개의 아이템으로 보고서와 관련된 쟁점을 방송했다. 그러나 저녁 종합 뉴스와 마찬가지로 SBS는 한 차례도 관련 사안을 시사교양 프로그램에서 다루지 않았다. 두 공영방송과 달리 미디어 비평을 전담했던 프로그램이 없었기 때문인 것으로 보인다.

3. 저녁 종합 뉴스 분석

1) 디지털 영상효과(DVE) 분석

"기자는 세 번 말한다"는 경구는 기사로 세상과 소통하는 저널리스트가 금과옥조처럼 여기는 말이다. 그만큼 '제목-리드-본문'은 기사를 구성하는 세 가지 핵심요소라는 뜻이다. 그 가운데서 첫머리의 제목은 기사의 핵심내용을 요약하거나 의도를 표현하기 때문에 더욱 중요하다. 텔레비전 저녁 종합 뉴스에선 앵커와 동시에 화면에 나타나는 디지털 영상효과(DVE : 일명 '어깨걸이 자막' 또는 '크로마키')가 곧 기사제목에 해당한다. 언론학회 보고서 논란과 관련하여 지상파 방송 3사가 뉴스의 제목을 어떻게 처리했는지 분석했다. 〈표 5-2〉는 저녁 종합 뉴스의 관련기사 제목을 정리한 것이다.

KBS 〈뉴스 9〉는 모두 9건의 기사에서 보고서를 비판하는 내용(4회), 방송위원회를 질타하는 내용(4회), 그리고 일부 보수신문의 확대과장 보도를 비판하는 내용(1회)으로 디지털 영상효과를 처리한 것으로 나타났다. 다만 한 차례를 제외하고 모두 따옴표 처리로 특정 견해를 인용하는 방식을 사용함으로써 주관적인 의견을 객관적인 사실로 둔갑시키는 형식적 객관주의 관행을 취했다는 것을 알 수 있다. 그러나 형식에서 객관적이었음에도

〈표 5-2〉 저녁 종합 뉴스 디지털 영상효과(DVE)의 제목

일자	KBS 뉴스 9	MBC 뉴스데스크	SBS 8시 뉴스
6. 11	"평가 잣대 멋대로"	언론보고서 공방	
6. 12	"공정성 잘못 이해"	"공정성 문제없다"	
6. 14	"전제 잘못됐다"		
6. 15	"왜곡·과장에 우려" "정치적 심의 의도"		
6. 16	"한나라당 출신 주도"	"보고서 잘못됐다"	"보고서 경위 조사"(단신)
6. 17	"불공정 보고서 유감"	"연구보고서 유감"	"탄핵 방송 보고서 유감" (단신)
6. 24	"자율성 침해 우려"	"탄핵 방송 공정했다"	
7. 1		"심의 대상 아니다"	방송위, "탄핵 방송 심의 요청 각하"(단신)
7. 2	제도 손질 불가피		
7. 23		탄핵 관련 프로그램 "공정성 문제없다"(단신)	

논쟁적인 사안을 두고 보고서를 비판하는 한쪽의 견해만 집중적으로 두드
러지게 함으로써 보도의 편파성을 심하게 드러냈다. 7건을 보도한 MBC
〈뉴스데스크〉 역시 한 차례의 중립적인 제목을 제외하고 모두 따옴표 처리
함으로써 보고서 비판(3회)과 탄핵 방송 옹호(3회)에 주력한 것으로 드러났
다. KBS와 마찬가지로 형식적으로 객관주의 관행을 따르면서도 내용에선
일방적인 편파성을 보였다는 점을 확인할 수 있다. SBS 〈8시 뉴스〉의 경우,
3건 모두 단신으로 처리하였으므로 보도의 뉴스 가치는 물론 뉴스 자막의
주목도도 떨어진다. 그러나 어느 방송사도 기사제목 처리에서 공정한 균형
감각을 유지했다고 보기 어렵다.

〈표 5-3〉 저녁 종합 뉴스의 기자 리포팅 핵심내용

일자	핵심주제	KBS 뉴스 9	MBC 뉴스데스크
6. 11	보고서 파문	정치권 공방, 시민언론단체 반발	
	보고서 비판	기계적 균형 적용, 탄핵 방송 정당 (민언련, 언론노조)	
6. 12	보고서 비판	공정성을 수학적 균형과 동일시 (이효성)	
	탄핵 방송 정당성 옹호	–	다수 여론 반영한 보도 정당 (김평호)
6. 14	보고서 비판	매체 성격을 미리 규정, 성격 다른 프로그램을 같은 잣대로 평가 (윤호진)	
6. 15	보고서 비판	특정 연구자의 정치적 견해 반영 (김영호) 일부 언론의 과장보도로 논란 확대 (주창윤) ↔ 재검증 환영 (언론학회/간접)	
6. 15	방송위 책임론	보고서 사전유출, 심의의무 포기 (김재범 · 김기식 · 김남석) ↔ 심의절차 해명 (방송위/간접)	
6. 16	보고서 비판	보고서 신뢰성에 의문 (신종원)	보고서에 동의 안 함 (신종원/간접)
	방송위 책임론	특정 방송위원 개입 의혹 (김재홍) ↔ 개입 의혹 해명 (한인형)	심의위원회 성토 (최민희)
6. 17	보고서 비판	산술적 균형 오류, 중립 해석 축소, 일부 신문 · 정치세력의 정략적 이용 (방송협회/간접)	
	방송위 책임론	방송위 사후심의 기능 재검토 필요 (방송협회/간접)	사전유출로 결론 미리 유도 (방송협회/간접)
6. 24	보고서 비판	통계수치 자의해석 및 추정 오류, 역사인식 오류, 정치적으로 편향된 연구자 선정 (이현숙 · 김평호)	연구자 선정과정, 분석방법, 결론에 문제 (이현숙 · 김평호)
	방송위 책임론	보고서 사전유출	–
7. 1	방송위 심의	–	방송위에서 각하 결정
7. 2	방송위 책임론	불투명한 심의관행, 밀실심의 (이강택 · 김평호 · 조용환)	–
7. 23	심의 최종 종결	–	개별 프로그램 문제없음 결정

* 괄호 안은 기자의 리포팅에서 사운드바이트로 인용한 주요 취재원을 말한다. '간접'은 기자의 리포팅 속에 포함된 취재원 발언의 간접인용을 말한다.

2) 기자 리포팅 분석

보고서와 관련된 논란을 집중 보도한 KBS와 MBC 뉴스의 기자 리포팅을 분석했다. 방송 뉴스에서 기자 리포팅은 기사본문의 대부분을 차지하며 뉴스의 주제 프레임을 구성하는 핵심 대목이다. 〈표 5-3〉에서 보는 바와 같이, 언론학회 보고서 공개 직후 며칠 동안 기자 리포팅은 보고서의 문제점을 지적하고 비판하는 데 주력했던 것으로 나타났다. 그러나 시간이 흐르면서 방송위원회의 심의과정에 의혹을 제기하거나 책임소재를 문제 삼는 내용도 함께 보도하는 쪽으로 관심이 옮겨갔다는 사실을 알 수 있다.

언론학회 보고서 논란 관련 보도에서 기자 리포팅의 핵심내용은 취재원의 발언을 빌려 제시되는 경우가 많았는데, 두 공영방송의 뉴스기사에서 인용되는 취재원들이 뉴스마다 서로 겹치는 정도가 높았다. 예를 들어 6월 17일과 24일 보도의 경우, 두 방송사의 뉴스는 같은 인물을 취재원으로 인용하고 있다. 기자 스스로 보고서의 문제점을 따져보거나 방송위원회의 책임 문제를 직접 파고드는 것이 아니라 ① 언론시민단체의 특정 인사들이 관련 사안에 대해 기고하거나 취재 인터뷰의 형식을 빌려 문제를 제기하는 경우, ② 방송 유관기관의 기자회견, 성명서나 논평 발표, 그리고 관계자의 신상발언 같은 의사사건(pseudo-events)에 정보를 의존하는 취재 관행을 따르기 때문에 불가피하게 발생한 현상이다. 따라서 KBS의 보도 건수가 상대적으로 많다는 점을 제외하고 두 방송의 기자 리포팅 내용은 서로 비슷하다고 볼 수 있다. 문제는 언론학회 보고서를 둘러싸고 지지와 비판 여론이 서로 대립하여 사회적 논란이 달아오르던 상황이었음에도 공영방송 뉴스의 기자 리포팅은 보고서를 비판하는 내용으로 일관했다는 점이다. 탄핵 방송의 정규 뉴스에서 그나마 어느 정도 보였던 균형 감각이 보고서 관련 보도에선 완전히 사라졌음을 알 수 있다. 이런 편파성은 인용 취재원의 발언 내용과 유형의 분포를 분석하면 더욱 분명해진다.

〈표 5-4〉 취재원 발언 내용의 방송시간 비교

발언 내용	저녁 종합 뉴스			계
	KBS 뉴스 9	MBC 뉴스데스크	SBS 8시 뉴스	
보고서 내용 반박	10	6	1	17(36.2%)
보고서 내용 옹호	1	0	0	1(2.1%)
탄핵 방송 비판	2	1	0	3(6.4%)
탄핵 방송 옹호	2	4	0	6(12.8%)
방송위 비판	7	1	1	9(19.1%)
방송위 해명·사과	3	0	0	3(6.4%)
재연구 요구·제안	2	1	0	3(6.4%)
신문보도 문제점	1	1	0	2(4.3%)
방송위 각하 결정	0	1	1	2(4.3%)
기 타	1	0	0	1(2.1%)
계	29	15	3	47(100%)

3) 취재원 활용 분석

방송 3사의 저녁 종합 뉴스는 언론학회 보고서 관련 논란과 방송위원회의 심의과정을 보도하면서 취재원을 어떻게 활용했는지 분석했다. 저널리스트는 취재 과정에서 모든 현장을 직접 경험할 수도 없을뿐더러 정확한 사실관계를 파악하기 위해 사안에 정통한 취재원의 다양한 정보와 지식에 기댈 수밖에 없다. 따라서 뉴스에서 인용하는 취재원이 특정 시각이나 계층 또는 세력에 치우치지 않고 다양하면서도 고르게 분포할수록 보도의 정확성과 공정성이 높아진다고 평가할 수 있다. 특히, 사회적 논란이 격렬한 사안의 경우 균형 잡힌 취재원 활용은 더욱 중요한 문제로 떠오른다. 실제로 언론학회 보고서 공개 이후 확산되었던 논란에는 언론학계·시민단체·언론단체·정당 등 다양한 사회이익집단의 이해관계자와 시민들이 참여하여 보고서의 작성 배경이나 내용을 평가하고 논란에 대해 자신의 견해를 드러냈다. 각 방송사의 뉴스는 이들을 취재원으로 인용하여 그 과정을 보도하였는데, 그 활용방식에서 어떤 유형이 드러나는지 살펴보았다.[2]

〈표 5−4〉에서 나타나는 바와 같이, 방송 3사의 저녁 종합 뉴스에 등장하는 취재원의 발언 내용은 대체로 보고서 내용에 대한 찬반 논란과 탄핵 방송 찬반 논란에 모아졌다. 그러나 언론학회 보고서를 비판하는 발언(17)이 지지하는 발언(1)보다 월등하게 많았다. 특히, KBS의 10대 1, MBC의 6대 0 같이 공영방송의 편파성이 매우 심했다. 마찬가지 맥락에서, 탄핵 방송을 비판하는 발언(3)보다 옹호하는 발언(6)이 배로 많았다. 그나마 KBS의 경우 2 대 2로 균형을 잡고 있었지만, MBC는 4 대 1이라는 빈도가 보여주듯 일방적으로 탄핵 방송의 정당성을 주장했다. 방송위원회를 질타하거나 비판하는 내용의 발언(9)도 해명·사과 발언(3)에 견주어 상대적으로 빈도가 높았는데, 특히 KBS가 방송위원회를 공격하는 데 주력했던 것으로 나타났다. 새로운 연구진에 의한 재(再)연구를 요구하는 취지의 발언 빈도(3)를 감안하면 공영방송의 뉴스 보도는 취재원의 입을 빌려 언론학회 보고서를 일방적으로 비판하고 방송위원회를 질타하는 데 주력했다고 해도 지나친 말이 아니다. 취재원의 유형에 따라 발언 내용을 분석하면 이런 편파는 더욱 뚜렷해진다.

〈표 5−5〉는 발언 내용별로 어떤 유형의 취재원이 인용되었는지 보여준다. 분석에 따르면, 대학교수와 학회 관계자를 제외한 모든 유형의 취재원(정당정치인, 시청자위원, 방송위원회, 언론시민단체, 방송단체 및 언론노

---

2) 취재원의 발언 빈도는 분명하게 구분되는 사운드바이트(음성출연 포함)나 취재원의 발언을 기자 리포팅 속에 간접인용한 경우를 측정단위로 삼았다. 한 기사에 같은 사람이 두 번 이상 등장할 경우 그 발언 내용이 분명하게 다르면 빈도를 추가했지만 같은 내용이라고 판단되면 1회로 제한하여 측정했다. 내용분석 연구에 참여한 경험이 있는 신문방송학 전공 대학원생 2명이 코딩을 맡았으며, 최초의 코더 사이 단순일치도(홀스티)는 최소 .94 이상이었다. 그러나 일치하지 않는 항목이나 사례는 코더와 연구자가 함께 상의하는 과정에서 대부분 의견 일치에 이를 수 있었다. 뉴스 보도의 취재원 활용 분석과 관련된 내용분석 결과표는 서로 합의한 뒤의 최종 코딩 결과를 바탕으로 제시한 것이다.

〈표 5-5〉 발언 내용에 따른 취재원의 유형 분포(저녁 종합 뉴스)

발언 내용	취재원 유형								계
	대학교수	정당정치인	방송위원회 관계자	시청자위원	언론시민단체 관계자	방송단체 관계자	언론노조 관계자	학회 관계자	
보고서 내용 반박	0	2	4	2	2	5	2	0	17(36.2%)
보고서 내용 옹호	0	0	0	0	0	0	0	1	1(2.1%)
탄핵 방송 비판	0	3	0	0	0	0	0	0	3(6.4%)
탄핵 방송 옹호	1	0	0	2	2	0	0	1	6(12.8%)
방송위 비판	1	2	0	0	3	1	0	2	9(19.1%)
방송위 해명·사과	0	0	3	0	0	0	0	0	3(6.4%)
재연구 요구·제안	0	0	0	1	0	0	0	2	3(6.4%)
신문보도 문제점	0	0	0	1	0	0	0	1	2(4.3%)
방송위 각하 결정	0	0	2	0	0	0	0	0	2(4.3%)
기 타	0	0	1	0	0	0	0	0	1(2.1%)
계	2	7	10	6	7	6	2	7	47(100%)

조 관계자)이 모두 17차례에 걸쳐 언론학회 보고서에 대해 비판적인 발언을 한 것으로 나타났다. 언론학회 보고서는 마치 사회 각계의 다양한 단체와 사람들로부터 비판받는 것처럼 보인다. 이와 달리 보고서 내용을 지지하는 쪽은 보고서를 제출했던 언론학회 관계자밖에 없다. 이른바 '시청자의 권익을 대표'한다는 방송사의 시청자위원은 물론 유관학회 관계자조차 재(再)연구를 요구한다는 내용의 취재원 발언까지 고려하면 '언론학회 보고서는 분석내용과 결론을 전혀 신뢰할 수 없는 오류 덩어리'라는 인상을 심어주기에 충분하다. 탄핵 방송에 대한 평가 역시 대학교수, 시청자위원, 언론시민단체와 학회 관계자 등 다양한 계층의 사람들이 옹호하는 발언을 인용한 것과 달리 특정 정당정치인(한나라당 김덕룡 의원)의 탄핵 방송 비판 발언만 인용함으로써 '탄핵 방송 비판은 정략적인 술수에 지나지 않는다'는 인상을 줄 수 있다. 같은 맥락에서, 방송위원회가 대학교수, 정당정치인, 언론시민단체, 방송단체 및 학회 관계자를 포함하는 각계로부터 비판을 받고 있음을 취재원 발언으로써 부각시키는 데 견주어 취재원으로서 방

〈표 5-6〉 발언 내용에 따른 취재원 인용 방식(저녁 종합 뉴스)

발언 내용	발언 인용 방식		계
	사운드바이트	간접인용	
보고서 내용 반박	8	9	17(36.2%)
보고서 내용 옹호	0	1	1(2.1%)
탄핵 방송 비판	2	1	3(6.4%)
탄핵 방송 옹호	5	1	6(12.8%)
방송위 비판	8	1	9(19.1%)
방송위 해명·사과	2	1	3(6.4%)
재연구 요구 제안	2	1	3(6.4%)
신문보도 문제점	2	0	2(4.3%)
방송위 각하 결정	1	1	2(4.3%)
기 타	1	0	1(2.1%)
계	31	16	47(100%)

송위 관계자는 사과와 해명에 급급하다는 인상을 준다. 따라서 '탄핵 방송 보도 자체가 아니라 방송위원회가 문제의 진원지'라는 일종의 '희생양 프레임' 추출도 가능해 보인다. 결론적으로, 취재원 유형별로 발언 내용의 분포를 분석한 결과는 취재원을 편파적으로 활용하여 특정 주장을 집중적으로 부각시키고 있음을 보여준다. 공영방송이 뉴스 보도에서 언론학회 보고서를 일방적으로 비난하고 탄핵 방송을 옹호하며 사태전개의 책임 소재를 방송위원회로 떠넘기려 했음을 말해준다는 것이다. 이와 다른 견해를 밝히는 취재원의 발언은 뉴스 보도에서 체계적으로 배제되었음을 알 수 있다.

한편, 취재원의 발언이 어떤 처리방식으로 인용되었는지 분석했다. 취재원이 직접 등장하는 사운드바이트 방식과 기자의 리포팅 속에서 간접인용되는 방식 사이에는 발언의 신뢰성이나 소구력 면에서 차이가 난다. 〈표 5-6〉은 취재원의 발언이 어떤 형식으로 다루어졌는지 보여준다.

분석에 따르면 언론학회 보고서를 비판하는 발언은 사운드바이트와 간접인용을 가릴 것 없이 다양하게 다루어졌음을 알 수 있다. 인용 빈도 자체가 월등하기 때문일 것이다. 그러나 보고서를 옹호하는 발언은 다만 한 차례의 간접인용으로 기자 리포팅에 묻히듯 다루어졌다. 탄핵 방송을 옹호하는 발언 역시 비판 발언에 견주어 상대적으로 높은 빈도의 사운드바이트 처리로 내용이 강조되었으며, 방송위원회를 비판하는 발언 또한 대부분 사운드바이트로 인용되었음을 알 수 있다. 따라서 취재원 발언은 그 내용은 물론 형식에서도 불균형하게 처리되었다고 결론지을 수 있다.

언론학회 보고서 관련 논란은 대립되는 견해가 뚜렷한 사회적 쟁점으로 공정보도가 요구되는 공적 사안임이 분명하다. 그럼에도 취재원 활용 분석에서 본 바와 같이, 공영방송의 정규 뉴스는 취재원의 발언을 편파적으로 인용함으로써 보고서를 일방적으로 비판했다고 해석할 수 있다.

구체적으로 보면, KBS 〈뉴스 9〉는 취재원의 발언으로써 ① 기계적 중립 잣대 적용, ② 전제설정의 오류, ③ 성격 다른 프로그램을 같은 방식으로 분석, ④ 연구자의 정치적 편향 등을 보고서의 문제점으로 지적했다. MBC 〈뉴스데스크〉 역시 ① 기계적 균형 적용, ② 역사인식 오류, ③ 중립보도에 대한 해석 축소 등 통계수치의 자의적 해석, ④ 연구자의 정치적 편향, ⑤ 새로운 연구진에 의한 재(再)연구 요구 등을 문제 삼았다. 이를 위해 공영방송의 뉴스가 활용한 취재원은 대부분 탄핵 방송이 공정했다고 주장하는 언론관련 시민단체나 방송단체 관계자들에 국한되는 심한 편파성을 보였다.[3] 그러나 더 심각한 문제는 단순 수치 집계에서 드러나는 불균형만이 아니라 보고서를 비판하는 취재원의 발언 내용이 사실과 다르거나 논리적 결함을 지닌 경우가 대부분이라는 점이다.

지상파 방송 3사의 저녁 종합 뉴스에서 취재원들이 언론학회 보고서와 관련된 문제점을 지적한 빈도는 대략 20회 정도였다. 기계적 중립 잣대를

---

3) 언론학회 보고서나 방송위원회 심의와 관련된 문제점을 지적하며 지상파 공영방송의 저녁 종합 뉴스에 2회 이상 등장한 주요 취재원은 김기식 참여연대 사무총장, 김영호 언론개혁국민행동 공동대표, 김재범 한국방송학회장, 김평호 MBC 시청자위원, 신종원 방송위 보도교양심의평가위원, 윤호진 방송영상산업진흥원 연구원, 이현숙 KBS 시청자위원, 이효성 방송위 부위원장, 전국언론노조(논평), 최민희 민주언론운동시민연합 사무총장, 한국방송협회(성명서) 등이었다. 이들의 인용빈도는 전체 취재원 인용빈도(47회)의 55.3%에 해당하며, 전체 인용 취재원(27개)의 40.7%에 이른다.

적용했다는 비판이 9회로 가장 많았고, 보고서 내용을 심의의 절대 기준으로 사용할 수 없다는 주장이 3회, 연구자의 정치적 편파성 지적, 역사 인식의 오류, 재(再)연구 요구가 각각 2회, 그리고 전제 설정의 오류와 성격이 다른 프로그램에 대한 획일적 분석기준 적용이 각각 1회씩이었다. 그러나 예컨대 보고서를 비판하기 위해 가장 많이 인용한 기계적 중립 잣대 적용만 하더라도, 보고서 어디에도 산술적 균형을 탄핵 방송의 편파성을 평가하는 기준으로 삼았다는 대목이 없는 만큼 '언론학회 보고서가 기계적 균형의 잣대를 적용했다'는 취재원 발언은 명백히 사실을 왜곡하는 주장이다. 보고서를 비판하는 취재원들의 주장에 담긴 사실왜곡이나 비(非)논리성, 그리고 진실성이 검증되지 않은 그런 발언을 비판 없이 중계하듯 보도하는 저널리스트의 윤리적 무책임성은 시사교양 프로그램을 분석할 때 더욱 상세하게 논의할 것이다.

4) 요약 및 소결

언론학회 보고서가 공개된 이후 불거진 사회적 논란에 대해 지상파 방송 3사의 저녁 종합 뉴스가 어떻게 보도했는지 ① 디지털 영상효과(DVE), ② 기자 리포팅 ③ 취재원 활용 방식 등을 중심으로 분석했다. 분석 결과, 보도를 회피했던 SBS를 제외한 두 공영방송의 정규 뉴스는 보고서를 일방적으로 비판하고 탄핵 방송을 옹호하며 방송위원회의 행태를 질타하는 데 주력했던 것으로 나타났다.[4] 사회적으로 대립된 견해가 서로 부딪치면서 쟁점이 분명하게 드러났기 때문에 시민에게 다양한 관점의 정보와 견해가 공

---

4) 분석에서 관찰되는 흥미로운 현상 하나는 유달리 KBS가 뉴스 보도에서 방송위원회를 공격하는 데 주력했다는 점이다. 자막 처리(DVE), 기자 리포팅, 그리고 취재원 발언 분석에 따르면 방송위원회를 질타하거나 비판하고 있음을 반복적으로 관찰할 수 있기 때문이다. 보고서 공개와 탄핵 방송 심의과정에서 방송위원회가 보여준 우유부단과 무소신, 그리고 정치적 이해관계에 따른 심의결과는 비판 받아 마땅하다. 하지만 이런 식으로 보도하여 방송위원회를 압박함으로써 심의과정에 간접적으로 영향을 주려 했던 것은 아닐까 의심스럽다.

정하게 제공될 가치가 있는 공적 사안이었음에도 불구하고 공영방송의 보도는 특정 견해와 관점만을 일방적으로 편들고 강조하는 심한 편파성을 드러냈다. 이 과정에서 언론학회 보고서는 그 내용이 왜곡되고 훼손된 채 시청자에게 전달되었고 탄핵 방송의 문제점을 지적한 비판의 목소리는 무시되었다.

특히, 언론학회 보고서의 문제점과 관련하여 두 공영방송은 ① 기계적 중립 잣대 적용, ② 역사 인식과 연구 전제 설정의 오류, ③ 중립 보도에 대한 해석 축소 등 통계수치의 자의적 해석, ④ 연구자의 정치적 편파 등을 지적하고, ⑤ 새로운 연구진에 의한 재(再)연구 요구 등을 강조했다. 그러나 뉴스 보도는 언론 관련 시민단체나 방송단체에 소속된 특정 취재원의 일방적인 발언을 빌려 이를 쟁점으로 부각시켰다. 이들은 탄핵 방송의 정당성을 옹호하는 주장이 분명한 사람들이었다.

이처럼 보고서의 문제점을 지적하기 위해 특정 주장을 취하는 취재원들을 주로 활용하다보니 제한된 소수의 같은 취재원이 두 방송사의 뉴스에 겹쳐 출연하는 경우가 빈번하게 관찰되었다. 이들은 대개 언론학회 보고서를 비판하는 기자회견, 성명서 발표 같은 의사사건(pseudo-events)이나 인터뷰 취재라는 공식 채널(routine channel)로 보고서의 문제점을 지적했는데, 제한된 취재 경로에 의존하는 보도 관행에서 발생하는 문제가 여러 곳에서 발견되었다. 기자와 견해를 같이하는 취재원의 발언만 집중 인용하는 편파성, 부정확한 사실관계에 바탕을 둔 취재원 발언을 비판 없이 인용함으로써 드러나는 사실 왜곡이나 설명의 비논리성, 특정 취재원 주도의 편파적 틀짓기(framing), 일방적 공격과 비판만 있고 합리적 해결책 제시는 없는 '공격견 저널리즘(attack-dog journalism)' 등이 그 예가 된다. 하나같이 저널리즘의 기본원칙과 거리가 먼 취재원 활용 방식이자 불공정 보도관행이다. 취재원 활용의 편파성은 시사교양 프로그램을 분석할 때 다시 살펴볼 것이다.

4. 시사교양 프로그램 분석

1) 논리 전개와 구성 방식의 비판적 분석

(1) MBC 〈신강균의 뉴스서비스 사실은…〉

통합체 분석의 틀을 빌려 〈신강균의 뉴스서비스 사실은…〉(2004년 6월 18일 방송분)의 보도 아이템을 검토했다.[5] 언론학회 보고서를 둘러싼 논란을 중심으로 보고서의 내용과 방법을 집중적으로 비판한 이날 아이템은 ① 프롤로그 → ② 보고서의 작성 배경과 각계의 반응 → ③ 보고서의 각종 문제점 지적과 비판 → ④ 마무리와 결론 순으로 논리를 전개했다. 〈표 5-7〉은 MBC 〈신강균의 뉴스서비스 사실은…〉의 '언론학회 보고서, 숨겨진 숫자의 진실' 편의 논리 전개와 내용의 구성 방식을 요약한 것이다.

통합체 분석의 틀을 적용하여 보도내용의 논리 전개를 순서대로 따라가며 프로그램에서 발견되는 문제점을 검토해보자. 언론학회 보고서의 신뢰성에 대해 기자들이 제기하는 비판이나 공격이 저널리즘의 본연과 어긋나는 방식으로 제기되거나 논리적(이론적) 결점을 지니고 있는 부분을 집중 분석한다.

먼저, '보고서의 작성 배경과 각계의 반응' 부분부터 사실과 다른 기자의 주장을 발견할 수 있다. 보고서의 작성 배경을 묻는 진행자 신강균 기자의 질문에 윤능호 기자는 보고서 공개 이후 각계의 비판적 반응을 소개하면서 "이 보고서를 냈던 언론학회 내부에서조차 이 보고서에 문제가 있다고 비판"하고 있다고 지적했다. 물론 언론학회 보고서를 둘러싼 사회적 논란이 불거지면서 방송학회와 언론정보학회가 공동기자회견을 열고 또 일부 학자의 비판적 논평이 제기되자 언론학회 집행부가 회장과 총무이사 명의로

---

5) MBC 〈신강균의 뉴스서비스 사실은…〉은 6월 15일분 방송에서 탄핵 방송 보고서 논란과 관련해서 독립적인 두 개의 아이템을 보도했다. 여기서 분석대상으로 삼은 첫 번째 아이템 말고도 두 번째 아이템은 '누가 편파를 말하나'라는 제목으로 보고서 논란을 둘러싼 일부 보수신문(《동아일보》《조선일보》)의 보도행태를 비판하는 내용을 담고 있다.

〈표 5-7〉 '언론학회 보고서, 숨겨진 숫자의 진실'의 개요

Ⅰ 프롤로그

　- 문제의 소개와 제기

Ⅱ 보고서의 작성 배경과 각계의 반응

　- 언론학회 보고서가 탄핵 방송을 편파라고 주장

　- 일부 신문은 방송을 공격하는 데 보고서를 이용

　- 시민단체, 언론단체, 언론학회 내부조차 보고서를 비판

Ⅲ 보고서의 각종 문제점 지적과 비판

　① 편파의 근거로 내세우는 각종 통계수치와 해석의 불공정성에 대한 문제 제기

　　- 탄핵 당일의 특수상황 수치를 조사기간 내내 지나치게 적용

　　- 인터뷰, 기사논조, 앵커 리드 등에서 중립적 보도가 압도적이었음에도 이를 무시

　　- 토론 프로그램 사회자의 비교적 공평한 진행에 별 의미를 부여하지 않음

　② 시사 프로그램 진행자의 주관적인 표현 사용조차 편파로 지적하는 문제에 대한 비판

　　- 시사교양 프로그램을 단지 양적 공정성 개념에서 접근하는 분석방법의 오류

　③ 사실보도도 편파로 지적하는 문제에 대한 비판

　　- 탄핵 찬반 시위 보도의 편파 지적은 찬반시위의 시위 횟수와 참가인원 등 규모를
　　　무시한 오류

　④ 연구가 잘못된 전제에서 출발했다는 비판

　　- 탄핵을 합법적 논쟁 영역으로 본 것은 사태의 성격을 잘못 규정한 오류

　⑤ 연구의 출발부터 잘못되었다는 비판

　　- 연구진은 '방송은 편파적'이라는 결론을 미리 내려놓고 연구를 시작

　　- 같은 통계수치를 달리 해석하는 다른 연구결과 소개

　　- 특정 정치성향의 편파적인 연구자를 선정

Ⅳ 마무리와 결론

　- 취재 결과를 옹호하는 두 사례를 말하며 결론 제시

기고문 등으로써 학회의 공식입장을 밝힌 바 있다. 그러나 보고서가 공개된 6월 10일부터 이 프로그램이 방영된 18일까지 한국언론학회 내부에서 공식적으로 비판이 일었던 적은 없었다. 따라서 윤 기자의 리포팅은 언론학회의 보고서 제출과정에서 마치 내부논란이 있었던 것처럼 시청자가 오

해할 소지가 많다.

이어 윤기자는 "이 보고서는 찬성과 반대 의견을 똑같이 5 대 5로 싣지 않아서 방송이 편파적이었다고 결론을 내리고 있는데요"라고 주장했는데 이 또한 사실과 전혀 다르다. 보고서 어디에도 산술적 균형을 맞추지 않아서 탄핵 방송이 편파적이라고 결론내린 대목이 없기 때문이다. 아마도 언론학회 보고서가 공개된 직후 '산술적 균형론에 기계적으로 의존했다'며 언론시민단체와 언론노조가, 심지어 방송위원회의 이효성 부위원장까지 합세하여, 급하게 반론을 제기하자 이들의 말을 곧이곧대로 믿었거나 아니면 기자가 보고서를 제대로 읽지도 않고 비판에 나섰다고 생각할 수밖에 없다. 보고서 공개 시점부터 방송 당일까지 무려 일주일이 넘도록 연구진이 채택하지도 않았던 산술적 균형 기준의 적용 여부를 기자가 확인하려는 노력조차 하지 않았던 것처럼 보이기 때문이다.

윤기자는 언론학회 보고서의 분석 사례 다섯 가지 정도를 말하면서 통계 수치 해석과 관련된 연구의 신뢰성에 의문을 제기했다. 탄핵 방송의 대부분이 중립적인 보도를 했음에도 보고서는 이런 중립적 보도는 일부러 무시했다며 탄핵 방송의 정당성을 옹호한 것이다. 그런데 윤기자의 말처럼 "방송 뉴스는 단 1%만 편파였을 뿐 나머지 99%는 중립적"일 정도로 누구의 편도 들지 않았다는 이런 주장의 속내를 들여다보면 오히려 기계적 균형론이 짙게 배어 있음을 알 수 있다. '기계적 균형론의 틀에 꿰맞춰 탄핵 방송의 편파성을 지적'한다며 보고서를 비판하더니 정작 자신들의 보도는 '중립적이 99%에 이를 정도로 기계적으로 균형론을 준수'했다고 주장하는 셈이기 때문이다. 보고서를 비판하고자 동원했던 기계적 균형론을 이제는 자신의 보도 자세를 정당화하기 위해 이용하는 이율배반적인 태도를 드러내는 형국이다. 저널리즘은 어떤 사안에 대한 객관적이고 균형 잡힌 사실 묘사에서 시작한다. 그러나 전체 보도기사에서 일부분일 수밖에 없는 논평(가치 판단적 진술)에서 한쪽을 편드는 편파성이 체계적으로 발견될 때 공정성 문제가 제기된다(윤영철, 2004). 따라서 저널리즘이라면 당연한 보도 자세인 중립적 진술이 대다수라는 사실을 들어 탄핵 방송이 편들지 않았다고 강변하는 일은 방송의 공정성 기준에 대한 편협한 이해를 드러낼 뿐이다. 언론학회 보고서의 분석 결과가 보여주듯, 양적 분석에서는 잡히지 않던 질적 불공정성 문제가 프레임 분석과 담화분석으로 명백하게 드러났다. 양적 편향과 일치하는 방향으로 체계적인 질적 편파가 관찰되었던 것이다. 따라서 '단 1%만 편파였다'는 윤기자의 주장이야말로 산술적 균형론의 기계적 적용에 기댄 궁색한 변명에 지나지 않는다.

윤능호 기자는 언론학회 보고서가 '시사교양 프로그램의 진행자에게 흔히 통용되는 수준의 주관적 표현을 사용한 것조차 문제 삼았다'며, 이는 시시비비를 가리기 위해 가치판단을 해야 하는 '시사교양 프로그램을 단지 양적 공정성 개념에서 접근하는 분석방법의 오류를 저질렀기 때문'임을 시사했다. 그 근거를 제시하고자 인용한 인터뷰에서 윤호진 연구원(한국방송영상산업진흥원)은 "시사교양 프로그램도 양적 공정성 개념에서 접근하다 보니까 '편 가르기 자체가 문제다' 그런 오류를 범하고 있다는 생각이 듭니다"라고 비판했다. 그러나 이런 견해는 언론학회 보고서를 두 가지 점에서 잘못 이해한 것이다.

먼저, 연구진은 보고서의 방법론에서 밝힌 것처럼 양적 공정성 개념에만 기대는 분석의 한계를 보완하기 위해 질적 방법을 함께 사용했다(한국언론학회, 2004, pp.2~3, p.7). 그리고 시사교양 프로그램을 질적으로 분석한 결과, 탄핵 방송의 체계적인 편파성을 삼각확인(triangulation)할 수 있었다. 4개의 소(小)연구팀으로 나누어 각자 수행했던 양적 내용분석(뉴스 분석, 시사교양 분석), 프레임 분석, 담화분석 모두 탄핵 방송이 공정하지 못하다는 같은 결론에 다다랐기 때문이다. 따라서 '양적 공정성 개념으로 시사교양 프로그램을 접근했다'는 주장은 정확한 사실이 아니다. 둘째, '편 가르기 자체가 문제다'라고 지적한 대목은 보고서 어디에도 없다. 정치 쟁점에 대한 프레임 분석에 따르면, 경쟁 프레임의 의미를 불공정하고 차별되게 구성하여 일종의 편 가르기 식 보도를 했던 것은 오히려 지상파 방송사였다(한국언론학회, 2004, pp.104~116). 기자는 이처럼 명백히 잘못된 취재원의 논평을 그 정확성 여부도 검토하지 않은 채 자신의 입장을 뒷받침하기 위

182

해 인용했다. 이른바 전문가의 말이라면 무조건 진실인 양 그대로 인용하는 저널리스트의 무책임성을 여기서도 되풀이하는 실태를 살펴볼 수 있다. 인용하려는 의견이 주제 문제에 관한 믿을 만한 발언인지 지적 신뢰도를 비판적으로 점검한 다음에 인용할 필요가 있음을 말해주는 것이다. 더구나 이렇게 인용한 인터뷰 내용이 단지 한쪽의 의견이었으므로 그에 반대되는 의견도 균형 있게 보도함으로써 시청자가 쉽게 진실에 접근할 수 있도록 충분한 정보를 제공하는 주의를 기울였어야 했다.

한편 윤기자는 언론학회 보고서가 탄핵 찬반시위 보도의 편파성을 지적한 것과 관련하여 '찬반시위의 시위 횟수와 참가인원 등 규모의 차이가 있음에도 이를 공평하게 다룬다면 오히려 문제'라고 비판했다. 말하자면 자신들은 규모의 차이 등을 반영하여 있는 그대로의 사실을 보도하는 데 충실했음에도 연구진이 50 대 50의 기계적 중립성을 억지로 적용했기 때문에 "같은 숫자를 놓고서 …… 전혀 다른 결론을 내릴 수 있다"고 보고서의 신뢰성을 문제 삼은 것이다. 이에 호응하여 신강균 진행자는 "물 아래 감춰져 있는 다수의 중립적인 부분은 무시하고 물위에 떠 있는 소수의 숫자만을 가지고 찬성이냐 반대냐 몇 프로를 따져 가지고 방송이 편파적이었다, 이렇게 공격하는 것은 좀 무리가 있는 것 같지 않나"며 거들었다. 공정성 평가 기준에 대한 이해 부족을 단적으로 드러내는 발언이지만 이런 주장의 밑바탕에는 '보고서 연구진은 객관성에 충실했던 사실보도의 양적 분석 결과조차 통계수치를 엉뚱하게 해석함으로써 탄핵 방송이 편파라는 잘못된 결론을 이끌어냈다'는 인식이 깔려 있는 것 같다. 만일 언론학회 보고서가 양적 분석에 그쳤더라면 이런 주장은 그럴듯해 보일 수도 있다.

그러나 보고서는 양적 분석의 결과 해석이 옳았음을 자체적으로 확인시켜주는 질적 분석 결과도 제시하고 있다. 예를 들어, 보고서의 프레임 분석은 저널리즘의 객관보도라는 관행과 형식이 어떤 방식으로 서로 대립하는 견해를 차별되게 의미 구성함으로써 미디어 현실을 편파적으로 재구성하는지 보여준다. 윤기자가 사례로 든 찬반시위만이 아니라 탄핵사태와 관련된 주요 행위자와 정치 쟁점 등 거의 모든 프레임 분석 대상에서 탄핵 반대 진영의 주장에 공명하는 프레임 구성의 체계적 편파성이 관찰되었기 때문이다.[6] 토론 프로그램 진행자의 언어 활용과 표현 양식 그리고 발언권 관리 방식을 함께 검토한 담화분석도 정확한 정보전달보다 사회자의 가치가 개입된 단어를 편파적으로 사용하여 정치 갈등 구도를 비대칭적으로 묘사한다는 사실을 밝혔다. 프레임 분석이나 담화분석 같은 질적 분석 역시 양적 편파와 일치하는 쪽으로 질적 편파를 보여준다는 것이다. 따라서 '있는 그대로'를 보도했음에도 이를 반영하는 통계수치의 일부만 가지고 의도적으로 잘못 해석했다'는 주장은 보고서의 질적 분석 결과를 아예 고려하지 않았다는 점에서 터무니없는 비판에 지나지 않는다.

연구진은 윤기자가 강조하는 것처럼 "방송이 탄핵을 반대하는 촛불 시위를 모두 16번에 걸쳐 아이템으로 다룬 반면 탄핵을 찬성하는 시위는 단 1건만을 다룸으로써 편파적"이었다고 결론내린 것이 아니다. 이성적인 사회적 숙의를 돕기 위해 들어볼 가치가 있는 다른 한쪽의 주장과 목소리를 질적으로 불평등하게 의미지우거나 체계적으로 배제함으로써 양적 편파를 질적으로 균형 잡지 못했기 때문에 탄핵 방송은 편파적이었다.

〈신강균의 뉴스서비스 사실은…〉은 연구가 잘못된 전제에서 출발한 것이 보고서의 네 번째 문제점이라고 지적했다. '탄핵사태를 합법적 논쟁 영역으

---

6) 언론학회 보고서가 유독 탄핵 찬반시위만 문제 삼거나 시위 횟수나 규모의 차이를 의도적으로 무시한 상태에서 보도 프레임을 분석한 것도 아니다. 윤기자가 암시하는 바와 달리, 보고서는 열린우리당, 한나라당, 민주당, 촛불 시위 참여 시민(단체), 노무현 대통령, 고건 대통령권한대행, 야 3당, 일반시민, 헌법재판소, 국회, 박관용 국회의장, 행정관료, 보수단체 등 탄핵사태와 관련된 주요 정치행위자 대부분의 이미지 프레임을 분석했다. 또 탄핵소추안 가결 논란, 촛불 시위 보도, 탄핵 방송 편파성 시비 같은 주요 정치 쟁점의 프레임 역시 질적, 양적으로 분석했다. 그 결과, 총체적으로 탄핵 반대 진영의 주장에 공명하는 프레임 구성의 편파성을 확인한 바 있다(한국언론학회, 2004, pp.94~120). '시위 횟수나 규모의 차이'를 무시한 오류라는 비판은 아마 '있는 그대로를 보도했다'는 기자의 객관주의 주장을 정당화하기 위해 강조하는 것이겠지만 이런 비판도 다만 촛불 시위 프레임 분석에만 관련된 문제일 뿐이며, 프레임 분석의 다른 대상과 항목에 모두 적용되는 지적도 아니다. 프레임 분석의 관점에서 본다면 이런 비판은 일부의 문제를 마치 전체의 문제인양 과장하는 주장처럼 여겨진다. 그러므로 '있는 그대로를 보도했다'는 변명 역시 논리적으로 합당하지 않다.

로 본 것은 역사 인식의 오류'라는 일부의 보고서 비판과 맥을 같이하는 내용이다. 그런데 서민수 기자는 탄핵사태의 성격을 둘러싼 각계의 논쟁을 말하면서 '탄핵이 합법적인 정치집단 사이의 갈등이기 때문에 양쪽의 주장을 공평하게 방송해야 하고, 따라서 탄핵 반대 의견을 더 많이 방송한 것은 편파였다고 결론을 내린 것'이라고 보고서의 분석결과를 해석했다. 이어 "탄핵소추의 절차는 합법적이었다 하더라도 탄핵사유가 되지 않는 것으로 국회가 탄핵을 가결한 상황은 합법적 논쟁의 영역을 넘어 일종의 비상사태 같은 영역으로 봐야 한다"고 말했다. 그러나 사회적으로 대립하는 견해 가운데 특정 편의 가치판단을 해석하여 전달하는 기자의 이런 주장은 공영방송의 공정성 책무에 대해 전혀 이해하지 못했음을 드러내는 발언이다.

대통령 탄핵사태는 분명 우리 사회의 시민들이 숙의를 하여 좋은 의사결정을 내릴 수 있도록 필요한 정보와 다양한 의견을 충분히 들을 가치가 있는 '중대 사안(major matters)'이었다. 하지만 판단에 도움을 주는 다양한 관점의 정보와 의견 제공과 더불어 무엇보다 냉정하고 차분하며 공정한 보도 자세가 요구되는 사안이었다. 전 국민 차원의 관심과 우려, 격렬한 논란과 뚜렷한 의견대립 등으로 어느 사태보다 사회적 갈등과 파장이 컸기 때문이다. 따라서 방송은 이성적인 토론과 사회적 합의가 창출되는 공론장(public sphere)을 제공할 책무가 있었다. 그런데 탄핵사태를 국가 비상사태처럼 보이도록 선정적으로 보도했던 것은 남도 아닌 한국의 지상파 방송사였다. 국회 본회의장의 흥분에 방송도 덩달아 흥분하고 소란을 떨어버린 것이다. 전대미문의 사태였다고 하나 헌법 절차에 따라 헌법재판소의 최종심급을 기다려야 하고, 권한대행체제일망정 헌정질서가 유지되는 상황이었다. 하지만 서로 이해를 달리하는 사회집단과 정치세력 사이의 극심한 갈등이 헌재의 판단에 정치적인 압력으로 작용할 수도 있던 민감한 시기였다.

그러므로 방송은 '역사의 재판관'을 자처하거나 의도적이든 아니든 특정 주장을 두드러지게 하기보다 공정성을 강조한 자체 제작 가이드라인에 따라 냉정하고 차분하게 보도하는 이성을 유지하고 정치적 사태에 일정한 거리를 두는 객관적 자세와 자기절제를 했어야 했다. 그것이 바로 공영방송이 정치 갈등을 봉합하고 사회통합에 기여할 수 있는 길이기 때문이다.

그런 점에서 '민주-반민주 구도를 무시한 언론학회 보고서의 시각'을 문제 삼거나 '탄핵사태의 일탈성'을 강조하는 특정 취재원들의 신문기고까지 동원하면서 "당시 70% 이상의 탄핵 반대 여론을 적절히 반영했던 방송은 제 역할을 했다"는 서 기자의 이어지는 발언7)은 공영방송의 공정성 책무에 대한 저급한 인식수준을 드러낼 뿐이다. '여론 반영'이라거나 '시대정신'을 내세워 아직 사회적 합의가 내려지지 않은 논쟁적인 사태의 성격을 일정 방향으로 성급하게 규정해가는 보도는 가변적인 대다수의 힘을 빌려 공정한 판결에 영향력을 행사하려 한 정치적 월권행위, 즉 언론의 여론재판처럼 비친다. 자기이해가 걸린 문제에서 저널리스트가 공정성 책무를 잊어버린다면 방송 보도가 얼마나 선정주의적으로 변질될 수 있는지를 보여주는 사례라고 할 수 있다. 나아가 누군가가 큰 소리로 부르짖는다고 해서 그것이 곧바로 시대정신이 되는 것은 아니다. 시대정신을 내세우면서 공정성을 반대하는 사람들의 잘못은 시대정신이 공정한 보도와 숙의 과정 없이 완성된 채로 발견될 수 있다고 보는 독단적이고 무류론적(infallible) 가정을 전제하고 있다는 점이다.

프로그램이 제기하는 언론학회 보고서의 다섯 번째 문제는 '연구의 출발

---

7) 서 기자는 이런 주장을 정당화하고자 곧바로 "만약 이 보고서가 지적한 대로 50 대 50으로 양적 균형에 맞는 보도를 했다면 그것이야말로 국민의 여론을 호도하는 편파적 보도"라는 참여연대 김기식 사무총장의 인터뷰를 인용했다. 그러나 이는 논리전개 측면에서 보면 앞뒤가 맞지 않는 발언이다. 김사무총장의 논리대로 50 대 50이 아니라 국민의 여론을 반영하는 것이 공정보도라면 〈신강균의 뉴스서비스 사실은…〉에서 관찰되는 15대 0이나 8 대 0 같은 일방적 보도 역시 7 대 3 정도라던 당시 여론을 정확하게 반영하지 않고 호도하는 것이므로 편파보도임에 틀림없기 때문이다. 따라서 서 기자의 표현법을 쓰자면 '여론을 적절하게 반영하지 못했으므로 방송이 제 역할을 하지 못했던 것'이 명확해진다. 그러나 더 심각한 것은 김기식 사무총장의 발언이 사실까지 왜곡하고 있다는 점이다. 언론학회 보고서 어디에도 양적 균형이 기준이라고 주장한 부분이 없기 때문이다. 결국, 서 기자는 인터뷰 내용의 오류조차 확인하지 않고 보도함으로써 자기 입맛에 맞는 인터뷰 내용만 취사선택했다는 의심에서 벗어나지 못할뿐더러 자신의 리포팅 또한 논리적 모순에 빠진 모양새가 되었다.

부터 잘못되었다'는 견해와 관련 있다. 그런데 이 문제를 지적하면서 서민수 기자는 연구진이 "방송은 편파적이라는 결론을 미리 내려놓고 연구를 시작"했다고 단정하고 들어갔다. 그러나 그런 주장에 앞서 연구자들의 당시 처지가 실제로 그랬는지 확인을 했어야 했다. 기자는 프로그램의 진행 내내 그런 노력을 했다는 취재 과정을 제시하지 않았다. 이는 사실관계 확인이라는 저널리즘의 기본을 아예 무시한 보도자세라고 할 수밖에 없다.

이어 서 기자는 "연구팀은 서론에서 조중동은 한나라당 후원자, 그리고 방송은 집권 여당의 후원자로 이미 평가를 내리고 시작했습니다. 그래 놓고 이런 틀에다 방송에 나온 인터뷰 숫자, 방송 리포트 횟수 등을 집계해 방송이 집권 여당을 위해 탄핵정국을 왜곡했다고 비난한 것"이라고 공격했다. 그러나 이는 연구절차에 대한 무지에서 나온 명백한 왜곡보도다.

언론학회 보고서의 서론은 그저 정치지형과 언론지형의 병렬성만 말한 것이 아니다. 오히려 우리 사회에서 저널리즘의 공정성에 매우 커다란 영향을 미칠 수 있는 다양한 언론환경 요인들을 차례차례 지적했다. 여기서 연구진은 한국의 정치지형처럼 언론지형이 이념적으로 점차 양극화하는 현실이 저널리즘의 품격이나 방송의 공정성을 해칠 수 있는 부정적 요인으로 작용하고 있음을 경계했던 것이지 기자의 주장처럼 미리 방송을 정파적이라고 규정하려는 의도에서 이 점을 말했던 것은 아니었다. 그럼에도 마치 '보고서가 보수신문은 야당 편, 방송은 여당 편이라는 잘못된 전제에서 출발했기에 잘못된 결론을 이끌어낼 수밖에 없었다'는 식으로 주장하고 있는 것이다. 이런 보도는 학자적 양심에 대한 최소한의 존중도, 과학적 연구절차에 대한 최소한의 이해도 없는 사실의 호도나 다름없다.[8]

---

8) 과학적 연구의 일반 절차에 따르면 연구자는 선행연구나 이론에 기대어 자신이 탐구하는 현상에 대해 연구가설을 추론한 뒤 체계적인 분석방법을 사용해서 이를 검증해간다. 그러나 연구진은 탄핵 관련 방송보도의 편파성을 사전에 가늠케 하는 선행연구를 확보할 수도, 또 이를 이론적으로 논변할 수도 없었기 때문에 결과의 방향을 미리 추론하는 가설 자체를 설정하지 않았다. 대신 각 방송사가 자체적으로 마련해둔 제작 가이드라인의 공정성 실천 규정을 평가기준으로 삼았을 때 방송내용의 실제 분석결과가 이 기준에 어느 정도로 들어맞을지 경험적으로 판단하기로 하고 일반적인 연구문제만 제

　분명 보고서의 서론은 정치지형과 언론지형의 닮은꼴만이 아니라 방송의 공정성이나 저널리즘의 질에 영향을 미칠 수 있는 각종 주변 환경—정치·경제·기술·분단·문화 환경과 공론장 분화—에 대해서도 동등하게 말하고 있다(한국언론학회, 2004, pp.3~6). 이런 환경 변화가 방송의 공정성 논란을 사회적으로 유도하는 조건을 만들어가는 시점에서 탄핵 방송의 편파성 시비가 불거졌으므로 탄핵 방송의 공정성 평가는 학술적으로도, 또 사회적으로도 의미가 크다는 것이 연구 취지였다. 따라서 보고서가 '오직 정당(정파)과 언론의 연대관계만을 문제 삼았다'는 인상을 주거나, 이를 '탄핵 방송의 편파성을 미리 규정하는 연구 전제로 삼는 잘못을 범했다'는 주장으로 교묘하게 연결시키는 보도는 저널리즘의 기본을 저버렸음을 고백하는 것이나 마찬가지다. 여러 정보 가운데 자신의 관점에 유리한 특정 부분만을 선택하고 마치 그것이 내용의 전부인 양 강조하고, 이와 달리 필

시했다(한국언론학회, 2004, pp.6~18). 따라서 연구진은 연구문제에 대한 해답을 내리고자 분석결과를 해석할 때도 방송사의 자체적 공정성 규정에 기댈 수밖에 없었다. 그것이 표준화한 과학적 연구절차의 방법적 논리를 충실히 따르는 연구방식이기 때문이다. 그러나 서 기자의 주장처럼 "방송은 편파적이라는 결론"을 미리 세우고 "조·중·동은 한나라당 후원자, 방송은 집권 여당의 후원자라는 틀"에 맞춰 이를 증명하는 온갖 통계수치들만 선별적으로 모아 분석한 결과 "방송이 집권 여당을 위해 탄핵정국을 왜곡했다"고 주장하는 식으로 연구했다면 이른바 애드 혹 스터디(ad hoc study)를 한 셈이다. 만일 연구진이 애드 혹 스터디를 했다면 그 사실을 숨기기 위해서라도 분석결과를 해석할 때 앞서 설정했던 '조·중·동은 한나라당 후원자, 방송은 집권 여당의 후원자라는 틀'의 정당성을 증명하는 방식으로 결론을 냈을 것이다. 그래야 과학적 연구절차의 논리에 충실한 연구처럼 완벽해 보이기 때문이다. 하지만 연구진은 '조중동은 한나라당 후원자, 방송은 집권여당의 후원자라는 틀'을 분석에 사용하지도 않았고, 결론에서 '방송이 집권 여당을 위해 탄핵정국을 왜곡했다'고 주장하지도 않았다(연구진이 적용한 구체적인 분석 틀은 보고서의 부록에 제시된 각종 분석 코딩 표를 참조). 따라서 서 기자는 보고서에도 없는 내용을 제멋대로 보도할 뿐 아니라 연구과정 자체까지 왜곡하고 있다. 과학계의 역사적 경험에 따르면, 애드 혹 스터디는 대개 학계 구성원들이 수행하는 재검증 연구를 거쳐 그 허구적 실체를 드러내면서 논박당하기 마련이다. 해당 연구자는 윤리적 이유 등으로 엄중한 비판에 직면한다. 그런데 이 보고서를 비판하던 몇몇 학자들과 방송사들은 재검증 약속과 달리 아직까지 보고서 연구진이 애드 혹 스터디를 했다는 증거를 구체적으로 제시하지 못하고 있다.

요 없거나 불리한 부분은 아예 언급 자체를 회피하는 봉쇄 전략(strategy of containment)을 채택함으로써(McNair, 2003) 사실정황에 대한 완전하고 포괄적인 보도라는 저널리즘 본연의 진정성에 충실하지 못했기 때문이다. 결국, 보고서 공개 이후의 논란을 방송저널리즘의 공정성 문제를 성찰하고 성과 높은 학문적 토론을 유도하는 반성적 계기로 삼은 것이 아니라 '사안을 정치적 문제로 협애화(狹隘化)'하는 틀짓기를 함으로써 언론이 오히려 사회적 갈등과 정치적 논란을 부추기는 결과를 가져왔다는 비판을 면하기 어렵다.

　계속해서 이 프로그램은 같은 통계수치를 다르게 해석하는 연구결과도 있다는 사실을 들어 연구의 출발부터 잘못되었다는 주장을 확증하려 한다. 서민수 기자는 윤호진 연구원의 보고서(윤호진, 2004)가 '비슷한 분석결과가 나왔지만 탄핵 방송은 공정했다고 결론내렸다'고 강조하는데, 이에 호응하여 진행자인 신강균 기자는 "같은 방송을 놓고도 저렇게 상반된 (연구) 결과가 나올 수 있다는 것, 여러분이 분명하게 보셨을 겁니다"라며 '언론학회 보고서의 연구진이 방송의 편파를 전제하고 연구를 시작했던 것이 근본 문제'라는 쪽으로 시청자의 판단을 교묘하게 이끌었다. 그러나 윤호진 연구원의 결론은 탄핵사태의 특수성을 강조하면서 '어떤 시점의 여론 반영이 공정성의 평가 기준'이라는 견해에 기대고 있다. 이는 저널리즘의 공정성 이론에 대한 잘못된 이해에 지나지 않는다. 즉흥적이거나 가변적인 현상(= 여론)이 일관성이 요구되는 잣대(=공정성의 기준)로 사용될 수도 없을뿐더러 그 일이 현실적으로 가능하지도 않기 때문이다(윤영철, 2004).[9]

---

9) 한편, 윤호진 연구원의 보고서는 방법론 측면에서 볼 때도 건전하지 못하다. 이 보고서는 A4 용지 10쪽 분량의 간단한 양적 분석 결과를 뚜렷한 이론적 근거도 없이 연구자 자신의 주관대로 해석한 것에 지나지 않는다. 같은 현상에 대해 분석방법을 달리 적용하여 중복 검증함으로써 분석결과에 대한 자신의 해석이 정당하다는 주장을 자체적으로 입증할 만한 확인과정도 없다. 따라서 단일 분석방법의 편파(mono-method bias)를 극복할 수 없으므로 연구 설계의 신뢰도(reliability of research design)가 상당히 떨어지는 보고서라고 평가할 수밖에 없다. 연구 설계의 신뢰도가 떨어지는 연구 결과의 해석이 타당할 리 없다. 다음으로, 이 보고서는 추론의 오류(fallacy of inference)라는 치명적인 방법론적 결점도 안고 있다. 윤 연구원은 집합적 수준의 자료 (aggregated data)가 당시 여론 비율과 비슷한 결과를 나타낸 것을 근거로 '여론을 잘

　　마지막으로, 프로그램은 '정치적 성향이 편향된 연구자가 보고서를 작성했다'고 공격했다. 서 기자는 책임 연구자 가운데 한 사람인 "윤 교수는 《중앙일보》에 쓴 글을 통해 탄핵 방송에 대해서 산술적 균형의 잣대로 적용해야 한다며 방송위원회를 압박"했다면서 연구자의 성향을 문제 삼고자 윤영철 교수의 신문기고를 증거로 내세웠다. 그러나 서 기자는 윤 교수의 칼럼을 정확하게 인용하지도 않고 부분적으로 인용하면서 저자의 의도마저 곡해했다. 기고의 앞뒤 맥락은 결코 산술적 균형의 잣대를 적용하라는 의미가 아니기 때문이다.[10] 따라서 사실관계의 정확한 판단이라는 저널리스트의 기본능력에도 못 미치는 보도를 한 셈이다. 기자의 주관적 논평을 끼워넣는 주창 저널리즘(advocacy journalism)이라도 그것이 저널리즘인 한

───────

반영했기 때문에 방송이 공정하다'는 주장을 펼치지만 〈신강균의 뉴스 서비스 사실은…〉의 사례에서 보듯 개별 프로그램 또는 장르의 수준에서까지 항상 여론 비율과 동등한 결과가 나타난 것은 아니다. 말하자면, 이 보고서는 결과 해석에서 상위 분석 수준의 결과를 하위 분석 수준의 결과와 동일시해버리는 생태학적 오류(ecological fallacy)에 빠져 있다는 것이다. 언론학회 보고서가 결론에서 왜 편파성의 정도를 프로그램별로 세 가지로 구분했는지(한국언론학회, 2004, pp.169~170) 염두에 둔다면 이 보고서의 문제점은 더욱 명확해진다.

10) 서 기자가 임의대로 인용한 내용은 "탄핵 방송은 편파적이다. …… 그러나 방송위원회는 탄핵 방송을 산술적 균형의 기준으로 평가하는 것에 대해 부담감을 갖고 있는 듯하다. …… 한쪽을 편드는 방송의 정당성을 여론조사 결과에서 찾는 것은 더욱 위험한 발상이다"라는 부분이다(여기서 정확한 표현은 "어느 한편으로의 치우침을 편파라고 본다면 탄핵 방송은 편파적이었다"인데 서 기자는 문장 앞부분은 빼버린 채 인용했다). 이 대목만 따로 떼어놓고 보면 마치 윤영철 교수가 '산술적 균형의 잣대를 적용해야 한다며 방송위원회를 압박'한 것처럼 보인다. 그러나 윤 교수는 이 칼럼에서 방송위원회더러 산술적 균형을 적용해 편파성을 심의하라고 주장하지 않았다. 글의 맥락에서 볼 때, 방송위원회가 탄핵 방송의 편파성 여부를 신속하게 판단해야 함에도 이를 미뤄 직무유기한 상황을 답안 제출을 미루는 수험생에 비유해 우회적으로 꼬집고 있을 뿐이다. 또 발췌한 대목이 글의 요지도 아니다. 우리 사회의 좌우 진영에 각종 언론매체들이 포진하여 분열과 대립이 극단적인 양상에서 통합과 화합을 이끌 수 있는 매체가 공영방송이므로 좌나 우의 날개가 아니라 "몸통이 되어 중심에 선 공영방송이 …… 좌우 날개를 모두 포용함으로써 시청자들에게 다양한 의견을 경청할 수 있는 기회를 선사해줄 것"을 당부하는 내용이 기고의 핵심이다 (《중앙일보》 2004년 3월 29일자. 중앙시평 〈탄핵 방송의 잘못된 변명〉).

정확한 사실판단에서부터 시작해야 한다.

서 기자는 다른 책임 연구자인 이민웅 교수의 전력도 문제 삼아 보고서의 편파성이 당연한 결과였다는 개연성을 두드러지게 하려는 리포팅을 계속했다. 그러나 이를 뒷받침하고자 인용한 언론개혁국민행동 김영호 대표의 인터뷰는 객관적 근거 없는 의심[11]만을 담고 있을 뿐, 서 기자는 이 교수의 전력이 어떤 과정을 거쳐 보고서 내용의 어떤 점에 구체적으로 어떻게 영향을 미쳤는지 그 관계를 논증도, 실증도 못하고 있다. 한마디로 진실 규명과 거리가 먼 추측성 보도에 지나지 않는다는 것이다. 연구진의 공동 연구가 어떻게 진행되었는지 조금이라도 그 과정을 취재했거나 과학적 연구절차를 이해했더라면 이런 추측성 보도는 하지 않았을 것이다.

언론학회 보고서가 공개된 뒤 전개된 논란은 분명 사회적으로 대립되는 견해가 분명했던 공적 사안이었다. 탄핵 관련 논란과 마찬가지로 보고서를 둘러싼 논란도 공정성 원칙을 적용해서 보도함으로써 시민들에게 충분한 정보와 다양한 의견을 제공할 필요가 있었다. 그러나 〈신강균의 뉴스서비스 사실은…〉은 찬반 주장을 균형 있게 보도하려는 자세에서 벗어나 일방

---

11) 김영호 대표는 인터뷰에서 "정말 궁금한 것은 이처럼 특정 세력의 입장을 옹호해온 전력을 가진 인물이 어찌하여 언론학회의 공개적인 모집 과정에서 다른 신청자가 있었음에도 불구하고 이번 연구의 책임 연구자로 최종 선정되었는가 하는 점이다"라고 말했다. 그러나 한국언론학회는 6월 14일 회장 명의의 회원에게 보내는 편지와 총무이사의 언론기고 등으로 "학술단체다운 연구진 구성의 기준은 결국 전문성이다. 저널리즘 연구와 뉴스 분석 영역에서 권위를 인정받고 학문적 업적을 쌓은 연구자가 최적이다. …… 결국 힘든 과정을 거친 끝에 프레임 분석과 담화분석 같은 비판적 연구 영역의 질적 분석에도 정통한 연구 인력을 포함, 탄탄한 전문성을 갖춘 연구진을 구성했다"고 연구진 선정 과정이 투명하고 적법한 절차를 따랐음을 공식적으로 밝힌 바 있다. 또한 책임 연구자인 이민웅 교수는 2004년 7월 21일 탄핵보고서에 대한 논란을 마무리하는 언론학회 세미나에서 "만약 단 하루 아니 단 하나의 프로그램만이라도 연구진이 적용한 코드북과 코딩 가이드를 가지고 반나절만 분석해보아도 연구진이 정치적 편파성을 가지고 데이터 수집을 왜곡했는지 단박에 확인할 수 있었을 것"이라고 지적하면서 "그런데도 그런 노력은 하지 않고 말로만 정치적 편파성이 반영된 보고서라고 주장하는 건 바로 그런 사람들이야말로 정치적으로 편파된 눈으로 보니까 보고서가 편파된 것으로 보이는 게 아니냐"고 반박했다..

적으로 보고서를 비판하는 내용으로 일관했다. 보고서의 문제점을 조목별로 따지는 경우, 쟁점마다 대립하는 견해가 있었음에도 탄핵 방송의 정당성을 옹호하거나 보고서에 비판적인 시각의 인터뷰만 선별해서 인용하는 편파성을 드러냈다. 일반적으로 기자들은 선호하는 취재원은 반복해서 접촉하지만 자신과 서로 어긋나는 견해를 지닌 취재원은 인용하기를 꺼려하는 경향이 있다(Powers & Fico, 1994). 문제는 이런 취재 관행에 기대는 보도가 저널리즘의 공정성을 담보하지 않는다는 점이다. 취재원 활용의 편파성은 뒤에서 자세히 분석할 것이다.

그러나 더 큰 문제는 저널리즘의 기본조차 지키지 않는 위험한 자세로 보도에 임했다는 점이다. 이를 증명이라도 하듯, 사실관계 확인이 생략되었거나 사실 판단 자체가 잘못된 경우가 많이 드러났다. 예를 들어, '언론학회 보고서가 산술적 평균을 적용했다'는 주장은 사실이 아니라는 점이 확인되었음직한 시점에서도 잘못된 견해를 주장하는 특정 취재원들의 발언을 비판 없이 계속 인용했다. 결론적으로, 공정보도가 요구되는 공적 사안임에도 한쪽 견해만 집중하여 두드러지게 하거나 저널리스트가 객관적인 거리를 두지 못하고 사안에 직접 개입하여 지나친 가치판단과 왜곡된 논평을 일삼는 신중하지 못한 보도자세는 방송의 편파성만 노골적으로 드러낼 뿐이다. 이런 자세는 자신들이 주장하는 '관점 있는' 주창 저널리즘과도 한참 거리가 멀다.[12]

(2) KBS 〈미디어 포커스〉

통합체 분석의 틀을 빌려 〈미디어 포커스〉(2004년 6월 19일 방송분)의

---

12) 저널리즘이 지향하는 객관주의는 결과보다 과정이 더 중요하며 정확한 사실 확인에 서부터 시작된다. 항상 약자 편에 서는 '관점 있는 보도'든 민주–반민주 구도를 타파하고 민주사회를 구현하려는 '시대정신을 반영'하는 주창 저널리즘이든 보도하는 사실 자체가 정확하지 않거나 사실관계의 설명이 논리적이지 않다면 관점과 주창은 사상누각(沙上樓閣)에 지나지 않는다. 저널리즘에서 관점이나 주창은 사실을 따른다. 그래서 '사실은 신성하다(Fact is sacred).'

〈표 5-8〉'이슈 & 현장 : 방송이 편파인가, 보고서가 편파인가'의 개요

Ⅰ 프롤로그
 - 보고서를 둘러싼 정치권 공방과 각계의 반응
Ⅱ 보고서 파문 확산 과정과 문제의 제기
 - 보고서의 작성 배경
 - 보고서 내용의 개괄적 소개
Ⅲ 보고서를 둘러싼 논란과 문제점 분석
 ① 보고서 서론의 단정적 서술을 뒷받침하는 근거가 없음
 - 방송의 편파성을 단정하나 근거가 없음
 ② 연구자의 정치적 편향성 논란
 - 방송은 여당 편이라는 전제에서 출발한 연구가 중립적일 수 없음
 - 연구자의 성향과 연구결과는 관계가 없음
 ③ 해석의 불공정성 문제 제기
 - 중립적 보도나 방송사 사이 프로그램 사이 차별성은 평가에 고려되지 않음
 - 일부 언론이 내용의 특정 부분을 집중적으로 두드러지게 하는 것이 문제
 ④ 보고서의 공정성 판단 기준에 의문 제기
 - 비슷한 데이터를 놓고 서로 다른 판단이 부딪치는 상황
 ⑤ 〈미디어 포커스〉의 문제점 지적에 대한 반론 제기
 - 보고서의 인터뷰 분석방법의 정확성에 의문 제기
 - 연구진의 해명 거절
 ⑥ 질적 방법의 문제점 논란
 - 탄핵 방송은 결과적으로 탄핵 반대 진영을 두둔
 - 있는 그대로 보여주었으므로 공정성을 잃었다고 볼 수 없음
 ⑦ 탄핵사태의 성격 규정 논란
 - 탄핵은 합법적인 영역에서 일어난 정치집단 사이의 갈등
 - 탄핵은 국민 대다수의 민의를 거스른 일탈행위
 ⑧ 연구원 선정의 적절성 문제 제기
 - 선정 과정의 의혹 제기와 언론학회 집행부의 해명
 - 책임 연구원의 인터뷰 거절
 ⑨ 보고서 공개과정의 문제
 - 방송위원회의 보고서 공개에서 나타나는 정치적 의혹
 - 일부 언론과 정치세력의 보고서 확대 해석 또는 정략적 이용 경계
Ⅳ 마무리
 - 방송위원회의 심의결과를 앞으로 주시

보도 아이템을 살펴보았다. 언론학회 보고서를 둘러싼 논쟁을 구체적인 사안별로 집중 조명한 '이슈 & 현장 : 방송이 편파인가, 보고서가 편파인가' 아이템은 ① 프롤로그 → ② 보고서 파문 확산과정과 문제의 제기 → ③ 보고서를 둘러싼 논란과 문제점 분석 → ④ 마무리 순으로 논리를 전개했다. 〈표 5-8〉은 KBS 〈미디어 포커스〉의 '이슈 & 현장' 편의 논리전개와 내용의 구성방식을 요약한 것이다.

〈표 5-8〉에서 요약한 바와 같은 통합체 분석의 틀을 바탕으로 보도내용의 논리전개를 따라가며 이 프로그램에서 발견되는 문제점을 지적하고자 한다. 〈미디어 포커스〉의 경우 보도의 균형성을 유지하려는 자세가 돋보였다. 프로그램의 논리전개와 보도형식을 보면 기자의 주관적인 논평을 자제하면서 보고서를 둘러싼 쟁점을 양쪽의 견해를 대비시키는 방식으로 비교적 객관적인 자세에서 접근했음을 알 수 있다. 앞서 살펴본 〈신강균의 뉴스서비스 사실은…〉이 기자의 지나친 가치판단과 논평, 그리고 일방적인 보고서 비판과 탄핵 방송 옹호에 힘을 쏟았던 것과 분명히 대비되는 점이다. 그러나 여전히 사실관계의 부정확성이나 저널리즘의 공정성에 대한 이해부족 등에서 문제점이 드러난다.

언론학회 보고서를 둘러싼 논란을 중심으로 보고서의 문제점을 지적하는 부분에서 조현진 기자는 특정 연구자의 정치적 성향과 연구결과의 관련성 문제를 거론했다. 논란의 대비되는 주장에 대해 두 사람의 전문가 인터뷰를 인용했는데, 관련성을 주장하는 윤호진 연구원은 분석결과를 해석하는 단계에서 "연구자의 주관이 들어갈 수 있다는 것이죠. …… 7 대 3으로 나왔을 때 이것을 편파적으로 보느냐 아니면 제대로 됐다고 보느냐는 거에서는 연구자의 가치가 들어간다"고 말했다. 그러나 사회과학 연구자에게 이런 발언은 매우 위험하다. 마치 특정 연구자의 편파된 주관에 따라 언론학회 보고서의 결론이 뒤바뀐 것처럼 오해될 소지가 많기 때문이다.

물론 어느 연구든 분석결과를 해석할 때 연구자의 가치가 들어간다. 그러나 과학적 연구에서 가치판단과 해석은 연구자 멋대로 하는 것이 아니다. 검토했던 선행연구의 실증 결과나 논증 과정에서 추론된 가설 또는 의존하는 기존 이론에 바탕을 두기 마련이다. 언론학회 연구진은 보고서에서 '적절한 불편부당성(due impartiality)을 강조하는 보도의 공정성 이론, 특히 공정보도의 실천 규정을 명시한 한국 지상파 방송사의 자체 제작 가이드라인에 따라 결과를 해석하고 결론을 제시'한다고 분명히 밝혔다(한국언론학회, 2004, pp.23~24). 연구자 개인의 주관이나 정치적 성향을 미리 배제하기 위함이다. 따라서 조 기자가 보고서를 읽고 나서 이 같은 연구진의 분석적 관점과 해석의 기준을 이미 알고 있으면서도 굳이 윤 연구원의 위와 같은 발언을 인용했다면, 대비되는 견해를 동시에 인용하는 형식적 균형을 맞췄음에도 입맛에 맞는 내용을 강조함으로써 자신의 주장을 정당화하려 했다는 비판에서 결코 자유롭지 못하다. 개인적 선호로부터 초연해야 하는 저널리스트의 기본자세에서 벗어났기 때문이다. 결과적으로, 조 기자는 특정 연구자의 정치적 성향이 보고서의 연구결과에 어떻게 영향을 미쳤는지 그 관련성을 분명하게 밝혀내지 못했다.

〈신강균의 뉴스서비스 사실은…〉처럼 조현진 기자 역시 여러 통계수치를 제시하며 '중립적인 보도가 대다수였음에도 보고서는 이를 과소평가했다'는 해석의 불공정성 문제를 지적했다. 이런 비판은 6월 17일 방송협회가 언론학회 보고서에 유감을 표명하는 성명서를 발표해 제기하자 비로소 방송 보도가 너도나도 다루었던 문제다. 그러나 방송협회가 주장하는 것처럼 중립보도가 대다수라는 사실이 '가치판단이 개입된 찬반 의견의 분포에서 보이는 체계적 편파성'으로 탄핵 방송의 불공정성을 평가했던 보고서의 방법적 타당성(윤영철, 2004)을 논박하는 증거는 되지 못한다.[13] 더욱이 '방송사 사이 프로그램 사이 차별성은 평가에 고려되지 않았다'는 조 기자의 억지는 과연 보고서를 한 번이라도 제대로 읽고서 하는 애긴지 의심치 않을 수 없다.[14]

---

13) 하지만 탄핵 방송에서 어느 쪽에도 치우치지 않은 중립적 보도와 정보가 대다수라는 사실 자체에 대해 연구진은 언론학회 보고서의 결론에서 높게 평가한 바 있다(한국언론학회, 2004, p.170).

14) 언론학회 보고서는 탄핵 방송 보도에서 발견되는 편파성을 ① 절제적(unobtrusive) 편

조 기자는 '언론학회 보고서와 비슷한 데이터를 가지고도 공정성에 별 문제가 없다는 결론을 내린' 윤호진 연구원의 분석결과를 들어 언론학회 보고서의 공정성 판단기준에 대해 논란이 있음을 지적했다. 그러나 "국민들의 여론이 상당히 많이 반대쪽에 섰단 말이죠. 그런 사안에 있어서 ……5 대 5로 한다는 것은 오히려 더 상황을 왜곡시키는 거다"라는 윤 연구원의 인터뷰 발언은 결과적으로 언론학회 보고서가 마치 산술균형을 기계적으로 적용했던 것처럼 보이게 한다.[15] 그러나 연구진은 산술균형이 기준이라고 주장한 적이 없다. 결국, 잘못된 사실 정보를 제공하는 인터뷰 내용을 토대로 언론학회의 보고서를 비판하는 셈이다.

조현진 기자는 이어 〈미디어 포커스〉의 인터뷰 편향에 대해 언론학회 보고서가 지적했던 문제에 반론을 제기했다. 그런데 "인터뷰의 내용도 대부분 언론보도에 대한 전문가들의 분석이어서 탄핵을 반대하는 인터뷰라고 명확히 분류하기 어려웠습니다"라고 자체 분석 결과를 주장했다. 그러나 어떤 기준을 가지고 인터뷰 내용을 자체 점검했는지 분석도구와 방법에 대한 설명이 전혀 없었다. 아무런 과학적 근거도 없이 시청자더러 자신들을 무조건 믿으라는 식이다.

다음으로, 조 기자는 언론학회 보고서가 적용했던 질적 방법과 분석결과를 소개하면서 "국민들에게 사실을 있는 그대로 보여준 것일 뿐, 의도적

파 ② 일탈적(deviant) 편파 ③ 파괴적(subversive) 편파로 구분한 바 있다(한국언론학회, 2004, pp.169~170). 프로그램별로 편파성 정도가 다르게 나타났기 때문이다. 예를 들어, 〈신강균의 뉴스서비스 사실은…〉은 가장 심한 파괴적 편파성을 드러냈다고 지적받았다. 자체의 공정성 규정을 위반한 정도가 아니라 아예 그 규정을 스스로 파괴할 정도로 편파성이 몹시 심했기 때문이다. 조 기자의 주장처럼 방송사 사이 프로그램 사이 비교분석을 하지 않았다면 연구진은 이런 결론을 이끌어낼 수 없었을 것이다. 방송사 사이 프로그램 사이 차이를 완전히 무시하고 '개별 프로그램의 공정성 문제없음'이란 최종 심의결정을 내려 탄핵 방송에 일괄적인 면죄부를 준 것은 오히려 방송위원회였다.

15) 윤호진 연구원의 이 발언은 MBC 〈신강균의 뉴스서비스 사실은…〉이 6월 18일 방송에서 인용했던 김기식 참여연대 사무총장의 발언(주 7 참고)과 논리적으로 같은 내용이다.

인 편집이나 왜곡이 아닌 이상, 공정성을 잃었다고 볼 수 없다는 지적이 있다"며 보고서의 프레임 분석 결과에 반론을 제기했다.16) 그러나 이는 프레임 이론과 방법, 그리고 뉴스 프레임과 공정성의 관련성에 대한 이해가 부족함을 드러내는 대목이다. 특히, 뉴스 프레임의 구성을 두고 의도가 있다 없다는 식으로 발언하는 것은 프레임 이론에 대한 무지를 스스로 인정하는 것이나 다름없다. 만일 저널리스트가 어떤 목적에 따라 '의도적인 편집과 왜곡'을 일삼아 일부러 프레임을 구성했다면 그것은 공영방송의 보도가 아니라 선전(propaganda)에 지나지 않는다. 선전은 공정성 개념과 양립하기 어렵다.

언론은 저널리스트 개인 차원의 '의도'와는 독립적으로 객관주의 형식 같은 관행화한 보도방식으로써 수용자에게 현실 이해의 틀(frame)을 제공하는 위력, 즉 틀짓기 효과(framing effect)라는 인지적 영향력을 행사하는 사회적 기제다. 공영방송 종사자의 책임의식과 사려 깊은 공정보도가 더욱 요망되는 것은 보도 프레임의 영향력이 사회제도 수준에서 발생하기 때문이다.17) 결국, 언론의 보도 프레임은 수용자에게 사회현실에 대한 일정한 해

---

16) 조 기자는 이런 주장의 근거로 김재영 교수(충남대)의 인터뷰를 제시한다. 그러나 사회적으로 시민의 의견이 대립되고 있다 하더라도 "인위적으로 …… 시민들의 움직임 자체를 기계적으로 균형을 맞추려고 하는 시도 자체는 오히려 민의를 왜곡하는 결과"라는 김 교수의 발언은 한편으로는 타당함에도 '언론학회 보고서가 기계적 균형론에 바탕을 두고 탄핵 방송을 평가했다'는 오해를 담고 있을 뿐이다. 보고서는 50 대 50의 기계적 산술균형을 공정성 평가기준으로 제시하지 않았기 때문이다. 하지만 이 발언의 진짜 문제는 즉흥적이고 가변적일 수밖에 없는 여론의 반영이 이른바 '민의'라는 이름 아래 마치 공정보도의 기준인 것처럼 강조된다는 데 있다. 중대 사안(major matters)에 대한 시민의 목소리가 들을 만한 충분한 가치가 있다면 비록 소수일지라도 이를 배제하지 않고 보도하는 관용과 배려가 공정보도에서 더 중요한 기준이다.

17) 예를 들어, 언론이 보도하는 사실을 사람들이 별 의심 없이 진실로 받아들이는 것은, 개인 차원에서 일일이 확인하기 어려운 사회적 공인(social approval)이라는 인식론적 절차와 노력을 언론이 대신해주기 때문이다. 그래서 언론이 제시하는 뉴스 프레임의 인지적 도움을 받아 사람들은 현실을 해석하고 별다른 수고 없이도 세상의 진실을 잘 알고 있다고 안심한다. 물론 언론의 공신력이 사회적으로 전제되지 않는다면 불가능한 일이다. 하지만 언론이 편파적으로 보도하면 점차 신뢰(공신력)를 잃고 만

석의 준거 틀 또는 해석의 자료를 공인된 형식으로 제공한다는 것이 프레임 이론의 핵심이다. 그런데 탄핵사태의 주요 행위자와 정치 쟁점에 대한 지상파 방송의 보도 프레임 구성은 시청자에게 탄핵 반대 세력에게 유리한 쪽으로 해석의 틀을 일관되게 제공할 소지가 많고, 아직 사회적 합의가 내려지지 않은 사안에서 한쪽의 주장에 공명하는 보도 프레임의 구성은 방송의 공정성을 해치고 장기적으로 방송의 신뢰성까지 떨어뜨릴 우려가 크다는 것이 언론학회 보고서의 결론이었다(한국언론학회, 2004, p.120).

문제는 탄핵 방송의 보도 프레임에서 관찰되는 차별적인 의미 재구성이 '의도적인 편집이나 왜곡' 여부와 큰 관련이 없어 보인다는 점이다. 선전은 아닐 것이기 때문이다. 오히려 방송 종사자의 공정성 책무에 대한 이해와 신념 그리고 자기 성찰이 부족할 경우 '의도적인 편집과 왜곡' 없이도 편파적인 프레임 구성이 얼마든지 가능하다는 사실을 탄핵 방송 사례가 보여준다는 해석이 더 설득력 있다.[18] 그러므로 조 기자가 말하는 것처럼 '의도가 있네, 없네' 식의 논의 전개는 방송 보도의 공정성을 평가한 프레임 분석의 초점을 벗어나 사안의 본질을 호도할 위험이 있다. 선전의 공정성을 평가하는 작업은 의미가 없기 때문이다.

다. 앞의 2장(현대 방송저널리즘의 변화와 발전)에서 이미 확인한 것처럼 방송 언론의 편파보도는 방송의 신뢰도와 정치적 영향력의 하락으로 이어지고 나아가 방송뉴스의 시청률 저하와도 강한 상관관계가 있는 것으로 밝혀졌다. 이처럼 언론의 공신력을 의심하게 되면 사람들은 개인의 비용과 노력을 들여 진실에 접근해가는 성가신 인식론적 절차를 일일이 거쳐야 한다. 이 과정에서 시민들은 언론에 주었던 사회적 공인의 담지자라는 권위 있는 지위도 함께 철회할 것이다. 따라서 불공정 편파보도는 사회적으로 전제되었던 언론의 존재 조건을 스스로 허무는 자멸 행위다.

18) 일련의 최근 연구는 '시대정신을 반영'한다거나 '관점 있는 보도에 주력'한다는 저널리스트(특히, 텔레비전 프로듀서)의 주창주의적인 직업관이나 '조직 내 상급자의 게이트키핑 또는 조직 외부의 비판을 저널리스트의 자율성에 대한 부당한 간섭이나 언론자유의 침해로 간주'하는 제작 분위기가 방송 보도의 불공정성이나 편파성을 일으킬 수 있다는 개연성을 조심스레 제기한다(김연식 외, 2005 ; 문소현, 2005 ; 윤영철, 2005 참조). 물론 어떤 원인과 조건들로 말미암아 탄핵 방송의 프레임이 편파적으로 구성되었는지 그 인과기제를 구체적으로 밝히는 것은 또 다른 분석을 필요로 하는 문제이며, 언론학회 보고서의 범위를 벗어나는 연구주제다.

덧붙여 '사실을 있는 그대로 보여주었기에 공정성을 잃지 않았다'는 주장 또한 성립하기 어렵다. 이런 주장은 미디어의 현실 반영론(거울 이론)에 바탕을 두고 있는데, 언론에 의한 사회현실의 객관적 반영은 실제로 불가능하고 이미 철 지난 낡은 이론일 뿐이다.[19] 있는 그대로 보여주는 일이 가능하지 않기 때문에 저널리스트는 할 수 있는 한 정확하고, 편파적이지 않으며, 충실하고 공정하게 보도하도록 항상 최선을 다해야 하는 것이다. 특히, 보도 사안이 서로 대립하는 사회적 논란을 담고 있는 경우 '있는 그대로의 사실 보도'만으로는 결코 공정성이 담보될 수 없다. 저널리스트의 사명은 오직 있는 그대로를 보여주는 데 머무는 것이 아니라 공정한 보도로 시민사회의 숙의를 활성화함으로써 사회적 진실에 다다르도록 돕는 데 있다.

일곱 번째로, 〈미디어 포커스〉 역시 탄핵사태의 성격 규정을 둘러싼 논쟁을 다루었다. 대비되는 두 전문가의 인터뷰를 인용했는데, 여기서 탄핵사태를 일종의 역사적 일탈행위로 규정한 윤호진 연구원은 언론학회 보고서가 "'이 탄핵정국 속에서의 …… 그 싸우는 갈등을 최대한 부각시키는 것이 올바른 보도다'라고 얘기하고 있는데, 그것은 상당히 정말로 몰가치적인 부분들이고, 탄핵정국에 대한 어떤 역사적인, 정치적인 이해가 좀 부족

---

19) 실제로 기자 자신부터 '있는 그대로의 사실을 보여주었다'고 철석같이 믿고 있는지 모른다. 일상적인 취재 시스템과 보도 관행에 따라 다루었던 그동안의 뉴스가 항상 공정하지 못했다거나 치우쳤다는 지적을 받았던 것도 아니다. 따라서 비록 역사에서 처음 있는 사태였지만 누적된 취재·보도 경험과 방송지식, 그리고 '시대정신'을 읽어내는 전문가적 판단을 총동원하여 신속하게 여론의 반향을 살피고 사태의 성격을 파악한 뒤 핵심(이른바 '야마')을 잡자마자 일상화한 제작관행과 숙련된 방식에 따라 조직적으로 움직이며 사안을 '있는 그대로 보도'했던 만큼 탄핵 방송에 문제가 있을 수 없다고 스스로 평하고 있을지 모른다. 이처럼 자신의 직업적 전문성을 의심치 않고 미처 성찰할 새도 없이 일과를 관행적으로 꾸려가는 것 자체가 강력한 직업이데올로기의 위력이 미세하게 작동하는 방식이다. 그러나 이렇게 관행화한 보도 제작 과정을 거치는 동안 '있는 그대로의 사실'은 실제로는 '선택되고 해석된 사실'일 뿐이다. 언론이 보도하는 현실은 언론에 의해 의미가 재구성된 현실이다. 그래서 논란적인 사안의 보도에서 공정성 확보가 중요한 문제가 된다.

한 것"이라고 주장했다. 그러나 이런 발언은 언론학회 보고서에 대한 명백한 왜곡이다. '언론은 정치적 갈등 상황에서 이해관계를 달리하는 정치 행위자와 뉴스 가치가 높은 정치 쟁점을 부각시켜 보도한다'는 취지의 서술은 분명 보고서에 있다(한국언론학회, 2004, p.81). 하지만 '갈등을 최대한 부각시키는 것이 올바른 보도'라고 주장한 대목은 어디에도 없다. 보고서 어디에도 그런 주장이 없으므로 보고서는 '몰가치적'이지 않다. 따라서 '보고서가 몰가치적이므로 (탄핵사태를 합법적 논쟁 영역의 사안으로 본) 보고서의 시각이 역사적인, 정치적인 이해부족'이라고 잘라 말한다면 이는 없는 사실에 기댄 주장이므로 논거가 없을뿐더러 논리 정합적이지도 않다.[20] 대립되는 견해를 나란히 소개하는 형식적 균형을 갖추었음에도 사실을 왜곡한 취재원의 일방적 주장을 그 진리치의 확인도 없이, 또 비판 없이 인용하는 보도행태는 논리적으로 잘못된 주장을 마치 진실인 양 포장한다는 점에서 이른바 '중계 저널리즘'의 폐해를 일상적으로 재생산하는 것이나 다름없다. 공영방송이 특정 정파나 세력 또는 주장의 잘못된 견해를 대변하는 존재가 아니다.

　연구진 선정 과정의 적절성 문제를 둘러싼 비판 제기와 언론학회 집행부의 해명과 주장을 소개한 뒤 마지막으로 방송위원회의 보고서 공개과정에서 불거진 의혹과 일부 언론의 과대보도를 지적하면서 〈미디어 포커스〉는 보도를 마무리하고 있다. 보고서 내용에 대한 과학적 비판과 거리가 먼 정치적 논란이 두드러진 이 부분에선 방송의 공정성과 관련하여 저널리즘 측면에서 논의할 만한 가치 있는 사안이 없었다.

　이제까지 살펴본 바에 따르면, 〈미디어 포커스〉는 사안에 대한 기자의

---

20) 언론학회 보고서에 대해 '시대정신이 결여됐다'고 비판하는 사람들은 정작 자신들의 '시대정신'은 의심의 여지없이 정당하다는 것을 전제하고 있다. 그러나 이런 자세는 나만이 옳다는 독단에 지나지 않는다. 더욱이 자신들이 말하는 '시대정신'이 사회정의임을 논변해 보인 것도 아니다. 일방적으로 주장한다고 '시대정신'이 곧바로 사회정의로 받아들여지진 않는다. 공정한 보도와 토론을 바탕으로 사회적인 숙의를 거쳐야 시대정신의 발견이 가능하다.

직접 개입을 자제하고 서로 대립하는 견해를 동시에 제공하는 등 객관적 보도자세를 유지하고 내용의 균형을 맞추려 노력했던 것으로 보인다. 그러나 자신들의 주장과 일치하는 내용은 직접인용(사운드바이트)의 형식을 빌려 뚜렷하게 드러내지만, 반대되는 견해는 기자의 리포팅 속에 간접인용으로 희석시켜 다루는 인용 형식의 불균형을 관찰할 수 있었다. 자신의 견해를 펴기 위해 반대편의 의견을 먼저 제시한 뒤 이를 공박함으로써 자신의 주장을 정당화해가는 논리전개도 빈번하게 나타났다. 그런데 여기서 문제는 탄핵 방송을 옹호하고 보고서를 비판하려는 견해를 같이한다는 이유만으로 사실을 왜곡하거나 논리적 정합성이 떨어짐에도 이른바 전문가의 발언이라면 비판 없이 취재원으로 인용한다는 점이다. 전문가의 발언이라고 모두 진실을 드러내는 것은 아니므로 이를 비판적으로 판단할 수 있는 기자의 냉철한 안목이 요청된다. 〈미디어 포커스〉의 분석 결과는 전문성의 검증을 거치지 않은 채 전문가의 발언에만 의존하는 비판 없는 취재 관행이 오히려 보도 내용의 신뢰성과 전문성을 떨어뜨리고 공정성 시비에 휘말리는 빌미를 제공한다는 사실을 보여준다.

(3) KBS 〈생방송 시사 투나잇〉

통합체 분석의 틀을 빌려 〈생방송 시사 투나잇〉(2004년 6월 15일 방송분)의 보도 아이템을 살펴보았다.[21] 언론학회 보고서에 대한 논란과 관련하여 연속 보도를 보낸 프로그램의 이날 아이템은 ① 프롤로그 → ② 보고서 논란의 배경과 문제점 → ③ 탄핵 방송의 정당성 강조 → ④ 마무리와 결론 순으로 논리를 전개했다. 〈표 5-9〉는 KBS 〈생방송 시사 투나잇〉의

---

[21] KBS 〈생방송 시사 투나잇〉은 6월 15일부터 3일 동안 연속적으로 언론학회 보고서 논란과 관련된 아이템을 집중 보도했다. 여기서 분석대상으로 삼은 15일자 방송분 말고도 16일에는 '언론학회 보고서 논란: 2편, 심의위원도 문제 제기'라는 제목으로 방송위원회 심의과정의 제도적 허점과 책임 규명 문제를 비판적으로 다루었으며, 17일에는 '언론학회 보고서 논란: 3편, 결국은 언론개혁이다'라는 제목으로 논란 과정에서 보수신문이 보여준 보도 행태를 비판하는 내용을 주로 다루었다.

〈표 5-9〉 '언론학회 보고서 논란 : 1편, 무엇이 쟁점인가' 편의 개요

Ⅰ 프롤로그
- 언론학회 보고서 논란의 사회적 파장

Ⅱ 언론학회 보고서 논란의 배경과 문제점
① 언론계와 학계, 그리고 정치권의 논란 확산
② 언론학회 보고서 논란 관련 문제점 지적
- 일부 언론의 보고서 내용 확대 과장 보도
- 시민단체, 언론학자들조차 공개적으로 보고서에 대해 반박 기자회견
- 계량적인 잣대가 공정성 평가기준인지 의문
- 보고서의 전제에 문제
- 보고서의 조사방법은 난센스

Ⅲ 탄핵 방송의 정당성 강조
- 국민의 분노와 여론을 전달
- 탄핵안 가결의 문제점을 지적하여 탄핵 주도세력의 이율배반적 성격 부각

Ⅳ 마무리와 결론
- 언론학회 보고서의 탄핵 성격 규정이나 공정성 기준에 의문
- 언론학회 보고서의 탄핵 방송 불공정 결론은 국민과 사법기관을 무시하는 일

'언론학회 보고서 논란 : 1편, 무엇이 쟁점인가' 편의 논리전개와 내용의 구성방식을 요약한 것이다.

프로그램의 첫머리에서 언론학회 보고서와 관련된 논란을 짚어보자는 진행자 강희중 PD의 제안에, 정찬필 PD는 논란의 전개과정을 설명하면서 한나라당 김덕룡 의원의 방송 비판 발언과 언론개혁시민행동 김영호 대표의 보고서 비판 발언을 나란히 인용하는 식으로 보고서 공개 이후의 사회적 파장을 소개했다. 그런데 언론학회 보고서가 '권력과 유착된 탄핵 방송이 선거결과를 왜곡했음을 증명한 것'이라는 취지의 김 의원 발언도 객관적 증거가 부족한 정치적 억지에 가깝지만, '특정 연구자의 정치적 견해가 과도하게 반영된 정치적 보고서'라거나 '편파방송이라는 결론을 미리 내놓은 채 분석대상과 방법론을 꿰어 맞추려 했다'는 김 대표의 보고서 비판도

과학적 타당성이 없는 정치적 주장이기는 마찬가지다. 김 대표의 이런 발언이 지닌 문제점들은 이미 〈신강균의 뉴스서비스 사실은…〉과 〈미디어 포커스〉 분석에서 충분히 논박한 바와 같다. 그것보다 여기서는 이 같은 식의 취재원 활용방식에서 드러나는 문제에 주목할 필요가 있다. 학술 보고서를 둘러싼 논쟁을 저널리즘 문제가 아니라 정치 문제로 몰아가려는 사회 한편의 정쟁화(政爭化) 과정에 방송 보도가 어떻게 좇아가는지 관찰할 수 있기 때문이다. 이렇게 사안의 성격을 정치적 논란으로 자리매김하는 리포팅은 방송의 공정성 문제를 성찰하는 데 방해가 될 뿐이다.

이어 정 PD는 '언론학회의 조사방법은 …… 탄핵 찬반으로 구분하는 계량적인 방법을 취했다'며 곧바로 "(언론학회 보고서가) 공정성의 기준을 다 제시하는 것처럼 보도되는 것은 바람직하지 않다"는 주창윤 교수(서울여대)의 말을 인용했다. 그러고는 자신이 이어받는 리포팅으로 "언론학회가 주장하는 계량적인 잣대가 과연 공정성에 반드시 필요한 기준인지 의문이 제기"되고 있다고 보고서의 방법론적 문제점을 지적했다. 그러나 이런 방식의 논리전개와 구성은 시청자에게 언론학회 보고서가 오직 계량적 방법만 사용했으며 마치 계량적 잣대를 공정성 기준의 전부인 양 주장했을 것 같은 오해를 준다. 연구진이 공정성의 기준을 완벽하게 제시했다고 주장한 적도 없지만(공정성의 기준을 제시하는 것이 언론학회 보고서의 연구목적도 아니었다), 그렇다고 보고서를 비판하던 사람들이 논쟁 과정에서 더 유용한 공정성 기준이나 잣대를 이론적으로나 방법적으로 제시한 것도 아니다. 움직일 수 없는 사실은 언론학회 보고서가 계량적 잣대라는 양적 방법의 한계를 분명히 인식하고 질적 방법도 함께 사용했다는 점이다. 따라서 이 리포팅은 분명히 사실을 왜곡하고 있다. 더욱이 정 PD는 보고서 분량의 절반도 넘는 질적 분석 결과에 대해선 한마디도 하지 않았다. 따라서 부분적 사실을 전체인 양 보도함으로써 저널리즘의 기본원칙을 어기고 있다는 것을 확인할 수 있다.

정 PD의 주장대로 만일 계량적 잣대가 탄핵 방송의 공정성을 평가하는 적절한 기준이 아니라면 그는 보고서에 비판적인 학자의 도움을 받아서라도 '반드시 필요한' 기준은 무엇인지 대안으로 제시해야 했다. 그런 다음 그 기준과 비교해서 계량적 잣대가 왜 문제가 되는지 논리를 전개하고 근거를 제시해야 '언론학회의 공정성 평가방식에 의문이 제기'된다는 자신의 리포팅이 설득력을 얻을 수 있다. 그러나 정 PD는 '반드시 필요한' 기준에 대한 설명은 완전히 생략한 채 느닷없이 탄핵 반대 시위에 참가한 시민의 감정 섞인 거리 인터뷰 두 건을 사운드바이트로 인용[22]한 뒤 서둘러 다음 비판으로 넘어갔다. 한마디로 앞뒤가 맞지 않는 시퀀스 구성이라고 할 수밖에 없다. 이렇게 허술한 구성이 조직 내부에서 미리 걸러지지 못한 채 방송화면으로 드러난다는 것은 제작과정에서 게이트키핑이 제대로 작동하고 있지 않음을 의미한다.

앞서 살펴본 두 프로그램과 마찬가지로 정찬필 PD 역시 윤호진 연구원의 보고서를 이용하여 언론학회 보고서의 전제에 문제가 있다는 주장을 두드러지게 하려 했다. 윤 연구원의 보고서에 따르면 '7 대 3 정도인 당시 여론의 실제 추이를 반영'했기에 탄핵 방송은 정당하며 '사회적 상황을 감안할 때 억지로 찬반을 반반으로 나누는 기계적 중립은 오류'이므로 '언론학회 보고서는 잘못됐다'는 것이다. 이어 언론학회 보고서의 역사 인식과 전제를 문제 삼는 윤 연구원의 인터뷰[23]를 제시했다. 윤 연구원의 보고서나 이를 인용해 언론학회 보고서를 비판하는 정PD의 논리가 지닌 문제점은 앞에서 충분히 논박한 바 있어 다시 말하지 않는다. 다만 분명한 것은 즉흥적이고 가변적인 여론은 공정보도의 기준이 될 수 없으므로 이를 기준으로

---

22) 시민 1의 인터뷰: "힘을 합해서 나라를 구제할 생각을 하고 경제를 살릴 생각을 해야지 …… 어떻게 끌어 내리느냐고……" 시민 2의 인터뷰: "상식이 통하지 않는 나라에 있다는 것이 너무 부끄럽고 그런 마음을 바꿔보기 위해서 나왔습니다."

23) 윤호진 연구원의 인터뷰 발언은 다음과 같다. "언론학회 보고서에서는 그런 어떤 이 '탄핵정국 속에서의 어떤 갈등상황이 합법적인 갈등이고, 따라서 이 이해당사자가 마치 정치적인 이해관계가 있는 두 집단이 서로 치열하게 싸우는 것이고, 그 싸우는 갈등을 최대한 부각시키는 것이 올바른 보도다'라고 얘기하고 있는데, 그것은 상당히 정말로 어떠한 몰가치적인 부분들이고, 그런 어떤 탄핵정국에 대한 역사적인, 정치적인 이해가 좀 부족한 것이라고 볼 수 있습니다." 이 대목은 사흘 뒤인 6월 19일 〈미디어 포커스〉에서도 그대로 인용되었다.

삼았다면 탄핵 방송은 결코 정당화할 수 없고, 언론학회 보고서는 기계적 중립을 보도의 공정성을 평가하는 잣대로 삼지도 않았다는 사실이다.

계속해서 정 PD는 언론학회 보고서가 '뉴스와 시사 프로그램을 계량적인 같은 방법으로 조사했다'고 강변하면서 "이런 식의 조사방법이 난센스라는 주장이 있습니다"라며 보고서를 비판했다. 이를 위해 정 PD가 다시 인용한 인터뷰에서 윤호진 연구원은 언론학회 보고서가 '시사교양정보 프로그램의 주의·주장에 담긴 논리적인 측면들이 전후 맥락에서 봤을 때 얼마나 충실하게 사안을 종합적으로 전달하고 있는지를 파악하지 못했다'며 "특정 정파, 특정인에 대해 우호적으로 보도했다는 단지 그 사실만으로 그것이 편향됐다라고 보고하는 것은 잘못"이라고 주장했다. 그러나 정 PD나 윤 연구원의 이런 주장은 우선 사실과 다르고, 방송 보도의 공정성을 평가할 수 있는 기준으로도 적합하지 않다.

첫째, 이미 여러 차례 말한 것처럼, 언론학회 보고서는 프레임 분석과 담화분석을 사용하여 시사교양 프로그램의 공정성 여부를 질적으로 엄격하게 분석했기 때문에 시사교양 프로그램을 같은 계량적 잣대로 분석했다는 주장은 사실과 일치하지 않는다. 다음으로, 윤 연구원의 발언은 결국 아직 합의가 내려지지 않은, 논란이 있는 사안에서 한쪽을 체계적으로 편드는 보도는 편파보도가 아니라고 주장하는 셈이므로 논리적으로 앞뒤가 맞지 않다. 뿐만 아니라 특정 정파와 정치인에게 우호적이라는 분석 결과만을 가지고 탄핵 방송이 편파적이라고 언론학회 보고서가 결론을 내린 것도 아니다. 윤 연구원의 이런 주장은 공정성 이론에 대한 얕은 이해를 드러낼 뿐이다.

탄핵사태는 분명 사회의 구성원 모두에게 정치적 영향력을 미치는 '중대 사안'이었다. 따라서 들을 만한 가치가 있다면 아무리 소수의 의견이거나 심지어 나와 반대되는 견해일지라도 언론은 그 목소리를 공정하게 충분히 보도해야 하며, 이런 배려와 관용을 바탕으로 사회 구성원에게 다양한 정보와 견해를 제공함으로써 이성적인 사회적 숙의를 이끌어야 할 책무가 있었다. 물론 언론은 사회적 쟁점을 둘러싼 논쟁을 보도하는 과정에서 진실을 드러내기 위해 가치판단을 해야 할 때는 최종적으로 특정 방향의 주창을 할 수도 있다. 그러나 그 지점에 다다르려는 과정에서는 정확하고 검증된 사실에 바탕을 두어야 하고 이해 관련 당사자 모두에게 불편부당해야 한다. 그런데 프레임 분석이나 담화분석이 보여주는 바와 같이 탄핵 방송은 그런 공적 의무를 균형감 있게 수행하지 못했다. 탄핵을 지지하는 입장에서 나온 들을 가치가 있는 목소리를 체계적으로 배제한 채 차별되게 의미를 구성하거나 탄핵 반대 쪽에 편드는 주창부터 앞세웠다는 것이 저널리즘의 기본원칙에 바탕을 둔 연구진의 분석적 판단이다. 탄핵사태가 전개되는 동안 터져 나온 우리 사회의 다양한 주의·주장을 정확하고, 편파되지 않으며, 완전하고 공정하게 보도하지 못했기 때문에, 윤 연구원의 표현법을 쓰자면, '시사교양정보 프로그램의 주의·주장에 담긴 논리적인 측면들은 맥락적으로 전후 관계를 충실하게 다 파악해서 종합적으로 사안을 전달하는 데 실패'했다는 것이다. 결론적으로, 특정 정파와 정치인에게 우호적이었다는 단편적 사실 때문이 아니라, 종합적으로 봤을 때 양적 불균형을 질적으로 균형 잡지 못한 채 공정성 책무를 성실하게 수행하지 못했기 때문에 편파방송이며, 의도했든 하지 않았든 정파성을 드러냄으로써 이성적인 숙의를 사회적으로 이끌어내지 못하고 독단과 오류를 제거하는 데 실패했기 때문에 진실하지 못한 보도라는 것이다.

정찬필 PD는 정동영·이홍철·김영삼·박상천 등 여러 정치인의 정치적 발언을 인용하면서 '당시의 시사교양 프로그램이 국민의 분노를 잘 전달하고 또 탄핵안 가결의 문제점을 짚어나가면서 탄핵 주도세력이 얼마나 이율배반적인지 국민들에게 보여주었다'고 스스로 평했다. 그러면서 "압도적인 국민의 반대 속에서도 감행되었던 탄핵이 과연 합법적인 논쟁의 영역인지 그래서 양측의 의견을 공정하게 반반씩 내보내야 하는지 여전히 의문이 많습니다"라고 강조했다. 마치 "많은 언론학자들과 현업 언론인들"의 의문을 대신 전하는 듯한 화법을 썼지만 실상은 PD 자신이 보도 대상인 사회적 논쟁에 직접 뛰어들어 별다른 대안 제시도 없이 일방적인 논평을 일삼은 것과 진배없다. 하지만 이런 발언의 속내에 담긴 저널리스트의 독단과 사실왜곡이 더 심각한 문제다. 탄핵이 "압도적인 국민의 반대 속에서 감행"되었다는 사태 인식에서는 '탄핵에 찬성하던 30%의 여론은 과소평가하거나 무시해도 되고, 국민 30%(환산하자면 성인 3천 5백 60만 명 가운데 약 1천 67만 명)는 들을 가치도 없는 일탈적인 견해의 소유자'라는 독단성이 드러난다. 그래서 "양측의 의견을 공정하게 반반씩 내보내야 하는지 여전히 의문"이라는 지적은 '언론학회 보고서가 50 대 50의 기계적 균형론에 따라 탄핵 방송을 평가한 것은 오류'라는 사실왜곡의 다른 표현에 지나지 않는다. 보기에 따라 정 PD의 이런 리포팅은 공정보도의 가치와 필요 자체를 부인하는 발언처럼 들린다.

마지막으로, 프로그램을 정리하면서 진행자인 강희중 PD는 "방송이 공정하지 못했기 때문에 우리 국민의 70% 이상이 탄핵을 반대했을까요? 방송이 공정하지 못해서 헌재가 탄핵기각 결정을 내린 것일까요? 그것은 우리 국민과 사법기관을 무시하는 것 아니겠습니까?"라며 은근히 언론학회 보고서를 비꼬았다. 탄핵 방송은 공정했음에도 언론학회 보고서가 편파라고 주장함으로써 국민과 헌재의 판단을 무시했다는 투다. 그러나 뜻을 새기기도 쉽지 않은 자의적 논평으로 진행자가 프로그램을 마무리하는 것은 권장할 만한 방식도 아니고 무엇보다 내용상 논리 정합적이지도 않다. 70%가 반대했다는 사실은 탄핵에 대해 여론으로 나타난 국민의 정치적 판단이 그렇다는 것이다. 헌재가 기각 결정을 내린 것 또한 탄핵의 정치적 정당성에 대한 헌법적 판단이었다. 그러나 탄핵사태를 보도하는 방송이 편파였는지 아닌지는 공정보도에 요구되는 저널리즘의 기준에 따라 판단하면 될 일이다. 보도를 끝맺는 진행자의 말이 일러주는 바대로라면, 탄핵에 대한 국민의 정치적 평가나 헌재의 법적 판단이 탄핵 방송과 구분되는 별개의 사안인 만큼이나 탄핵 방송의 공정성에 대한 평가 역시 독립적인 사안이다. 탄핵이라는 정치적 사태의 정당성 평가와 탄핵 방송이라는 저널리즘 현상의 공정성 평가는 서로 다른 차원의 사안으로 바라볼 필요가 있다는 것이다.[24]

우리는 탄핵에 대한 찬반 의견 모두를 국민의 정치적 판단으로 인정한다. 그러나 일시적이고 가변적일 수밖에 없는 여론의 정치적 향방을 저널리즘의 공정성 기준으로 삼을 수는 없는 일이다. 마찬가지로 우리는 헌재의 법적 판단도 존중한다. 그러나 헌재의 결정은 탄핵이라는 정치적 사태에 대한 헌법적 판결일 뿐이며 탄핵 방송의 공정성까지 판단한 것은 아니다. 언론학회 보고서가 판단한 것은 탄핵이라는 정치적 사안이 아니라 탄핵 방송이라는 저널리즘 사안이었다. 그렇다면 '언론학회 보고서가 국민이나 사법기관을 무시'했다는 진행자 강 PD의 주장은 성립하기 어렵다는 사실은 자명하다. 그리고 저널리즘의 기본원칙에 비추어 탄핵 방송의 공정성을 평가했을 때 편파적이라는 결론은 여전히 유효하다.

정리하자면, 〈생방송 시사 투나잇〉은 언론학회 보고서를 둘러싼 사회적 논란을 다루면서 매우 주관적인 관점과 일방적인 자세로 보도했다는 사실을 알 수 있다. 취재원의 입을 빌리지 않고 저널리스트 자신이 직접 사태의 의미를 규정하고 해석하는 경우도 빈번했다. 그런 관점과 보도자세가 무조건 잘못됐다는 것이 아니다. 주관적 가치판단과 논평의 논거가 너무 자의적이거나 부실하다는 것이 문제였다. 취재원의 입을 빌려 논거를 찾으려 하는 경우도 논리전개에서 PD의 리포팅과 앞뒤가 맞지 않거나 사실왜곡인 경우도 있었다. 시퀀스 구성의 치밀함이 모자라고 논리적 허점이 드러난다는 것이다. 한마디로 저널리즘의 기본원칙조차 제대로 지키지 않은 보도였

---

24) 탄핵 방송 보고서를 제출한 연구진은 순수한 저널리즘 학술활동을 했다 하더라도 보고서의 공표는 이미 그런 학술 행위가 고도로 정치적일 수밖에 없음을 보여준다는 일각의 비판이 있었다. 보고서로 말미암은 사회적 파장에서 연구진이 정치적으로 자유로울 수 없다는 주장이다. 그러나 언론학회 보고서를 정치적으로 이용했던 이는 연구진이 아니었다. 정치적 이해를 달리하는 정치권과 선동적인 일부 정파적 언론, 공정성 개념을 잘못 이해한 언론시민단체와 언론노조, 내부의 대결구도를 해소하지 못하고 방송철학 부재와 무소신을 드러낸 방송위원회, 그리고 신중하지 못했던 학계의 일부 학자들이었다. 따라서 언론학회 보고서가 지적하는 바를 저널리즘 차원에서 성찰하지 못하고 정치적 소용돌이로 몰고 가는 위와 같은 정치적 해석은 우리 사회가 아주 심한 정치과잉에 빠져 있었음을 보여줄 뿐이다. 연구진이 언론학회가 마련했던 학술 세미나(2004. 7. 21) 말고는 보고서 관련 논란에 전혀 관여하지 않았던 것도 바로 이 때문이었다.

다고 평가할 수 있다.

2) 취재원 활용 분석

지상파 방송사의 시사교양 프로그램은 심층보도를 장점으로 내세운다. 심층성의 상당 부분은 취재원이 제공하는 전문적인 정보나 해석에 의존한다. 따라서 시사교양 프로그램의 내용분석은 통합체 분석을 이용해서 논리전개와 구성방식을 검토할 뿐만 아니라 취재원 활용의 유형을 분석함으로써 심층성의 뒷면에 가려진 편파성 문제를 드러낼 수 있다. 이를 위해 시사교양 프로그램에서 이용하는 취재원의 발언 내용을 프로그램별로 교차 분석했다.[25] 논리전개와 구성방식을 검토할 때는 언론학회 보고서 논란과 직접 관련된 아이템만 프로그램별로 한 편씩 선택하여 분석했으나, 취재원 활용 분석의 경우 모든 아이템(총 6편)을 분석대상으로 삼았다.

〈표 5-10〉에 나타나는 바와 같이, 전체 분석대상 시사교양 프로그램에 등장하는 취재원의 발언 내용은 보고서 비판(15), 신문보도의 문제점 지적(11), 방송위원회 비판(8), 탄핵 방송 옹호(7) 등에 집중되는 것으로 나타났다. 그에 견주어 보고서 내용의 지지(5)나 신문보도 옹호(1), 방송위원회의 해명·사과(1), 탄핵 방송 비판(5) 발언의 인용 빈도는 상대적으로 훨씬 적었다.[26] 프로그램 사이에도 약간의 차이가 발견되었다. 방송위원회를 비판

---

25) 취재원의 발언 빈도는 취재원이 제공하는 정보를 분명하게 구분되는 사운드바이트(음성 출연 포함)로 처리하거나 기자와 PD의 리포팅 속에 간접인용한 경우를 측정단위로 삼았다. 정규 뉴스와 달리 시사교양 프로그램에선 한 아이템에서 같은 사람이 취재원으로 반복 등장하는 경우가 많았다. 따라서 한 아이템에서 두 번 이상 등장하더라도 그 발언이 분명하게 다른 내용이면 빈도를 추가하지만 편집에서의 이유로 같은 사람의 같은 발언이 서로 떨어져 등장했다고 판단되면 1회로 측정을 제한하였다. 코더 사이 단순일치도(홀스티)는 .93보다 높았다. 뉴스와 마찬가지로 코더 사이 일치하지 않는 항목이나 사례에 대해선 코더와 연구자가 상의하는 과정에서 대부분 의견 일치에 다다를 수 있었다. 시사교양 프로그램의 취재원 활용에 대한 분석 결과 표는 서로 합의한 뒤의 최종 코딩 결과를 토대로 제시한 것이다.

26) 이 수치는 《조선일보》의 시사교양 프로그램 분석기사(2004년 6월 21일자, 8면 〈KBS·

〈표 5-10〉 취재원 발언 내용의 프로그램간 비교

발언 내용	시사교양 프로그램			계
	생방송 시사 투나잇	미디어 포커스	신강균의 뉴스서비스 사실은…	
보고서 내용 반박	5	5	5	15(26.3%)
보고서 내용 옹호	1	2	2	5(8.8%)
탄핵 방송 비판	1	2	2	5(8.8%)
탄핵 방송 옹호	4	1	2	7(12.3%)
방송위 비판	7	0	1	8(14.0%)
방송위 해명·사과	1	0	0	1(1.8%)
신문보도 문제점	8	1	2	11(19.3%)
신문보도 옹호	1	0	0	1(1.8%)
기 타	2	0	2	4(7.05)
계	30	11	16	57(100%)

하거나 보수신문의 보도 문제점을 지적하는 취재원 인터뷰는 대부분 KBS
의 〈생방송 시사 투나잇〉에서 집중적으로 관찰되었다.

그런데 문제는 이 프로그램이 사흘 연속 관련 아이템들을 집중보도했던
만큼 다양한 쟁점별로 편파성이 심하게 나타났다는 점이다.[27] 앞서 저녁

MBC, 언론학회 '탄핵 방송 보고서' 공격〉)에서 집계한 결과와 다소 차이가 난다. 이
신문기사가 측정 기준을 실제로 어떻게 적용했는지는 알 수 없으나 이 연구는 엄격한
기준을 적용하여 같은 사람의 중복 등장은 빈도로 추가 계측하지 않았다(주 25 참조).
그러나 중복 빈도를 감안하든 안 하든 보도의 불공정성 결과는 변함없다.

27) 〈미디어 포커스〉와 〈신강균의 뉴스서비스 사실은…〉은 단발성 보도로 그쳤지만 〈생
방송 시사 투나잇〉에서 방송위원회 책임 부분까지 말할 수 있었던 것은 사흘 연속
으로 관련 주제를 별개 아이템으로 다루었기 때문이다. 그러나 관련 쟁점을 빠뜨리
지 않고 다루었다는 주제의 포괄성이라는 장점(다양성)보다 다루는 쟁점마다 공정하
지 못했다는 편파성이 훨씬 심각한 문제로 드러난다. 〈신강균의 뉴스서비스 사실
은…〉은 보수신문의 보도태도를 비판하는 아이템(누가 '편파'를 말하나 편)을 별도
로 다루었지만, 취재원의 발언을 인용하면서 리포팅하는 객관주의 형식 대신 기자
와 진행자가 사안 자체를 직접 해석하고 평가함으로써 저널리스트가 논란에 끼어들
어 논평하는 주관주의 형식을 사용하는 특징을 보였다.

〈표 5-11〉 발언 내용에 따른 취재원의 유형 분포(시사교양)

발언 내용	취재원 유형									계
	대학 교수	정당 정치인	방송위원 회 관계자	언론시민 단체관계자	방송단체 관계자	언론노조 관계자	학회 관계자	기타 (일반시민)	언론사 (신문사)	
보고서 내용 반박	5	0	0	2	5	1	2	0	0	15(26.3%)
보고서 내용 옹호	2	0	0	0	0	0	2	0	1	5(8.8%)
탄핵 방송 비판	1	3	0	0	0	0	0	0	1	5(8.8%)
탄핵 방송 옹호	1	3	0	2	0	0	0	1	0	7(12.3%)
방송위 비판	1	0	4	1	0	0	1	0	1	8(14.0%)
방송위 해명·사과	0	0	1	0	0	0	0	0	0	1(1.8%)
신문보도 문제점	2	0	0	2	1	1	4	0	1	11(19.3%)
신문보도 옹호	0	0	0	0	0	0	0	0	1	1(1.8%)
기 타	1	1	0	0	0	0	0	2	0	4(7.0%)
계	13	7	5	7	6	2	9	2	5	57(100%)

종합 뉴스의 취재원 활용 분석에서 우리는 공영방송이 취재원의 입을 빌려 언론학회 보고서를 일방적으로 비판하고 방송위원회를 질타하는 데 힘을 기울였다는 사실을 관찰한 바 있다. 언론학회 보고서를 둘러싼 의견 대립이 사회적 쟁점으로 두드러지던 시점에서 이 문제를 심층적으로 다루었던 공영방송의 시사교양 프로그램 역시 정규 뉴스와 마찬가지로 취재원 활용에서 보고서를 비판하는 쪽의 견해를 더욱 두드러지게 하는 편파성을 드러냈다.

한편, 〈표 5-11〉은 시사교양 프로그램에서 발언 내용별로 어떤 유형의 취재원이 인용되었는지 보여준다. 취재원 분포에서 알 수 있듯이 사회 각계의 다양한 사람들이 언론학회 보고서를 비판하거나 탄핵 방송을 옹호하고 있는 것과 달리 보고서를 지지하거나 탄핵 방송을 비판하는 취재원의 발언은 매우 제한적으로 인용되고 있음을 알 수 있다.[28]

---

28) 보고서를 둘러싼 논란의 경우 대학교수, 학회 관계자, 방송단체 관계자의 발언 빈도가 상대적으로 많은 것은 시사교양 프로그램의 심층보도에 요구되는 전문지식을 방송 관련 전문가 집단이 제공하기 때문으로 보인다.

〈표 5-12〉 발언 내용에 따른 취재원 인용 방식(시사교양)

발언 내용	발언 인용 방식		계
	사운드바이트	간접인용	
보고서 내용 반박	15	0	15(26.3%)
보고서 내용 옹호	3	2	5(8.8%)
탄핵 방송 비판	3	2	5(8.8%)
탄핵 방송 옹호	7	0	7(12.3%)
방송위 비판	7	1	8(14.0%)
방송위 해명·사과	1	0	1(1.8%)
신문보도 문제점	10	1	11(19.3%)
신문보도 옹호	0	1	1(1.8%)
기 타	3	1	4(7.0%)
계	49	8	57(100%)

　탄핵 방송 심의과정과 관련하여 방송위원회 관계자까지 비판을 서슴지 않는 등 다양한 취재원들이 방송위원회 행태를 비판하고 있다는 인상을 주고 있다. KBS 〈생방송 시사 투나잇〉과 MBC 〈신강균의 뉴스서비스 사실은…〉이 각각 별도의 아이템으로 일부 보수신문의 보도태도에 대해 심층적으로 다루었던 만큼 신문보도의 문제점을 지적하는 취재원의 발언 빈도도 상대적으로 높은 것으로 나타났다. 그러나 이 사안을 제외하면 전체적으로 취재원 유형에 따른 발언 내용에서 저녁 종합 뉴스(〈표 5-5〉)와 시사교양 프로그램(〈표 5-11〉)이 비슷한 분포 형태를 보인다는 점을 관찰할 수 있다. 누가 취재원으로 등장하고 어떻게 인용되는가는 보도하는 사안의 성격을 규정하는 데 영향을 미칠 뿐 아니라 그런 시각과 해석이 권위 있고 또 신뢰할 만하다는 정당성도 함께 부여하기 때문에 뉴스 보도 분석에서 매우 중요한 문제로 취급된다(Schudson, 2003). 그런 점에서 정규 뉴스와 시사교양 프로그램을 가릴 것 없이, 언론학회 보고서를 비판하고 탄핵 방송을 옹호하는 취재원의 사회적 유형이 상대적으로 더 다양해서 각계각층을 대표하는 듯한 인상을 준다는 분석결과는 텔레비전 방송이 사회적 논란을 보도하는 과정에서 어느 쪽을 편들고 있는지 쉽게 추론할 수 있게 한다.

　마지막으로, 시사교양 프로그램에서 취재원의 발언 내용이 어떤 방식으로 인용되었는지 분석했다. 〈표 5-12〉에 따르면 보고서를 비판하는 발언(15)과 탄핵 방송을 옹호하는 발언(7)은 전부 인터뷰 형식의 사운드바이트로 처리했음을 알 수 있다. 뿐만 아니라 신문보도의 문제점을 지적하는 발언이나 방송위원회를 질타하는 발언 역시 절대다수가 사운드바이트로 다루어진 것으로 나타났다.

　이와 달리 보고서를 지지하거나 탄핵 방송을 비판하는 내용은 사운드바이트와 간접인용을 비슷하게 활용했다. 이쪽 견해의 인용 빈도 자체가 적은 사실을 감안하면 보고서 비판이나 탄핵 방송 옹호에 견주어 상대적으로 간접인용을 더 많이 사용한 셈이다. 결국, 취재원 인용 방식은 보고서 옹호 발언이나 탄핵 방송 비판 발언의 중요성을 형식적으로 불균형하게 처리함으로써 약화시키거나 희석시킬 수 있음을 일러준다.

　언론학회 보고서 관련 논란은 대립되는 견해가 뚜렷한 사회적 쟁점으로 공정보도가 요구되는 공적 사안이다. 그러나 취재원 활용 분석에서 보는 바와 같이 공영방송의 시사교양 프로그램은 대립적인 견해를 가진 취재원 발언의 내용과 인용 형식 모두에 차별을 둠으로써 보고서를 비판하고 탄핵 방송의 정당성을 옹호하는 편파성을 드러냈다고 할 수 있다. 무엇보다 방송사의 관점과 일치하는 일부 특정 취재원이 여러 프로그램에 겹치기 출연하여 보고서를 비판하거나 탄핵 방송을 옹호하는가 하면 방송위원회의 행태를 문제 삼는 특징이 자주 관찰되었다.[29] 특정 취재원에게 발언 기회가 치우침으로써 그와 다른 견해를 밝히는 취재원의 목소리는 묻혀버렸다.

---

[29] 시사교양 프로그램에 2회 이상 나온 주요 취재원은 김남석 한국언론정보학회장, 김동민 한일장신대 교수, 김재범 한국방송학회장, 김재영 충남대 교수, 김영호 언론개혁국민행동 공동대표, 김평호 MBC 시청자위원, 신종원 방송위 심의평가위원, 윤효진 방송영상산업진흥원 연구원, 최민희 민주언론운동시민연합 사무총장 등이었다. 김남석·김재범 학회장의 경우 공동 기자회견장 장면이 반복해서 여러 프로그램에 나온 사례를 포함한다. 이들의 인용빈도는 전체 취재원 인용빈도(57회)의 49.1%에 해당하며, 전체 인용 취재원(34개)의 약 26.5%에 달한다.

3) 연구 결과 요약

지금까지 KBS의 〈미디어 포커스〉와 〈생방송 시사 투나잇〉, 그리고 MBC의 〈신강균의 뉴스서비스 사실은…〉 등 언론학회 보고서 관련 논란을 별도의 보도 아이템으로 다룬 시사교양 프로그램을 ① 논리전개 및 내용의 구성방식과 ② 취재원 활용을 중심으로 분석했다. 세 프로그램은 '진행자와 기자/PD 사이의 대화'라는 진행형식을 사용하여 언론학회 보고서를 비판하거나 탄핵 방송의 정당성을 옹호하는가 하면 일부 보수언론의 보도태도를 비판하는 데 힘을 기울이는 내용을 다루었다.

프로그램별로 언론학회 보고서를 비판하는 데 집중한 아이템을 한 편씩 선정하여 통합체 분석의 틀을 원용하여 그 논리전개와 구성방식을 분석했다. 분석 결과, 세 프로그램에서 공통적으로 드러나는 문제점을 발견할 수 있었다. 우선, 프로그램의 논리전개와 구성에서 빈번하게 드러나는 사실왜곡과 부정확성, 주장의 논거 부족이나 비(非)논리성을 지적할 수 있다. 논리전개와 구성 측면의 허점은 결국 프로그램의 설득력과 신뢰성을 떨어뜨릴 수밖에 없다. 둘째, 이와 관련하여 취재원 활용의 편파성도 문제로 드러난다. 예를 들어, 탄핵 방송을 옹호하는 견해가 분명한 소수의 취재원이 프로그램마다 겹쳐서 나와 언론학회 보고서의 문제점을 지적하고 비판했다. 그와 달리 탄핵 방송을 비판하는 처지에서 보고서를 지지하는 견해와 목소리는 체계적으로 배제되었다. 더욱이 보고서를 비판하는 취재원의 발언은 대부분 사실을 왜곡하거나 사실에 대한 판단이 잘못된 것으로 나타났다. 사실관계를 설명할 때 논리적 정합성이 떨어지는 경우도 많았다. 이른바 전문가의 발언에서조차 방송저널리즘의 공정성 이론에 대한 이해 부족이 관찰되었다. 마지막으로, 이런 문제들을 면밀하고 비판적으로 검토하지 못한 채 무작정 취재원으로 활용한 기자와 PD의 전문성 부족이나 윤리적 무책임도 지적할 수밖에 없다.30) 무엇보다 저널리즘의 기본원칙을 무시한 가운

---

30) 1960년대 미국 언론계에서 탐사보도나 주창 저널리즘이 나타났던 배경에는 진실성

데 성급한 주의·주장과 주관적 가치판단부터 앞세운 보도자세 때문이라고 할 수 있다. 결국, 이런 문제들이 서로 뒤엉키면서 시사교양 프로그램의 불공정성을 불러왔다고 결론지을 수 있다.

한편, 프로그램 사이의 차이도 관찰할 수 있었다. 〈미디어 포커스〉의 경우 기자의 직접 개입을 자제하고 쟁점마다 대립적인 양쪽의 견해를 비교적 동등하게 제시하는 균형감각을 지키고 있었다. 이와 달리 〈생방송 시사 투나잇〉과 〈신강균의 뉴스서비스 사실은…〉은 PD나 기자가 보도 사안에 대해 일정한 거리감을 두지 못한 채 특정 견해를 일방적으로 주장하는 등 시종 주관적인 보도와 자의적 논평으로 일관하면서 자신들의 이해관계를 노골적으로 드러냈다. 이처럼 방송시간을 사유화하는 보도자세는 방송사 또는 방송 종사자가 이해 당사자인 사안일 때 일방적 주장을 금지한 방송위원회의 공정성 심의규정에 분명히 위배되는 처사다. 하지만 세 프로그램 모두 취재원 발언의 내용과 인용 형식 둘 다 차별을 두는 편들기로써 언론학회 보고서를 비판하고 탄핵 방송의 정당성을 옹호하는 편파성을 드러냈다는 점에서는 정도의 차이만 있을 뿐 편드는 보도를 했다는 결론은 큰 차이 없이 거의 같았다.

5. 소 결

지식으로서 언론의 뉴스 보도는 재귀성(reflexivity)으로써 사회현실의 재

이 검증되지 않은 취재원의 발언조차 일종의 사실로 여겨 비판 없이 인용했던 형식적 객관주의 보도 관행의 문제점에 대한 자기 성찰도 한 자리를 차지한다. 예컨대 1950년대 미국 정계와 지식계를 뒤흔든 '매카시 광풍'은 매카시 의원의 검증되지 않은 폭로성 발언을 객관주의 관행의 덫에 걸려든 채 인용 보도함으로써 거짓을 진실인 양 확대 재생산했던 당시 언론의 윤리적이지 못한 보도 태도와 밀접한 관련이 있다. 그런데 '약자의 편에 서는 관점 있는 보도'와 '시대정신의 반영'을 내세우는 한국의 방송저널리즘이 주창을 강조하면서도 이렇게 취재원 활용에서 객관주의 관행의 덫을 빠져 나오지 못하고 있는 것은 분명 퇴행적인 현상이다.

구성 과정에 영향력을 행사한다(이민웅, 2002). 그래서 언론의 진실보도는 중요하고 사회적으로 그 의미도 크다. 언론 보도의 재귀성이라는 점에서 본다면 진실하지 못한 왜곡보도, 편파보도는 시민사회에서 더 좋은 집단적 의사결정을 이끌어내는 것을 방해할 뿐 아니라 사회의 개혁과 발전까지 해치므로 사회현실의 재구성 과정을 악순환시키는 결과를 낳는다.

언론은 뉴스를 보도함으로써 이성적인 사회적 숙의가 일어나도록 공론장을 활성화하여 오류와 독단을 제거하고 시민들이 더 좋은 의사결정을 내리도록 돕고, 이로써 갈등 극복과 개혁이라는 사회현실의 발전적 재구성에 꾸준히 이바지해야 할 중대한 공적 의무가 있다. 그러자면 말할 것도 없이 언론은 정확하고, 편파적이지 않으며, 완전하고 공정하게 사안을 보도해서 사회적 진실에 다가가도록 노력해야 한다. 그러나 저널리즘의 기본원칙을 지키지 못하는 보도, 즉 정확하지 않고, 편파적이며, 충실하지 않고, 공정하지 않은 보도는 진실하지 못한 보도다. 사회적 숙의를 유도하여 진실을 드러내는 데 실패하기 마련이므로 사회현실의 재구성에 미치는 재귀적 영향력 또한 부정적일 수밖에 없다.

사회적인 논란이 뒤따르는 공적 사안을 다룰 경우 언론은 진실을 향한 책임에 더욱 충실해야 한다. 공정성 기준을 더 엄격하게 적용할 필요가 있고, 취재에 나서는 저널리스트는 보도가 종료되기까지 모든 과정에 걸쳐 저널리즘의 기본원칙을 지키고 있는지 꾸준히 자신과 주변을 둘러보고 성찰해야 한다. 그런데 지상파 텔레비전 방송은 언론학회 보고서와 관련된 사회적 논란을 다루었던 일련의 보도과정에서 편파적이라고 평가받았던 탄핵 방송을 공정했다고 주장하는가 하면, 언론학회 보고서가 오류 덩어리이자 신뢰할 수 없는 '사회적 공해'라는 정치적 메시지를 우리 사회에 일방적으로 주입시켰다. 문제는 이 장의 분석에서 드러난 것처럼 이 같은 보도가 정확하지도, 비(非)편파적이지도, 충실하지도, 공정하지도 않아서 진실하지 못한 보도였다는 사실이다. 텔레비전 방송이 언론학회 보고서를 둘러싼 사회적 갈등을 보도하면서 진실을 드러내는 데 실패함으로써 방송저널리즘의 공정성 제고(提高)라는 언론 현실의 발전적 재구성을 담론적으로 실천하지 못했다는 것이다.

우리는 탄핵 방송의 공정성을 평가함으로써 사회와 언론현실의 발전적 재구성에 긍정적으로 이바지하고자 했으며, 그리고 이를 위해 보고서라는 사회과학적 지식 형태로 언론 현실에 재귀시키고자 했던 메시지는 한마디로 요약하면 '성찰의 시간을 가지자'는 소박한 것이었다. 학술적 결과를 언론 현실로 재귀시키려는 담론적 실천으로써 우리가 처한 방송저널리즘의 공정성 실천 조건을 면밀히 검토하고 더 나은 방송 환경과 발전의 토대를 구축하기 위한 사회적 숙의를 마음을 모아 이끌어보자는 것이었다. 그러나 지상파 텔레비전 방송은 언론학회 보고서에 대해 편파적인 왜곡보도를 일삼음으로써 진실과는 너무나 동떨어진 메시지를 우리 사회에 전하려 했는가 하면, 의제 설정을 회피함으로써 진실을 향한 눈길 주기를 거두고 언론에 지워진 사회적 책임을 방기하는 비윤리적 보도행태를 보여주었다. 결과적으로 방송이 안고 있는 현실적 문제점을 성찰하여 자기 발전의 계기로 삼을 수 있었던 좋은 기회를 놓쳐버린 채 오히려 왜곡·편파 보도를 일삼음으로써 방송저널리즘의 발전을 해치는 악순환을 낳는 메시지를 재귀시킨 것이다.

우리는 언론학회 보고서 논란 관련 보도를 심층 분석함으로써 다시 한번 '성찰의 시간을 가지자'는 메시지를 우리 사회와 언론계에 되돌리고자 한다. 우리의 학문적 목적과 의도를 또다시 왜곡하는 일이 더 이상 없기를 바랄 뿐이다.

6장

공정성 개념의 이해와 적용 : 공정성 평가의 기준

민주주의 체제에서 방송은 당연히 공정성을 유지해야 한다. 공영방송은 물론 상업방송도 공정성을 지켜야 한다는 요구를 받아들여야 한다. 그러나 방송의 공정성이란 손에 쉽게 잡히는 개념이 아니다. 추상적인 수준에서는 비교적 쉽게 개념 정의를 내릴 수 있지만, 구체적인 방법과 기준을 마련하는 수준에서는 논란과 논쟁이 뒤따른다. 그래서 특정한 사안에 관한 방송의 보도가 공정한가에 대한 평가를 내릴 때 엇갈리는 판단이 가끔 나온다. 그 이유는 공정성 개념 자체가 포괄적이며 추상적인 탓도 있지만, 공정성 개념을 이해하는 방식은 특정 사회가 겪어왔던 역사적, 정치적 경험과 관련이 없지 않기 때문이다. 여기서는 공정성 개념의 하위 차원과 하위 요소 그리고 공정성과 관련을 맺고 있는 인접 개념들의 역사적 배경을 소개한 다음, 공정성 개념의 이해에 영향을 미친 정치·사회적 맥락을 서술할 것이다. 이로써 영국과 미국 등에서 공정성 기준을 적용하기 위해 구체적으로 어떠한 법·제도를 실천해왔는지를 조망하고, 한국 방송의 공정성 논쟁에 관해서도 다룰 것이다. 특히 2004년 대통령 탄핵 방송이 일으킨 공정성 관련 쟁점을 정리하고 공정성을 평가하는 기준을 제시함으로써 방송의 공정성 구현을 위한 정책 대안을 이끌어내는 데 도움을 줄 만한 논의를 제공하고자 한다.

1. 공정성 개념의 분석

1) 공정성 개념의 요소

공정성 개념은 매우 다양한 요소로 구성되어 있다. 공정성 개념을 분석한 국내외 많은 학자들은 공정성(또는 편파성)의 하위개념을 열거하면서 하위개념의 특성을 모형(typology)으로 설명하거나 상위개념에서 파생된 하위개념을 차원별 또는 범주별로 분류하는 모델을 개발했다(Golding, 1981 ; McQuail, 1986 ; Rosengren, 1980 ; Westerstahl, 1983 ; 이민웅 외, 1993). 로젠그렌(Rosengren, 1980)은 공정성 평가범주를 적절성 · 균형성 · 진실성 · 중립성으로 분류했으며, 골딩(Golding, 1981)은 뉴스의 편파성에 의도가 있는지, 그리고 편파성을 드러내는 방식이 공개적 또는 은폐적인지에 따라 당파성 · 선전 · 주관성 · 이데올로기 등 다양한 개념적 요소를 뽑아냈다.

공정성 개념과 관련하여 국내에서 많이 인용된 학자 가운데 한 사람은 스웨덴 공영방송의 공정성 수행 여부를 평가한 웨스터슈탈(Westerstahl, 1983)이다. 그는 객관성(objectivity) 개념을 공영방송의 공정성을 검증하기 위한 개념적 모델의 출발점으로 삼고 있다. 객관성을 사실성과 불편부당성으로 나눈 다음에, 다시 사실성을 진실성과 적절성으로, 불편부당성을 균형성(非당파성)과 중립성으로 구분하고 있다. 맥퀘일(McQuail, 1986) 또한 웨스터슈탈의 분류와 골딩의 모형을 통합적으로 재구성하여 객관성의 하위개념으로 사실성과 공정성(불편부당성)을, 비(非)객관성의 하위개념으로 당파성 · 선전 · 주관성 등을 나열하고 있다. 이상에서 보듯이 웨스터슈탈 등의 외국 학자들은 공통적으로 객관성을 최상위로 놓고 공정성을 하위개념으로 여겨 객관성을 실현하기 위한 일종의 필요조건으로 보았다. 즉, 객관성을 저널리즘이 다다라야 할 궁극적인 가치로 인식하고 있다고 하겠다.

한편 이민웅(1996)은 위에서 소개한 외국학자들의 논의를 토대로 하여 한국의 방송공정성을 평가하기 위한 개념적 기준을 마련했다. 이 연구는 공정성의 하위범주로 진실성·적절성·균형성·다양성·중립성·이데올로기를 들고 있다. 역시 공정성 개념은 다차원적이며 공정성을 구현하기 위해서 여러 하위범주의 조건을 충족시켜야 함을 강조하고 있음을 알 수 있다. 이 연구는 진실성을 정확성과 완전성으로 재분류하면서 부분적 사실들이 아무리 정확하더라도 전모를 밝혀주는 종합적인 정보, 즉 정보의 완전성을 제공해야만 공정성이 실현될 수 있다고 보았다. 또한 방송이 적절한 기준에 따라 뉴스를 선택, 처리해야 하며, 갈등적인 사안에 대해서는 양적, 질적 균형을 유지해야 하고, 다양한 주제와 견해를 제공해야 함을 강조하였다. 이민웅은 중립성에 대해서도 '소극적(양시양비론적)' 중립성과 취재과정에서는 중립적 자세를 지키되 진실에 직면해서는 진실에 바탕을 두고 판단을 내려야 한다는 '적극적' 중립성으로 나누고 후자의 중요성을 역설했다.

국내외 학자들의 개념 유형화와 모델 분석은 공정성과 유사개념 및 인접개념들의 차이를 분석할 수 있는 기본 틀과 공정성을 평가할 수 있는 기준을 제공해준다는 점에서 의미가 있다. 그러나 기존의 연구에서 논의한 인접개념들 모두가 추상적이며 포괄적이어서 상·하위로 명확하게 구분되거나 상호배타성이 확보될 수 있는지는 논란의 여지가 있다. 한 예로 공정성이 객관성의 하위개념인지, 또는 공정성이 사실성과 상호배타적인지가 확실하지 않을 뿐 아니라 이렇듯 층위를 따지는 작업은 공정성개념을 이해하는 데 큰 도움을 주지 못한다는 평가도 있다(최영재·홍성구, 2004). 개별 개념의 포괄성 정도에 따른 층위 구분은 혼란을 불러올 수 있지만, 기존의 연구를 통해 알 수 있는 한 가지 확실한 점은 공정성이 다양한 범주로 분화될 수 있는 다층적 또는 다차원적 개념이라는 것이다. 공정성 개념에 대한 이해는, 따라서 이 개념이 내포하고 있는 하위 개념들이 무엇인지, 또는 각각의 하위 개념에 대한 조작적 정의를 어떻게 내리는지에 달려 있다. 학자에 따라 서로 다른 방식으로 하위 개념을 정의하고 있으며, 또 특정한 하위 개념을 강조함으로써 다른 하위 개념들의 중요성을 과소평가하는 경향도 있다.

위에서 말했듯이 공정성 개념은 다차원적 개념이며, 객관성·사실성·균형성·중립성·다양성 등의 개념과 밀접하게 연관되어 있다. 그런데 저널리즘 현상을 평가하는 개념적 기준들의 등장은 저널리즘의 역사와 무관하지 않다. 저널리즘의 덕목으로 알려진 이런 개념들은 특정한 형태의 저널리즘 모델을 강조했던 시대의 요청이 빚어낸 역사적 산물이었기 때문이다.

2) 인접개념이 등장한 역사적 배경

저널리즘 행위나 저널리즘 현상을 평가하는 잣대로 등장하는 객관성·공정성·사실성·균형성·중립성·다양성 등의 개념은 나름대로 그 역사적 배경을 지니고 있다. 특정한 개념이 특정 시대나 사회의 저널리즘 담론의 쟁점으로 부각되는 과정은 역사적 산물이므로 그 시대의 정치사회적 맥락에 대한 이해가 중요하다. 공정성과 객관성 등의 추상적 개념은 시대적 상황의 변화에 따라 그 의미가 달라져왔다는 점에서 볼 때 정태적인 개념이 아니라 동태적인 개념이기 때문이다(이민웅, 1996).

(1) 객관주의 저널리즘과 전문직주의 : 역사적 기원

공정성 개념의 분석에 자주 등장하는 객관성 개념은 특정 사회가 받아들이고 있는 인식론의 차이에 따라 다르게 이해되고 있다. 저널리즘 학자들은 뉴스 매체가 단순히 현실을 반영하는 것이 아니라 현실을 사회적으로 구성하고 있음을 인정하는 경향을 보이고 있으나 실증주의 인식론을 받아들이는 정도에 따라 객관성 존재에 대한 신념의 정도는 다르다고 하겠다. 많은 취재기자들은 정확하고 객관적인 사실만을 독자나 시청자들에게 제공하는 것이 저널리스트의 사명이며, 해석과 가치판단은 독자나 시청자들에게 맡긴다는 객관주의 보도 모델을 채택하고 있다. 그러나 많은 사실들 가운데 몇 가지만을 선택해야 하는 취재과정에서 그리고 사실의 서술과정이나 어휘 선택에서도 기자의 해석과 가치가 끼어들 수 있으므로 과연 완벽하게 가치가 배제된 보도가 가능한지는 논란거리로 남는다. 다시 말해서 뉴스 제작과정에서 언어와 용어의 선택과정은 필연적이며, 그 과정에서 주관적 판단을 내걸 수밖에 없음을 받아들인다면, 뉴스에서 객관성을 보장한다는 시도는 쉽게 실현될 수 있는 것이 아니라고 하겠다. 그래서 뉴스에서 누구나가 동의할 수 있는 절대적 수준에서 객관성을 확보하기란 대단히 어려운 일이다. 그러므로 객관성 자체를 불가능한 것으로 여기는 급진적 구성주의자들은 객관적 사실을 허구적인 것 또는 환상으로 치부하기도 한다.

객관성의 실체가 이렇게 모호하거나 논란의 대상임에도 20세기에 접어들면서 미국 사회는 객관주의 저널리즘을 하나의 지배적인 저널리즘 실천 유형으로 받아들이기 시작했다. 과학철학적인 차원에서 볼 때 객관성의 존재란 여전히 논란거리였지만, 언론매체가 권력으로부터 독립해야 한다는 당위적 규범의 차원에서 볼 때 객관주의 보도는 모든 언론매체가 추구해야 할 이상적인 가치로 받아들여졌던 것이다.

그러므로 객관주의 보도가 지배적인 저널리즘 규범으로 받아들여졌다는 사실이 보도의 객관성이 진정으로 구현되었음을 의미하는 것은 아니었다. 즉, 객관성을 진정으로 확보했다는 의미의 '객관보도'와 객관적인 것처럼 보이는 형식을 취했다는 의미의 '객관주의 보도'는 서로 다른 문제라는 것이다. 20세기 미국 저널리즘이 수용했던 객관주의 보도란 일종의 형식 또는 스타일을 말하는 것이지, 그것 자체가 객관성의 확보를 뜻하는 것은 아니었다. 예컨대 기자는 자신의 주관을 기사에 반영하려 할 때조차도 자신의 견해를 뒷받침해줄 취재원을 찾아 그 취재원의 말을 인용함으로써 주관이 끼어들지 않은 것처럼 보이는 객관주의 형식을 취할 수 있다는 것이다.

미국에서 19세기 말부터 본격적으로 퍼지기 시작한 객관주의 보도에 대한 강조는 그 당시 미국 사회에 팽배했던 논리실증주의와 관련이 있다. 객관주의 보도 관행의 확산이 관찰자(기자)의 주관성을 철저히 배제함으로써 사실과 가치의 분리가 가능하다고 믿었던 시대적 사조를 반영했다고 하겠다. 객관주의 보도의 등장을 뉴스 매체의 산업화라는 역사적 흐름과 연결하는 설명도 있다(Schiller, 1969 ; Schudson, 1978). 정파성을 배제하고 사실만을 전달함으로써 모든 정파의 독자들이 거부감 없이 읽을 수 있도록 하는 보도방식이 객관주의 보도였으며, 이러한 객관주의 보도 관행은 광고수익과 직결된 발행부수의 증가를 보장하였다는 것이다. 즉, 뉴스 매체의 상업화가 진전되어 광고수익에 대한 의존도가 높아지면서 객관주의 보도는 이윤추구에 가장 적합한 보도방식으로 인정받았다는 설명이다.

객관주의 보도의 확산에는 더 많은 수의 독자를 확보하여 광고수입을 늘리려는 상업적 동기뿐 아니라 정치적 배경도 있었다. 선거운동에 나선 정치인들이 유권자들과 소통하기 위한 통로로서 정파적 견해를 강하게 내세우는 정파적 매체보다는 객관주의 보도 관행을 실천하는 매체를 선호하기 시작했던 것이다. 객관주의 보도를 실천함으로써 독자 수를 늘린 매체가 특정 정치성향의 소수 유권자들만 흥미를 가지는 매체보다 훨씬 더 뛰어난 파급효과를 지니고 있었기 때문이다. 그 결과 정치인들이 정파적 매체에 지원하는 후원금의 액수는 갑자기 줄었으며, 정파적 매체는 객관주의 보도를 끌어들인 상업적 매체의 경쟁자가 될 수 없었다(Baldasty, 1992).

그렇다면 언론인들은 19세기 뉴스 매체가 객관주의 보도를 수용하는 추세에 대해 어떠한 반응을 보였을까? 객관주의 보도에 바탕을 둔 전문직주의(professionalism)의 등장은 언론인들에게 특정 정파의 선전 일꾼이 아니라 정치권력으로부터 독립성과 자율성을 유지하고 있는 전문가로서 권위를 부여했으므로 언론인들도 객관주의 보도를 지배적 보도방식으로 받아들이는 흐름을 거스르지 않았다고 하겠다. 또한 20세기 중엽에 들어 미국의 대학들은 앞을 다투어 저널리즘학과를 신설하고 예비언론인들에게 객관주의 보도기법을 가르쳤으며 이런 훈련을 받은 언론인들은 전문인으로서 지위를 확보하게 되었다. 따라서 아무나 기자가 될 수 있는 것이 아니라 객관주의 보도의 기법을 습득한 사람들만이 기자로서 인정받는 직업규범이 싹텄다. 기자가 되기 위해서 일정기간 동안의 훈련과정을 거쳐야 한다는 직업 규범은 기자들에게 직업적 자긍심을 심어주었으며 전문인으로서 긍지를 부여했다(Bennett & Graber, 2005).

이렇게 볼 때 객관주의 보도를 덕목으로 삼는 저널리즘 규범은 저널리즘 사상의 논리적 전개를 거쳐 미국 사회에 정착된 것이 아니다. 객관주의 저널리즘이 19세기에 퍼졌던 것은 이미 많은 주체들이 — 신문사 소유주, 정치인, 언론인, 독자 — 객관주의 저널리즘의 효과와 유용성을 체득하고 실천하고 있었기 때문이다. 신문사 소유주들은 발행부수와 광고수익 증가를 가능하게 만든 객관주의 보도를 선호하게 되었고, 언론인들은 전문인의 지위를 허용한 객관주의 보도 관행을 충실히 따랐으며, 정치인들도 발행부수가 많은 신문에게 객관적 사실을 제공함으로써 홍보효과를 극대화할 수 있었으며, 독자들도 저렴한 가격으로 신문을 구독할 수 있었기에 큰 불만이 없었다. 따라서 객관주의 저널리즘은 19세기 미국 사회의 경제적, 정치적, 사회적 조건들을 반영하고 있다는 점에서 다분히 역사의 산물이라고 하겠다.

(2) 객관성의 한계와 대안적 개념들 : 공정성·균형성·중립성

이미 지적한 바와 같이 언론이 누구나 동의할 수 있는 객관성(objectivity)을 구현한다는 것은 현실적으로 볼 때 대단히 어려운 일이다. 그래서 규범적 수준에서 객관성의 중요성을 인정한다고 할지라도 실천의 차원에서 객관성을 확보할 수 있는 조건을 갖추기가 쉽지 않다. 신뢰할 만한 사실적 정보를 전달하는 객관주의 보도 관행도 객관성을 완전히 보장하지는 못한다. 무수히 많은 취재원들, 또한 그들이 제공하는 무수히 많은 사실들 가운데 몇몇 사실만을 선택해야 하며 마감시간에 늦지 않도록 뉴스를 만들어야 하는 기자들에게 누구나 동의할 수 있는 객관성을 구현하라는 주문은 너무나 벅찬 것인지 모른다. 정부 취재원이나 제도권 취재원이 전해주는 사실정보를 객관적인 처지에서 보도한다고 하더라도 그 결과는 기존의 권력질서에 순응하는 성향의 기사를 많이 만들어내는 것으로 나타난다. 그래서 객관성과 객관주의 보도는 서로 다른 것으로 인식된다.

이런 맥락에서 많은 저널리즘 학자들이 객관주의 보도란 일종의 스타일에 지나지 않을 뿐 그것이 객관성이란 실체를 보장하지 않으며 가끔 기존의 권력 질서를 재생산하는 기제로 사용되고 있다고 지적한다(Tuchman, 1972 ; Hall, 1978 ; Schudson, 2003). 그래서 1996년에 미국의 언론인협회(Society of Professional Journalists)는 윤리강령에서 오랫동안 저널리즘의 핵심 덕목으로 삼아왔던 객관성(objectivity)이란 용어를 삭제해버리고, 그 대신 진실성·공정성(fairness)·종합성(comprehensiveness) 등의 개념을 부각시켰다. 객관성을 이런 유사용어들로 교체해버린 이유는 간단하다. 객관성은 언론의 보도 행위를 비판하기 위해서는 더없이 편리한 개념이었던 것과 달리, 그 의미가 너무나 모호하고 논쟁적이어서 언론인들이 방어하기에 힘든 개념이었기 때문이다. 더구나 최근에는 이미 앞 장에서 살펴본 바와 같이 선정주의의 심화, 극적인 이야기의 강조, 수용자 시장의 파편화 등이 진행되면서 언론인의 의견을 끼워 넣는 보도 관행이 늘어남에 따라 객관주의 보도 관행의 지배적 지위가 위협을 받고 있다.

그러나 객관주의 보도 관행을 교체할 만한 대안적 보도 관행의 모습이 벌써 구체화하였다고 볼 수는 없다. 객관성이 다다르기 어렵고 실현하기 힘든 과제이지만, 언론이 저널리즘의 존재이유(raison detre)인 객관적 진실을 확보하려는 노력을 포기할 수는 없기 때문이다. 리첸버그(Lichtenberg, 1996)는 언론의 객관성에 대한 비판을 유형별로 분류하여 소개하고 그 비판들이 지니고 있는 허점들을 일일이 나열한 다음, 객관성 자체를 부정하는 것은 진리에 도달할 수 있는 가능성을 부정하는 것이므로 저널리스트는 객관성의 존재를 가정한 다음 그것에 이르기 위해 최선의 노력을 기울여야 한다고 강조했다. 미국의 PEW 센터가 1999년에 미국 언론인을 대상으로 조사한 결과에서 보듯이 응답자의 4분의 3은 가장 이상적인 보도기준으로 "사건에 대한 진실하고, 정확하고, 많은 사람들이 수긍할 수 있는 설명"을 꼽았다.

이제까지의 논의에서 볼 때, 저널리즘의 본질로서의 객관성과 저널리즘 행위 모델로서의 객관주의 보도방식은 서로 다른 사안임을 알 수 있다. 예를 들어 합법적 취재원에 기대거나 인용부호를 사용하는 객관주의 보도가 필연적으로 객관성 자체를 보장하는 것이 아니라 객관성을 확보하기 위한 하나의 방법 또는 스타일일 뿐이라고 하겠다. 따라서 지금 통용되고 있는 객관주의 보도 방식에 한계가 있다고 해서 객관성 자체를 부정하는 행위는 '목욕시킨 아기(객관성)와 목욕물(객관주의 보도관행)을 함께 버리는 행위'에 비유할 수 있다. '아기'를 버리고 나면 객관적 근거 없이 의견만이 난무하는 선전행위만이 횡행할 것이다. 현재 사용하고 있는 객관주의 보도 방식에 문제가 있다면 수정하거나 보완함으로써 객관적 진실에 좀더 가까이 다가갈 수 있는 혁신적인 저널리즘 행위 준칙을 확립하려는 노력을 계속 기울여야 할 것이다.

공정성(fairness) · 중립성(neutrality) · 균형성(balance) 등의 개념 또한 객관성을 대신할 수 있는 개념으로 주목을 받았다. 하지만 이런 개념들이 객관성보다 명확한 조작적 정의를 내려주거나 유용한 실천지침을 제공할 것으로 기대하기는 힘들다. 균형성 개념 역시 정파언론 시대에서 객관언론 시대로 바뀌는 전환기에 특정 정당이나 정파를 편들지 않도록 보이는 보도 스타일을 찾는 과정에서 채택되었던 저널리즘 덕목이다. 따라서 균형성은 언론의 선거보도의 평가 잣대로 두드러졌으며, 선거방송에서 특정 정당이나 후보자에게 유리하거나 불리하지 않도록 보도 양이나 횟수에 균형을 유지할 것을 요구하고 있다. 균형성 개념은 지면 크기나 횟수나 시간배분의 균형, 즉 산술적(양적) 균형을 강조하는지, 그렇지 않으면 의견의 강도나 선명함까지도 고려하는 질적 균형을 포함하는지에 따라 평가 잣대도 달라질 수 있는데, 양적 측면만을 강조하는 산술적 균형에만 집착하기보다는 질적인 측면까지 함께 고려해야 한다는 주장이 설득력을 얻고 있다. 이런 맥락에서 미국은 형평성 원칙(fairness doctrine)을 채택하여 주요 후보자들에게 같은 시간을 배분하는 정책을 펼친 적이 있지만, FCC가 이것이 오히려 선거방송 편성을 기피하게 만드는 요인으로 작용한다는 판단 아래 1987년에는 이 원칙을 적용하지 않기로 했다.

중립성 개념도 객관성이나 균형성과 마찬가지로 20세기 저널리즘의 덕목으로 인정받아왔다. 특히 양당 정치가 안정적으로 정착된 미국의 상황에서 뉴스 매체는 민주당과 공화당 양당 사이의 중간에 서는 보도전략을 채택함으로써 비정파적이며 객관적이라는 평판을 얻게 되었다. 그러나 중립보도를 양쪽 끝을 설정해놓고 그 중간에 해당하는 주장을 취한다는 것이라고 한다면, 양쪽 끝에 어떤 의견을 놓느냐에 따라 중립의 의미는 달라질 수 있다는 점에서 상대적일 수밖에 없다. 따라서 중립보도란 다당제를 채택하고 있거나 정당정치의 기반이 취약한 사회에서는 논란을 일으킬 수 있는 보도 관행이라고 하겠다.

진실성도 사실성·정확성·완전성 등의 요소를 핵심적인 저널리즘 원칙의 기준으로 삼는지, 아니면 도덕적 당위성, 시대정신, 이데올로기를 더욱 중요하게 보는지에 따라 개념에 대한 이해방식이 달라진다고 하겠다. 즉, 확인된 사실에만 바탕을 두고 진실에 도달하려는 저널리즘과 일부 사실에 대한 해석의 결과를 바탕으로 이면에 깔린 구조(진실)를 드러내는 저널리즘은 진실에 관한 인식론과 방법론의 두 측면에서 중대한 차이를 보인다.

방송의 다양성 개념은 민주주의 실현의 전제조건으로 논의되어왔으며, 따라서 민주적 방송정책의 기본 요소로 인식되고 있다. 공적 토론의 장이 제약받지 않고 건강하고 항상 열려 있어야 민주주의가 가능하고(Abramson, 1988, p.240), 시민들이 방송이 제공한 다양한 견해를 접함으로써 식견을 갖추고 공공문제의 쟁점을 충분히 이해할 수 있게 된다. 정치적인 측면뿐 아니라 문화적인 측면에서도 방송의 다양성이 강조되어왔다. 시·청취자의 다양한 취향과 문화욕구를 반영하는 것이 방송의 공익성을 구현하는 길이라는 인식 아래 다양성이 방송편성의 원칙으로 활용되었다. 특히 다채널 시대를 지나 무한 채널의 시대로 돌아선 디지털 방송 환경에서는 다양성 구현이 방송정책 논의의 핵심적인 화두가 되었다.

2. 공정방송 실천을 위한 역사적 경험

1) 영국의 '적절한 불편부당성(Due Impartiality)' 개념

(1) 적절한 불편부당성 개념의 역사적 기원

공정성 개념의 포괄성과 추상성, 그리고 다의성으로 말미암아 방송의 공정성을 실천하기 위해서는 명확한 개념 정의와 이를 실현하기 위한 구체적인 가이드라인이 필요하다. 공정방송의 전통을 지켜내기 위해서 많은 노력을 기울여왔던 영국은 방송의 공정성을 실천 가능한 지침으로 삼기 위해서 '적절한 불편부당성'이란 개념적 잣대를 활용하고 있다. 그런데 이 '적절한 불편부당성' 개념은 고정불변의 기준을 제공하는 것이 아니라 사회적 합의나 정서에 따라 신축적으로 변할 수 있는 개념으로 정리되어 있다. 따라서 영국의 방송이 이 개념을 정책으로 채택한 역사적 기원과 그러한 개념이 등장하게 된 시대적 배경을 이해하는 일이 중요하다.

영국의 BBC 라디오 방송이 1920년대 초에 첫선을 보일 때만 하더라도 불편부당성에 관한 논의는 존재하지 않았다. 라디오가 정치적 도구로 전락할 것을 우려한 영국정부는 방송이 논쟁적 사안에 대한 발언에 이용되는 것은 바람직하지 않다는 입장을 공표함으로써 그 당시 라디오 방송이 논쟁적 사안에 대해 보도할 경우 허가서가 갱신되지 않을 수 있음을 암시했다(Briggs, 1965 ; 이창근, 2004에서 재인용). 또한 경쟁업체인 신문사들의 압력 때문에 BBC의 보도는 로이터 등의 통신사가 제공하는 뉴스 요약만을 방송하는 것으로 국한되었다. 하지만 BBC의 초대 국장이었던 존 리이스(J. Reith)는 BBC가 찬반 양측을 동등하게 소개한다면 당파성을 벗어날 수 있다고 주장했으며, 이 주장을 검토한 크로포드 위원회는 보도내용이 양질이고 공정하다면 '적당한 정도의 논쟁'에 대해서는 재량권을 BBC에 부여할 수 있다고 건의했다(Crawford Report, 1927 ; 이창근, 2004에서 재인용). 결국 1928년 영국정부는 그동안의 BBC 방송을 평가하고 나서 논쟁보도 금지를 해제하여 BBC가 불편부당성을 전제조건으로 논쟁적 사안에 대해 보도할 수 있는 길을 열어주었다.

불편부당성 개념을 처음으로 적용하게 만든 중대한 사안은 200만 명 이상의 노동자들이 참여한 1926년 총파업이었다. 총파업으로 말미암아 신문사들이 일정기간 동안 신문을 찍어내지 못하는 바람에 영국 국민들은 뉴스를 접하기 위해 BBC에 귀를 기울일 수밖에 없었으며 BBC는 보도기능을 강화할 수 있는 절호의 기회를 맞이했다. 정부 한쪽에서는 이 파업을 국가위기 상황으로 인식하고 BBC를 접수하여 보도를 철저히 통제해야 한다는 강경주장이 나오기도 했지만, 정부는 BBC의 독립성을 유지시켰으며 BBC는 파업에 대해 불편부당하게 보도하겠다는 의지를 밝혔다. 그러나 노동계와 정부의 갈등을 보도했던 BBC는 헌정질서를 지켜야 한다는 정부의 입장을 옹호함으로써 정부와 협조관계를 유지했다. 즉, BBC가 정부와 노동계 사이에서 중립적인 입장을 보인 것이 아니라 파업을 헌정질서 파괴, 의회민주주의에 대한 도전 또는 자본주의체제의 부정으로 간주하고 정부의 편을 들었다. 노동계의 입장을 완전히 무시한 것은 아니었지만 전반적으로 볼 때 BBC는 정부를 두둔하는 논평을 많이 방송했다. 물론 파업이 끝난 뒤에 야당과 노동계가 BBC의 정부 편들기에 반발했지만, 당시 리이스 국장은 BBC가 국민을 위한 것이고, 정부가 국민을 위한 것이라면 BBC는 정부를 위한 것이어야 한다는 논리로 친정부적인 보도를 정당화했다(Burns, 1977).

1926년 5월의 총파업으로 말미암아 BBC는 공정성에 대해 새롭게 인식하게 되었다. 우선 BBC의 청취자가 곧 영국의 공중(public)임을 깨닫게 되었다. 총파업으로 신문이 문을 닫고 있는 동안 총파업에 관한 뉴스를 전달한 유일한 매체가 바로 BBC였기 때문이다. 공정한 보도로 공중의 신뢰를 얻는 것이 얼마나 귀중한지를 체험하게 된 것이다. 또 다른 경험은 위기상황이 닥치면 정부는 BBC를 통제하려고 시도할 수 있을 것이므로 BBC가 정부로부터 독립성을 유지하는 것이 필요하다는 사실을 알게 되었다.

한편, BBC의 1926년 총파업 보도는 불편부당성 개념이 맹목적인 산술적 균형을 의미하는 것이 아니라 영국 사회가 지향하는 가치를 보존하려는 판단을 받아들이고 있음을 보여주는 사례였다. 1996년 BBC가 채택한 제작자 가이드라인에서도 수학적 균형(mathematical balance)을 맞춘다고 해서 반드시 불편부당성이 확립되는 것은 아니라고 명시하고 있다(BBC Producer's Guideline, Ch. 2). 따라서 불편부당성 앞에 붙는 '적절한(due)'이란 수식어는 그 사회의 구성원이 합의하고 있는 가치체계를 반영하고 있음을 알 수 있다. '적절한 불편부당성'은 시대나 국가를 넘어서는 절대적 기준을 제공하는 것이 아니라 역사적, 사회구조적 특수성을 반영하는 유동적이고 상대적인 개념이다.

(2) 적절한 불편부당성 개념의 법제화

위에서 살펴보았듯이 BBC가 출범할 당시의 칙허장과 면허협정서에는 불편부당성에 관한 말이 없었다. BBC의 논평 자체를 금지시키려는 정부의 의도가 반영된 결과라고 하겠다. 물론 1926년 총파업을 거치면서 영국의 방송계와 정부는 불편부당성에 관한 논의를 지속해왔지만 이 개념을 처음으로 법에 명시한 것은 ITV를 감독하는 독립 텔레비전 위원회(Independent Television Authority) 설립의 법적 근거가 되었던 1954년 '텔레비전법'이었다. 구체적으로 텔레비전법 3조는 뉴스가 적절히 정확하고 불편부당하게(with due accuracy and impartiality) 보도되어야 한다는 조건을 방송사가 지키도록 ITA에서 감독할 것을 요구하고 있다. 불편부당성 개념의 법제화가 공영방송을 규제하는 칙허장이나 면허협정서가 아니라 상업방송을 규제하는 법에서 먼저 구체화했던 것은 탈규제를 지향하는 상업방송이 정치적 편파성을 드러내지 않을까 하는 우려가 팽배했기 때문이라고 볼 수 있다(이창근, 2004). BBC는 불편부당성의 정신을 자발적으로 지키고 자율적 규제로 이를 실현하려는 노력을 기울여왔으나, 1996년 칙허장을 다시 부여하는 협정서 안에 불편부당성에 관한 원칙이 포함되어 법적 구속력을 얻게 되었다. 이로써 영국의 방송은 공·민영 차별 없이 모두 법적으로 구속력을 가지는 공정성 기준을 확립했다(이창근, 2004). 1990년에 통과된 영국의 새 방송법은 규제완화를 법 제정 목표로 내세웠음에도 불편부당성 원칙만은 오히려 더 강화되는 모습으로 거듭났다. 불편부당성 기준을 완화할 경우 막대한 영향력을 지닌 방송을 견제할 법적 근거를 잃을지도 모른다는 의회의 우려로 말미암아 불편부당성 조항은 더욱 구체화했다고 하겠다.

BBC는 뉴스 프로그램에 관한 제작 가이드라인에서 적절한 불편부당성 원칙의 실천적 정의를 "산업적(노사) 논쟁이나 정치적 논쟁의 보도에서 논쟁이 지속되는 기간 동안 사회 안의 주요 견해들(main differing views)에 적절한(due weight) 비중을 두는 것"으로 내리고 있다(BBC Producer's Guideline, ch.2, pt 2). 그리고 이 가이드는 적절한 불편부당성 원칙이 단일 프로그램 안에서 지켜질 수도 있지만 시리즈물로 연속될 경우 프로그램끼리도 지켜져야 한다고 명시하고 있다(BBC Producer's Guideline, 1996, ch. 2). BBC의 경우와 마찬가지로 ITC는 프로그램 코드에서는 '논쟁적인 주요 사안(major matters of controversy)'들을 다룰 때에는 다양성이 충분히 드러나도록 일정 범위에 속하는 견해나 관점(range of views and perspectives)을 제공해야 한다고 적고 있다.

영국이 이처럼 적절한 불편부당성 원칙을 법으로 강제할 수 있었던 것은 정부와 의회의 의지가 그만큼 강했기 때문이며 수신료를 부담하고 있는 시청자들 또한 공정방송의 가치를 존중하고 있었기 때문이다. 2002년에 실시된 한 조사 결과에 따르면, 응답자의 80%가 BBC의 뉴스가 공정하다고 응답한 것으로 나타났다(Hargreaves & Thomas, 2002). BBC의 공정성에 대한 긍정적 평가는 BBC에 대한 신뢰도로 이어진다. 영국 국민들은 가장 신뢰하는 기관으로 군대를 1위로, 텔레비전 방송을 2위로 들고 있다는 조사결과는 영국인의 공영방송에 대한 신뢰도가 어느 정도인지를 짐작케 한다(Financial Times, 2003년 7월 26일자). BBC에 대한 신뢰도가 미국에서도 인정받고 있다는 사실은 2003년 이라크 전쟁에 관한 뉴스를 BBC로써 얻고자 하는 미국의 시청자 수가 꾸준히 증가추세를 보였던 사실로도 입증되었다.

(3) 적절한 불편부당성과 공정성 논쟁 사례

적절한 불편부당성이 영국 방송의 공정성을 보장하기 위한 법적, 제도적 장치로 정착되었음에도 불편부당성에 관한 논쟁이 사라진 것은 아니다. ITC의 프로그램 코드와 BBC의 제작자 가이드라인에 적절한 불편부당성이 무엇을 의미하는지 상세하게 명시했지만 이 개념의 타당성과 실효성에 관한 논란이 끝난 것은 아니다. 왜냐하면 '적절한(due)'이란 수식어를 끌어왔지만 적절함의 조작적 정의가 무엇인지가 분명하지 않기 때문이다. 이미 수학적 균형을 의미하는 것은 아니라고 명시했기 때문에 기계적인 비율 할당을 채택할 수는 없는 상황이다. 또한 하나의 논쟁적 사안에 대해 여러 견해가 있는데, 지배적 의견과 소수 의견을 구분하는 일이 쉽지 않으며, 설사 구분했다고 하더라도 소수 의견에 어느 정도 비중을 둘 것인지에 관해서는 아무런 지침이 없기 때문이다. 예를 들어 1%의 지지를 받는 의견을 다룰 때 1% 정도의 비중만을 두어야 하는지, 또는 20%의 비중을 둘 것인지를 결정하는 일이 쉽지 않다는 것이다. 결국 이 문제를 해결하기 위해서는 사회 전체가 합의하고 있는 가치관이나 신념체계를 '적절함'에 대한 기준으로 삼을 수밖에 없을 것이다. 1926년 총파업 당시 노동계보다 정부의 의견에 더 큰 비중을 두었던 BBC도 적절한 불편부당성을 이런 맥락에서 이해한 결과라고 하겠다.

위에서 말했듯이 적절한 불편부당성 원칙이 실천의 수준에서 볼 때 모호한 면이 있으므로 방송이 비중을 크게 두지 않은 쪽의 갈등 당사자들은 방송이 불편부당하지 않았다고 비난하는 경우가 많았다. 1956년 수에즈 운하를 놓고 이집트와 영국이 갈등 관계에 들어갔을 때 BBC가 일방적으로 정부 편만을 든 것은 아니었다. BBC는 군사력을 동원하려는 정부 측과 이집트와 협상할 것을 요구하는 야당의 주장을 균형 있게 보도함으로써 정부로부터 이집트의 사기(士氣)만 고취시키는 비애국적 행위를 했다는 비난을 들었다. 1970년대 BBC의 IRA 보도에 대해 영국정부는 BBC가 IRA의 견해를 전달하는 홍보도구로 전락함으로써 적절한 불편부당성 원칙을 위배했다고 불평했다. 한편 1986년 포클랜드 전쟁 당시에도 BBC는 '아군' 또는 '적군'이란 용어 대신 '영국군' 또는 '아르헨티나군'이란 용어를 사용함으로써 중립성을 지키려는 노력을 기울였는데, 영국정부는 이에 대해 국익을 해치는 행위라고 비난했다. 특히 포클랜드 전쟁 당시 영국에서는 여당과 야당의 구분 없이 포클랜드 군도를 점령한 아르헨티나를 일방적으로 비난하는 여론이 들끓을 때였으므로 BBC의 불편부당성을 지키려는 노력은 높이 살 만하다. 또한 2000년대 초에는 영국 블레어 정부의 이라크 전쟁 개입에 대해 BBC는 비판적인 주장을 내보임으로써 정부와 마찰도 서슴지 않았다.

이상에서 보듯이 BBC는 북아일랜드 문제, 포클랜드 전쟁, 이라크 개입 등을 논쟁적인 사안으로 여기고 불평부당하게 보도하려는 노력을 기울였던 것이다. 이처럼 BBC의 공정성이 논란의 대상이 되었던 많은 사례를 살펴보면 불만을 제기한 쪽은 주로 영국정부였음을 알 수 있다. 바로 이런 점 때문에 영국의 시청자들은 정부의 간섭과 입김을 배제하고 불편부당성을 지켰던 BBC에게 신뢰의 박수를 보내고 있다고 할 수 있다.

적절한 불편부당성의 기준을 찾기 쉽지 않은 또 다른 이유는 제도권 정치가 한계상황에 다다랐기 때문이다. 의회의 대표성이 잘 보장되어 있는 상황이라면 정당별 의석 분포비율을 적절한 불편부당성의 잣대로 활용할 수도 있을 것이다. 그러나 정당 사이 이념과 정책의 차이가 줄어들고 정당 안의 이념적 균열이 커지는 가운데 제도권 밖 운동단체들의 정치적 영향력이 늘어가고 있는 상황에서, 의회 지분을 불편부당성의 기준으로 삼는 방식의 정당성에 대해 의문을 제기할 수 있다. 결국 적절한 불편부당성 원칙은 한 번 정해지면 영원히 같은 모습을 띠는 완성품(end-product)이 아니라 시대적 상황의 변화에 따라 실현방식이나 판단기준을 재정립하는 유연성을 가져야 한다(Sambrook, 2004). 다시 말해서 의회가 사회의 여론을 충분히 대표하거나 반영하는 상황에서는 의회의 의견분포가 불편부당성 여부를 판단하는 하나의 기준으로 적용할 수 있지만, 의회 밖(비제도권) 정치의 중요성과 영향력이 큰 사회에서 불편부당성의 기준을 찾기란 쉬운 일이 아니라는 것이다.

한편 불편부당성 원칙은 매체기술의 발달로 말미암아 이제는 폐기해도 좋을 규정이라고 보는 시각도 있다. 채널의 수가 폭발적으로 늘어난 디지털 방송환경 아래서 불편부당성을 강요하는 내용 규제는 더 이상 불필요하다는 주장이 나오고 있다. 방송 채널을 불편부당성의 규제 틀 속에 묶어두지 말고 자유롭게 의견을 공표하게 하더라도 채널의 수가 많기 때문에 채널 사이의 의견 다양성을 실현할 수 있으리라는 탈규제론자들의 낙관적 전망도 나오고 있다(Pately, 2004). 시청자들도 파편화하여 취향이 분화되었고 방송 채널은 치열한 경쟁구도에서 파편화한 그러나 특유의 정치적 취향을 지닌 시청자 집단의 관심을 끌기 위해서라도 그들을 만족시키는 견해를 집중적으로 전달하는 전략을 받아들여야 한다는 주장도 나오고 있다. 하지만 2장에서 지적했듯이, 채널 수의 폭발적인 증대가 방송의 공익성·다양성·진실성·공정성과 같은 방송저널리즘의 기본적 가치를 실현하는 데 얼마나 이바지할 수 있을지는 좀더 두고 볼 일이다.

디지털 전환 시대에 영국의 방송정책이 안고 있는 고민은 거대 미디어 자본의 이해를 반영하는 탈규제 주장과 불편부당성 원칙은 여전히 유효하다는 규제론자의 주장이 팽팽하게 맞서 있다는 점이다. 그러나 적절한 불편부당성 원칙이 방송에 대한 신뢰의 원천이며 신뢰 없는 방송이 공론장 구실을 제대로 수행할 수 없음을 고려할 때 디지털 시대에도 방송의 불편부당성은 반드시 지켜내야 할 덕목이라고 하겠다.

2) 미국의 형평성 원칙(Fairness Doctrine)

공영방송을 채택한 영국과는 달리 미국의 방송은 상업방송체제로 출발했다. 방송을 교육과 계몽을 위한 도구로 인식한 영국과는 달리 미국은 방송을 이용해 상업적 메시지를 드넓은 지역에 효과적으로 전파할 수 있다는 가능성을 인식했던 것이다. 광고 재정에 바탕을 둔 상업방송제도가 방송사업자들의 경제적 독립을 보장함으로써 정부의 정치적 간섭에서 벗어나 자유롭게 활동할 것이라는 기대는 언론의 자유를 주요 덕목으로 삼는 미국의 헌법정신과도 맞다고 여겨졌다. 불편부당성 원칙에 법적 구속력까지 부여한 영국의 규제정책은 방송사의 표현의 자유를 강조하는 미국의 탈규제 정책과 분명한 차이를 보인다.

그러나 미국도 방송이 공공성과 사회적 책임을 준수해야 한다는 믿음을 잃지는 않았다. 미국의 커뮤니케이션 법(1934)은 방송규제의 원칙으로 '공공의 이익·편의·필요'를 천명했다. 또한 커뮤니케이션 법 제315조는 선거 방송의 규제 근거로서 동등시간(equal time)의 원칙을 명시했는데, "어떤 방송국이 한 후보에게 시간을 제공한다면 그 공직에 출마한 다른 후보에게도 같은 시기에 같은 양의 시간을 할애해야 한다"는 이 원칙은 미국의 선거방송정책을 형성하는 기본 틀을 제공했다. 공정한 선거를 위해서는 방송시간을 공평하게 할애해야 한다는 법규는 미국 방송의 정치방송을 규제하는 중요한 잣대가 되었으며, 동등시간의 원칙은 1960년 이후 등장한 TV선거토론에서 엄격하게 적용되었다. 하지만 선의(bona fide)의 뉴스 보도, 선의의 뉴스 인터뷰, 선의의 뉴스 이벤트의 현장 보도에 나오는(appearance) 경우와 뉴스 다큐멘터리에 우연히 나오는 경우는 동등시간의 원칙을 적용할 수 없는 예외로 인정했다.

미국 방송의 공정성에 대한 규제는 FCC(Federal Communications Commissions)의 정책에 따라 이루어졌다. FCC는 1940년대 후반에 이르러 이른바 형평성 원칙(fairness doctrine)을 천명함으로써 공공의 수탁자인 방송사업자가 사용하는 전파는 희소한 가치이므로 이를 사용하는 방송사는 논쟁적인 공공문제에 관해 충분히 보도하고 공공문제에 대한 다양한 의견을 제공할 책임을 지닌다고 보았다. 반론권 보장도 이런 맥락에서 정당화하였다고 하겠다.

그러나 FCC가 애초부터 방송사에 논평의 자유를 부여한 것은 아니었다. 영국의 경우와 마찬가지로 FCC는 1941년 방송이 당파적 논평의 도구로 쓰이는 것을 금지하는 메이플라워 원칙(Mayflower Doctrine)을 확립했다. 이 원칙에 따르면 방송의 자유는 방송사의 자유가 아니라 청취자의 자유로운 정보 접근권을 보장하기 위함이기 때문에 당파적 목적의 방송 논평은 공익을 손상시키는 행위라는 것이다. 그러나 1940년대 후반에 이르러서 FCC는 논평 금지 원칙을 완화하여 쟁점에 대한 다양한 견해를 균형 있게 보도할 경우에만 논평을 허용하는 원칙으로 전환함으로써 형평성 원칙을 채택하기에 이르렀다.

형평성 원칙이 적용되었던 대표적인 판례는 1969년 펜실베이니아 레드라이언(Red Lion) 방송사에 대한 반론권 소송이었다. 레드라이언 방송사가 방영한 프로그램이 자신을 개인적으로 공격했다고 주장한 프레드 쿡(Fred J. Cook) 씨는 형평성 원칙을 근거로 반론을 제기할 수 있는 방송시간을 요구하는 소송을 제기했는데 미국의 대법원은 형평성 원칙을 인정하는 판결을 내렸다(Brennan, 1989).

따라서 미국은 방송의 공정성 확보를 위해 두 가지 규제 근거를 확립했음을 알 수 있다. 하나는 연방법인 커뮤니케이션 법 제315조에 명시하고 있는 동등시간의 원칙이며, 다른 하나는 FCC의 정책인 형평성 원칙이다. 전자는 강제력과 구속력을 지니고 있는 법이며 후자는 하나의 정책적 원칙이었다는 점에서 차이가 난다.

그러나 FCC의 정책으로 채택되었던 형평성 원칙은 1980년대에 이르러 심각한 도전에 직면한다. 첫째, 미국의 많은 방송인들은 이 원칙이 연방수정헌법 1조의 기본 정신인 표현의 자유를 억압할 소지가 있다고 주장했다. 형평성에 관한 문제는 타율적 개입으로 해결해서는 안 되며 방송인 개인의 자율적 결정에 맡겨야 한다는 것이다. 둘째, 이 원칙의 실효성에 대해 의문을 제기하는 측에서는 형평성 부담으로 말미암아 공공문제를 다루는 프로그램 자체를 축소하거나 회피하는 위축효과(chilling effect)가 발생하고 있다고 주장한다. 셋째, 채널 폭증 시대를 맞이하여 전파 자원의 희소성을 더 이상 방송 규제의 근거로 수용할 수 없는 상황이 왔으므로 방송 영역의 규제를 과감하게 벗겨야 한다는 목소리가 커졌다. 이런 분위기를 반영한 듯 1987년 FCC는 형평성 원칙을 폐기함으로써 방송영역의 탈규제가 본격적으로 시작되었음을 알렸다. 형평성 원칙이 사라진 뒤 방송논평의 자유는 확대되었으며, 그 결과 논평 기능을 강화하는 방송 채널과 프로그램이 갑자기 늘어났다.

하지만 미국의 FCC가 형평성 원칙을 폐기했다는 사실만으로 미국 사회가 공정 방송을 위한 규제 노력을 포기했다는 결론을 내릴 수는 없다. 형평성 원칙의 폐기 이후 미국 방송이 위축효과에서 벗어나 공정성과 의견 다양성이 더욱 증진되었다기보다는 오히려 케이블과 위성방송을 도입한 뒤 Fox 뉴스채널에서 보듯이 방송의 편파성 문제는 여전히 중대한 쟁점으로 부각되고 있다. 이런 상황에서 미국의 언론개혁운동 진영과 일부 의원들은 형평성 원칙을 입법으로써 부활시키려는 노력을 기울이고 있다 .

3) 일본의 NHK와 공정 보도 논쟁

제2차 세계대전이 끝나기 전까지 일본의 방송은 엄격한 국가 통제 아래 운영되었다. 그러나 전후인 1950년 일본 방송법이 통과되면서 일본의 방송은 공영체제의 면모를 갖추기 시작했다. 방송법 1조에서는 "방송의 불편부당, 진실을 보장할 것"과 "프로그램의 내용은 정치적으로 공평해야 하며 의견이 대립하고 있는 문제에 대해서는 가능한 한 다각도에서 논점을 명확히 해야 한다"고 명시하고 있다. 이것이 공영방송인 NHK가 준수해야 할 공정방송의 기본원칙이었다(문철수, 1997). 일본은 선거방송에서도 공정성을 지향하고 있는데, 여당과 야당에 똑같은 시간을 배정하는 것이 관행으로 굳어져 있다. 선거 뉴스나 프로그램과 관련하여 NHK가 채택한 내부 지침 또한 정확한 취재와 공정한 판단을 강조하고 있으며 표현에서도 세심한 주의를 기울임으로써 공정성을 확보해야 한다고 명시하고 있다(문철수, 1997).

방송의 공정성을 구현할 수 있는 법적인 토대가 마련되었다고는 하지만, 전후 일본의 공영방송은 정치권으로부터 완전히 독립성을 유지할 수는 없어 공정 방송을 제대로 구현하지 못한 한계를 안고 있었다. NHK가 정치권력의 지배로부터 자유로울 수 없었던 데에는 나름대로의 역사적, 정치적 이유가 있다. 첫째, NHK의 전신인 사단법인 일본방송협회는 제2차 세계대전까지 실제로 국영방송이나 마찬가지였으며, 방송으로 국민 동원에 앞장

섬으로써 전쟁 수행에 협력했다. 1950년 출범한 새로운 사단법인 NHK에는 일본방송협회 종사자들이 여전히 업무를 수행했는데, 그들은 언론의 독립성이라는 민주적 규범을 실천하기보다는 권력에 복종하는 조직 문화를 그대로 유지하고 있었다.

둘째, NHK의 예산은 일본 국회의 승인을 거쳐야 한다는 점에서 정치권력에 종속될 여지가 있다. NHK의 한 해 예산은 우정성과 내각을 거쳐 국회에서 심의하도록 되어 있다. 그러므로 NHK의 임원들은 우정성과 잘 통하는 의원들이나 여당의 지도자들을 찾아다니며 청탁성 로비를 하는 것이 관행으로 정착되었다(송일준, 1998). 이렇듯 해마다 집권 여당의 눈치를 살펴야 하는 NHK는 집권 여당을 비판하는 프로그램을 제작하는 데 매우 인색할 수밖에 없었다. 실제로 1981년 자민당은 NHK의 예산 승인을 늦춤으로써 NHK에 대한 통제권을 강화하는 결과를 불러왔던 적이 있다.

셋째, NHK의 최고의사결정기구인 경영위원회의 인사권을 집권 여당이 쥐고 있는 한 NHK는 정치적 독립성과 공정성을 유지하기 어렵다고 하겠다. 경영위원회는 12인으로 구성되어 있는데, 내각이 국회의 승인을 얻어 임명하므로 집권 여당의 입김이 작용할 수밖에 없다. 이렇게 임명된 12인의 경영위원들이 호선을 거쳐 위원장을 선출한다. 이 경영위원회가 NHK의 업무를 총괄하는 NHK 회장을 임명하는 권한을 갖는다고 볼 때, NHK 회장 역시 집권당 총수의 의지에 따라 결정된다고 볼 수 있다.

전후 방송의 민주적 질서를 수립하기 위해 통과되었던 방송법은 방송의 자유·독립·공정성 등의 가치를 추구하고 있었지만, 현실적 여건은 공영방송이 '권력 눈치 보기'에서 벗어날 수 없게 되어 있었던 셈이다. 최근에도 NHK의 공정성과 독립성이 위기에 처해 있음이 드러난 사례가 있었다. 2000년 12월 일본 도쿄에서 국제 여성단체의 주관으로 열린 '여성국제전범재판'은 제2차 세계대전 기간 동안 위안부 성폭행과 관련하여 일본 국왕에게 유죄 판결을 내림으로써 세간의 이목을 끌었던 사건이 있었다. 일본의 공영방송 NHK는 이 사안을 다큐멘터리로 제작하였으며, 완성된 프로그램을 2001년 1월 30일 방영할 예정이었다. 그러나 극우단체들이 방송사 건물 앞에서 이 다큐멘터리 제작물에 항의하는 시위를 벌였고, 자민당 간부들이 NHK를 방문하여 이 프로그램의 편파성을 주장하기에 이르렀다. 그 결과 NHK는 자민당의 요청을 받아들여 제작물을 다시 편집함으로써 문제가 되었던 부분을 삭제하여 44분짜리 프로그램을 40분으로 단축하여 방영했다.

하지만 《아사히신문》이 이 프로그램의 재편집과정에서 NHK 측이 자민당을 방문해 프로그램과 관련하여 긴밀하게 협조했다는 사실을 보도함으로써 논란이 불거졌다. 특정 정당의 정치적 이해가 프로그램에 반영됨으로써 공정성 시비를 낳았음은 물론, 공영방송이 집권당 측의 검열을 자청해서 받았음이 드러났기 때문이다. 그런데 이 문제가 더욱 커졌던 이유는 NHK 측이 정치적으로 예민한 현안을 다룬 프로그램에 대해서 자민당과 사전협의를 거쳤음을 부인했던 것과 달리 《아사히신문》은 이것이 NHK의 거짓말이라는 주장을 굽히지 않았으며, 그 결과 공영방송과 신문이 대결구도를 형성하였다. 결국 NHK 측의 주장이 거짓임이 드러났으므로 NHK는 이 사건으로 일본의 공영방송이 공정성과 독립성이란 가치를 제대로 구현하지 못하고 있었음을 고백하지 않을 수 없었다. 공영방송인 NHK가 집권 여당의 통제 아래 놓여 있음을 만천하에 알린 사건이었다.

NHK의 고백은 일본 사회에 적지 않은 파장을 일으켰다. NHK의 부적절하고 무책임한 행태를 비판하는 시청자들이 수신료 거부운동에 들어갔던 것이다. 2005년 1월 말부터 시작된 '수신료 거부 운동'은 같은 해 7월까지 지속되었는데, 이 시기까지 117만 가구가 수신료 납부를 거부했다. 전체 시청자의 3.2%에 지나지 않은 수치였지만 시청자들이 공영방송을 바로잡기 위해서 뜻을 모았으며 여론을 성공적으로 환기시켰다는 점에서 주목받을 만한 성과였다. 지금까지 공영방송에 대해 별다른 관심을 보이지 않았던 일본의 시청자들이 NHK에 대한 실망과 불만을 노골적으로 드러냈을 뿐 아니라 사태 해결을 위해 행동에 나섰던 것이다. 이렇듯 일본의 공영방송인 NHK도 기술적, 정치적, 사회적 환경의 변화로 말미암아 방송의 독립성・중립성・공정성 등의 가치를 실현하지 않으면 안 되는 도전에 직면해 있다.

4) 한국의 방송 공정성 논쟁

1987년 민주화가 시작되어 권위주의 독재정권이 무너지기 전까지 한국의 방송은 정권 홍보의 도구로 전락했으므로 공정성에 관한 논의조차 제대로 이루어지기 힘들 정도였다. 국가의 철저한 관리와 통제 아래 놓였던 권위주의 시대의 방송은 과연 저널리즘 행위로 볼 수 있을 것인가 하는 회의가 들 정도로 집권세력을 일방적으로 옹호했으며, 방송의 불공정성을 사회적 논쟁거리로 부각하는 일조차 쉽지 않을 정도로 권위주의 정권은 강도 높은 억압적 정책을 써왔다(이민웅, 1996).

특히 5공화국 시절 권위주의 정권의 철저한 통제 아래 놓여 있었던 공영방송은 여권을 찬양, 미화하는 것과 달리 야당을 '혼란과 불안을 일으키는 무책임한 정치집단'으로 매도하는 왜곡을 일삼았다. 특히 KBS는 학생운동 단체를 극좌, 용공분자로 규정하고 이들의 과격성과 폭력성에만 초점을 맞추는 한편, 정부 측의 주장만을 보도하는 편파성을 보이는 경우가 많았다 (김기태, 2004). 그러나 1986년에 이르러 학생운동이나 노사분규 등 갈등적 사안을 왜곡하고 권위주의 정부의 홍보도구로 전락한 공영방송에 대해 시민단체들이 반기를 들고 저항운동에 들어갔다. 기독교범국민운동본부는 다른 운동단체들과 연대하여 방송의 왜곡과 불공정성을 규탄하고 이를 시정하기 위해 시청료 거부운동을 전개해나갔다. 방송의 불공정성에 대해 공감하고 있는 많은 시민단체들이 이 운동에 동참하여 전단과 스티커 배포, 간행물 발간, 서명과 캠페인 활동, 모니터, 공개 집회활동을 벌임으로써 방송의 편파성을 사회적 의제로 부각하는 데 성공했다.

1987년 이후 권위주의 정권이 무너지고 사회의 민주화가 진행되는 가운데 방송에 대한 정부의 통제력이 상대적으로 약화되었다. 그럼에도 대통령이 공영방송사 사장 임명에 개입할 수 있었으므로 방송은 정권으로부터 완전히 독립할 수는 없었다. 방송사 노조가 결성되어 정부의 영향력으로부터 벗어나기 위해 많은 노력을 기울였으나 방송은 여전히 집권세력을 우호적으로, 야권이나 저항세력을 비우호적으로 보도하는 습성에서 완전히 벗어나지 못했다(강형철, 2004). 특히 김대중 정권은 언론사에 대한 세무사찰을 실시하고 탈세를 문제 삼아 보수신문의 소유주를 구속시킨 바 있는데, 정부의 입장을 두둔했던 공영방송과 보수신문들은 대립각을 세우면서 사사건건 충돌하는 모습을 보였다.

공영방송의 공정성 문제가 또 다시 사회의 주요 의제로 등장한 것은 2004년 3월 12일 국회가 대통령 탄핵소추안을 가결하였던 시점부터였다. 정치적 파급효과가 매우 큰 사안이었으므로 모든 뉴스 매체들은 탄핵 가결 이후의 상황을 반복적이고 집중적으로 보도했다. 특히 공영방송은 정규방송 프로그램을 중단한 채 탄핵 관련 프로그램을 긴급 편성했다. 그런데 탄핵 관련 방송을 시작한 지 하루도 못 되어 방송의 공정성과 균형성에 관한 논란이 벌어졌다. 대통령 탄핵을 주도했던 야당은 탄핵 방송의 불공정성을 문제 삼았으며, 방송위원회의 심의 안건으로 상정되기에 이르렀다. 그러나 방송위원회는 탄핵 방송의 불공정성 논란에 대해 결정을 내리지 않은 채 언론학회에 연구용역을 의뢰하여 탄핵 방송의 공정성 여부를 평가하도록 요청했다. 그런데 2004년 6월에 발표된 언론학회의 대통령 탄핵 관련 방송 내용분석 보고서가 '탄핵 관련 방송 보도는 불공정했다'는 결론을 내리자, 사회 한쪽에서는 이 보고서의 결과에 대해 반박함으로써 방송의 공정성 문제는 사회의 주요 관심사로 떠올랐다. 특히 신문과 방송 그리고 인터넷 등 언론매체뿐 아니라 학계, 언론 관련 단체, 정치권, 그리고 일반 시민단체들도 이 보고서에 대해 다양한 관점에서 엇갈린 평가를 쏟아냈다.

3. 탄핵 관련 방송에 대한 공정성 논란

탄핵 관련 방송의 공정성 논란의 핵심은 크게 보아서 두 가지로 나뉜다. 하나는 대통령 탄핵이 보도의 공정성을 요구할 정도로 정치·사회적으로 중요한 논쟁거리인가 하는 문제이며, 다른 하나는 공정성을 판단하는 기준과 잣대가 무엇인가에 관한 문제라고 하겠다. 여기서는 대통령 탄핵안 가결이라는 역사적 사건이 저널리즘의 측면에서 어떤 의미를 지녔는지, 즉 과연 공정성을 요구할 만한 사안인지를 살펴보고, 이 사안이 공정성을 지켜야 할 경우라면 공정성 여부를 판단하기 위해 어떤 기준을 적용해야 하는지에 관해 논의할 것이다.

1) 공정성의 적용 대상

방송의 공정성에 대한 요구는 방송 프로그램이 다루는 모든 소재에 대해 균형을 맞추어야 함을 의미하지는 않는다. 특히 사회 비판과 사회 고발의 책임을 맡고 있는 탐사보도나 시사 다큐멘터리 프로그램이 도덕적 판단을 내리지 않고 항상 균형만을 맞춘다면 기대한 목적을 달성할 수 없다. 예컨대, 성차별, 인종차별, 아동학대, 장애인 학대, 부패 등 누가 보더라도 지탄받을 일탈행위로 여겨지는 사안에까지 공정성을 요구하는 것은 아니다. 사회적 합의가 뚜렷하여 논쟁거리가 되지 않는 사안이나 쟁점은 공정성 부과 대상에서 벗어난다는 뜻이다. 사회적 합의에 바탕을 두고 명백한 도덕적 판단을 내릴 수 있는 위와 같은 사례의 경우 방송이 해당 행위를 일방적으로 비난했더라도 공정하지 못했다는 평가를 받지 않는다. 모든 경우에 공정 보도를 요구하여 선악에 대한 가치판단을 내리지 못하게 한다면 이는 방송의 자유를 근원적으로 해치는 조치가 될 것이다.

그렇다면 어떤 사안에 대해 공정성을 요구하는가? 어떤 사건이나 행위에 대한 인식이나 평가가 긍정과 부정의 두 쪽으로 나뉘어 논쟁적인 상황일 때, 방송은 공정성을 유지해야 할 책임을 진다고 하겠다. BBC의 제작자 가이드라인에 명시되어 있듯이 적절한 불편부당성 원칙은 '주요 이견들(main differing veiws)'이 존재하는 '정치적 산업적 논쟁거리(political industrial controversy)'에 대해서만 적용되고 있다. 이런 맥락에서 대통령 탄핵안 가결은 엇갈린 평가를 불러냈으며 정치적으로도 매우 중요한 논쟁 사안으로 여겨질 수 있다. 보도의 소재를 합의, 합법적 논쟁, 일탈의 세 영역으로 구분한 다니엘 할린(Hallin, 1986)의 분류체계를 적용해볼 때 대통령 탄핵이 합법적 논쟁영역에 속한다고 볼 수 있다. 물론 할린이 이 분류를 공정성에 대한 판단 기준을 제공하기 위해 제안한 것은 아니다. 그는 언론이 같은 사안을 다루면서도 정치·사회적 환경의 변화에 따라 보도 영역이 달라진다는 것을 입증하기 위해 이 모델을 끌어들였다. 할린은 미국 언론의 보도 분석으로써 특정 사안이 '합법적 논쟁영역'에 속할 때 공정성과 같은 저널리즘 규범이 더욱 엄격하게 적용되고 있음을 발견했다.

그렇다면 우선적인 관심사는 대통령 탄핵 문제가 과연 합법적 논쟁의 영역에 속하는 사안이냐 하는 것이다. 여기서 핵심어인 '합법적(legitimate)'이라는 말은 대통령 탄핵 문제가 유권자 사이의 논쟁과 국회의 토론 대상이 되는 사안이냐 하는 것, 다시 말해 사안의 성격 자체가 한국 정치 과정의 주요 제도권 정치 행위자들인 유권자와 국회가 토론할 가치가 있는가 하는 것을 의미한다. 대통령 탄핵 문제는 국회의 대통령 탄핵소추안 가결을 앞뒤로 해서 비단 제도정치권인 국회에서뿐만 아니라 시민사회 영역에서도 격렬한 정치적 갈등을 빚었던 사안이었다는 점에서 합법적 논쟁영역에 속한다. 한쪽에서는 대통령 탄핵을 할린의 분류체계 가운데 일탈영역에 속하는 사안으로 보아야 하다고 주장하면서, 탄핵 반대 쪽으로 쏠림 현상을 보였던 방송을 옹호했다. 하지만 필자는 2006년 6월 22일 독일 드레스덴에서 열린 ICA 학회에서 다니엘 할린 교수에게 직접 문의한 결과, 2004년 한국에서 발생했던 대통령 탄핵사안은 '합법적 논쟁영역'에 속한다는 즉각적인 답변을 들었다. 특히 탄핵안 가결이 '합법적'이었음은 헌법재판소에서도 그 '적법성'을 인정했기 때문에 논란의 여지가 없는 것으로 보인다.

연구보고서가 발표된 이후 탄핵안 가결이 논쟁영역에 속하는가 아니면 국민 모두가 비난하고 저주하는 일탈행위에 속하는가 하는 질문이 쟁점으로 떠올랐다. 즉, 행위의 합법성을 인정한 상태에서 그 행위를 규범적 차원에서 일탈로 볼 수 있는가 하는 문제를 제기한 것이다. 탄핵안 가결을 일탈행위로 보고자 하는 쪽에서는 탄핵안 가결이란 모든 국민들이 비난하고 저주해야 마땅한 일종의 '쿠데타' 행위이므로 '선'과 '악'은 이미 결정되어 있으며, 따라서 찬반 논쟁을 따질 사안이 아니거나 '탄핵 반대'로 얼마든지 치우쳐도 무방하다는 주장이다. 그러나 과연 그런 사안인가?

　탄핵안 가결은 일방적인 비난과 저주가 용인될 만한 일탈행위가 아니다. 무장 테러 단체가 민간인을 납치하거나 살해하는 사건과 같이 일탈행위로 볼 수 있는 사안과는 다르다. 예컨대, 김선일 씨를 납치, 살해한 무장단체를 옹호하는 주장을 보도하지 않았다고 해서, 이를 불공정 보도로 보지 않는다. 국민 모두가 이런 주장이나 행위가 '들을 가치도 없는(as unworthy of being heard)' 일탈적 주장 또는 비난받아 마땅한 일탈적 행위라는 언론의 의견에 동의하고 있기 때문일 것이다.

　하지만 대통령 탄핵안 가결은 이라크 파병이나 수도 이전 문제처럼 우리 국민이 반드시 찬반 의견을 함께 들어야 할 가치가 있는 논쟁적인 사안이었다. 탄핵안 가결은 그 절차의 적법성을 인정받았으며, 국회의원 3분의 2가 찬성했고, 국민의 30%가 지지했던 사안이다. 17대 총선에서도 탄핵안에 찬성한 정당들은 45% 정도의 정당지지율을 확보했다. 더구나 탄핵안은 '국민이 선출한 대통령을 법적 절차를 거쳐 끌어 내리자는 제안'이었기에 정치권뿐 아니라 모든 국민들의 삶에 직접적인 영향을 미치는 중대한 정치적 사건이었다. BBC의 제작자 가이드라인에서 특별히 'due impartiality' 기준을 강조하는 이른바 중대 사안(Major Matters)이라고 할 수 있다. 이렇듯 심도 있는 토론이 요구되는 사안이었으므로 언론매체의 사명은 찬성과 반대의 이유나 근거를 충분히 보도함으로써 '식견을 갖춘 시민(well-informed citizen)'을 형성해내는 것이었다. 탄핵에 반대했든 찬성했든 간에 국민들은 상대방의 주장이나 그 근거를 명확하게 알아야 자신의 논지를 더욱 정교하게 개발하여 숙의 과정에 참여할 수 있는 상황이었다. 그렇기에 방송은 탄핵에 대한 찬성과 반대 주장을 공정하게 담아냈어야 했다.

　2004년 또 다른 논쟁거리였던 수도 이전 보도와 관련하여 열린우리당의 대변인은 "찬성론과 반대론을 공정하게 보도해달라"고 주문했다. 옳은 지적이다. 대통령 자신이 수도 이전 반대를 대통령에 대한 '불신임' 또는 '퇴진운동'으로 느낄 정도로 수도 이전 문제는 정치적으로도 중대한 사안이다. 탄핵문제와 다를 바 없는 논쟁적인 사안인 것이다. 수도 이전 반대론을 찬성론보다 많이 보도했다는 점이 불공정보도의 근거라고 보았던 열린우리당이라면 대통령 탄핵 관련 방송에 대해서도 찬성과 반대를 공정하게 보도하라고 요청했어야 했다.

2) 공정성 판정을 위한 기준

대통령 탄핵 관련 방송의 편파성이 논란 대상으로 떠오른 가장 큰 이유는 공정성 여부를 판단할 기준에 대한 합의가 없었기 때문이다. 물론 추상적 수준에서 방송의 공정성을 보장하는 법적 근거는 있다. 통합방송법 6조 제1항에서는 "방송은 공정하고 객관적이어야 한다"고 명시하고 있으며, 제9항에서는 "방송은 정부 또는 특정 집단의 정책 등을 공표함에 있어 의견이 다른 집단에게 균등한 기회가 제공되도록 노력하여야 하고 또한 각 정치적 이해당사자에 관한 프로그램을 편성함에 있어서 균형성이 유지되도록 하여야 한다"고 규정하고 있다. 방송법을 바탕으로 하여 설립된 방송위원회도 방송의 공정성과 균형성에 대한 심의규정을 제정해놓고 있다. 방송위원회는 공정성의 지침을 채택하고 있는데, 여기에는 진실의 왜곡 금지와 객관주의 보도, 사회적 쟁점 사항의 보도에 대한 공정성·객관성·균형성, 특정인 또는 특정 단체에 대한 유리한 보도와 오보 금지, 방송사 또는 방송 종사자가 이해당사자인 사안의 경우 일방적 주장의 금지 등에 관한 내용을 담고 있다.

방송의 공정성을 법으로 명시했다고 하지만 공정성의 구체적인 기준이 무엇인가 하는 질문을 던져보면 쉽게 답이 나오지 않는다. 그것은 공정성 판정을 위한 구체적인 기준이 명확하고 확고하게 서 있지 않기 때문일 것이다. 물론 영국 BBC의 편집 가이드라인이 강조하고 있는 '적절한 불편부당성'의 원칙에 바탕을 두고 공정성 여부를 판단하는 것도 하나의 방법이라고 할 수 있다. 그런데 한국의 방송사들도 나름대로 공정성을 지키기 위해 마련해놓은 지침을 가지고 있다. 한국 방송사들이 스스로 지키겠다고 채택한 방송 제작자 가이드라인(KBS, 1998)과 방송강령(MBC, 2003)의 기준은 공정성 판단의 중요한 기준으로 적용될 수 있다. 왜냐하면 방송사들이 자발적으로 채택한 이러한 실천기준은 충분한 내부 논의를 거쳐 그 정당성을 인정받았을 것이기 때문이다.

(1) 영국 BBC의 편집 가이드라인(editorial guideline)

영국의 BBC는 불편부당성에 대한 해석을 담은 새로운 지침으로서 2005년에 편집 가이드라인(Editorial Guideline)을 공표하면서, 이것으로 기존의 제작자 가이드라인을 대체한다고 밝혔다. 이미 BBC는 기존의 제작자 가이드라인을 1988년에 공표했지만, 변화하는 방송환경에 적응하기 위해 세 차례에 걸쳐 개정작업을 벌여왔다. 1993년, 1996년에 각각 개정된 가이드라인을 내놓았는데, 1996년에 개정된 가이드라인에서는 '적절한 불편부당성'을 구체적으로 명시하기 위해 매우 세부적인 원칙을 제정하였다. 그러나 2005년에 새로이 도입된 편집가이드라인은 1996년판 가이드라인에 견주어 불편부당성 개념을 더욱 탄력적이고 유동적인 것으로 규정하고 있으며, 사실적 정확성을 강조하고 있고, BBC의 인터넷 사이트도 불편부당성을 충족시켜야 함을 말하고 있다.[1] 또한 2005년에 끌어들인 편집 가이드라인에서는 불편부당성을 전지구적 맥락(global context)으로 확대 적용하여 민감한 국제문제에 대해서는 주의해야 한다고 지적하고 있다.[2]

---

[1] 4차 개정한 가이드라인에서 사실적 정확성을 강조한 것은 2004년 BBC 길리건 기자의 이라크 관련 보고서에 관한 보도의 부정확성을 조사한 허튼 보고서가 BBC 내부의 뉴스 편집 절차에 문제가 있었음을 문제 삼았던 것과 관련 있는 것으로 보인다. 허튼 보고서의 BBC에 대한 공격에 맞서 BBC의 명성을 회복하는 데 힘을 기울이기 위해서 BBC는 제작자 가이드라인을 편집 가이드라인으로 그 명칭을 바꾸면서 정확한 보도의 가치를 강조했다.

[2] 2006년 4월 토마스 퀜틴(Thomas Quentin)을 책임자로 하는 연구팀이 BBC의 이스라엘·팔레스타인 갈등보도가 과연 불편부당한지를 분석하는 보고서를 발표했다. 이 보고서는 BBC의 보도가 편파적이고 사실을 왜곡하는 결함을 보였으며, 특히 언어사용에서 신중하지 못했음을 지적했다. 이 보고서는 BBC의 보도가 국제분쟁에 대해서도 불편부당해야 한다는 요구를 반영하고 있다(Quentin, 2006).

2005년에 공표된 편집 가이드라인이 이전의 제작자 가이드라인과 차이를 보이는 또 다른 부분은 BBC 조직의 의견표명에 대한 규정이다. BBC 보도의 공정성 여부가 보도의 대상이 되었을 때 BBC가 이 사안을 어떻게 보도해야 하는지에 관한 규정이 새롭게 추가되었는데, 개정된 가이드라인에서는 BBC를 '우리'라고 표현하거나 BBC 콘텐츠를 '우리 것'이라고 해서는 안 된다고 규정하고 있다. 즉, BBC에 관한 BBC의 보도조차도 불편부당하게 보도해야 하며, 논평과 보도를 철저히 구분할 것을 주문하고 있다. 결국 불편부당성은 여전히 BBC 저널리즘이 추구해야 할 이상적 가치로 존중되고 있는데, 핵심적인 내용을 살펴보면 다음과 같다.

① **BBC**가 추구하고자 하는 불편부당성의 의미
- 우리는 일정 기간 동안 방영되는 모든 프로그램이 다양한 주제나 견해를 다루어 적절한 균형을 갖추도록 할 것이다. 공공정책과 관련된 정치적, 산업적 논쟁사안과 주요 관심사에 대해서는 특별히 더욱 신중을 기하여 불편부당성을 지키고자 한다.
- 우리는 모든 주요 견해들을 의도적으로 빠트리거나 소홀히 다루어지지 않도록 하기 위해서 갈등적 의견들을 발굴함과 동시에 의견의 다양성을 확대하도록 노력할 것이다.
- 우리는 정당한 사유가 있는 한 일선 제작진이 어떤 견해나 주제라도 자유롭게 제작에 반영할 수 있도록 허용할 것이다.
- 우리는 특정 사안을 특정한 관점에서 바라보는 프로그램을 제작하도록 함으로써 어떤 한 견해가 공표되는 것을 허용한다. 다만 그 과정에서 우리는 반대 견해를 제대로 전달하도록 한다. 반대 견해를 가진 이들은 반론권을 청구할 수 있다.
- 우리는 논쟁적인 사안을 다룰 때 편파적이거나 균형을 잃지 않을 것임을 약속한다.
- BBC가 제공하는 기사는 접근방식이나 기사의 논조에서 BBC의 뉴스 정책을 반영해야 한다. 즉, 진행자와 기자 그리고 특파원은 공인으로서 BBC

를 대변하므로 BBC가 불편부당성 정책을 어떻게 인식하고 있는지에 대해 중대한 영향력을 행사한다.

- 시사보도 분야에 종사하는 BBC 언론인들은 전문적 판단을 내리되, 정치적, 산업적 논쟁사안이나 공공정책에 관한 문제를 놓고 개인적인 의견을 밝히지 않는다. BBC 시청자들이 BBC가 제공하는 모든 프로그램에서 특정 언론인이나 진행자의 개인 의견을 발견할 수 없도록 해야 한다.
- 우리는 드라마, 예술 및 오락 프로그램에서 예술가·작가·연예인들이 일정한 한계 안에서 개인적 견해를 공표하도록 허용하는데, 그 과정에서 의견과 관점의 다양성을 반영하도록 한다.
- 가끔 특정인을 인터뷰하여 그의 견해를 방영함으로써 많은 수용자들이 심각하게 공격받는 결과를 불러올 수 있다. 그럴 경우, 우리는 적절한 검토를 거쳐, 공익이 수용자에 대한 공격보다는 분명하게 더 중요하다는 것을 확신해야 한다.
- 인터뷰에서 매우 논쟁적인 견해를 내보이는 사람에게는 후속 질문으로 매우 엄격하게 그 주장을 검증하는 절차를 거쳐야 한다. 그 과정에서 그에게도 우리의 질문에 충분히 응답할 수 있는 공평한 기회를 주어야 한다.
- 우리는 다른 조직 출신의 언론인이나 학자들이라고 해서 모두 편파적임을 가정해서는 안 된다. 다만 그들이 특정한 견해를 옹호하고 있음을 시청자들에게 명백히 보여주어야 한다.

② 불편부당성을 구현하는 과정에서 고려해야 할 사항

불편부당성을 구현하기 위해서 다음과 같은 사항을 고려해야 한다고 서술하고 있는데, 특히 면허협정서에 명시되어 있는 불편부당성에 대한 준수는 BBC가 지켜야 할 법적 책임으로 보고 있다는 점이 주목할 만하다.

"불편부당성을 구현하는 방식은 BBC가 다루고자 하는 소재의 성격, 결과물(output)의 유형, 수용자의 기대 수준 그리고 내용물이 영국사회에 미치는 영향의 범위에 따라 달라질 수 있다. 면허협정서에 '적절한 불편부당성(due impartiality)'으로 명시되어 있듯이 이 개념은 BBC 방송종사자들이 사실들을 검토하고 각각의 중요성을 가늠할 때 공정하고 개방적이어야 하며, 이를 보도할 때 객관적이고 공평하게(even handed) 접근할 것을 요구한다. 하지만 이 개념이 모든 사안과 관련된 모든 주장들을 전부 다루어야 한다거나 각각의 주장에 같은 시간을 허용할 것을 요구하지 않는다."

③ 불편부당성의 원칙이 엄격하게 적용되어야 하는 경우: '논쟁적인 사안(controversial subject)'의 보도

편집 가이드라인은 논쟁적인 사안이 무엇을 의미하는지를 다음과 같이 설명하고 있다.

"논쟁적 사안이란 선거처럼 국가 전체에 파급효과를 미치는 중대한 문제이거나 국회에서 표결을 앞두고 있는 이론이 분분한 사안 또는 영국 공공 부분의 파업 등을 말한다. 국가 또는 지역단위에서 논쟁적 사안이란 국가나 지역에 지대한 영향을 미치는 문제를 의미하는데, 여기에는 정치·산업적 사안이 포함된다. 그러한 사안은 격렬한 토론을 벌여야 하는 문제, 토의 가운데 있는 정책 또는 정부가 이미 결정한 정책을 의미한다."

"BBC는 논쟁적 사안을 다루는 동안 폭넓은 주요 의견들이나 시각들에 적절한 무게를 두어 방송해야 한다. 의견과 사실을 명확히 구분해야 하며, 논쟁적 사안에 대한 주요 견해들이 프로그램에 반영되어야 한다."

④ 불편부당성 원칙의 국제 보도 적용

편집 가이드라인은 국제보도의 '논쟁적 사안'을 다음과 같이 정의하고 있다. 또한 BBC의 온라인 사이트도 논쟁적 사안을 다룰 때 주의해야 할 사항을 지적하여 보여주고 있다.

"글로벌 수준에서 논쟁적 사안이란 총선이나 국민투표처럼 그것이 전 세계에 미치는 영향력의 정도는 사안별로 다르지만, 해당국가나 해당지역에 매우 민감한 사안을 말한다. 우리는 전 세계 대부분의 국가들이 BBC 국제보도를 시청하고 있다는 사실을 항상 기억해야 한다."

"논쟁적 사안을 다루는 BBC 온라인 사이트가 외부 사이트에 대한 링크 서비스를 제공할 때 전반적으로 다양한 견해를 접할 수 있도록 해야 한다. BBC가 제3자 사이트에 링크할 수 있는 서비스를 제공할 때, 법이나 BBC 편집 가이드라인을 위반하거나 해악을 끼치지 않는지를 신중하게 고려해야 한다. 정부기관이 BBC를 이용하여 공적 또는 정치적으로 논쟁거리가 되는 정보나 영상물을 방영하려는 시도를 보인다면, BBC 종사자는 이를 BBC의 정치고문(Chief Adviser Politics)에게 알려야 한다."

(2) KBS의 방송제작 가이드라인(1998)

KBS는 1998년에 〈KBS 방송제작 가이드라인〉을 마련했다. 구체성 차원에서 보면 BBC의 가이드라인에 미흡하지만 공정성을 좋은 저널리즘의 덕목으로 삼고 공정성을 구현하기 위한 방송제작 원칙과 기준을 제시해놓고 있다. 우선 방송 프로그램의 공정성을 "시청자가 특정한 사안을 편견 없이 올바로 이해하도록 어느 한편으로 치우침이 없이 균형된 시각과 전체를 아우를 수 있는 관점을 제시하는 것"이라고 명시하고 있다.

① 공정성의 실천대상과 범위

편집에서 화면의 선택이나 촬영에서 앵글의 선택, 출연자의 선정 등 세부적인 문제에서부터 사회 각계각층의 다양한 견해에 대한 배려, 프로그램 안에서의 아이템 배열, 전체적인 프로그램의 편성에 이르기까지 모든 문제에 공정성이라는 개념이 적용된다.

② 프로그램의 공정성을 확보하기 위한 기준

- 공정성은 외견상의 단순한 중립성에 의해 얻어지는 것이 아니라 공정함과 진실을 추구하는 엄격한 윤리적 자세에 의해 확보될 수 있다. 권력에 대한 맹종이나 맹목적인 비판, 작고 힘없는 존재에 대한 맹목적인 배려나 무관심은 모두 유의해야 할 태도이다.
- 어떤 주장을 입증하기 위해 의도적으로 자신과 생각이 같은 취재원이나

사례만을 편향적으로 선택해서는 안 된다. 또한 어떤 용어를 선택하느냐
에 따라 제작자의 편견이 개입될 수도 있다는 점에 유의해야 한다.

- 의도적으로 어떤 사실을 생략하거나 의견을 마치 사실인 양 위장하는 행
위, 앵글의 조작 등 교묘한 방법으로 내용의 정확성·공정성을 훼손해서
는 안 된다. 이러한 방법은 시청자에 대한 일종의 기만행위가 되고 만다.

- 제작자가 관찰자의 입장을 넘어 현실에 직접 참여하는 행위는 신중한 판
단을 요한다. 제작자의 신중하지 못한 현실참여는 방송의 공정성을 저해
할 수도 있다.

(3) MBC의 방송 강령(2003)

MBC의 방송 강령은 공정보도와 관련하여 다음과 같은 기준을 채택하고
있다.

① 균형보도 : 사회적으로 논란이 되고 있는 문제를 다룰 경우에는 대립된
견해를 균형 있게 다루어야 한다. 균형성은 양적인 균형과 질적인 균형
을 동시에 요구한다. 문제에 관련된 당사자들의 대표적인 모습과 입장이
정리되어야 하며, 관련된 주요 사실의 의도적 누락이나 은폐 등으로 내
용이 편향되지 않도록 한다.

② 다양한 정보 제공 : 지지의 정도는 약하더라도 사회적으로 중요한 의미
를 지니는 의견도 전달함으로써 다양한 사회 계층의 견해를 폭넓게 제시
하도록 한다.

③ 차별금지 : 계층·신념·종교·연령·성별에 관계없이 국민의 견해를
불편부당하게 보도한다.

④ 보도와 논평의 구분 : 보도와 논평은 엄격히 구분한다. 취재원의 의견임을 가장하여 기자 개인의 의견을 보도에 삽입할 수 없다. 논평과 해설은 시·청취자 스스로 자신의 견해를 형성할 수 있도록 정확한 사실의 바탕 위에서 합리적인 설명이 되도록 한다.

⑤ 반론권 보장 : 개인이나 단체의 명예를 부당하게 훼손하지 않으며, 관련된 이해당사자들에게 반론이나 해명의 기회를 보장한다.

3) 공정성 판정의 기준에 관한 쟁점

다음은 언론학회 보고서가 발표된 이후 공정성 판정 기준에 관한 논란을 쟁점별로 정리한 내용이다. 이 쟁점별 논의로써 언론학회 보고서가 방송 공정성의 기준에 관해 어떤 입장을 취했는지, 또한 어떤 논거를 제시했는지를 엿볼 수 있다.

(1) 수학적 균형 또는 기계적 중립(50 대 50)의 기준만으로 공정성을 판정할 수 있는가?

방송의 공정성을 판정하는 기준에 관한 논의에서 자주 등장하는 주장 가운데 하나는 '기계적 중립성'이 공정보도의 판단기준이 될 수는 없다는 것이다. BBC의 제작자 가이드라인에서 지적했듯이 모든 유형의 사안에 공정성의 잣대(불편부당성)를 들이대지는 않는다. 다만 논쟁적인 사안에 대해서, 대립적 견해에 대해서 적절한 비중을 두도록 해야 한다고 명시하고 있을 뿐이다. 탄핵 방송 내용분석 보고서에도 기계적 중립을 공정성의 기준으로 삼겠다는 문장은 어디에도 없다. 오히려 보고서는 '기계적' 분석의 한계를 극복하기 위해서 질적 연구방법을 도입했음을 명확하게 밝히고 있다. 보고서의 여러 군데에서 양적(수학적 또는 산술적) 균형만으로는 공정성을 판정할 수 없다는 견해를 밝혔으며, 그렇기 때문에 질적 연구방법을 도입했음을 강조했다. 이를테면 양적인 차원에서 찬반의견이 7 대 3 또는 8 대

2로 나와 한쪽으로 편파되는 듯이 보이더라도, 비중을 덜 둔 의견이나 주장이 매우 견실하고 설득력이 있는 것이라면 — 즉, 질적인 차원에서 보완이 이루어진다면 — 공정성이 크게 훼손되지 않았다고 볼 수 있다.

그러나 프레임 분석과 담화분석의 결과를 놓고 볼 때 탄핵 방송의 양적 불균형이 질적으로 보완되지 않았음을 알 수 있다. 탄핵 관련 행위자들의 이미지 프레임, 관련 쟁점의 프레임 및 경쟁 프레임 그리고 프로그램 사회자의 언어 활용 방식을 질적으로 분석해본 결과 '탄핵 반대' 쪽으로의 체계적인 편파가 발견되었던 것이다. 그리고 특정 프로그램의 탄핵 관련 기자 리포트나 진행자 발언 분석에서 탄핵 반대와 찬성이 11 대 0의 차이를 보이고 있어 편파성이 극단적이었음을 드러내고 있다.

(2) 의견 지지도를 공정성 잣대로 삼는 것이 정당한가?

탄핵안이 가결된 바로 뒤 조사한 여론조사의 결과가 70 대 30 정도로 나왔으므로 탄핵 반대 지지도 70%를 '상황의 특수성' 또는 '국민의 정서'로 보고 이를 공정성의 잣대로 삼는 것이 바람직하다는 주장을 펼친 평자도 있었다. 일반인이 듣기에 그럴듯한 얘기지만, 저널리즘의 존재가치를 부정하는 대단히 무책임하고 위험스러운 주장이 아닐 수 없다. 즉흥적이며 가변적이어서 항상 유동적이며 조작이 가능한 여론조사의 결과에 따라 매일 또는 시시각각으로 공정성의 기준을 바꿔야 한다는 주장은 이론적으로 타당하지도 않으며 현실적으로 가능하지도 않다.

당일 일어난 사건에 대해 의견을 묻는 여론조사는 토론이나 숙의과정을 배제한 채 순간의 느낌과 선호만을 집계한 것일 뿐 진정한 의미에서 여론이라고 볼 수도 없다. 또한 즉흥적인 여론조사의 결과는 탄핵안 가결 당일 반복적으로 야권을 비난하는 성향을 보였던 방송의 영향을 반영한 것일 수도 있다.

신뢰할 만한 여론조사 결과가 나왔다고 하더라도 언론매체나 언론인이 항상 여론조사의 결과를 보고 다수 의견에 따라 보도정책을 정하는 일은 바람직하지 못하다. 그렇게 되면 언론의 자유와 비판기능은 공염불에 지나지 않기 때문이다. 영국의 BBC는 포클랜드 전쟁 당시 분쟁지역 파병에 대한 지지도가 83%나 되었음에도 대처 정부의 전쟁 정책에 관한 문제점을 지적하고 아르헨티나 정부의 처지를 전달하는 뉴스를 방송함으로써 공정성을 유지했다는 점은 일러주는 바가 크다.

의견 지지도를 공정방송의 잣대로 삼자는 주장을 그대로 따른다면, 우리 사회에서 논란의 대상이 되었던 쟁점에 관한 언론보도를 어떻게 해야 할까? 수도 이전을 국민투표로 결정하자는 의견이 67.5%, 그대로 실행하자는 의견이 27.4%로 여론조사 결과가 나왔다. 그렇다면 모든 언론매체가 국민투표 실시 쪽으로 편파되게 보도해야 하는가. 노대통령에 대한 지지도가 20%대로 떨어졌다는 조사결과에 맞추어 대통령에 대한 보도 크기와 시각을 결정해야 하는가. 이라크 파병문제도 여론조사 결과에 따라 보도해야 하는가. 일관성을 유지할 수 없는, 그래서 지켜지지도 않을 공정성 기준을 임기응변식으로 내세워서는 안 된다.

(3) 양적이든 질적이든 균형에 얽매이지 말고 '시대정신'을 공정성의 잣대로 삼아야 하지 않은가?

대통령 탄핵 반대가 '민주화의 흐름에 맞는 시대정신'이므로 방송의 공정성이 이런 시대정신을 공정성의 기준으로 삼아야 한다는 주장도 나왔는데, 이 역시 수용하기 어려운 주장이다. 물론 개인의 정치적 성향에 따라 탄핵 반대를 시대정신으로 받아들이는 사람들이 있을 것이다. 그러나 특정한 정치적 세력이 주장하는 시대정신이 공정방송의 조건이 되어서는 곤란하다. 특정한 이념이나 의견을 시대정신으로 삼자는 주장의 공표를 허용하는 것과 그것을 공정방송의 잣대로 삼는 것은 완전히 별개의 사안이다. 즉, 특정한 정치적 의견과 이념을 시대정신이라고 보는 주장을 하나의 사실로 보도할 수는 있지만, 이것이 '탄핵 반대 편들어도 좋음'을 의미하는 것은 아니다. 탄핵 반대가 시대정신이라면, 탄핵 찬성도 또 하나의 시대정신이라는 주장이 있을 수 있기 때문이다.

물론 시대정신을 어떻게 정의하든지 현실적으로 국민 모두가 합의하는 시대정신이 있다면 문제는 다르다. 하지만 우리 사회는 대립적인 시대정신들이 경쟁, 투쟁, 갈등하는 상황에 처해 있다. 이런 상황에서 지상파 방송의 역할은 특정한 시대정신을 옹호, 선전하는 것이라기보다는 대립적인 위치에 서 있는 시대정신들이 이성적이고 합리적인 토론을 거쳐 공론장에서 검증받을 수 있도록 하는 것이다. 자신이 주장하는 시대정신의 '무오류성'를 단정하고 '역사의 심판관'으로 자처하기보다는 여러 '시대정신들' 사이의 활발한 토론이 필요하다는 것이다. 우리 사회가 어떤 시대정신을 받아들일지는 다양한 의견을 접하고 충분히 숙의한 다음에 정치과정에 참여하는 시민들의 현명한 선택에 달려 있다. 공익을 구현할 책임을 안고 있는 방송은 대립적인 시대정신들이 합리적인 논쟁을 거쳐 타협·절충·합의 과정에 들어설 수 있도록 공론장을 마련해야 할 것이다.

앞에서 살펴본 대로 현재 방송사는 자체적으로 채택한 실천 규칙에 따라 양적, 질적 차원의 균형보도를 공정성 실천의 기준으로 삼고 있다. 또한 자체 제작한 미디어 비평 프로그램에서도 정확성과 균형을 가장 핵심적인 비평기준으로 활용하고 있다. 만약 특정한 '시대정신'을 공정방송의 핵심 기준으로 보고 싶다면, 시대정신 개념을 조작적으로 정의하고 이에 따라 마련된 구체적인 실천 규칙에 바탕을 두고 프로그램을 제작해야 할 것이다. 하지만 그렇게 되면 방송은 특정 시대정신 또는 특정 이념의 선전도구로 전락할 것이다.

또한 사회정의를 공정성 판단의 기준으로 삼아야 한다는 제안도 있다. 정의는 보편적 가치로 인정받기 때문에 고려해볼 수 있는 기준이다. 하지만 문제는 역시 사회적으로 합의할 수 있는 정의가 존재하는가이다. 누구나 '이것이 정의이다'라고 주장할 수는 있지만 그 정의에 대한 사회적 합의가 없을 때, 즉 정반대의 것을 정의라고 주장하는 쪽이 있을 때, 방송은 공정성을 지켜야 할 책임을 지니고 있다.

(4) 시시비비를 가리지 않고 (도덕적 판단을 배재한 채) 균형에만 얽매인 시사·교양 프로그램을 바람직하다고 볼 수 있는가? 즉, 관점(point of view)이 없는 시사·교양 프로그램이 바람직한가?

시사·교양 프로그램은 탐사언론을 실현하는 장르로서 제작자는 시시비비를 가리고 궁극적으로 도덕적 판단을 내린다. 그래서 당연히 시사·다큐멘터리 프로그램은 관점(point of view)을 가지며 제작자의 도덕적 판단은 정당성을 가진다. 그러나 여기에는 엄중한 책임도 뒤따른다. 제작자는 옳고 그름의 판단을 내리기 전까지는 최선을 다해 사실 관련 정보를 수집해야 한다는 것이다. 프로그램으로 진실을 100% 밝혀낼 수는 없겠지만, 진실에 가장 가까운 것을 그려내려면 관련된 사실들을 정확하고 종합적으로, 그리고 철저하게 수집해야 한다. 또한 제작자의 도덕적 판단은 반드시 독립적이어야 한다. 정치권·광고주·경영진·노조 그리고 각종 이익단체 등의 통제압력으로부터 자유로운 상태에서 판단을 내려야 한다는 것이다.

하지만 시사·교양 프로그램이 관점을 가질 수 있다고 해서 공정성의 기준을 무시해도 좋다는 애기는 결코 아니다. 도덕적 판단의 근거를 찾는 과정에서 논쟁 및 갈등 당사자들, 프로그램 출연자나 인터뷰 대상자들 그리고 일반 시청자들에게 얼마나 공정했는지를 따져보아야 한다는 것이다. 다시 말해 방송사가 관점을 가질 수 있다 하더라도 방송사는 관점이 다른 사람의 의견도 공정하게 다루어야 할 강한 의무감을 가져야 한다. 이 의무감(the sense of obligation)은 바로 방송사의 관점과 다른 의견을 가진 수용자에 대한 의무감이다(Kovach & Rosenstiel, 2001). 탄핵과 관련하여 갈등 당사자들은 대통령·여당·야당, 그리고 탄핵을 지지하거나 반대하는 정치세력들이며, 방송은 이들에게 모두 공정해야 했다. 또한 탄핵 찬반을 놓고 엇갈린 의견을 보인 시민들(시청자)에게도 공정해야 했다. 그러나 출연자와 인터뷰의 발언, 진행자의 발언, 리포트 내용 등에서 강한 편향성을 보인 시사·교양 프로그램은 탄핵 찬성 편에 선 갈등 당사자나 정치세력 그리고 시민들을 공정하게 묘사하지 못했었다.

여기서 한 가지 짚어보고 싶은 사항은 시사·교양 프로그램들 가운데 정도의 차이는 있지만 탄핵 반대 쪽으로 기울어지지 않은 프로그램을 전혀 발견할 수 없다는 점이다. 논쟁적인 사안에 대해서 모든 시사·교양 프로그램이 한쪽으로 체계적인 편향성으로 보였다는 사실은 프로그램 사이의 (의견) 다양성이 없었음을 의미한다. 방송사의 제작진 전원이 탄핵에 반대했기 때문에 그들의 자율적인 결정에 따라 탄핵 반대 성향을 보이는 프로그램만이 많이 만들어졌다고 해명할 수도 있을 것이다. 그러나 '공중에 봉사한다(serve the public)'는 방송 본연의 책임을 고려해볼 때 탄핵에 찬성하는 시민들을 대변하는 제작진이 없었거나 있었다 해도 그 구실을 수행하지 못했음을 알 수 있다. 방송사 제작진의 인적구성이 의견 다양성을 반영하지 않고 있거나 의사결정 과정에 문제가 있음을 암시해주는 대목이라고 하겠다. 미국의 방송에는 러시림보(Rush Limbaugh)나 빌 오라일리(Bill O'Reilly)가 진행하는 극단적 보수 성향의 프로그램이 있는가 하면, 빌 모이어(Bill Moyers)가 진행하는 진보적 프로그램도 있다. 특정한 논쟁 사안에 관해 시리즈로 프로그램을 편성하여 한 주는 그 사안에 찬성하는 출연진을, 다음 주에는 반대하는 출연진을 초청하는 미국 NPR(National Public Radio)의 편성기법도 참고할 만하다.

단일 프로그램이 관점을 가질 수 있도록 허용하는 것은 언론의 자유를 보장할 뿐 아니라 논쟁적 사안에 대해서 다양한 관점의 프로그램을 제작할 수 있는 길을 터주기 위해서이다. 즉, BBC의 제작자 가이드라인이 명시하고 있듯이 공정성 개념은 단일 프로그램 안(within a program)에서뿐 아니라 프로그램들 사이(between programs)에도 적용되어야 한다. 이렇게 볼 때 탄핵 관련 방송의 포괄적 심의를 각하(却下)한 방송위원회는 프로그램 사이의 공정성을 심의대상에서 제외시킴으로써 공정성 개념을 반토막 내버리는 어리석음을 범했다고 하겠다.

(5) 찬반을 판단하기 어려운 진술로 이루어진 보도가 상당 부분 있었음에도, 이를 제외한 나머지 데이터의 찬반 비율을 가지고 편파성을 판정하는 것이 정당한가?

탄핵 관련 방송보도의 상당 부분이 찬반을 판단하기 어려운 사실 관련의 진술이었는데 연구보고서가 이를 제외한 부분에서 탄핵 반대쪽으로 쏠린 것을 문제 삼은 것은 부당하다는 반론을 방송사들이(방송협회) 제기했다. 중립을 지킨 부분도 있는데 왜 편파성이 드러난 부분만을 부각시켰냐는 반론은 방송저널리즘에 대해 이해하지 못했음을 적나라하게 드러내고 있다. 이런 주장의 출처가 방송사였다는 사실에 놀라지 않을 수 없다.

방송보도는 당연히 찬반 의견을 판단하기 어려운 중립적 사실들을 다루고 있다. 저널리즘의 기본요소가 사실보도이기 때문이다. 방송보도가 사실 묘사를 뒷전으로 하고 '입만 열면 정파적(가치 개입적) 진술로 일관하는 것'이라면 이를 저널리즘이라고 부를 수도 없을 것이다. 방송보도는 사실 묘사를 기본으로 삼은 다음에 논평을 덧붙인다. 방송보도 전체에서 일부분일 수밖에 없는 방송의 논평(가치 개입적 진술)이 한쪽으로 쏠렸을 때 공정성이 문제되는 것이다. 따라서 '논평에서 드러난 찬반 의견의 분포'로 공정성을 측정하는 작업은 타당성을 인정받는다. 그리고 찬반으로 분류하기 어려운 진술이 다수라는 사실을 근거로 해서 방송이 공정성을 유지했음을 인정해달라는 주장은 너무나 궁색한 변명이다. 어떤 범죄자가 하루 24시간에서 한 시간 동안만 악한 행동을 하고 나머지 시간에는 선인지 악인지 구별할 수 없는 행동을 했다고 해서 우리는 그 사람을 선인으로 인정하지는 않는다.

(6) 사실적 상황(탄핵 반대 촛불 시위와 탄핵 찬성 집회)의 차이가 뚜렷함에도 균형을 요구하는 것이 정당한가?

촛불 시위의 규모가 크고 여러 날 계속, 전국적으로 이루어졌다는 점을 고려해볼 때 뉴스 가치를 많이 줄 수 있다. 탄핵 반대 촛불집회를 방영하는 시간과 횟수가 탄핵 찬성 집회의 경우보다 상대적으로 많았다는 것이

별로 큰 문제가 되지 않는다. 즉, 양적인 균형에만 얽매일 사안이 아니라는 것이다. 문제는 촛불 집회 또는 탄핵 찬성집회를 어떤 프레임으로 묘사했는지 그리고 어떤 가치 개입적 평가를 내렸는지를 체계적으로 분석함으로써 드러난 질적 불균형이다. 방송은 촛불 집회를 '민주주의 수호' 또는 '격분한 민초의 정당한 항의'로 틀지었다. 특히 방송 진행자들은 탄핵 반대에 동조하는 방향으로 감성적 용어를 쓰거나 발언을 함으로써 시청자들의 감정이입을 불러 일으켰다. 하지만 방송은 탄핵 찬성 집회에 대해서는 소극적이고 차분하게 진행되는 의례(ritual)로서 촛불 시위에 대한 대응전략일 뿐이라고 보면서 그다지 큰 의미를 두지 않았다. 규모가 크고 전국적으로 진행되는 집회이기 때문에 더 많은 시간을 배정하여 방송할 수는 있다. 그러나 규모가 큰 전국적 집회라고 해서 반드시 긍정적 프레임으로 묘사해야 하고 그 집회에 대한 비판과 우려의 목소리를 주변적인 것으로 다루어도 무방하다는 것은 아니다. 탄핵 찬성 또는 반대시위와 관련한 프레임 적용의 불균형은 일회적이 아니라 분석기간 내내 지속적이며 반복적으로 나타났다.

또한 거리 인터뷰에서 탄핵 반대 의견이 많이 나온 것은 국민의 의견을 반영한 것일 뿐이며 방송이 의도적으로 탄핵 반대 의견을 한쪽으로 쏠리게 많이 다룬 것은 아니라는 반론도 제기되었다. 내용분석 결과만을 놓고 제작진이 한쪽으로 쏠리게 보도하기 위한 동기를 지니고 있었는지 확실히 알 수는 없다. 그러나 결과적으로 탄핵 반대 의견을 가진 인터뷰 대상자 분포가 많이 나온 것은 방송사나 제작진의 비전문성 및 불성실성과 관련이 없다고 할 수 없다. 우연적 또는 의도적 표집(sampling)에 바탕을 둔 인터뷰 결과의 한계를 명확하게 인식했어야 했다. 우연히 만난 시민들을 대상으로 한 거리 인터뷰 결과를 '국민의 의견' 또는 여론으로 확대 해석해서는 결코 안 된다. 국민의 의견을 반영한 것이 아니라 당일 현장에 나온 시위참여자들이나 구경꾼들의 의견을 전달했을 뿐이다. 인터뷰 장소가 역이나 버스 터미널 또는 촛불 시위 현장으로 국한되었다는 점이 중요하다. 촛불 시위 현장이나 고속버스 터미널이 아닌 다른 장소에서 인터뷰했다면, 또는 시위 현장에 나오지 않은 국민들의 의견을 들으려는 노력을 좀더 많이 기울였다면, 다른 결과가 나올 수도 있었을 것이다. 탄핵 반대 프레임을 집중적으로 방영했던 방송사 제작진이 시도하는 인터뷰 자체가 탄핵을 찬성하는 시민들에게는 압력으로 작용할 수도 있다. 탄핵 찬성 의견을 지닌 시민들은 방송사의 인터뷰를 되도록이면 회피했거나 인터뷰에 응했더라도 속내를 제대로 밝히지 못했을 수 있기 때문이다. 이런 현상은 17대 총선 출구조사에서도 입증된 바가 있다.

(7) 무한 채널 시대에, 즉 채널의 희소성이 해소된 상황에서 공정성의 요구는 방송의 자유를 침해하는 것이 아닌가? 또 보수신문의 편파성을 놔둔 채 방송의 공정성만을 요구할 수 있는가?

채널의 수가 늘어났다고는 하지만, 대부분 오락물이나 상업적 메시지로 채워져 있는 것과 달리, 공공문제를 심도 있게 다루는 채널은 여전히 극소수에 지나지 않는다. 또한 채널의 희소성이 사라졌다고 하더라도 시청자 개인이 활용할 수 있는 시청시간은 여전히 국한되어 있으므로 공공문제를 다루는 프로그램을 시청하는 시간이 오히려 줄어들 가능성이 있다. 케이블·위성·인터넷 등에서 제공하는 수많은 오락 및 스포츠 프로그램을 시청하다 보면 공공문제를 다루는 프로그램을 시청할 시간을 내기가 쉽지 않다고 하겠다. 그리고 다채널 시대에는 자신의 문화적 취향과 정치적 성향에 맞는 채널을 주로 시청하므로 공론장의 분화현상이 일어나 소규모의 작은 공론장들이 늘어날 가능성이 크다. 그렇다면 이렇듯 분화된 작은 공론장들 사이의 연계 또는 이들을 통합적으로 포괄할 수 있는 공론장을 제공하는 방송 채널이 필요하다.

이런 상황에서 공영방송이 다양한 의견을 두루 접할 수 있는 채널로서 보편성을 확보한 '코어 미디어(core media)'가 되어야 할 것이다(Curran, 1996). 더구나 국민이 내는 수신료로 운영되며 '국민의 방송'이라는 구호를 내세우는 공영방송은 국민들의 다양한 목소리를 방송에 반영해야 할 책무를 지니고 있다고 하겠다. 그런 점에서 특히 지상파 방송은 여전히 공정성의 책무를 지니고 있다고 하겠다.

방송에게는 공정성의 책임을 요구하면서 왜 신문에게는 공정성의 책임을 묻지 않는가 하는 질문은 방송과 신문의 책무(accountability) 개념의 차이를 이해해야만 그 해답을 구할 수 있다. '누구에게 책임을 져야 하는가(accountable to whom)'라는 질문을 던졌을 때, 공영방송은 국민 전체에 대해 책임을 져야 하지만, 신문은 우선적으로 그 신문을 구독하는 독자에 대해 책임을 져야 할 것이다. 물론 신문의 편파적 보도가 바람직하다고 주장하는 것은 아니다. 신문으로 의견을 발표할 수 있는 자유를 보장한다는 점에서 신문의 편파적인 주장도 언론의 자유 차원에서 허용될 수 있다. 논쟁적 사안에 대해 한쪽 편을 드는 신문도 있지만, 상대편을 두둔하는 신문도 있을 수 있기 때문이다. 하지만 어느 경우든지 신문은 시장에서 독자들의 자유로운 선택을 거쳐 전달되므로 편파성에 대한 시장의 피드백이 반영되기 마련이다. 즉, 편파적인 신문은 독자 수 감소를 감수해야 한다.

하지만 방송, 특히 공영방송의 경우는 다르다. 한국 시청자들은 수신료를 의무적으로 내고 있으므로 시청자들이 시장 기제로써 편파적인 공영방송을 심판할 수 있는 위치에 서 있지 못하다. 따라서 시청자는 시장의 소비자가 아니라 공론장에 참여하는 시민의 자격으로 공정방송을 요구할 권리가 있다. 뿐만 아니라 국민의 자산인 지상파를 사용하는 공영방송이 이런 국민의 권리를 외면한다면 국민으로부터 불신을 받게 되며 궁극적으로 정치적 저항에 직면할 것이다. 그렇기 때문에 지상파 공영방송은 공익의 원칙을 따라야 하며 국민(시청자) 전체의 의견을 고르게 반영할 책무(accountability)를 지니고 있다. KBS와 MBC는 스스로 '국민의 방송'이라는 구호를 채택하고 있으므로 사회적 쟁점에 놓고 국민들의 의견이 엇갈렸을 때 당연히 공정성을 준수해야 한다. 따라서 공영방송이 공정성을 유지할 수 있도록 하는 자율적 또는 타율적 보완(supplement) 장치가 필요하다.

(8) 상업주의는 방송의 공정성에 어떤 영향을 미치는가?

2004년 대통령 탄핵 관련 방송이 편파성 논란을 낳은 것은 방송 제작진이 공정성의 원칙을 철저히 지키지 못했기 때문이지만, 또 다른 중요한 이유가 있다. 그것은 선정성을 두드러지게 하는 상업주의적 보도방식이 방송의 불공정성을 더욱 증폭시켰기 때문이다. 시청자의 흥미나 관심을 끌 수 있다고 생각하는 자극적인 장면을 반복 방영함으로써 편파성을 더욱 강화시켰다고 하겠다. 국회에서 정치인들이 울부짖고, 고함치고, 서류뭉치를 던지고, 밀고 당기는 모습과 대통령이 탄핵당할까 우려하는 길거리 인터뷰를 반복해서 방송하거나, 탄핵안 가결이 부당하다는 느낌을 사실과 섞어 시청자의 감성을 자극한 방송진행 등은 모두 이 사건의 선정주의적 특징을 크게 부각시키겠다는 의지가 반영된 것으로 보인다.

물론 대통령 탄핵은 국가의 중대 사안이므로 많은 시간을 할당하여 자세하게 다루어야 한다. 그러나 방송은 이 사안을 선정적으로 다루어 시청자의 흥분과 분노를 자극하기보다는 차분하고 침착하게 두 편의 주장과 그 논거를 전달함으로써 합리적 토론과 숙의가 이루어지도록 하는 편이 더욱 바람직하다. 방송 진행자가 자신의 감정이나 의견을 드러내 보도내용이 특정한 방향으로 해석되도록 이끈다면, 이는 고의적으로 편파성을 부추기는 행위나 다름없다. 다양한 의견이나 논평은 스튜디오 인터뷰로써 시청자들에게 얼마든지 전달할 수 있다. 선악의 이분법적 구도에 따라 '악'으로 규정한 측을 비하하는 방송진행이 일부 시청자들에게는 통쾌감을 줄지 몰라도, 의견을 달리하는 시청자의 눈에는 편파적인 방송진행으로 인식될 수밖에 없다.

방송 진행자의 개성(personality)을 강조하거나 보도 프로그램 진행자의 의견 개입을 허용하는 관행은 시청자들의 관심을 끌려는 상업주의 전략과 관련이 있다. 특히 시청자의 파편화 또는 분화 현상이 빨라지는 가운데 방송 진행자가 특정 세대, 또는 계층의 시청자들에게 소구할 수 있도록 그들의 정치적 성향을 반영하는 경향이 퍼지고 있다. 인터넷 매체가 젊은 세대의 뉴스 소비 수단으로 등장하면서, 일부 지상파 방송 프로그램은 젊은 시청자들의 정치적 성향에 맞는 논평을 내놓거나, 선정적이고 자극적인 장면을 내보냄으로써 그들의 눈길을 끌려고 한다. 이렇듯 상업주의 논리에 따르는 제작관행은 방송의 공정성 확보를 훼손하는 요인으로 작용한다. 뿐만 아니라 이런 선정적 제작관행은 왜곡·과장 보도로 이어져 언론의 으뜸가는 가치인 진실 보도까지 훼손시킨다.

(9) 왜 방송 공정성에 관한 학문적 논쟁이 필요한가?

방송이 논쟁적인 사안을 공정하게 다루어야 한다는 명제에 이의를 제기할 사람은 없을 것이다. 이미 앞에서 밝혔듯이 대통령 탄핵은 논쟁적인 사안이다. 그것도 매우 특수한 성격의 논쟁거리다. 정치권에서뿐 아니라 일반 시민들 사이에도 찬반이 엇갈리는 사안이었다. 최고통치자의 탄핵은 한 국가의 정치 리더십뿐 아니라 권력 구조의 본질적 변화를 의미하는 중대한 사안이었으며, 그래서 온 국민들은 이 문제에 큰 관심을 보이지 않을 수 없었다. 그러므로 방송을 보고 찬반 의견을 충분히 들어보아야 했으며, 방송은 당연히 적절한 균형감각을 가지고 논쟁적 사안에 대한 다양한 견해를 반영했어야 했다. 따라서 연구진은 대통령 탄핵 방송이 대립적인 의견을 공평(fair)하게 그리고 충분하게 다루었어야 했다고 보았다.

여론조사 결과에 바탕을 두고 다수 의견만이 선이며 그 반대 의견은 악이라고 보는 편 가르기 식 보도는 바람직하지 않다. 여론조사 결과가 탄핵 반대 쪽에 우세하게 나왔다고 해서 찬반 의견을 공정하게 다루는 보도를 못마땅하게 생각해서는 안 된다. 쟁점의 성격에 따라, 정치상황의 변화에 따라 여론의 우세와 열세의 위치는 얼마든지 바뀔 수 있기 때문이다. 여론의 향방이 바뀌었다고 해서 공정성의 기준을 멋대로 바꿀 수는 없다. 공정성을 요구한다고 해서 이를 방송규제의 일환으로 보고 방송의 자유를 위축시키는 처사라고 비판할 일도 아니다. 아무리 다채널 시대, 또는 무한채널 시대라고 하더라도 공익을 추구해야 한다는 지상파 방송의 책임은 여전히 유효하기 때문이다.

'형평성의 원칙(fairness doctrine)'에 대한 한국과 미국의 반응을 비교해보면 흥미로운 점을 발견할 수 있다. 미국의 보수정권이 1987년에 '형평성의 원칙'을 폐지했던 것과 달리, 미국의 진보진영은 이 원칙의 폐지를 비판하면서 그 뒤 줄기차게 '형평성의 원칙'의 부활을 주장해왔다. 한국의 상황은 정반대이다. 진보의 간판을 내세운 세력들은 공평성의 원칙을 '시대에 뒤떨어진 기계적 중립원칙'으로 왜곡, 매도하기에 바쁘다. 형평성의 원칙에 바탕을 둔 방송심의가 방송제작의 자유를 침해할 우려가 있다는 주장은 미국의 신보수주의 관점을 반영한다. 이와 달리 공정성의 정신을 강조한 탄핵 방송 연구보고서는 오히려 미국의 언론개혁 세력의 주장을 받아들이고 있는 셈이다.

양적, 질적 균형을 공정방송의 기준으로 삼자는 주장을 '기계적(양적) 중립' 옹호론으로 몰아세우거나 '정치적 무소신'으로 왜곡시켜놓고, 이를 비판하는 것은 정당한 처사가 아니다. 논쟁적인 사안에 대해 의견의 대립이 존재할 때 이를 공평하게 드러냄으로써 공론장을 활성화하자는 주장은 숙의 민주주의를 위한 기본 조건을 충족시키자는 주장이나 다름없다. 찬반 의견을 두루 들어보면서 합리적인 사고로써 자신의 주장을 정립하고 토론에 참여하는 숙의과정을 두려워하거나 회피해서는 안 된다. 지금 옳다고 믿는 내 생각이 틀릴 수 있다는 전제를 받아들이지 않는 도식적 사고는 자유주의 언론 철학을 부정하는 것이다. 특히 방송은 시청자들에게 '옳은 의견'이 무엇인지를 미리 결정해주기보다는 시청자들이 '옳은 결정'을 할 수 있도록 다양하고 풍부한 정보와 의견을 제공해야 한다. 탄핵 방송이 감정적 소구나 선정적 표현기법에 지나치게 기댐으로써 방송이 숙의를 촉진시키기보다는 편 가르기를 선동하지 않았나를 반성해볼 필요가 있다.

일부 학자들과 방송 종사자들이 강조하는 공정성의 기준 — 의견 지지도, 시대정신, 역사인식, 상황의 특수성 — 이란 매우 모호하고, 주관적이며, 작위적이어서 일관성을 요구하는 실천기준으로 구체화하기 어려운 것들이다. 정치적 상황의 변화에 따라, 권력자의 입맛에 맞추어 언제든지 다시 정의할 수 있는 가변적 개념이기도 하다. 정권이 바뀔 때마다 그 정권의 정책노선을 시대정신으로 합리화하고 이를 공정방송의 기준으로 삼을 수는 없는 것이다.

또한 일부 학자들은 다른 이론적 관점으로 탄핵 방송을 연구한다면 언론학회 보고서와는 다른 연구결과를 얻을 것이라는 주장을 펼치기도 했다. 그러나 여전히 아쉬운 점은 '다른 이론적 관점'에 바탕을 둔 공정성 기준이 무엇인지를 구체적으로 밝히고 있지 않다는 것이다. 그리고 더욱 의문스러운 점은 다른 연구팀이 같은 분석 대상을 연구했을 때 과연 이 보고서와 얼마나 다른 연구결과를 내놓을 수 있을까 하는 것이다. 전통적 내용분석 방법, 프레임 분석 방법, 담화분석 방법으로 '삼각측정(triangulation)' 하여 얻어낸 결과와 비교, 검토할 수 있는 다른 연구팀의 보고서가 하루빨리 나오기를 기대한다. 그런 연구가 나와야만 우리 연구진이 사용한 측정 도구의 타당성과 신뢰성에 관해 더 심도 있는 학문적 논쟁을 벌일 수 있을 것이다.

4. 소 결

이제까지 보는 바와 같이 2004년 대통령 탄핵 관련 방송이 공정하지 않았다는 한국언론학회의 보고서가 발표되면서 한국 사회는 방송 공정성의 개념을 어떻게 이해해야 하는지, 그리고 공정성 여부를 판단하는 기준이 무엇인지를 다시 점검하는 기회를 가졌다. 이 장에서는 한국보다 방송을 먼저 도입했던 영국·미국·일본이 방송의 공정성 개념을 구현하기 위해 기댔던 이론적 관점과 실천방안을 검토함으로써 한국에 적용할 수 있는 공정성 기준을 구체화하고자 하는 노력을 기울였다. 외국의 사례를 검토한 결과 사회적으로 논란이 되고 있는 사안에 대해서 방송이 균형과 불편부당성을 유지해야 한다는 법적, 제도적 원칙을 받아들이고 있음이 드러났다. 특정 사안에 대한 논란의 본질이 무엇인지, 그리고 왜 의견 차이가 발생하는지를 시청자들에게 올바로 전달함으로써 '식견 있는 시민

(informed citizen)'을 형성하는 일이 방송의 기본 사명임을 인식한 결과라고 하겠다.

방송의 공정성을 위협하는 요인은 권력과 자본, 각종 이익단체 등 방송사 바깥뿐 아니라 방송사 안에도 존재한다. 한국의 경우 민주화가 진행되면서 외압에 따른 공정성 위협은 줄어드는 추세를 보였지만, 방송사 스스로가 편파성의 함정에 빠져 공정성을 훼손시키는 어리석음을 범하기도 했다. 2004년 대통령 탄핵 방송의 경우가 바로 대표적인 사례라고 하겠다. 특히 탐사 저널리즘(investigative journalism)이나 주창 저널리즘(advocacy journalism)의 실천을 천명했던 제작진은 탄핵 반대가 '시대정신'임을 내세워 탄핵 찬성의 목소리를 제대로 전달하지 않는 것이 당연하다고 주장하기도 했다. 이런 주장을 펼친 제작진은 주창 저널리즘을 잘못 이해함으로써 편파적인 프로그램을 제작했다고 볼 수 있다.

특정한 관점을 제시하고 특정한 의견을 주장한다고 해서 공정성의 원칙에 위배되는 것은 아니다. 그런 관점과 의견의 정당성이 검증된 사실에 바탕을 둔 것이고, 그 과정이 갈등 당사자, 지지 및 반대 집단 그리고 사회 구성원 전체에게 공정하여 신뢰를 얻을 수 있는 것이라면 탐사 저널리즘 또는 주창 저널리즘 프로그램 제작자는 특정한 관점과 의견을 당당하게 주창할 수 있다. 프로그램 제작진이 심사숙고해서 내린 도덕적 판단의 정당성과 이를 위해 제공한 근거의 타당성이 인정받고, 제작의도가 사회적 합의에 따라 지지를 받는다면 그러한 TV 탐사 저널리즘은 사회 발전에 크게 이바지할 것이다.

그러나 이런 주창 저널리즘이 공정성을 확보하지 못해 신뢰를 잃게 되었을 경우에는 심각한 문제에 직면한다. 정치적 선전을 위해 주창 저널리즘을 남용하고 있다는 의혹을 받을 수 있기 때문이다. 2004년 대통령 탄핵정국에서처럼 사회적 합의가 도출되지 않아 논쟁을 벌이고 있는 사안에 대해 '주창(advocacy)'을 명분으로 한쪽 의견만을 증폭시키는 방송의 경우가 바로 그렇다. 이런 상황이 온다면 공영방송 저널리즘의 신뢰성이 위협을 받게 된다. 방송을 포함하여 언론 전반에 대한 신뢰성이 떨어지고 있으며, TV방송의 가장 큰 문제점으로 '정치적 편파성'과 '대안 없는 비판'을 들고 있다는 '2004년 수용자 조사'의 결과는 이런 맥락에서 일러주는 바가 크다(신문과 방송, 2004년 7월).

무한 채널의 시대로 접어들면서 보수 및 진보를 가릴 것 없이 파편화한 시청자 집단 — 사회적 약자, 민족, 종교 집단, 특정 정파 지지자 — 을 대상으로 주창 저널리즘을 실천하는 매체 출구들이 갑자기 늘고 있다. 인터넷 매체의 확산 또한 동질적 집단 안에서의 소통을 원활하게 하지만, 이질적 집단 사이의 소통을 어렵게 하는 집단 분극화(group polarization)를 빨라지게 하고 있다(Sunstein, 2001). 특히 한국은 이념 및 정치 영역에서 양극화가 심각한 상태이므로 집단 사이의 이념적 충돌을 극복하고 상호이해와 합의를 바탕을 마련할 수 있는 신뢰성 높은 매체가 필요하다. '보편적 이해를 증진하는 매체(general interest media)'로서 공영방송이 다양성·공정성·객관성을 확립함으로써 사회통합에 필요한 사회적 합의 수준을 유지할 수 있는 기틀을 제공해야 할 것이다.

7장

한국 방송저널리즘의 현실

― 저녁 종합 뉴스를 중심으로 ―

한국 언론은 의도적으로 공정할 필요가 없다, 또는 공정하지 않아도 좋다고 생각하는 것인가? 아니면 공정할 능력이 없는 것인가? 그것도 아니면 아예 공정성의 중요성에 대한 인식 자체가 없는 것인가? 언론의 공정성 위기에 대한 처방을 내리는 데에서 이 문제에 대한 대답은 가장 중요한 요건이 된다. 만약 언론이 의도적으로 공정하지 않아도 좋다 또는 그럴 필요가 없다고 생각한다면, 이는 공정성 원칙에 대한 의도적 위반의 문제가 되므로 이에 대해서는 규범적인 논쟁이 요구된다. 하지만 한국 언론이 공정하고 싶어도 그럴 만한 능력이 없다면 처방은 달라진다. 한마디로 말해서 공정성 규범을 지키겠다는 다짐과 함께 그럴 수 있는 능력을 갖추기 위해 언론 스스로 체질을 바꾸고 훈련을 해야 하는 것이다.

한국 방송언론은 적어도 겉으로 보면, 그리고 스스로 표방한 바에 따르면, 방송법에 따라 그리고 자체 규범에 따라 공정성을 준수해야 할 규범으로 인정하고 있다. 따라서 현실적으로 방송뉴스가 공정하지 못할 경우, 그러한 불공정성이 진정 '공정하지 않아도 좋다'고 생각하는 방송뉴스 제작자 때문에 발생한다고 보기는 어렵다. 실상은 오히려 그 반대에 가깝다. 즉, 한국의 방송뉴스가 공정하지 못하다고 비판 받을 때, 방송뉴스 제작자들의 처지에서는 우리도 열심히 하느라 했는데 그럴 때마다 불공정 시비에 휘말린다는 불평을 하는 경우가 많다. 따라서 방송뉴스 제작자의 의도를 넘어선 불공정성 이유에 대한 설명이 필요한 것으로 보인다. 즉, 한국 방송뉴스의 불공정성을 불러올 수밖에 없는 조건으로서 방송 뉴스의 내용적, 형식적, 구성적 특징을 검토하고, 뉴스 제작관행, 뉴스 조직의 영향, 정부와 시장의 영향력 등 다층적이고 다차원적인 요인들이 이러한 특징들에 어떻게 작용하고 있는지 검토할 필요가 있다는 말이다.

여기에서 중요한 관점은 방송뉴스 제작자의 '불공정한 태도·의도·가치'가 불공정한 뉴스의 원인일 수 있지만, 실제는 방송뉴스 제작자의 태도·의도·가치를 넘어선 뉴스 제작관행, 뉴스 조직의 제한점, 정부와 시장 등 외적 영향력, 그리고 사회 체계의 통제 등과 같은 구조적 요인이 더 중요할 수 있다는 것이다(Shoemaker & Reese, 1996). 방송뉴스는 하나의 문화적 제도라고 한다(이재경, 2004). 뉴스를 제작하는 방식, 뉴스 텍스트의 구성 양식, 뉴스를 전달하는 화법, 그리고 시청자의 뉴스 수용에 이르기까지 뉴스 현상은 그 뉴스가 생산되고 전달되고 소비되는 문화적 특성에 따라 다르게 형성된다(이민웅, 1991). 한국·일본·영국·미국 등의 방송뉴스는 모두 '사실에 바탕을 둔 소식을 전달하는 제도'라는 명시적인 정의를 따르지만 각 나라의 방송뉴스는 그 형식과 내용에서 매우 다르다.

방송뉴스가 각 국가와 문화마다 다른 이유는 무엇보다도 방송뉴스 제작 시스템이 저마다 다르기 때문인데, 제작 시스템의 차이는 다시 그 제작 시스템이 존재하는 방송 제도의 성립과 발전의 역사가 다른 데 기인한다(이민웅, 1991 ; McQuail, 1992). 예를 들어, 미국의 네트워크 시스템의 발전과 네트워크 뉴스와 로컬 뉴스의 병립은 미국 특유의 방송 제작 시스템을 만들어냈으며, 영국의 경우 BBC 라디오 방송에서 출발한 공영방송 제도의 발전과 BBC와 ITV의 과두 체제의 전개가 영국 방송뉴스의 고유한 특성으로 진화했다고 말할 수 있다. 한 국가나 사회의 정치사회 제도 일반은 물론 그 제도의 행위자, 즉 정부, 광고주, 압력단체 등 외부적 행위자와 방송 경영자, 취재원, 경쟁자 등 내부적 행위자의 행위 양식에 따라 달라질 것으로 예상할 수 있다. 이는 슈메이커와 리즈(1996)가 제시한 뉴스에 영향을 미치는 다섯 요인 가운데 가장 상위인 특정한 사회 체계의 지배 이데올로기 요인과 그 다음 층위인 정부·시장·기업 등 미디어 조직 외부의 영향에 해당한다.

방송뉴스의 특성을 설명하기 위해 빠뜨려서는 안 되는 또 하나의 요인은 뉴스 시청자이다. 방송뉴스는 다른 양식의 뉴스와 마찬가지로 그 소비자인 시청자의 요구와 취향으로부터 분리될 수 없다. 뿐만 아니라 많은 경우에 시청자의 요구와 취향, 그리고 생활양식(lifestyle)에 맞추어 제작된다. 뉴스란 하나의 문화적 양식으로서, 각 문화의 구성원의 이해와 요구, 그리고 향유 방식에 따라 달라지는 것이다. 특히 각 국가나 문화에서 시청자가 뉴스를 접하는 시간대, 뉴스로부터 얻는 정보에 대한 기대감, 심층 뉴스와 뉴스 분석에 대한 수용 능력 등에 따라 뉴스의 길이, 깊이, 그리고 구성 방식 등이 달라질 것이라 예상할 수 있다(이준웅·황유리, 2004).

마지막으로, 뉴스에 영향을 미치는 요인으로 뉴스 조직의 성격, 제작관행, 뉴스 제작자의 개인적 성향을 무시할 수 없다. 일찍이 매체 사회학의 고전들이 제시한 바 있듯이, 뉴스 조직의 구성과 조직의 목표, 그리고 조직원들의 역할과 조직 안 권력의 배치 등은 조직의 최종 산물인 뉴스에 직접적인 영향을 미치는 것으로 알려져 있다(Fishman, 1980 ; Gans, 1979 ; Tuchman, 1978 ; Shoemaker & Reese, 1996). 그런가 하면, 뉴스 제작자의 가치와 태도, 그리고 제작관행 역시 뉴스의 구성과 내용에 영향력을 미친다고 한다. 덧붙여 슈메이커와 리즈(1996)는 이러한 조직적이며 규범적인 요인 말고도, 뉴스를 제작하는 언론인의 정치·사회적 배경, 그리고 언론이 스스로 부여하는 직업윤리와 역할에 대한 인식 등도 뉴스의 구성과 내용을 결정하는 중요한 요인임을 밝힌 바 있다.

한국 방송뉴스가 공정하지 못한 것은 '공정하고 싶어도 그럴 수 없는' 일종의 실력 또는 능력의 문제인가? 또는 방송제작자의 의지와 능력을 넘어선 구조적인 문제인가? 이 장에서는 이러한 문제에 대한 답변을 제공하기 위해 먼저 저녁 종합 뉴스의 형식과 내용의 특성을 규명하고 이러한 특성이 나타나게 된 원인을 탐색한다. 즉, 한국의 방송뉴스는 미국·영국·일본의 방송뉴스와는 다른 어떤 내용적, 형식적, 구성적 특징을 지니는지 탐색함으로써, 이러한 특징의 차이점들이 한국 방송뉴스의 공정성과 관련해서 어떻게 상호작용하는지 추적하고자 한다. 결국 이 장에서는 한국 저녁 종합 뉴스가 갖고 있는 내용적, 형식적, 구성적 특징에 대해 검토함으로써 이러한 특징에서 나타나는 방송뉴스의 불공정성 시비의 원인과 극복 가능성에 대해 고찰해보려 한다.

1. 한국적 방송뉴스의 도식 : 저녁 종합 뉴스의 구성적 특성

텔레비전 저녁 종합 뉴스는 한국의 대표적인 뉴스 채널로 여겨진다. 〈KBS 뉴스 9〉〈MBC 뉴스데스크〉〈SBS 8시 뉴스〉 등으로 대표되는 저녁 종합 뉴스는 뉴스의 실제 '이용자 도달률'과 '신뢰도 평가' 등 모든 측면에서 신문·케이블·인터넷을 포함한 모든 다른 뉴스 채널보다 우월한 것으로 나타나고 있다. 비록 최근 케이블 뉴스와 인터넷 뉴스 등이 갑자기 떠오르면서 영향력을 확대하고 있지만, 아직도 점유율과 도달률을 기준으로 보면 텔레비전 뉴스가 가장 강력하다고 볼 수 있다. 따라서 이러한 저녁 종합 뉴스가 내용에서 부실하다면, 이는 한국 언론의 가장 중요한 부문이 사실상 제 구실을 제대로 수행하지 못하는 셈이 된다.

지금까지의 텔레비전 저녁 종합 뉴스에 대한 기존연구를 종합해보면 (강만석, 1999 ; 부경희, 1995, 1996 ; 손승혜, 1999 ; 이민웅, 1991, 2001 ; 이재경, 2004 ; 이준웅·황유리, 2004 ; 윤호진, 2004), 저녁 종합 뉴스가 구성, 내용, 그리고 주제 측면에서 고품질의 정보를 제공한다고 말하기 어렵다는 것을 발견할 수 있다. 특히 이준웅과 황유리(2004)는 저녁 종합 뉴스가 일종의 '도식적 구성'을 따르고 있음을 지적하면서 이른바 '한국형 방송뉴스 도식(news scheme)'이 성립하는 이유가 한국 방송뉴스 조직 특유의 조직문화와 취재 관행 때문이라고 제시한 바 있다. 이들이 말하는 '한국형 뉴스 도식'이란 한국 방송사의 일일 종합 뉴스에서 확인할 수 있는 뉴스의 형식적이며 내용적인 특성이 일정한 양식으로 구조화한 것을 의미한다. 아마도 이러한 '방송뉴스'의 도식적 구성은 일차적으로 슈메이커와 리스가 제시한 뉴스 제작관행 및 미디어 조직에서의 특성들, 즉 뉴스 제작 시스템, 뉴스 제작관행, 조직문화, 그리고 뉴스 제작자의 시청자에 대한 이해 등과 관련이 있을 것으로 예상된다. 이 절에서는 이민웅(2001), 이재경(2004), 그리고 이준웅·황유리(2004)의 연구결과에 제시된 한국형 방송뉴스의 내용적, 형식적, 구성적 특성을 정리해서 살펴보고 이를 뉴스 제작관행과 조직에서의 특성과 연결시켜 설명하려 한다.

1) 구성적 특성—짧고 많은 뉴스 아이템

지금까지 수행된 한국 방송뉴스에 대한 연구결과를 종합해보면, 한국의 방송뉴스는 다른 나라의 뉴스, 특히 영국·일본의 공영방송 뉴스와 미국의 네트워크 뉴스와 비교해서 뉴스 시간은 더 길지만, 짧은 뉴스 아이템을 수적으로 더 많이 편집하는 특성을 보인다. 즉, 비교적 짧은 길이의 뉴스 아이템을 수적으로 많이 편집하는 특징이 나타난다.[1]

(1) 뉴스 아이템 수와 길이

이준웅·황유리의 2003년 자료를 기준으로 보면 한국의 전형적인 저녁 종합 뉴스인 〈KBS 뉴스 9〉은 1일 평균 35.6건의 아이템을 보도했다. 이는 1995년과 1999년 한국의 방송 3사 저녁 종합 뉴스를 대상으로 한 연구결과와 거의 차이가 없다. BBC와 ABC, NHK 뉴스들은 한국 방송뉴스에 견주어 하루에 보도하는 뉴스 아이템 수가 적다. BBC의 경우 1일 평균 12.2건의 아이템을, ABC의 경우에는 9.8건의 아이템을, NHK는 19.3건의 아이템을

---

[1] 이러한 특징은 명백하게 심층적이고 분석적인 보도를 어렵게 하는 구조적 제약으로 작용한다. 하지만 한국 저녁 종합 뉴스는 이를 극복하기 위해 이른바 같은 주제에 대해 여러 개의 아이템을 묶어서 편집하는 '묶음 보도' 또는 '번들링(bundling)' 편집으로써 이러한 어려움을 부분적으로 극복하고 있다. '묶음 편집' 또는 '번들링'에 대해서는 아래 구조적 특성에 대한 논의에서 자세히 설명할 것이다.

〈표 7-1〉 방송사별 1일 평균 뉴스 아이템 수 (단위 : 건 수)

	KBS (방송3사)*	BBC	ABC(NBC)**	NHK	WPVI
이준웅·황유리 (2003)	35.6	12.2	9.8	19.3	32.0
손승혜 (1999)	34.4	12.7	9.1	−	−
부경희 (1995)	32.0	14.5	10.1	19.0	−

* 손승혜(1999) 자료와 부경희(1995) 자료는 KBS, MBC, SBS의 평균
** 손승혜(1999) 자료는 NBC

보도했다. 한국 방송뉴스는 영국과 미국, 일본의 뉴스 프로그램들보다 2~3배 이상의 많은 아이템들을 보도하는 특징을 보인다. 또한 아이템 수로 보아, 한국의 저녁 방송뉴스가 미국의 로컬 뉴스(32건)와 비슷한 양상을 보인다는 점이 주목할 만하다.

한국 저녁 종합 뉴스는 약 45분 정도 방송하지만, BBC는 약 25분, 미국의 네트워크의 저녁 종합 뉴스는 약 20분, 미국의 지역 뉴스는 약 40분, 일본의 NHK는 약 50분 정도 방송한다. 2003년 기준으로 보면, 결국 각국 뉴스의 아이템 1개당 평균 길이는 한국이 약 77초, 영국의 BBC는 약 120초, 미국 네트워크 뉴스는 약 100초, 일본 NHK는 약 160초 정도가 된다는 것을 알 수 있다. 즉, 한국 저녁 종합 뉴스의 아이템 평균 방송 길이는 다른 나라 저녁 종합 뉴스에 견주어 짧으며 다만 미국 지역뉴스와 비슷한 길이라는 것을 알 수 있다. 한국 저녁방송 뉴스가 미국의 지역방송 뉴스와 형식적으로 비슷하다는 점이 특기할 만하다. 특히 2003년 자료를 과거 자료와 견주어보면, 한국·영국·미국 방송뉴스 모두 다 1995년에 견주어 1999년과 2003년 방송뉴스의 평균 시간이 줄어들었음을 보여준다. 하지만 일본 NHK는 128초에서 157초로 오히려 늘어났다. 한국 방송뉴스는 1999년과 2003년 사이에 별다른 변화가 없었다.

다만 여기에서 주의해야 할 점은 한국 저녁 방송뉴스의 경우 비록 아이템 당 뉴스의 길이는 평균 77초로 매우 짧지만, 중요 뉴스에 대해서는 이렇게 짧은 뉴스 아이템을 여러 개 묶어서 편성하는 이른바 '묶음 보도

〈표 7-2〉 방송사별 뉴스 아이템 평균 길이 (단위 : 초)

	KBS (방송3사)*	BBC	ABC(NBC)**	NHK	WPVI***
2003	77.0	120.1	104.1	157.0	75.0
1999	77.4	114.3	119.2	–	–
1995	110.0	140.5	149.3	128.0	–

* 손승혜(1999) 자료와 부경희(1995) 자료는 KBS, MBC, SBS의 평균
** 손승혜(1999) 자료는 NBC
*** WPVI : 미국 필라델피아 지역 지방 방송사 뉴스

(bundling reports)'의 관행을 보인다는 점이다. 예를 들어, 이라크전에 대한 보도를 할 경우 BBC는 10분 이상, 심지어 15분에 달하는 뉴스 아이템을 제작해서 방송하기도 하지만, 한국 저녁 종합 뉴스는 1분 10초 또는 30초짜리 아이템을 여러 개 묶어서 제시한다. 즉, 뉴스를 잘게 나누어 (1) 사건에 대한 스트레이트 개요, (2) 한국정부의 반응, (3) 미국의 대응, (4) 현지 주민의 반응, (5) 한국군 파병에 대한 함의 등등으로 묶어서 잇달아 편집하는 경향이 있다는 것이다.

이러한 묶음 보도는 기사의 내용을 파편화하고 단순한 논리로 환원시킨다는 단점이 있다. 즉, 역사적 배경이 복잡하거나 사안의 관련자가 많은 경우, 그리고 사안 자체가 이해하기 어려운 갈등 관계를 반영하는 경우 등 복합한 사안을 충분히 풀어서 제시할 수 없다는 명백한 단점이 있다. 이와 달리 묶음 보도는 뉴스의 제작이 쉽고 간결하게 핵심적인 정보를 전달할 수 있다는 장점도 있는 것으로 보인다. 그러나 이러한 묶음 보도가 채택되고 유지되는 실제 이유가 '뉴스의 품질' 또는 '뉴스의 내용'에 대한 고려에 있는 것이 아니라 뉴스 제작의 편의성과 효율성의 차원에 있다는 데 문제가 있다고 본다. 이렇듯 묶음 보도를 할 수밖에 없는 이유에 대해서는 뉴스 조직의 구성과 관련해서 논의하겠다.

(2) 뉴스 아이템의 제시 방식

한국 방송뉴스의 뉴스 아이템의 제시 방식을 알아보기 위해, 앵커와 리포팅의 비중, 제목과 자막의 사용, 화면 구성 등을 검토해서 외국 방송뉴스와 비교해보았다. 기사의 제시방식이란 뉴스의 외적인 특징을 의미하는 것으로서 개별 뉴스 아이템에서 앵커와 보도기자의 등장 여부, 인터뷰 포함 여부, 제목, 자막, 사진 등 이용 여부, 지도나 그래픽 사용 여부, 자료화면 사용 여부, 현장 중계 등의 구성 방식 등을 총괄하는 범주이다.

보통 방송뉴스는 앵커가 보도의 주요 사항을 말하는 것으로 시작해서 기자의 상세한 리포팅과 자료의 제시로 이야기를 발전시키는 '앵커 발언+기자 리포트'의 결합 형식을 띤다. 그러나 단신 뉴스의 경우에는 기자의 리포팅 없이 앵커 혼자서 뉴스를 제시할 수 있는데, 이 같은 '앵커만의 보도(anchor only)' 비율은 한국 방송뉴스가 18.0%로 가장 낮았으며, 미국 네트워크 뉴스인 ABC가 30.6%, NHK가 48.3%, 미국 지역 뉴스인 WPVI가 50.0%로 높게 나타났다. 즉, 외국 뉴스의 경우, 자료화면이 충분하지 않거나 뉴스의 중요도가 상대적으로 낮은 경우에는 과감하게 앵커만의 보도로 간략하게 처리하는 것과 달리, 중요한 주제에 대해 보도할 때에는 시간적으로도 늘리고 내용적으로도 심층적인 보도를 하는 등 뉴스 구성에서 강약 조절을 한다는 것을 확인할 수 있다. 이와 달리 한국 방송뉴스는 뉴스 제시에서의 '강약장단'의 리듬감 없이, 획일적으로 앵커의 도입 발언과 기자 리포트로 구성된 뉴스를 제시하는 경향이 있는 것으로 보인다. 비록 최근 KBS 등을 중심으로 '심층 취재'를 강화시켜 2분이나 3분에 이르는 상대적으로 길고 심층성을 부여한 뉴스를 제작하기도 하지만, 전반적으로 보았을 때 아직도 뉴스의 구성이 평이하다고밖에 볼 수 없는 수준인 것이다.

화면을 구성할 때 자막, 사진, 지도, 그래픽 등의 시각적 효과를 사용하는 정도는 한국 방송뉴스와 NHK 뉴스가 비슷한 수준을 보였다. 다시 말해 KBS와 NHK는 미국과 영국의 뉴스에 견주어 자막처리 비중이 높았다. 한국과 일본의 뉴스는 뉴스 수용자의 이해를 돕기 위한 문자적 단서를 자주 사용하는 특징을 지닌 것으로 해석할 수 있다. 한편, 한국 방송뉴스는 자료

〈표 7-3〉 기사 제시 방식의 빈도(비율), 다중응답 코딩

제시방식	한국		영국		미국		일본	미국 로컬
	'03 KBS	'99 한국 3사	'03 BBC	'99 BBC	'03 ABC	'99 NBC	'03 NHK	'03 WPVI
앵커만의 보도	32(18.0)	167(13.6)	13(21.3)	14(15.7)	15(30.6)	16(25.0)	28(48.3)	32(50.0)
기자(현장)	84(47.2)	1063(86.5)	41(67.2)	71(79.8)	24(49.0)	50(78.1)	23(39.7)	20(31.3)
기자(스튜디오)	0(0.0)	4(0.3)	2(3.3)	3(3.4)	4(8.2)	0(0.0)	4(6.9)	3(4.7)
현장 인터뷰	103(57.4)	706(57.4)	28(45.9)	47(52.8)	25(51.0)	44(68.8)	25(43.1)	24(37.5)
스튜디오 인터뷰	0(0.0)	1(0.1)	0(0.0)	0(0.0)	0(0.0)	0(0.0)	0(0.0)	0(0.0)
제 목	150(84.3)	1086(88.4)	33(54.1)	83(93.3)	15(30.6)	43(67.2)	35(60.3)	31(48.4)
자 막	115(64.6)	830(67.5)	7(11.5)	0(0.0)	23(46.9)	23(35.9)	43(74.1)	6(9.4)
정지 인물사진	15(8.4)	94(7.6)	14(23.0)	15(16.9)	9(18.4)	9(14.1)	4(6.9)	6(9.4)
기타 정지사진	2(1.1)	21(1.7)	1(1.6)	2(2.2)	2(4.1)	0(0.0)	1(1.7)	1(1.6)
그래픽, 지도	62(34.8)	326(26.5)	16(26.2)	14(15.7)	27(55.1)	10(15.6)	23(39.7)	14(21.9)
현장화면	132(74.2)	900(73.2)	44(72.1)	46(51.7)	31(63.3)	35(54.7)	7(12.1)	53(82.8)
자료화면 사용	30(16.9)	36(2.9)	24(39.3)	4(4.5)	13(26.5)	3(4.7)	20(34.5)	5(7.8)
현장 연결	2(1.1)	10(0.8)	13(21.3)	14(15.7)	7(14.3)	6(9.4)	0(0.0)	17(26.6)

화면의 사용이 다른 나라의 뉴스에 견주어 적은 것으로 나타났다. 특히 ABC와 NHK는 자료화면은 물론 지도와 같은 그래픽의 사용도 빈번한 것으로 확인되었다. 미국과 일본의 저녁 종합 뉴스는 뉴스의 이해를 돕기 위해 그래픽을 이용해서 뉴스를 '설명적으로 보완'하는 경우가 높은 것으로 이해할 수 있다. 결국 한국의 방송뉴스는 뉴스 내용에 대한 설명을 문자로 정리해서 보조적으로 전달하는 데 신경을 쓰는 것과 달리, 외국의 방송은 그래픽을 비롯한 보조화면을 사용해서 보완하는 특징을 보인다고 정리할 수 있다.

〈표 7-3〉을 보면, 한국 방송뉴스의 중요한 형식적 특징으로 현장과 스튜디오의 연결이 적다는 점을 들 수 있다는 것을 알 수 있다. 즉, 뉴스 프로

그램을 방송하면서 앵커가 기자를 위성 또는 전화를 이용해 현장을 연결하여 보도하는 '현장 연결' 제시방식이 한국 방송뉴스는 1.1%로 매우 낮았다. 이와 달리 BBC 뉴스는 21.3%, ABC 뉴스는 14.3%, WPVI 뉴스는 26.6%의 현장연결 비율을 보여준다. 이는 영국·미국 뉴스가 한국 방송뉴스보다 스튜디오와 현장의 연결로 현장감을 주는 생중계 보도를 강조한다는 것을 보여준다.

마지막으로 한국 뉴스 아이템 제시 방식 가운데 특기할 만한 점은 앵커의 도입, 기자의 리포팅, 인터뷰로 구성된 전형적인 구성방식을 지닌다는 것이다. 즉, 한국의 방송뉴스는 앵커의 도입부 2문장, 기자의 리포팅 7문장, 리포팅 중간에 인터뷰 1~2개라는 획일적인 구성을 띠게 된다. 이는 1분 10초 정도의 길이를 갖고 있는 저녁 종합 뉴스에서 일관되게 발견되는 하나의 정형화한 패턴이다.

2) 내용적 특징 — 심층성 부족

심층성 부족은 한국 저녁 종합 뉴스의 아킬레스건이다. 사회적으로 가장 많은 사람들이 접근하고 가장 큰 영향력을 행사하는 것으로 알려진 텔레비전 뉴스의 내용이 정작 '심층적'이지 않다면, 이는 텔레비전 뉴스가 정보 제공의 측면에서 제 의무를 다하지 못한다는 비난을 불러올 만한 일이다. 텔레비전 뉴스는 신문과 잡지와 같은 인쇄매체 뉴스에 견주어 내용적으로 단순하고, 구성적으로 간단하며, 인터뷰와 자료의 사용이 적다고 지적되었다. 특히 뉴스의 일차적 재료가 되는 취재원(news source)의 숫자가 절대적으로 적고, 그나마 인용되는 취재원도 주로 정부와 재계와 같은 특정 취재원에 치우쳐 있다고 한다. 결국 이렇게 제한된 취재원에 바탕을 둔 뉴스이기 때문에 내용적으로 사건에 대한 배경 분석과 해석, 전망과 추이 등에 대한 심층적 논의가 부족하게 되는데, 이는 뉴스의 정보성과 관련해서 심각한 문제가 된다.

〈표 7-4〉 기사의 심층성(%)

복합성	한국		영국		미국		일본	미국 로컬
	'03 KBS	'99 한국 3사	'03 BBC	'99 BBC	'03 ABC	'99 NBC	'03 NHK	'03 WPVI
과정/결과	52.2	51.7	31.1	36.0	20.4	23.4	59.6	17.2
원인+과정/결과	24.7	19.7	14.8	38.2	18.4	37.5	26.3	35.9
과정/결과+반응	11.8	15.5	14.8	9.0	0	3.1	10.5	4.7
원인+과정/결과+반응	7.3	9.6	32.8	15.7	55.1	29.7	3.5	32.8
원인+과정/결과+반응+대안	3.9	2.8	6.6	0	6.1	6.3	0	9.4
기 타	0	0.7	0	1.1	0	0	0	0
합 계	100	100	100	100	100	100	100	100

(1) 뉴스 기사의 심층성

기사의 심층성을 측정하기 위한 기준으로 손승혜(1999)의 연구가 사용한 분석 항목은 기사가 과정/결과에 집중하고 있는지 아니면 원인과 반응, 그리고 대안 등을 동시에 다루었는지 등 '뉴스 구성의 체계성 또는 복합성'을 채택했다. 이 방법에 따르면, 뉴스의 구성이 '가'에서 '마'로 갈수록 뉴스가 제시하는 사건의 과정뿐만 아니라 그 사건의 원인과 반응, 그리고 대안을 중층적으로 제시하는 심층적 뉴스를 제공한다는 것을 의미한다.

　　가. 과정/결과
　　나. 원인 + 과정/결과
　　다. 과정/결과 + 반응
　　라. 원인 + 과정/결과 + 반응
　　마. 원인 + 과정/결과 + 반응 + 대안

2003년 이준웅·황유리의 연구(2003년 뉴스 자료)와 1999년 손승혜의 연구에 제시된 심층성 분석 결과가 〈표 7-4〉에 제시되어 있다. 2003년 자료를 기준으로 보아, 한국 방송뉴스의 전체 기사 아이템 178건 가운데서, 사건의 과정/결과만을 제시한 단순한 기사가 93건으로 전체의 52.2%였고, 원인과 과정/결과를 동시에 제시한 기사건수는 44건(24.7%), 과정/결과와 반응을 제시한 기사는 21건(11.8%), 원인과 과정/결과, 반응을 동시에 제시한 기사는 13건으로 7.3%였다. 마지막으로 원인과 과정/결과, 반응 그리고 대안까지 모두 제시한 심층적인 기사는 7건으로 3.9%에 머물렀다.

이 결과를 다른 나라의 방송뉴스와 비교하면 한국 방송뉴스는 BBC나 ABC, WPVI에 견주어 과정/결과에 대한 설명에 집중하는 간단한 구조로 보도하는 경우가 많다는 것을 확인할 수 있다. 한국 방송뉴스는 사건에 대한 원인과 과정에 대한 심층적 설명을 제시하지 못하고 단순히 사건의 진행이나 결과에 대한 단순 보도를 선호한다는 것이다. 이러한 결과는 한국 저녁 종합 뉴스가 구성적으로 심층성을 빠뜨리고 있다는 것을 확인해준다.

(2) 기사당 취재원의 수

기사당 취재원의 수는 기사의 품질과 심층성과 관련해서 중요한 점을 일러준다(이재경, 2004). 즉, 기사당 취재원의 수가 많을수록 하나의 사건에 대해 심층적이면서도 다각적인 시각에서 접근했으며, 결국 더 좋은 리포트를 하기 위해 노력했다고 평가할 수 있다. 〈표 7-5〉는 기사당 취재원의 수를 비교한 이민웅(2001)의 연구 결과를 요약해서 보여준다. KBS와 MBC의 경우 취재원이 1개인 뉴스가 각각 전체의 44%와 52%나 되었지만, BBC의 경우에는 28%였다. 즉, 한국 저녁 종합 뉴스에 견주어 BBC의 뉴스가 더 많은 취재원을 사용한다는 것을 의미한다(KBS와 MBC는 2000년 11월 6일부터 13일까지 기사 분석. BBC는 11월 8, 9, 10, 13, 14일 기사 분석).

한국 저녁 종합 뉴스의 취재원 수의 제한은 김은주(2002)의 연구에서도 재확인된다. 그의 연구에 따르면 KBS, MBC, SBS 등 저녁 종합 뉴스의 기사당 취재원 수는 평균 2.5, 2.9, 2.6이었지만, 미국 NBC의 기사당 취재원 수는 평균 4.2로 한국 뉴스의 취재원 수보다 더 많았다고 한다.

일단 기사당 취재원 수가 상대적으로 제한된 한국 저녁 종합 뉴스가 미

〈표 7-5〉 기사당 취재원의 수 (%)

	뉴스 소스 1개	2개	3개	4개 이상	전체
KBS	44	27	19	11	100(195)
MBC	52	30	12	5	100(176)
BBC	28	31	24	17	100(29)
전체	46	29	17	9	100(400)

chi-square (6)=12.8, p=.05

국과 영국의 뉴스에 견주어 기사의 내용적 심층성과 품질의 측면에서 취약할 것이라고 예상할 수 있다. 하지만 이보다 더욱 심각한 문제는 취재원의 제한성은 곧 '공정성' 문제로 이어질 수 있다는 점이다. 한 기사에 취재원의 수가 하나밖에 없는 기사의 경우 구조적으로 공정성을 유지하기 어려운 구성을 보일 수밖에 없다. 즉, 갈등적 사안이나 복잡한 사안에 대한 뉴스의 경우, 그 뉴스의 주제와 관련된 이해당사자가 둘 이상, 셋 이상, 또는 넷보다 더 많을 수도 있다. 그런데 갈등적이거나 복잡한 사안에 대한 뉴스의 취재원이 단 하나뿐이라는 것은 취재원에 따른 내용의 제약성이 나타나기 쉽고, 이렇듯 내용적으로 제한된 뉴스는 '불공정 시비의 대상'이 되기 쉽다는 것을 의미한다. 즉, 뉴스 취재원의 제약성은 관련된 당사자의 목소리를 충분히 담아내지 못한다는 의미에서 공정성의 제약 요인으로 작용할 수 있다는 것이다.

(3) 뉴스의 정보 채널(channels of information)

한국 저녁 종합 뉴스의 문제점은 단순히 취재원의 수가 적다는 데 있지 않고, 취재원이 특정 채널에 치우친다는 데 있다. 아래의 〈표 7-6〉은 한국과 다른 나라의 방송뉴스의 정보 입수 채널 유형을 보여주고 있는데, 일단 한국 저녁 종합 뉴스는 물론 다른 나라 뉴스도 모두 공식 채널이 비공식 채널에 견주어 더 많은 비중을 차지하고 있었다. 이는 기자회견과 같은 공식절차나 보도자료 등을 이용하는 공식 채널을 활용하는 뉴스가 일반적이

280

〈표 7-6〉 4개국 TV 뉴스의 정보 채널의 유형 빈도(%)

정보 채널		한국		영국		미국		일본		미국로컬	
		'03 KBS		'03 BBC		'03 ABC		'03 NHK		'03 WPVI	
공식 채널	공식절차	41.1	9.2	33.9	13.0	30.8	7.7	45.1	6.6	40.1	4.1
	보도자료		17.4		14.8		7.7		16.5		20.6
	기자회견		9.4		4.3		8.5		16.5		7.2
	예정된 이벤트		5.0		1.7		6.8		5.5		8.2
비공식 채널	배경설명	3.0	0.6	7.8	0.0	6.0	0.0	7.7	2.2	0.0	0.0
	폭 로		0.0		1.7		0.9		0.0		0.0
	비공식 모임		0.0		1.7		0.9		0.0		0.0
	타언론인의 발언		2.4		4.3		4.3		5.5		0.0
능동적 채널	인터뷰	53.8	30.8	55.7	24.3	62.4	22.2	37.4	29.7	46.4	24.7
	돌발 사건		8.0		7.8		15.4		0.0		7.2
	자료조사		8.6		11.3		11.1		7.7		5.2
	기자의 분석		6.5		12.2		13.7		0.0		9.3
불확실	미분류	2.1	2.1	2.6	2.6	0.9	0.9	9.9	9.9	13.4	13.4
전 체		100%		100%		100%		100%		100%	

* 제시된 수치는 각 방송사의 기사에 대하여 복수 코딩하여 정보 채널을 분석한 수치임, 예를 들어 KBS의 경우 178건의 기사를 복수 코딩하여 338건(100%)의 정보 채널이 분석되었음.

라는 손승혜(1999) 등의 연구결과를 비롯해서 기존의 관찰과 일치하는 것이다(Sigal, 1986).

한국 방송뉴스는 공식 채널, 특히 주요 기관에서 제시하는 보도자료에 대한 의존이 BBC나 ABC 뉴스에 견주어 높은 것으로 나타났다. 정보 채널이 보도자료에 의존한다는 것은 사건에 대한 독립적인 취재가 적으며 결국 사건에 대한 다양한 관점의 뉴스를 제작할 수 있는 기회가 제한된 구조를 갖고 있다는 것을 의미한다. 한편, BBC와 ABC는 기자의 분석적 기사나 독립된 취재가 많은 것으로 나타났다. 이와 달리 한국 방송뉴스나 NHK 뉴스는 분석적이거나 독립적인 취재는 상대적으로 적지만, 인터뷰에 대한 의존도가 높은 것으로 나타났다. 즉, 한국 방송뉴스는 기자가 직접 카메라를 현장에 들이대고 독립적으로 취재해서 수집한 자료를 보도하는 경우가 상대적으로 적고 대신 주요 인물에 대한 인터뷰를 상대적으로 많이 사용한다는 것을 알 수 있다. 사실 인터뷰는 취재원의 의견을 제시하는 가장 직접적이고도 간결한 방식이지만 동시에 편파적으로 편집되기 쉬운 자료 수집 방법이다. 따라서 인터뷰에 대한 의존이 지나친 한국 방송뉴스의 문제인 불공정성과 연관될 가능성이 있다는 것을 지적하지 않을 수 없다.

결국 이러한 분석 결과는 한국 방송뉴스의 정보적 취약성을 단적으로 드러내준다. 취재원의 수가 적을 뿐 아니라, 뉴스를 구성하는 데 독립적인 취재에 의존하는 경우가 적고 보도자료에 대한 의존이 크다는 것은 한국 방송뉴스가 취재원에 의해 휘둘릴 가능성이 그만큼 더 높아진다는 것을 암시한다. 물론 언론인은 정보원을 선택할 권한과 능력이 있지만, 실제로 방송뉴스에서 정보원으로 활용되는 기관·인물·대상이 제한된다는 점을 고려해 보면, 제한된 정보원이 제공한 자료에 지나치게 의존하는 것은 문제가 있다. 그리고 이는 한국 방송뉴스가 이 때문에 불공정 시비에 빠질 가능성이 크다는 것을 의미한다. 왜냐하면 제한된 수의 취재원만을 갖고 있으면서 동시에 보도자료에 의존한다는 것은 그 자료를 제공한 기관의 목소리가 편파적으로 더 많이 반영될 가능성이 커진다는 것을 의미하기 때문이다.

(3) 뉴스 가치

뉴스 가치는 뉴스의 내용적 특성을 결정하는 가장 중요한 요인 가운데 하나이다. 뉴스의 중요도와 관여도에 대한 기자의 관행적인 판단 기준이라고 할 수 있는 뉴스 가치는 특정한 사건이 뉴스의 대상이 될 수 있는지의 여부와 그렇다고 했을 때 어떤 방식으로 기사화(storytelling)할 것인지를 동시에 결정하는 뉴스 내용의 사회적 관련성을 구성한다(McQuail, 2000 ; Shoemaker & Reese, 1996). 따라서 뉴스 내용에 반영된 뉴스 가치 구성요소들을 관찰함으로써 뉴스의 내용적 특성의 한 단면을 파악할 수 있다. 기존의 논의에서 확인된 뉴스 가치를 구성하는 하위 요소는 시의성, 저명성, 근접성, 영향성, 갈등성, 인간적 흥미, 신기성(Shoemaker, 1996 ; Shoemaker, Danielian, & Brendlinger, 1991), 영상적 볼거리/행동, 부정성, 유용성 등 10가지다. 이를 기

〈표 7-7〉 뉴스 가치 구성 요소의 응답 빈도(중복응답, %)

뉴스 가치	한국		영국		미국		일본	미국 로컬
	'03 KBS	'99 한국 3사	'03 BBC	'99 BBC	'03 ABC	'99 NBC	'03 NHK	'03 WPVI
시의성	87.6	53.9	83.3	56.2	100.0	68.8	98.2	90.6
저명성	7.3	17.7	30.0	15.7	24.5	7.8	35.7	18.8
근접성	5.6	1.2	11.7	6.7	26.5	–	7.1	1.6
영향성	18.0	16.7	26.7	24.7	42.9	37.5	16.1	14.1
갈등성	18.5	17.5	31.7	29.2	53.1	35.9	17.9	21.9
영상적 볼거리	19.1	15.1	16.7	14.6	40.8	12.5	8.9	1.6
인간적 흥미	9.6	8.1	5.0	24.7	18.4	7.8	3.6	6.3
신기성	7.9	10.7	1.7	6.7	10.2	7.8	1.8	1.6
부정성	33.1	39.4	28.3	24.7	30.6	31.3	25.0	29.7
유용성	16.9	4.7	1.7	7.9	12.2	7.8	23.2	23.4

준으로 한국 방송뉴스와 다른 나라의 방송뉴스를 비교해보았다.

〈표 7-7〉에 제시되어 있듯이, 한국 방송뉴스는 전체 뉴스 아이템 가운데 87.6%가 시의성, 33.1%가 부정성, 19.1%가 영상적 볼거리를 주요 뉴스 가치로 지닌 것으로 나타났다. 또한 18.5%가 갈등성, 18.0%가 영향성, 16.9%가 유용성을 가진 기사였다. BBC 뉴스는 전체 뉴스 아이템 가운데 83.3%가 시의성을, 31.7%가 갈등성을, 30.0%가 저명성을 두드러진 뉴스 가치로 지닌 것으로 나타났다. 또한 위의 연구결과는 한국 방송뉴스는 부정성 가치가 전반적으로 높다는 특성을 강조해서 보여준다. 부정성이 높은 것은 한국 방송뉴스가 부정적 사안과 사건 사고를 주로 다루고 있기 때문인 것으로 해석할 수 있다. 하지만 이러한 높은 부정성에도 불구하고 한국 뉴스는 갈등성 가치가 낮다는 데 주목해야 한다.

영국이나 미국 뉴스의 경우, 두 주체 사이의 대립이나 갈등의 관계를 형상화한 주제를 다루는 비중이 한국 뉴스에 견주어 높았다. 이는 뉴스가 사

〈표 7-8〉 한국형 방송뉴스의 도식

형식	보도시간, 건수	77초, 일일 평균 35건
	제시 방식	앵커 도입+기자 리포팅 7~8문장+2개 인터뷰 또는 현장화면 구성 자료화면과 실시간 현장 연결 부족
내용	뉴스 주제	정치, 사건 중심
	기사 복합성	과정/결과 위주, 원인·반응·대안 제시 미흡
	정보 채널	보도자료와 인터뷰 중심의 자료 구성 기자의 자료조사나 심층 분석 부족
	뉴스 가치	부정성이 높고 영향성과 갈등성이 낮음

회적 갈등을 적극적으로 매개하고 사회적 대립의 현장에서 매개자와 중재자의 구실을 수행해야 한다는 규범적 요구에 비추어 볼 때, 한국 방송뉴스가 사회적 갈등에 적극적으로 대응하지 못하고 있다는 것을 의미하는 결과이다. 특히 ABC 뉴스의 경우에는 분석기간 동안에 이라크전 관련 뉴스 때문에 갈등성이 높은 뉴스들이 많음에도, 부정성은 한국 방송뉴스보다 오히려 낮았다. 이는 한국 방송뉴스가 '비갈등적, 부정적 보도'에 상대적으로 큰 비중을 두고 있음을 보여주는 결과이다. 갈등의 소지가 있어 찬반 의견을 고루 들어보아야 함에도 한쪽만을 부정적으로 묘사하는 보도를 많이 만들어낸다면 공정성을 지키기 못하는 결과를 가져올 가능성이 크다고 하겠다.

한국 방송뉴스는 BBC나 ABC 뉴스에 견주어 영향성 가치가 적게 나타나는 것으로 밝혀졌다. 영향성은 "얼마나 많은 수용자들이 이 사건의 영향을 직접 받는 뉴스인가"를 의미하는 가치이다. 즉, 영향성이라는 뉴스 가치가 충분히 대변되고 있지 못한 것은 한국 방송뉴스가 사소한 주변적인 사건에 집착한다든지 아니면 시민의 일상생활에 직접적으로 영향을 주는 의제를 개발하는 데 실패하고 있다는 것을 의미한다. 이는 결국 한국 방송뉴스가 사회적으로 영향력 있는 의제설정 기관으로서 기능하지 못한다는 것을 말한다.

〈표 7-9〉 한국 방송뉴스 도식의 사례(정치 뉴스)

헤드라인	부적격, 강행 (MBC 뉴스데스크)	
날 짜	2006년 2월 9일 (목)	
주 제	정치 뉴스	
보도시간	79초	
아이템 구성	앵커 소개 발언	앵커 : 장관 내정에 대한 인사청문회를 끝내고 여야가 또 격돌했습니다. 한나라당은 전원이 부적격자라고 공세를 폈고 열린우리당은 정치공세 그만두라고 맞받았습니다. 김필국 기자입니다.
	리포팅	기자 : 한나라당은 김우식·이종석·유시민 장관 내정을 절대 부적격자, 정세균·이상수 장관 내정자를 부적격자로 분류했습니다. 부적격자를 그대로 장관에 임명하면 야당에 협조를 얻지 못할 것이라며 노무현 대통령에게 임명 철회를 촉구했습니다.
	현장화면	이재오 원내대표 (한나라당) : 대통령이 국민의 뜻과 야당의 청문회 결과를 존중하지 않는 것으로 저희들은 받아들일 수밖에 없습니다.
	브리지	기자 : 또 지금의 인사청문회는 구속력이 없는 만큼 청문위원회 표결로 인준을 결정하도록 국회법을 개정하겠다며 공세를 강화했습니다. 하지만 열린우리당은 한나라당이 청문회를 정치공세의 장으로 만들었다며 장관 내정자들을 엄호하고 나섰습니다.
	현장화면	김한길 원내대표 (열린우리당) : 그런 분들이야말로 당초 취지대로의 국무위원 인사청문회를 담당할 부적격자들이다...
	클로징	기자 : 또한 한나라당의 청문회법 개정 발상은 삼권분리 정신을 부정한 것이라고 일축했습니다. 이처럼 여야가 극명하게 엇갈린 평가를 내리면서 유시민 복지부장관 내정자에 대한 청문보고서는 격론 끝에 아예 채택되지 못하는 진통을 겪었습니다. 이런 가운데 청와대는 내일 오전 5개 부처 장관에게 정식 임명장을 수여할 계획이어서 한나라당의 향후 대응 등 귀추가 주목됩니다. MBC뉴스 김필국입니다.

(4) 한국형 방송뉴스 도식

이제까지의 내용을 정리해보면 한국 방송뉴스는 (1) 전체적으로 75초 안팎의 짧은 뉴스를 약 35개 정도 나열하여 배열하는 특징을 보이며, (2) 뉴스 제시 방식은 앵커의 도입과 기자 리포팅으로 구성된 전형적 형식을 따르고, 제목과 자막을 많이 사용하지만 현장 연결은 제한된 형식적 특성을 보여준다. 동시에 (3) 보도자료나 인터뷰를 중심으로 내용을 구성하며 자료조사나 다각적 분석에 바탕을 둔 심층적 접근은 제한되어 있다. 또한 (4)

뉴스 가치를 보면, 부정성이 높고 갈등성과 영향성은 상대적으로 적게 나타난다. 이러한 특징은 곧 '한국형 방송뉴스의 도식'이 된다.

한국 방송뉴스의 도식적 특징은 1990년대 중반까지 형성된 것이며, 일단 그 특징이 형성된 뒤 지금까지 10년 동안 거의 변함없이 유지되고 있다. 개별 뉴스 아이템의 평균 길이는 짧아졌다 길어졌다 반복되지만 결국 1분 10~20초 정도가 유지되고 있다. 즉, 한국 저녁 종합 뉴스의 특징은 지난 10년 동안 기본적인 틀의 변화가 거의 없이 유지되면서 강화되고 있다는 것이다. 한국형 방송뉴스의 특징은 '카메라 출동'이나 '현장 추적'과 같은 고발성 뉴스 아이템과 일부 단신을 제외한 거의 모든 뉴스 아이템에서 발견될 정도로 획일적이며, 특히 방송사 사이에도 근본적인 차이를 보이지 않는다는 데 그 심각성이 있다. 그리고 한국의 방송뉴스는 내용적으로 보았을 때 다양한 주제를 대상으로 겉핥기식 기사를 제공하면서 동시에 국내 정치와 사건·사고에 집중하는 이른바 '국내 정치 및 사건 집중적' 경향을 보인다. 다음은 〈한국형 방송뉴스의 도식〉을 정리해본 것이다.

〈표 7-9〉는 한국형 방송뉴스 도식을 보여주는 수많은 사례 가운데 하나이다. 뉴스 도식에 나타난 형식적 구성의 특성은 뉴스의 내용과 긴밀한 상호작용을 할 것으로 예상할 수 있다. 전자는 후자를 결정하며, 후자는 또한 전자를 유지시키는 데 이바지한다. 다시 말해서, 한국 방송뉴스의 내용적 특성인 심층성의 부재와 수동적 정보 채널에 대한 의존, 그리고 부정성과 같은 특정 뉴스 가치에 대한 강조 등은 위와 같은 형식에 따른 뉴스 제작이 관행화하면서 일상화한 뉴스 제작 조건 안에서 뉴스를 제작하는 데 가장 편리한 방식으로 내용을 구성하는 것이 하나의 '도식적 구성 방식'으로 굳어진 것으로 추론해볼 수 있다.

뉴스 아이템이 주로 인터뷰를 위주로 구성될 뿐 다른 심층적 자료를 제시하는 데 미흡하다는 것은 뉴스를 간단하게 제작하려는 의도와 효율성을 중시하는 제작관행이 지배적이라는 것을 의미한다. 즉, 인터뷰와 기자의 리포팅으로 모든 것을 때우려는 자세는 다른 뉴스의 재료를 찾아서 가공함으로써 뉴스를 내용적으로 강화하겠다는 의지가 없다는 것을 방증한다. 이

〈표 7-10〉 영국과 미국의 방송뉴스의 특성

		영국 BBC 뉴스	미국 네트워크 뉴스
형식	보도시간 건수	평균 120초, 일일 평균 12건	평균 104초, 일일평균 10건
	제시 방식	현장 연결 많음, 자막 제한적으로 사용	앵커만의 보도 자주 사용, 그래픽과 도표 사용 많음, 현장 연결 많음
내용	뉴스 주제	국제 뉴스가 상대적으로 많고 범죄/경찰, 정치 뉴스도 많음	군사/국방, 국제, 정치 등 전국적 이슈 중심
	심층성	원인, 과정/결과, 반응을 복합적으로 제시	원인과 반응을 포함해서 심층적으로 제시
	정보 채널	정규 채널(보도자료) 의존이 상대적으로 낮고 인터뷰 의존보다는 자료조사, 기자분석 많음	정규 채널(보도자료) 의존이 상대적으로 낮고, 인터뷰 의존보다는 자료조사, 기자분석 많음
	뉴스 가치	영향성 · 근접성 · 갈등성 높음	근접성 · 영향성 · 갈등성 높음

러한 한국 방송뉴스의 도식성은 한국 뉴스의 형식적 제약성뿐만 아니라 내용적 한계도 동시에 불러온다. 다시 말해서, 앵커의 도입 발언이 2~3문장으로 제약되어 있고 사건에 대한 리포팅이 7~9문장에 지나지 않는 형식적 제약 조건에서 심층성의 추구를 기대할 수도 없지만 동시에 갈등적 사안에 대한 다양한 시각을 담은 뉴스를 기대하기도 어렵다. 즉, 도식적 구성을 따르는 뉴스는 심층성과 다양성이 떨어질 수밖에 없으며, 이러한 기사는 단순하고 명료한 주제를 강조하게 되고, 특히 갈등적 사안의 보도에 핵심적인 '공정성'과 같은 미묘하면서도 복잡한 가치를 충분히 고려할 수 없는 사정을 보여준다.

〈표 7-10〉은 영국과 미국 종합 뉴스의 전형적인 구성을 보여준다. 우선 영국 뉴스의 형식적 측면을 먼저 살펴보면, BBC 뉴스의 아이템 당 보도시간은 평균 120초이다. 이는 한국형 방송뉴스보다 평균 1.5배 정도로 긴 수준으로 BBC 뉴스가 심층적 기사 전달에 유리한 조건을 갖추고 있음을 의미한다. BBC 뉴스 역시 한국형 뉴스 제시방식과 같이 앵커의 도입과 이를 이은 기자 리포팅으로 아이템이 구성되지만, 한국 뉴스에 견주어 앵커만의

〈표 7-11〉 BBC 정치 뉴스 보도

헤드라인	National Executive	
날 짜	2003년 11월 7일	
주 제	정치 뉴스	
보도시간	104초	
	앵커 소개 발언	Gordon Brown이 자신을 노동당 지도부 위원으로 임명해줄 것을 Tony Blair 수상에게 요청했으나 거절당한 뒤 브라운과 블레어는 오늘 밤 식사를 같이했습니다. 브라운은 이례적으로 솔직하게 이 사실을 시인하면서 그는 자신이 지도부 위원 자리를 요구한 것은 사실이나, 수상의 결정을 받아들여야만 한다고 말했습니다.
아이템 구성	자료화면 (BBC Breakfast)	Gordon Brown 저는 NEC(National Executive Committee, 노동당 국가지도위원회, 이하 NEC) 위원 자격으로 1997년 노동당 총선거에 출마했습니다. 그리고 2001년에는 위원은 아니었지만, 총선거에 출마하였습니다. 저는 제가 NEC 위원으로 총선거에 출마하는 것이 더 좋을 것이라고 생각했습니다. 하지만 그 결정은 제 권한 안에 있는 것이 아니라 수상의 결정권한이었습니다. 제가 앞서서 말씀드렸듯이 저는 할일이 많이 있습니다.
	앵 커	Mark Mardell 정치부 기자가 Downing Street에 나가 있습니다. Mark 기자, 오늘 고든 브라운이 상당히 솔직하게 수상이 자신의 NEC 위원직을 거절한 것을 밝혔는데요, 왜 그랬을까요?
	기 자	(현장 기자) 정말 이례적인 일입니다. 왜냐하면 그는 다른 정치인이 아니라, 고든 브라운이기 때문이죠. 그는 자제력과 통제력이 매우 강한 정치인이며 아무 정보나 흘릴 만한 사람은 아니기 때문입니다. 오늘 그의 발언은 그가 수상과 그의 결정에 대해서 매우 언짢음을 의도적으로 드러낸 것이라고 말할 수 있습니다. 왜 그랬을까요? 고든 브라운은 총선거에 출마할 것을 마음먹고 있으나, 수상은 고든 브라운이 조금 더 작은 구실을 하기를 원한다는 강력한 루머가 들리고 있습니다. 이것은 Peter Mandelson과 수상의 획책이라는 소문 역시 들리고 있습니다. 하지만 좀더 큰 맥락에서 보자면, 이것은 영국의 심장부에 오랫동안 존재해왔던 어려운 관계가 점차 악화되고 있고 또 갈등의 목소리가 점차 밖으로 퍼져 나오고 있는 것입니다. 이것은 정부에게 매우 위험한 순간이라 할 수 있습니다.
	앵커 클로징	Mark 기자, 감사합니다.

보도가 상대적으로 높다. BBC 뉴스는 뉴스 제시에서 자막은 거의 사용하지 않으며, 인터뷰에 의존하기보다는 기자의 해설 중심으로 뉴스가 구성되는

특징을 보인다. 또한 생중계를 통한 현장연결 기법을 많이 사용함으로써 앵커와 기자 사이의 상호작용을 통한 현장감과 생동감을 높이고 있다.

BBC 뉴스의 경우 기자의 해설로써 사건의 원인과 반응/결과, 반응을 분석적으로 제시하고 있다. 또한 보도자료에 의존한 보도보다는 기자 자신의 자료 수집에 바탕을 둔 보도가 많다. 이러한 정보 채널의 특징은 미국 뉴스 특징에서도 공통적으로 나타나는 특성이다. 또한 미국 ABC 뉴스의 경우는 위에서 제시된 영국 BBC 뉴스와 형식이나 뉴스 주제 측면에서는 몇몇 차이점을 나타내지만, 기사 복합성이나 정보 채널 측면에서는 거의 비슷한 특징을 보인다. 미국과 영국의 뉴스는 현장 연결로써 현장감을 생생히 전달하며, 앵커와 기자의 상호작용으로 자칫 지루해질 수 있는 뉴스에 흥미를 불어넣는다.

ABC 뉴스와 BBC 뉴스의 공통점은 바로 위에서도 말했듯이, 기자의 해설과 분석을 통한 뉴스의 심층적 보도가 많다는 것이다. 아이템 구성에서 사건의 원인과 반응/결과, 반응을 동시에 제시하고 있으며, 보도자료에 의존한 보도보다는 기자 자신의 자료 수집에 바탕을 둔 분석적 보도가 많다. 다음은 BBC의 정치 뉴스와 사회 뉴스의 사례를 보여준다. 특히 〈표 7-11〉에 제시된 정치 뉴스는 BBC 뉴스로서는 104초에 지나지 않은 짧은 뉴스지만 저녁 시간에 수상 관저 앞 현장에 나가 대기하고 있는 기자에게 앵커가 질문을 하고 기자가 답변하는 식으로 뉴스를 구성하고 있다.

한국형 방송뉴스 도식은 한국 텔레비전 뉴스의 특성을 요약적으로 보여준다. 그리고 이는 한국 뉴스의 특성이 내용적, 형식적, 구성적으로 단순하다는 것을 보여준다. 특히 이러한 도식적 구성에 따르는 뉴스가 내용적으로 복잡한 사안을 충분히 담아낼 수 없게 된다. 또한 결정적으로, 갈등적 사안에 대해서도 관련자의 관점을 충분히 담아낼 수 없기 때문에 구조적으로 '공정한 보도를 하기 어려운' 제약성이 있게 된다. 도식적인 구성 때문에, 뉴스의 내용에 영향을 미치는 다층위적인 영향력 요인들에 취약해질 수 있다는 것이다. 개별 아이템에 대해 충분한 자원을 동원해서 충분히 취재하고, 성찰하면서 기사 작성을 하며, 세심한 편집과정을 거친 뉴스에 견

〈표 7-12〉BBC 사회 뉴스 보도

헤드라인	Soham Trial(소햄시 사건 재판)
날 짜	2003년 11월 7일
주 제	사회 뉴스
보도시간	203초

앵커 소개 발언	오늘 Soham 사건 재판에서는 Holly Wells와 Jessica Chapman의 살인혐의를 받고 있는, 전직 학교 관리인 헌틀리의 머리카락이 소녀들의 옷에서 발견된 것이 드러났습니다. 검찰은 소녀들의 옷이 학교 운동장에 있는 창고 안 깡통(bin)에서 발견되었다고 밝혔습니다. 끈과 헌틀리의 머리카락이 그 안에서 같이 발견되었고 그의 지문 역시 플라스틱 가방(binliner)에서 발견되었습니다. 또한 재판에서는 소녀들이 사라진 바로 다음날 헌틀리가 어떻게 그의 자동차 바퀴 네 개를 바꾸었는지가 밝혀졌습니다. 헌틀리는 현재 그의 살인 혐의를 부인하고 있습니다. 벤 브라운 기자가 재판정에서 취재하였습니다.
아이템 구성 기자 리포팅	(기자 등장 않고 목소리만) Ian Huntley는 경찰의 호송을 받으며 재판정에 나타났습니다. 검사인 Richard Latham QC는 헌틀리가 소녀들을 죽인 다음 그녀들의 옷을 숨겼다고 주장했습니다. 검사는 헌틀리가 소녀들의 옷을 그의 집 가까이에 있는 학교 운동장 창고에 숨겼다고 주장했습니다. 경찰은 노란색 깡통에서 소녀들의 옷이 발견되었으며, 헌틀리의 머리카락이 이 옷 사이에서 발견되었다고 밝혔습니다. 또한 그의 지문이 플라스틱 가방에서 발견되었습니다. 두 소녀의 옷은 그들의 운동화와 속옷 아래에서 발견되었고, 그들은 모두 찢겨진 상태였다고 검찰은 주장하였습니다. 검찰은 헌틀리가 소녀들을 집에서 죽인 다음 그의 집을 청소하려고 했다고 밝혔습니다. 경찰이 검사에게 전화했을 때, 그들은 헌틀리의 집 바닥이 흠 하나 없이 정리되어 있었으며, 강한 레몬향의 세척제 냄새를 맡을 수 있었다고 밝혔습니다. 또한 경찰들은 비가 오고 있었음에도, 헌틀리가 길을 청소하고 있는 것을 보았다고 밝혔습니다. 헌틀리는 부엌의 상태에 대해서 침수가 있었다고 경찰에게 변명했고, 자신의 개를 화장실에서 목욕시키고 있다고 말했습니다. Latham은 헌틀리가 소녀들의 사체를 운반할 때 이용했다고 여겨지는 그의 빨간색 포드 피에스타 자동차를 소독하려 했다고 주장했습니다. 그는 헌틀리가 이 자동차 수리점에서 타이어의 상태가 좋았음에도 타이어를 교환했다고 주장했습니다. 또한 그는 헌틀리가 기계공에게 10파운드를 주고서, 서류에 다른 등록번호를 써넣도록 했다고 주장했습니다. Latham은 오로지 잘못을 한 사람만이 타이어를 바꿀 것이고, 이는 그가 치밀하고 계획적인 범죄를 저질렀다는 것을 의미한다고 말했습니다. 또한 사람들이 두 소녀를 수색하는 동안, 헌틀리가 자신의 자동차를 청소하는 것을 본 목격자가 있었습니다. 그는 차 트렁크에서 카펫을 들어내고 새 카펫을 깔았습니다. 목격자는 헌틀리와 그의 여자친구인 Carr가 8월 6일 그의 차 트렁크를 보고 있는 것을 목격했으며, 그때 카는 울고 있었고 헌틀리는 매우 창백해 보였다고 진술했습니다. (기자 화면에 등장) Latham은 헌틀리가 검은 봉지를 든 수상한 남자를 봤다던가, 수상한 차량을 보았다는 등의 매우 많은 거짓 목격담을 경찰에게 한 것으로 주장했습니다. 그는 헌틀리의 이러한 진술이 모두 의도적으로 조작된 것이라고 말하면서, 이것이 헌틀리의 사악하고 계산된 마음을 보여주는 것이라고 주장했습니다. (현장화면) 검찰은. 두 소녀에 대한 수사가 이루어지는 동안 헌틀리가 경찰이나 기자들에게 'DNA가 얼마나 오래가는지' 그리고 '얼마나 넓은 범위에서 수색이 진행될 것인지'와 같은 사건에 관한 정보를 끊임없이 물으면서 경찰보다 앞서가려고 노력했다는 것을 주장했습니다. 헌틀리는 오늘 밤 몸 상태가 좋지 않다고 밝히며 재판의 마지막 부분에 나타나지 않았습니다. 그와 Maxine Carr는 내일 재판에 다시 소환될 예정입니다. 재판정(Old Bailey)에서 BBC 뉴스 벤 브라운이었습니다.

주어, 도식적인 뉴스는 언론인의 태도와 가치, 뉴스 제작관행, 조직 구조와 역할, 정부와 시장의 통제, 특정 사회 체계의 이념적 통제 등과 같은 영향력 요인들이 체계적으로 끼어들 가능성이 크다.

방송뉴스 제작자가 개별 뉴스 제작에 대해 성찰하고 숙의하려는 노력 없이 뉴스를 도식적으로 제작할 경우 (1) 개별 언론인의 정치적 편파성, (2) 제작관행에 들어 있는 정치적 경향성(예를 들어, 특정 취재원과 정보 채널에 대한 의존 등), (3) 조직의 구조적 특성(예를 들어, 편파적인 사장이나 보도국장의 영향력 등), (4) 정부와 시장의 압력, 그리고 (5) 사회 체계의 이데올로기적 편파성으로부터 오는 영향력을 막기 어렵게 된다. 즉, 공정성 시비와 편파성 논란은 뉴스를 단순하고, 간편하고, 효율적이고, 알기 쉽게 만드는 과정 때문에 발생하는 경우가 많다. 이런 도식적 제작과정에서는 뉴스를 편파적으로 만드는 다층적이며 다차원적 통제요인들을 차단하거나 약화함으로써 보도의 공정성을 유지할 수 있는 방안을 찾기 어렵기 때문이다

그런데 사실 한국형 방송뉴스 도식은 현재 한국 방송사의 뉴스 제작 여건의 상대적 취약성을 고려하면 어쩔 수 없는 측면이 있는 것으로 보인다. 다음 절에서 자세히 검토하겠지만 뉴스 제작자들의 의견을 들어보면, 간결하고 도식적인 뉴스 구성의 문제점을 인식하고 있으며, 이를 극복하기 위해 노력을 기울이고 있다. 하지만 구조적으로 이러한 도식적 구성의 문제점을 완전히 버리기 어려운 제약이 있다는 것을 인정하곤 한다. 즉, 취약한 취재 시스템과 제작관행 때문에 뉴스의 도식적 구성을 쉽게 포기하기 어렵다는 것이다. 뉴스 제작자들에 따르면, 최근까지 대표 리포터 제도의 도입, 뉴스 PD의 도입, 기획의 강화 등과 같은 처방에 따른 뉴스 개선 노력을 기울이기도 했지만 이러한 노력이 크게 성공하지 못했던 것도 취재 시스템과 제작관행에서 근본적인 변화 없이 부분적인 개선을 시도한 데 원인이 있다고 한다.

결국 뉴스의 내용적, 형식적 취약성을 극복하기 위해서는 무엇보다도 뉴스 제작 시스템 자체를 강화할 수 있는 근본적인 개선안을 고민하는 데서 출발해야 할 것이다. 예를 들어, 뉴스의 '심층성 부족'은 주요 뉴스에 대해

4개에서 7개까지 조각난 아이템들로 '묶음 보도(bundle reporting)'의 방식으로 보도할 수밖에 없는 취재·보도 시스템과 제작관행이 긴밀하게 연동된 결과인 것으로 판단된다. 그리고 '공정성 시비'의 문제도 뉴스 아이템 1개당 주요 취재원의 수가 1개로 제한되는 경우가 흔한 현실에 비추어 볼 때 그리 놀랄 일이 아니다. 이처럼 뉴스 당 취재원의 수가 제한되는 것 역시 취재·보도 시스템과 제작관행이 그런 결과가 나오도록 제약을 가하기 때문이다. 결국 왜 불공정한가, 왜 심층성이 부족한가 하는 등의 문제에 답하기 위해서는 취재·보도 시스템과 제작관행에 대한 이해가 우선 필요하다.

2. 취재·보도 시스템과 제작관행의 문제

한국 방송뉴스의 취약성은 단순히 뉴스의 내용과 형식의 문제가 아니라 뉴스를 만들어 내는 취재·보도 시스템과 제작관행의 문제이다. 허술한 시스템과 제작관행이 부실한 내용과 형식을 만들어내는 것이다. 한국 방송뉴스의 취재·보도 시스템에 대한 검토와 문제 제기는 이민웅(1991)이 제시한 바를 기준으로 논의가 진전되었다. 이민웅은 방송뉴스의 취재·보도 시스템을 구조적인 개편 방향과 운영에서의 개선방안으로 나누고 각각 다음과 같은 개선안을 지적한 바 있다.

① 구조적 개편 방안
  가. 문제 중심으로 취재 영역 계열화
  나. 분야별 CP 제도의 운영. 부단위 편제에서 전문분야 중심으로 개편
  다. 경력자 대상으로 한 전문영역 취재기자 육성
  라. 뉴스 기획부 신설과 활성화
  마. 뉴스 자료 아카이브 설치
  바. 편집기자 채용
  사. 뉴스 PD 제도의 도입

② 운영상 개선 방안
　가. 각 단위별 내부 커뮤니케이션의 활성화
　나. 부서 사이 영역주의 타파
　다. 부서 사이 수평적, 수직적 대화 채널의 활성화
　라. 인센티브 시스템의 현실화

이러한 제안 가운데는 일부 시도되었다가 정착되지 못한 것도 있으며, 책임 프로듀서(CP) 제도의 운영과 팀별 편제의 실시 등 현재 실행되고 있는 것도 있다. 하지만 위에서 제시한 구조적 개편 방안과 운영에서의 개선 방안은 아직도 현재 진행형으로 실험되고, 검토되고, 다시 시도되고 있다. 사실 한국 방송뉴스 취재 시스템과 제작관행에 대한 문제 제기와 개선안에 대한 논의는 지난 15년 동안 질적으로 크게 발전하지는 못한 것으로 보인다. 아직 취재와 제작에서의 핵심적인 문제점들이 개선을 기다리고 있다. 이 절에서는 취재·보도 시스템을 이해하는 데 필수적인 취재 및 제작진의 인력 규모의 문제, 제작 과정에 대한 문제, 그리고 제작관행에 대한 방송뉴스 제작자의 인식을 중심으로 논의할 것이다.

1) 인력 규모의 문제

취재·보도 시스템의 문제는 결국 인력을 얼마나 어떤 방식으로 배치해서 최종 산물인 뉴스를 생산해내느냐의 문제이다. 이는 취재원의 배열과 뉴스 조직 내부의 구성, 인력 현황과 인사 제도 등 많은 요인들이 복잡하게 얽힌 문제이기도 하다. 하지만 한국 취재·보도 시스템의 특성을 확인하기 위해 간단하게 한국 방송사의 취재기자 수와 영국 BBC의 취재기자 수를 비교해보면 〈표 7-13〉에 제시된 바와 같다(이재경, 2004).

이재경(2004)은 이러한 비교를 바탕으로, BBC는 방대한 인력자원을 바탕으로 취재 시스템을 운영함으로써 현장에 필요하다면 대규모의 기자진(記者陣)을 파견할 수 있는 시스템을 운영하고 있다고 해석한 바 있다. 이에

〈표 7-13〉 방송기자 수량 비교

방송사	KBS*	BBC**
취재기자 수 (A)	300	2000
지원인력 포함 전체 기자 (B)	480	7000
취재기자 비율 (A/B)	63%	29%

* 한국언론재단(편)《전국언론인명부》 2004/2005
** The Neil Report

덧붙여 그는 한국의 경우 방송기자가 한 달에 약 20개, 1년에는 약 200여 개의 아이템을 제작하지만, 외국의 기자는 훨씬 적은 수의 아이템을 제작한다는 것을 지적했다.

한국 방송뉴스의 경우는 일단 절대적인 인력의 수가 적으며, 취재기자의 수에 견주어 지원인력 시스템의 규모가 턱없이 작다는 것을 알 수 있다. 즉, 위의 〈표 7-13〉에서 가장 중요한 것은 취재기자와 스태프의 비율이다. 한국의 경우 이 비율이 63%나 되지만 영국의 BBC는 29%밖에 안 된다. 한국 방송뉴스의 취재·보도 시스템은 한마디로 말해서 '취재기자가 모든 것을 다하는' 시스템임을 알 수 있다. 그럼에도 앞에서도 검토했듯이 뉴스 프로그램에 포함된 뉴스 아이템의 수가 절대적으로 많기 때문에 기자가 많은 수의 뉴스 아이템을 끊임없이 만들어내야 하는 것이다. 따라서 이러한 취재·보도 시스템에서 심층성이 모자라고 단순한 구성양식을 갖는 뉴스를 만드는 관행이 정착되었다고 하겠다. 그 결과 단순하고, 규격화하고, 일종의 도식을 따르는 뉴스 아이템이 대량 생산되는 결과가 나온 것이다. 결국 한국 방송뉴스의 내용과 형식 두 측면에서 모두 취약한 것은 취재기자에 대한 지나친 의존과 절대적으로 작은 규모의 취재인력과 스태프 진에 일차적으로 말미암는다고 볼 수 있다.

2) 제작 시스템 구성

이준웅·김은미(2003)의 보고서에 따르면, 한국 방송뉴스 제작 시스템의 특징 가운데 하나는 취재기자가 '기획·취재·제작' 등 거의 전 제작과정을 책임지며 자신이 맡은 아이템에 대한 책임과 보상을 전적으로 짊어지게 만드는 구조이다. 국장과 부장 등 데스크가 있고 제작을 돕는 편집기자와 특수 업무 스태프가 있기는 하지만, 취재와 제작의 책임은 전적으로 취재기자의 몫이 된다. 그런데 일선 취재기자는 취재와 제작 과정에서 지나치게 무거운 업무를 수행하지만 정작 기획과 제작을 위한 충분한 시간은 물론, 가장 기본적인 기사 내용을 검증할 수 있는 시간마저 제공받지 못하고 있다.

일반 기자에게 취재와 제작의 업무가 분화되어 있지 않은 것과 마찬가지로 팀장도 취재와 제작을 지시하면서 취재기자를 관리하는 구실을 맡을 뿐이며, 그 업무가 분화되지도 않고 특화되지도 않는 특징을 보인다. 취재기자와 마찬가지로 전체적으로 기획·취재·제작 전 과정을 뛰면서 전방위로 취재기자를 감독하고 지원하는 구실을 맡는 것이다. 결국 기획·취재·제작 및 연구가 기능적으로 분화되어 있지 못하고, 팀장, 취재기자, 스태프 모두에게 연관되어 있으며, 사실상 최종적인 책임은 업무 위계의 최하위에 있는 취재기자에게 전부 몰려 있는 형국이다. 이는 한마디로 뉴스 제작 업무가 기능적으로 분화되지 않았음을 의미한다.

이러한 한국 방송사의 제작 시스템과 영국 등 방송뉴스 선진국의 제작 시스템을 비교해보면 큰 차이가 있음을 알 수 있다. 무엇보다도 방송뉴스 선진국의 뉴스 룸은 취재 및 자료 준비과정(이른바 'intake')과 제작과정(이른바 'output')이 기능적으로 완전히 분화되어 있으며, 관리 부분과 스튜디오는 또한 별도의 팀이 담당하는 이른바 기능적으로 유연하게 분화된 제작 시스템을 운영하고 있다.

〈그림 7-1〉과 같은 선진국형 방송뉴스 제작 시스템에서 가장 중요한 구실을 담당하는 사람은 개별 뉴스 프로그램의 총책임자인 '프로그램 편집장(program editor)'이다. 각 개별 뉴스 프로그램마다 1명씩 배정되어 있는 프로그램 편집장은 행정과 관련된 부분을 부편집장에게 모두 맡기고, 취재와 관련된 부분은 각 취재부장에게 모두 맡기고, 그 자신은 뉴스 제작에 관련된

〈그림 7-1〉 선진 방송뉴스의 제작 흐름도

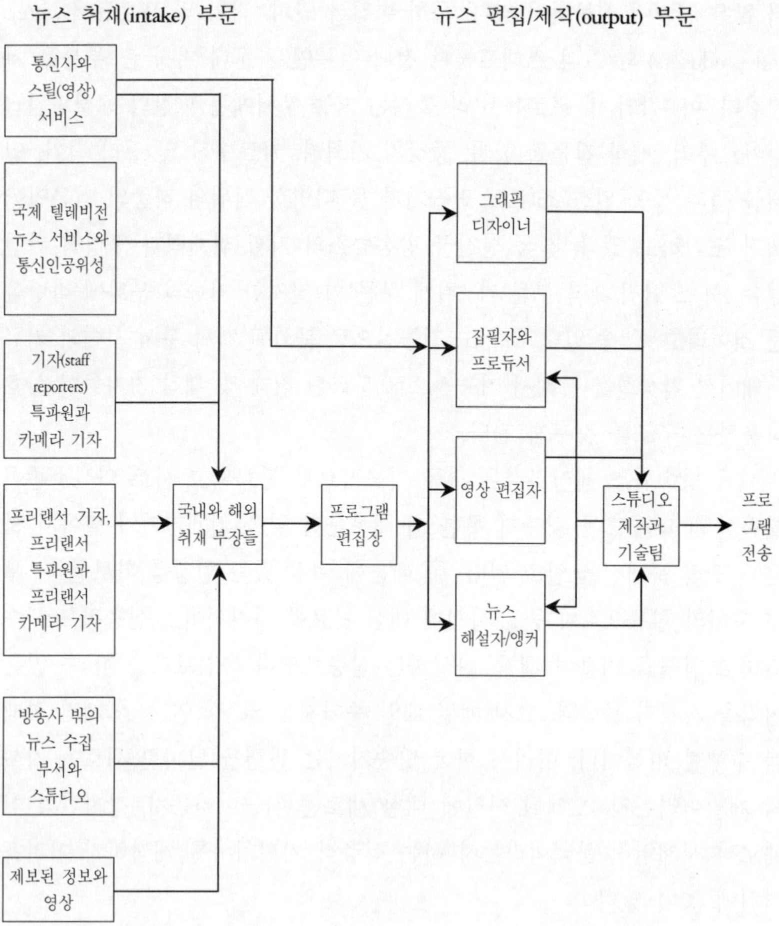

뉴스 취재(intake) 부문   뉴스 편집/제작(output) 부문

출처 : Ivor Yorke (1995). Television News. Boston : Focal Press

전 과정(기획·취재·제작·송출·자원분배·일정관리(scheduling) 등을 지휘
한다. 프로그램 편집장은 뉴스 룸, 즉 편집국에 머물며 취재기자의 취재물을
점검하고 앵커의 발언을 확인하는 등 기획과 제작을 중점적으로 관리한다.
　앞에서도 지적했듯이 선진국형 방송뉴스 제작 시스템은 이른바 '취재'와
'제작'의 균형(news-driven approach v. production-driven approach)을 유지한다.

방송 언론인의 숫자로 보면 취재(intake) 부문보다 편집/제작(output) 부문에 더 많은 인력이 배분되어 있다. 특히 편집국 안의 '작가 및 프로듀서(writers and producers)'와 그의 스태프들이 전체 언론인 가운데 가장 큰 부분을 차지한다. 이 '작가 및 프로듀서'라 불리는 기능 부서에는 노장의 해설위원급 작가로부터, 제작 전문 편집자, 중장기 기획자, 자료수집 및 정리 작가, 인터뷰 섭외 등을 위한 스태프, 견습기자 등 다양한 직위와 직종의 언론인이 대거 포진하고 있다. 결국 선진국 방송뉴스의 기획 취재력과 구성적 완결성은 '뉴스 편집/제작 부문'과 '취재 부문'의 철저한 기능적 분화에 바탕을 둔 것이라고 볼 수 있다. 그리고 기능적으로 분화된 하위 부서 사이의 커뮤니케이션 활성화를 통해서 기능적으로 분화된 취재 및 제작 기자들이 상호작용하는 구조를 갖추게 된다.

한국 방송뉴스 제작과정은 결국 기능적으로 분화되고 서로 의사소통이 활발한 제작 구조를 갖추지 못한 채 대부분의 일을 취재기자가 맡아서 하는 구조적 문제점을 안고 있다. 이 때문에 여유 있는 일정을 확보한 뒤 부서 사이의 협동으로써 중요 사건에 대한 자료를 다각적이고 심층적으로 수집하고 심혈을 기울여 제작, 완성하는 심층보도나 특집보도를 할 수 있는 여력을 가지지 못한다. 그저 매일 매일 주어지는 일상적인 뉴스 제작 과제를 수행할 따름이다. 따라서 한국 방송기자는 관행을 탈피한 새로운 기사의 개발이라든지, 오래된 사안에 대한 새로운 접근이라든지, 장기간의 취재로써 시계열적 분석이라든지 하는 심층적 기획기사를 제작하기 어려운 형편에 놓여 있다.

3) 뉴스 제작관행과 조직 문화

뉴스 제작관행은 뉴스의 내용 및 형식적 특성에 영향을 미치는 또 하나의 중요한 요인이다. 방송사 보도국의 구성원인 기자들은 보도국의 가치와 이념, 그리고 환경과 전략에 따른 고유한 조직문화를 공유하게 된다. 그리고 조직으로서 보도국이 갖고 있는 조직 문화와 관행 등은 그 조직 구성원

〈표 7-14〉 언론자유를 제한하는 요인 (응답률 : %)

	2005		2003
	오프라인	온라인	
광고주	60.2	69.7	44.5
사주·사장	43.6	53.9	-
보도국 간부	43.4	46.1	77.1*
자기검열 및 조직구조	42.8	48.1	
정부 정치권력	39.8	37.2	60.3
언론법 제도	18.3	14.7	22.7
독자·시청자	17.1	10.7	27.9
이익단체	15.9	11.8	22.8
시민단체	15.3	5.9	22.5
기 타	1.6	2.0	2.1

출처 : 2005 언론인 의식조사 — 한국언론재단
* 2003년에는 '사주/사장'이란 항목이 없었고 '편집·보도국 간부'와 '기자 자신의 자기검열 및 조직 내적구조'가 하나로 묶여 '편집·보도국의 내적 구조'라는 항목이 있었는데 이에 대한 응답률은 77.1%였다.

의 가치규범과 행위양식에 영향을 미친다고 한다. 이런 의미에서 조직문화와 관행은 '조직 구성원들 사이의 조직에 대한 가치와 신념을 전달하는 상징과 의식의 집합'으로서 '조직상황에서 구성원들의 가치판단 및 행위의 틀로서 기능하는 것'이라고 볼 수 있다.

언론, 특히 방송사는 다른 어떤 조직보다 조직 안의 작업 관행에 대한 문제가 빈번히 제기된다. 방송사의 대부분의 작업이 '관행(routine)'에 따라 이루어지며, 이러한 뉴스 제작의 관행에 따라 최종 생산물은 뉴스의 내용과 품질이 결정되기 때문이다. 그리고 방송사 조직 구성원의 인식·태도·행위양식 등은 이러한 제작관행의 형성과 긴밀한 관련을 맺고 있다. 한국의 언론인들도 이러한 조직문화와 관행이 일상적인 언론 활동에 미치는 영향력에 대해 잘 알고 있는 듯하다.

예를 들어, 〈표 7-14〉가 보여주듯이, '언론자유를 제한하는 요인'에 대한 언론인의 응답을 보면, 언론인들은 광고주, 사장, 보도국 간부에 이어 '자기 검열 및 조직 구조'를 꼽았다. 비록 이 조사 결과는 '언론자유를 제한하는 요인'에 대한 것이지만, 이 결과는 보도국 내부의 업무 전반에 영향을 미치는 요인에 대한 언론인의 평가 결과와 크게 다르지 않을 것으로 예상할 수 있다. 따라서 공정성 시비와 같은 내용에 대한 문제 역시 이러한 정부와 시장과 같은 외적인 영향력 요인, 사장이나 간부와 같은 조직 내적인 문제, 그리고 뉴스 제작관행에 들어 있는 '자기 검열' 등과 같은 요인들이 중요하게 작용할 것이라고 볼 수 있다.

조직 안에 공유된 가치와 행위양식은 언론사, 특히 방송사와 같은 거대 언론사 조직에 대한 비판이나 개혁 요구에 조직이 얼마나 탄력성 있게 반응할 수 있느냐를 결정한다. 언론사에 대해 가해지는 비판은 공정성 시비를 포함해서 수준과 강조가 다른 여러 비판들이 있으며, 언론사 스스로 제시하는 개혁 요구가 있다. 이러한 비판을 받아들여 개혁 요구에 부응하기 위해서는 조직 내부에 '비판과 개혁요구'를 받아들일 수 있는 유연한 조직문화가 필수적이다. 예를 들어, 국제 방송환경의 변화에 따른 BBC와 CNN의 전략적 대응을 검토한 한 연구에 따르면(Kung-Shankleman, 2001/2000), BBC와 CNN 모두 조직 내부의 문화가 조직에 가해진 외적인 요인에 대한 전략적 대응의 성패를 결정했다고 한다.

한국 언론사에 대한 기존 연구에서도 조직문화가 환경의 변화에 대한 전략적 대응에 영향을 미친다는 것이 잘 지적되어 있다(강상현, 1994 ; 권장원, 2004 ; 김사승, 2002 ; 김영석, 1993 ; 박인규, 2004). 이 연구들에 따르면, 한국 언론사에서 특히 강조되어 나타나는 위계적이며 관료적인 조직문화가 내부 커뮤니케이션의 활성화를 가로막으며, 그 결과 급격하게 변화하는 언론환경의 변화에 대해 효과적으로 대응하지 못한다고 한다. 예를 들어, 매체 시장의 경쟁 심화로 언론사의 재정이 압박을 받으면서, 그 결과 더 공격적인 마케팅 전략이 요구되는 시점이라고 할지라도, 특정 언론사의 조직문화가 권위주의적이며 조직 안 커뮤니케이션 구조가 상명하복의 특징을 지니고 있다면 그 언론사는 이러한 전략을 효과적으로 수행하지 못한다는 것이다.

결국 방송의 공정성에 대한 비판이 아무리 강도 높게 제기되고, 이를 극복할 수 있는 전략에 대한 논의가 제시되더라도 방송사 기존의 제작관행이 이를 전면적으로 거부하거나, 방송사의 조직문화가 이러한 비판을 허용하지 않는 분위기라면 제대로 된 개선이 이루어질 가능성이 없다. 이 절에서는 이민웅(2001)과 이준웅·김은미(2004)가 수행한 방송사의 조직문화를 알아보기 위해 수행한 '심층 인터뷰' 자료를 중심으로 방송기자들이 제기된 비판과 개선 요구에 대해 어떻게 대응하는지 간략하게 검토하려 한다.

① 취재·보도 시스템에 대한 평가

뉴스 제작자들은 한국 방송사가 적어도 인적 자원의 능력 면에서는 자질이 충분하지만 조직적인 차원에서 보면 선진국의 시스템을 따라가기 어렵다는 데 동의했다. 특히 일부 방송사에 소속된 기자들의 경우 보도국의 인적 자원의 수준이 높다는 것에 대해 높은 자긍심을 갖고 있다. 하지만 보도국의 업무에 견주어 인력이 지나치게 부족하며, 현재 시스템이 인재 능력을 양성하고 계발하기보다는 이용하는 데 급급하다는 지적이 중점적으로 제시되었다. 특히 취재·보도 시스템과 뉴스 제작관행에 대한 냉소적인 평가와 반응도 확인할 수 있었는데, 이러한 점은 특히 조직문화에 부정적 요인으로 작용하는 것으로 보였다. 이러한 발견은 이 문제에 대한 논평자들의 평가와 대체로 일치하는 것이기도 하다(이민웅, 1991 ; 이재경, 2004).

전체적으로 방송뉴스 제작자들은 방송사의 취재·보도 시스템의 문제점에 대해 놀라울 정도로 같은 인식과 평가를 내리고 있었다. 인터뷰 대상자가 대체로 공통적으로 지적한 한국 방송사의 취재·보도 시스템의 문제점을 기획-취재-편집·제작의 단계로 요약해서 제시하자면, 먼저 (1) 뉴스 기획이 취약한 점(전반적으로 뉴스 발생에 초점을 맞추고, 기획전담 인력이 부족하며, 뉴스 제작 간부의 기획능력이 불신을 얻고 있음 등)을 지적했다. (2) 취재에서는 지나친 취재업무와 도식적이고 관행적인 취재업무 시스템의 유지, 취재 담당 기자의 훈련 부족과 전문성 부족, 취재에서 데스크와 일선기자의 신뢰 부재 등이 문제점이라고 지적했다. 특히 뉴스 전체의 방

〈표 7-15〉방송뉴스 취재·보도 시스템에 대한 방송제작자의 인식(인터뷰 결과 요약)

과정	기 획	취 재	편집·제작
인식 내용	·전반적으로 발생에 초점 ·기획 전담 인력 부족 ·간부진의 기획능력 불신 ·뉴스 기획의 중요성 인식. 최근 기획전담부(전략기획 부) 설치	·과도한 취재업무 ·전통적으로 취재를 중시함 ·도식적이고 관행적인 취재 ·취재 담당 기자의 훈련 부 족과 전문성 부족 ·취재에서 데스크와 일선기 자의 의사소통 취약, 신뢰 의 부재 ·뉴스 전체의 방향에 대한 조망 없이 분절적 취재	·편집·제작의 중요성 인식 ·"제작하느라 취재할 시간 없다" ·편집 및 제작 담당 인력의 필요성 인식

향에 대한 조망 없이 제한된 관점에서 분절적으로 취재하는 것이 문제라는 지적도 있었다. (3) 뉴스 제작에 대해서는 가장 많은 문제 제기가 있었다. 주로 편집·제작의 중요성을 인식하면서도 전문적인 인력이 배치되지 않고 있으며, "취재하느라 제작할 시간이 없거나, 제작하느라 취재할 시간 없다"는 딜레마를 토로했다. 참고로 보도국 안의 구성원은 현재 방송뉴스 취재·보도 시스템의 문제점에 대해 비슷한 인식과 평가를 지니고 있었다. 방송제작자가 공통적으로 보여준 보도 시스템의 특징을 기획-취재-편집·제작의 단계로 요약해서 제시하면 다음과 같다.

② 현상유지하려는 태도

뉴스 제작자들 가운데 일부는 기사 평균 1분 10초, 7문장 2인터뷰로 구성되는 '한국형 방송뉴스 도식'은 어쩔 수 없는 선택이었다고 항변했다. 특히 현재 한국 방송사의 인력구조와 능력을 활용해서 최선의 뉴스 품질을 뽑아내는 방식이라는 지적이 있었다. 현재와 같이 수적으로 부족하고 충분히 훈련되지 않은 취재인력을 기반으로 경쟁력 있고 동시에 고른 품질의 뉴스를 만들어내기 위해 일종의 관행적인 틀을 사용할 수밖에 없다는 것이다. 따라서 일부 방송제작자들은 '한국형 방송뉴스 도식'을 짧은 기간에 극복하는 것은 쉽지 않으며, 뉴스의 체질 강화를 위해 장기적이고 체계적인 대응전략이 필요하다고 주장했다. 이들은 현행 제작 시스템에 대한 대대적인 개혁을 주장하기도 했다.

하지만 이러한 개혁적 대응에 대한 회의론이 적지 않았다. 방송제작자들은 현 취재·보도 시스템이 최상의 선택이 될 수 없다는 데에 대체로 동의하면서도, 이 시스템 말고 다른 방법은 없을 것이라는 체념과 현실 안주적 태도를 보이는 경우가 많았다. 특히 현재 각 방송사가 추진하고 있는 개혁안(예컨대, 2003년 당시 KBS의 팀제 도입 등)의 방향에 대해서는 대체로 동의하지만, 이러한 개혁안이 구체적인 성과를 보일 것이라는 전망에 대해서는 부정적인 평가를 하는 경우가 많았다. 이른바 위로부터의 조직개편 그리고 뉴스 품질과 경쟁력 확보를 위한 노력에 대해 '할 테면 해봐라'라는 식의 방관적인 자세를 보이는 경우가 있었다.

③ 시청률을 의식하는 조직문화

방송제작자들 가운데 일부는 지나친 시청률 중심주의가 문제라는 지적을 했다. 특히 시청자를 의식하고, 시청률을 염두에 둔 제작이 '한국형 방송뉴스 도식'의 원인이라는 분석도 있었다. 즉, 뉴스 제작자가 시청자의 요구를 따르다 보니 현재와 같은 제작관행이 굳어졌다는 것이다. 일부는 현재 유지되는 한국형 방송뉴스 도식을 급격하게 바꾸려는 시도는 오히려 시청자의 반발을 사게 될 것이라고 주장하기도 했다. 한국 방송뉴스 제작자들은 이른바 방송의 '공익적 기능'과 '방송사의 경쟁력' 즉 '시청률 제고'라는 두 가지 목표를 동시에 추구하는 데 따르는 어려움을 토로하면서, 시청자가 따라주지 않는 한 '한국형 방송뉴스 도식'을 포기하기 어려울 것이라고 진단했다.

기자들은 시청률에 대한 압박이 일상적으로 느껴지는 것은 아니지만, 시청률이 낮아지면 조직의 사기가 떨어지고 방송의 성과에 대한 회의감이 커져서 결국에는 뉴스 제작 행위 자체에 심각한 영향을 미치게 된다고 응답했다. 이러한 응답은 공영방송의 뉴스 제작자에게서 나온 것으로서 상업방송이든 공영방송이든 관계없이 시청자의 취향과 요구에 맞추는 것이 중요하다는 인식을 하고 있다는 것을 보여준다.

④ 경직된 조직문화

한국 방송제작자는 방송뉴스 편집회의를 비롯한 공식적의 논의 기구는 물론이고 비공식적인 의사소통 채널을 통해서도 조직 내적인 커뮤니케이션 활성화가 이루어지지 않음을 지적하는 경우가 많았다. 이민웅(2001)의 연구에 따르면 편집회의에서 다른 부서에 대한 논의를 거의 하지 않는 관행이 있다고 한다. 이렇듯 토론이 없는 이유를 물은 결과, "남의 부서 일에 끼어들기 싫어서"가 무려 67%나 되었다. 이는 부서 사이 영토의식 또는 영토 이기주의와, 편집회의에 참석하는 자격(편집위원으로서의 참석)에 대한 데스크의 인식 부족에서 오는 결과로 분석된다.

결국 정리해보면, 한국의 방송뉴스의 내용과 형식에 나타나는 도식적 특징 그리고 그로 말미암은 질적인 취약성은 현 방송의 뉴스 제작관행과 취재·보도 시스템(특히 일선 취재기자가 제한된 시간 안에 뉴스 취재에서부터 제작·편집까지를 계통적으로 다 수행해야 하는 뉴스 제작 시스템)의 문제점과 뉴스의 제작관행에서 유래된 것으로 보인다. 그리고 방송제작자들은 이러한 문제점을 잘 알고 있음에도 이를 적극적으로 개선하기 위한 개혁적인 조직문화를 갖추지 못한 것으로 보인다.

3. 소 결

한국의 방송저널리즘의 문제에 대한 지적과 개선점에 대한 제안은 여러 관점에서, 그리고 여러 수준에서 이루어질 수 있다. 이 장에서는 한국 방송 저널리즘의 공정성 문제를 포함한 질적인 문제를 검토하기 위해서 한국 저녁 종합 뉴스의 내용적, 형식적, 구성적 특징을 파악할 것을 제안했다. 이는 뉴스의 내용적, 형식적, 구성적 특징에 대한 관찰로써 공정성을 비롯한 뉴스의 품질이 확보되거나 그럴 수 없는 조건을 규명할 수 있다는 의도에 따른 것이다. 그 결과 한국 저녁 종합 뉴스는 상대적으로 짧고, 많은 수의 아이템을 나열하여 제시하는 경향이 있으며, 특히 그 구성에서 도식적인 특성을 보인다는 것을 제시했다.

그리고 이러한 특징은 다른 나라의 방송뉴스의 특성과 확연히 구분되는 특성을 보여준다. 영국과 미국의 뉴스는 뉴스 중요도에 따라 특별히 중요한 기사는 기자의 심층 보도를 거쳐 제공하지만 상대적으로 덜 중요한 기사의 경우에는 앵커의 보도만으로 처리함으로써, 기사의 장단과 경중을 감안한 배치를 하는 것으로 보인다. 이는 시청자에게 필요한 경우 충분한 정보와 함께 '뉴스 시청의 리듬감'을 제공하는 구실을 하는 것으로 볼 수 있다. 또한 영국과 미국 뉴스는 한국 방송뉴스와 비교했을 때 상대적으로 적은 수의 아이템에 집중하여 기자의 해설과 분석으로써 심층적 보도를 추구하는 경향을 보여준다. 그리고 아이템 구성에서 사건의 원인과 과정·결과·반응을 동시에 제시하며, 보도자료에 기댄 보도보다는 기자 자신의 자료 수집에 바탕을 둔 분석적 보도가 많다. 이러한 뉴스 내용 구성의 특징은 취재와 제작이 분리되어 있으면서도 각 부문이 유기적으로 연관을 지니는 안정적인 뉴스 제작 시스템이 제대로 작동한 결과라고 볼 수 있다.

이와 달리 한국 방송뉴스의 도식화한 형식은 뉴스 내용의 질을 떨어뜨리는 한 원인으로 작용하고 있는 것으로 보인다. 도식적 구성을 따르는 뉴스를 제공함으로써 뉴스 자체가 심층성과 복합성을 구현하기 어려워지며, 결국 내용적으로도 단순하고 명료한 스토리라인을 강조하게 된다는 것이다. 결국 한국 방송뉴스는 '공정성'과 같은 미묘하면서도 복잡한 가치를 현실에 적용시키는 데 성찰적인 노력을 담기 어렵게 된다. 뉴스 제작에 대한 성찰과 숙의가 없이 도식적으로 뉴스가 제작된다면, 뉴스의 내용이 (1) 개별 언론인의 정치적 편파성, (2) 제작관행에 들어 있는 정치적 경향성, (3) 사장이나 보도국장 등 간부의 영향력이 행사되는 조직의 구조적 특성, (4) 정부와 시장의 압력, 그리고 (5) 사회 체계나 이데올로기적 편파성으로부터 자유로울 수 없게 된다. 다시 말해서, 공정성 시비와 편파성 논란은 뉴스를 단순하고, 간편하고, 효율적이고, 알기 쉽게 만드는 과정에 끼어드는 다층적이며 다차원적인 영향력 요인들이 적절하게 통제되지 않는다면 발생할 수 있다는 것이다.

특히 아이템 당 정보원의 수가 적은 한국의 방송뉴스가 미국과 영국의 방송뉴스에 견주어 기사의 내용적 심층성과 품질의 측면에서 취약할 것이라고 예상할 수 있다. 다시 말해서, 한 기사에 정보원의 수가 하나밖에 없는 기사의 경우 구조적으로 공정성을 유지하기 어려운 구성을 보이게 된다는 것이다. 그런데 정보원의 수가 적기 때문에 발생하는 문제보다 더 심각한 문제는 취재원의 내용적 제한성으로 말미암아 사회적으로 다양한 처지와 관점을 뉴스가 내용적으로 담보하지 못하면서 공정성 시비에 빠지는 경우이다. 즉, 특정 사안에 대해 정부를 비롯한 공식적 정보 채널에 의존하면서 이들이 제공하는 보도자료를 위주로 뉴스를 구성하는 경우, 다른 처지 또는 다른 관점에서 사안을 검토할 여지가 줄어들면서 관점의 편파성이나 내용적 불균형성으로 빠지기 쉽다.

결국 한국의 방송뉴스가 '공정성'의 측면에서 취약할 수밖에 없는 이유는 뉴스 체질이 약한 것과 관련이 있다. 특히 (1) 뉴스 내용이 도식적으로 구성되고, (2) 정보원의 수가 적을 뿐 아니라, (3) 독립적인 취재에 의존하는 경우가 적은 것과 달리, 보도자료에 대한 의존이 높다는 것 등을 뉴스 체질이 약하다는 증거로 들 수 있다. 그런데 한국 방송뉴스의 도식적인 뉴스 구성은 부분적으로 한국 방송사의 뉴스 제작 여건의 상대적 취약성에서 오는 것으로 보인다. 뉴스 조직의 구조, 취재·보도 시스템, 제작관행 등을 고려해보면, 한국 방송저널리즘의 토대가 근본적으로 공정하고, 심층적이고, 고품질의 뉴스를 제공하기에 어려운 구조를 지녔다는 것이다. 따라서 이러한 취재·보도 시스템과 제작관행 등에 대한 전면적인 혁신 없이는 도식적인 뉴스 제작관행을 극복하기 어려울 것으로 보인다. 또한 방송뉴스에 대한 비판과 개혁 요구가 제시되더라도 이를 적극적으로 수용할 수 있는 조직문화를 갖추지 못한 것도 한국의 방송뉴스가 공정성과 심층성 등의 차원에서 질적으로 도약하지 못하는 원인이 되는 것으로 진단된다.

8장

'PD저널리즘'의 구조와 관행

1. 'PD저널리즘' 개념의 이해 : 한국적 특수성

'PD저널리즘'은 매우 한국적인 용어다. PD저널리즘은 나름대로 독특한 한국적 방송 제작환경과 문화를 반영한 개념이다. 미국 등지의 방송세계에서 이처럼 프로듀서와 저널리즘을 합성시킨 개념이 없는 것은 당연하다. 방송은 제작되는 프로그램 형태로 표현되기 마련이고 방송 제작을 맡는 인력은 PD이다. PD는 드라마도 만들 수 있고, 뮤직 쇼, 코미디, 다큐멘터리, 그리고 뉴스를 만들 수 있다. 드라마에 배우가 등장하고 뮤직 쇼에 가수가 등장하듯이, 뉴스에는 기자가 시사적인 정보를 보도하는 역할을 한다. 그러니까 모든 방송 프로그램 장르는 PD와 해당 장르에 적합한 인력에 의해서 제작, 방송되는 것이다. 따라서 PD가 저널리즘적인 프로그램을 만든다는 의미가 들어 있는 PD저널리즘은 "쌍권총은 두 자루다"와 같이 있으나마나한 개념이 되고 만다. 실제로 미국이나 유럽의 방송인들에게 'PD저널리즘' 얘기를 꺼내면 고개를 갸우뚱하며 당연히 '뉴스 PD' 또는 '(뉴스)스토리 PD'가 기자(reporter)와 함께 뉴스를 제작하는데 무슨 소리냐고 의아해한다. 그들에게 PD나 기자나 뉴스를 만드는(making news) 사람이면 모두 저널리스트(journalist)인 것이다.

유독 한국에서 이른바 'PD저널리즘'이라는 용어가 통용되는 데에는 그만한 이유가 있다. 기자와 PD 사이에 기능과 역할, 그리고 방송사 안 부서 조직 차원에서 분명한 직업적 경계선이 그어져 있기 때문이다. 기자와 PD

는 신입이든 경력이든 선발 과정부터 별도의 절차를 따르고 다른 조직 문화에서 다른 프로그램을 다른 방식으로 제작한다. 대체로 같은 방송사 안에서도 특별히 만나거나 교류할 일도 없다. 다른 시간과 공간의 매트릭스 속에서 기자는 뉴스를 만들고 PD는 뉴스 말고 다른 프로그램을 만든다. 이런 정황에서 기자가 아닌 PD가 갑자기 뉴스 또는 뉴스에서 파생됐을 것으로 보이는 뉴스 매거진 같은 저널리즘과 관련된 프로그램을 제작하기 시작했으니 '사건' 또는 '현상'이 아닐 수 없다.

PD저널리즘은 한마디로 분명한 경계선이 그어져 있었던 기자 제도와 PD 제도 사이를 넘나드는 현상이자, 과정이고, 그 결과라고 할 수 있다. PD 저널리즘의 현상은 제도적 경계선 이쪽과 저쪽에 있었던, 기자가 PD 제도로 넘어가 PD식 저널리즘 프로그램을 만든다든지, 더 보편적으로는 PD가 기자 영역으로 뛰어들어 PD식으로 저널리즘 프로그램을 만드는 것으로 나타난다. PD저널리즘의 과정은 기자와 PD의 세계가 별도로 지니고 있던 전문직업적 기능과 역할, 조직 문화와 가치, 방송 프로그램의 양식(mode, format)의 갈등과 교섭으로 드러난다. 그리고 PD저널리즘의 결과는 '탐사 저널리즘'이든 '뉴스 매거진'이든 새로운 형태의 방송저널리즘의 출현과 이로 말미암은 언론자유·객관성·공정성·진실성 등과 같은 전통적인 저널리즘 가치의 변환(transformation), 발전적 대체 또는 퇴보적 변질(degeneratoin)로 나타난다.

무엇보다 PD저널리즘이 관심과 문제의 대상이 된 것은 바로 PD적 제작 관행 및 제도와 결합한 PD저널리즘이 과연 보존할 만한 전통적인 저널리즘 가치를 훼손하지 않고 오히려 바람직한 부가적인 가치를 창출할 것인가에 대한 의문이 나타났기 때문이다. 따라서 PD저널리즘 프로그램의 성과와 과제, 개선방안에 대한 국내의 적지 않은 연구들은 결국 저널리즘의 가치 논의로 귀결될 수밖에 없었다.

이른바 'PD저널리즘'의 문제를 다루는 이 장은 PD저널리즘의 정의와 역사, 특성, '기자 저널리즘'과의 차별성, 그리고 PD저널리즘과 공정성 가치의 문제들을 논의한다. 우리가 PD저널리즘을 특별히 논의하게 된 것은

2004년 탄핵 방송 공정/불공정성을 분석한 결과, '기자 저널리즘'에 견주어 PD저널리즘 프로그램이 매우 명백하게 탄핵 반대 세력의 편을 드는 편파적인 방송을 한 것으로 나타난 데서 비롯됐다. 그렇다면, PD저널리즘의 어떤 특성이 편파방송의 가능성을 높이는 것인가, PD들은 기자와 달리 공정성에 대한 가치 부여를 하지 않기 때문인가, 아니면 PD저널리즘의 제작관행 때문인가, 그것도 아니면 PD저널리즘의 프로그램 포맷과 양식(mode)이 원래 불공정해질 수밖에 없는 속성을 가지고 있어 기자가 PD저널리즘 프로그램을 제작하더라도 비슷하게 편파보도의 결과를 만들어내는 것인가. 이 장에서는 이런 질문들에 대한 해답을 구할 수 있도록 PD저널리즘에 관한 개념과 이론적 틀과 특성을 논의한 다음, 이를 바탕으로 PD저널리즘에서 빠트리기 쉬운 공정성 가치를 확보하는 방안을 제안하려고 한다.

2. 한국적 'PD저널리즘'의 전개과정

1) PD저널리즘의 정의

PD저널리즘은 기자직과 PD직의 구분이 명확한 한국적 방송제작 체계 안에서 PD가 제작하는 시사 프로그램, 또는 기자가 PD식으로 제작하는 시사 프로그램으로 정의할 수 있다. 예를 들면, PD들이 주도적으로 제작하는 탐사고발 프로그램인 MBC의 〈PD 수첩〉, KBS의 〈추적 60분〉, 그리고 SBS의 〈그것이 알고 싶다〉뿐만 아니라, 기자들이 뉴스 제작 양식과는 다른 다큐멘터리, 또는 매거진 양식 등 PD들이 즐겨 사용하는 제작 방식으로 만드는 심층 시사 프로그램인 MBC의 〈시사매거진 2580〉, KBS의 〈취재파일 4321〉, SBS의 〈뉴스 추적〉 등이 모두 PD저널리즘의 영역에 속하는 프로그램들이다.

PD저널리즘은 제작 주체가 PD이든 기자이든 결국 뉴스 보도국의 전통적인 취재·보도 시스템에 따라 생산되던 뉴스 프로그램에 PD 고유의 방송제작 기능과 역할, 조직 문화가 개입되면서 새로운 양식의 시사 프로그램으로 재창출되는 과정과 결과라고 볼 수 있다. 다시 말해, PD저널리즘은 전통적인 '기자 저널리즘'의 보완, 변환, 또는 대체로 이해해볼 수 있는데, 이러한 형태의 PD저널리즘은 1960년대 이후 미국에서 나타난 '뉴스 매거진' 또는 'TV 탐사 저널리즘' 형태와 비슷한 개념이다. 다만, 기자와 PD가 협동으로 제작하고, 때로는 역할 사이에 이동 및 교체도 가능한 서양의 뉴스나 뉴스 매거진 프로그램 제작 체계와 달리, 기자와 PD의 직종 사이에 분화가 심한 한국의 방송조직 문화가 서양과 다른 PD저널리즘 운영원리를 창출할 수 있다는 점은 유의할 만하다.

PD가 만드는 방송 프로그램의 특성을 어떻게 정의하느냐에 따라 PD저널리즘의 논의구조가 달라진다. 기자에 대비되는 PD의 방송 제작 능력의 우월성을 영상 중심성, 서사성(narrativeness), 심층성 등에서 찾는다면, PD저널리즘은 기존의 기자 저널리즘에 PD의 방송 제작 특성이 삼투된 결과로 해석해볼 수 있다. 이와 달리 보도국 기자의 방송 제작 문화에 견주어 PD의 방송 제작 문화가 상업성, 오락성, 주관적 서사성을 강조하는 특성이 두드러진다면, 자연히 PD저널리즘은 기존의 저널리즘 가치에 상업성·오락성·주관성의 침투를 받는 것으로 되어, 가끔 저널리즘의 연성화, 상업화, 객관성 또는 공정성과 관련된 비판의 대상이 된다.

2) PD저널리즘의 역사

미국에서 PD저널리즘의 등장은 1968년 CBS 방송이 탐사보도 프로그램인 〈60 minutes〉를 처음 방송한 이후 ABC의 〈48 Hours〉, NBC의 〈Dateline〉 등 비슷한 유형의 뉴스 매거진 프로그램이 경쟁적으로 도입되면서부터이다. 미국의 뉴스 제작 조직은 기자와 PD의 직종 사이에 경계가 뚜렷하지 않고 새로 등장한 탐사 저널리즘 프로그램이 아니더라도 전통적인 뉴스 프로그램도 기자와 PD가 협업체제 속에서 제작을 해왔기 때문에 굳이 PD저널리즘이라는 용어를 사용할 이유는 없었다.

하지만, 탐사 저널리즘 프로그램이 등장하고 확산되는 과정에서 공공성이 강한 저널리즘 영역에 침투하는 방송의 오락적 요소에 대한 비판이 많았던 점으로 미루어, 직종 사이 구분이 아닐지라도 탐사 저널리즘에서 나타나는 영상과 흥미를 추구하는 PD적 요소에 대한 비판의식은 있었다고 볼 수 있다. 많은 비평가들은 전통적으로 상반되고 갈등적인 개념으로 여겨지던 ‘정보’와 ‘오락’의 벽이 완전히 무너진 결과 ‘TV 탐사보도 저널리즘’이 확산되었다고 파악했다(Haithman, 1988). 또는 ‘정보’와 ‘오락’이 하나로 묶여 나타난 혼종의 새로운 장르로 이해되기도 했다(Hallin, 1996).

미국에서 TV 탐사 저널리즘이 등장했던 시기는 1960년대 말 베트남 전쟁 반대 시위와 인권운동이 무르익을 무렵이다. 인권과 사회정의, 그리고 역사의식에 새롭게 눈을 돌리기 시작한 당시의 시대적 배경과 사회 상황을 감안할 때 새롭게 영향력 있는 매체로 등장한 텔레비전이 그 같은 급변하는 사회상황을 적절히 담아낼 새로운 프로그램 장르를 개발할 필요성을 느꼈을 것임을 어렵지 않게 짐작할 수 있다. 더욱이 베트남전과 워터게이트 사건을 계기로 정부와 공직자에 대한 언론과 일반 사회의 신뢰가 무너지기 시작하면서 파워 엘리트의 언행을 그대로 전달하는 전통적인 객관주의 저널리즘이 일정한 한계에 부닥치게 됐다. 이때 언론이 사회적 주요 사안을 직접 탐사하고 나름대로 해석하는 탐사 저널리즘, 해석 저널리즘이 등장했는데, 이를 방송적 양식(mode)으로 풀어낸 것이 TV 탐사보도 프로그램이다.

사실 미국 CBS의 〈60 Minutes〉가 1960년대 말에 탄생하게 된 것은 당시 선정과 폭력, 오락이 난무하는 상업방송 프로그램을 규제하기 시작한 FCC가 방송사에 대해 공공문제에 관한 프로그램 편성을 확대하라고 요구한 정책의 결과였다(de Burgh, 2000a ; 2000b). 한동안 탐사 프로그램은 방송사들이 공공의 이해를 증진시키는 차원에서 낮은 시청률을 감수하고 방송하다가 1975년 〈60 Minutes〉가 저녁 7시대의 주시청시간대로 옮긴 뒤 시청률 상위 10위 안에 들면서 시청률과 광고수익 측면에서 탐사 프로그램의 가치를 재발견하게 된 것이었다. 결국 미국의 PD저널리즘은 사회와 방송 환경이 변화되면서 공익의 목표와 사적인 상업 이익을 동시에 추구하는 이중적 구조로 발전했으며, 그 같은 공적 목표와 사적 목표의 갈등과 충돌이 미국의 탐사 프로그램에 대한 의제와 쟁점을 구성하고 있다고 하겠다.

한국의 경우, 어디까지나 저널리즘의 영역인 TV 탐사 프로그램을 기자가 아닌 별도의 PD 직종에서 먼저 본격적으로 시작했을 뿐만 아니라 프로그램 장르의 발전을 방송사 안의 PD들이 주도했다는 점에서 PD저널리즘을 '한국적 현상'이라 부를 만하다. 대체로 한국의 PD저널리즘이 본격적으로 개막한 것은 1990년 MBC 〈PD 수첩〉의 등장으로 여겨진다. 이어서 1991년 SBS의 개국과 함께 〈그것이 알고 싶다〉가 등장했고, 폐지됐던 KBS의 〈추적 60분〉이 되살아나 PD저널리즘에 의한 심층 보도 프로그램이 주요 장르로 정착하게 됐다.[1]

한국적 PD저널리즘이 형성되는 과정과 관련해서 원용진(2005)은 세 가지 한국적 조건이 있었다고 설명한다. 첫째, 1980년대 말부터 시작된 민주화와 사회변혁 운동 차원에서 방송노조를 중심으로 한 방송 민주화 운동이 PD저널리즘을 등장하게 만든 촉발제가 되었으며, 둘째, 방송 PD들이 특유의 영상 편집 능력과 심층 취재 방식으로 전통적인 기자 영역인 저널리즘으로 진출했으며, 셋째, 민주화 이후 사회정의를 방송에서 다뤄야 한다는 시대적 사명 같은 것이 존재했다는 것이다.

한국적 PD저널리즘의 태동은 방송사 내 기자와 PD 사이의 직종분화 상태에서 민주화 이전 권위주의 정권을 보도했던 기자들의 저널리즘 양식에 대해 일단의 PD 집단이 반발하고 대안적 저널리즘을 찾은 결과로 나타났다. PD저널리즘은 제도권 언론이 전반적으로 독재 정권의 언론 통제에 순응하면서 나름대로 취재원과의 관계에서 비롯되는 미시적 권력에 안주하여 언론의 권력 감시 기능을 소홀히 했다는 반성에서 비롯됐다. PD저널리

---

1) MBC TV가 1969년 출범하면서 보도국 안에 '보도제작부'를 신설하고 'MBC 리포트'라는 시사 다큐멘터리 프로그램을 심층적으로 제작하여 주목을 받은 바 있고, 그 뒤 다른 TV 방송에서도 보도제작부를 새로 설치하여 기자들이 시사 문제에 관한 다큐멘터리를 제작한 바 있다. 그러나 당시는 권위주의 정부 시절이라 소재에 제약을 많이 받아 정치·경제·사회 전반의 비리와 쟁점을 심층적으로 다룬 진정한 탐사 저널리즘이라고 부르기는 힘들다.

즘은 또한 권위주의 시대의 기자 저널리즘이 신속하게 사실 중심의 사건 개요를 전달하는 데 치중하는 형식적 객관주의에 의존하면서 부패·정의·인권 등 사회의 구조적인 문제를 온전히 드러내는 데 그다지 성공적이지 못했던 기자들의 취재 관행에 대한 문제 제기의 성격도 지니고 있다. 방송 PD들은 민주화 이후 권력의 비리와 부패 사슬의 폭로, 소외된 약자의 문제, 인권, 정의 등에 관한 다양한 정보 욕구를 PD 직업군의 영상편집 능력과 장기적이고 심층적인 프로그램 양식 등으로 상당 부분 해결하면서 출입처 중심주의 취재관행에 안주해온 기자 저널리즘에 대한 대안적 저널리즘을 창출하는 데 성공했다는 평가도 있다(구수환, 2005 ; PD수첩팀, 2000).

PD저널리즘은 민주화라는 한국 사회의 독특한 정치적 조건 속에서 기자와 PD 사이의 직업적 영역 다툼(jurisdiction claim)[2]이 존재했으며, 그 과정에서 언론자유와 공정성 등과 같은 심각한 저널리즘적 가치에 대한 논쟁이 전개됐고, 또한 취재·보도의 관행과 보도 양식(mode)에 대한 경쟁 및 대체 현상이 발생했다는 점에서 이론적으로나 현실적으로 논의할 만한 가치가 있는 저널리즘 개념으로 인정할 수 있다.

1990년대 이후 PD저널리즘의 전개과정은 PD저널리즘의 형태와 표출방식에서 새로운 논의를 요구하고 있다. 먼저 민주화가 빠른 속도로 진행되면서 지상파 방송사들이 PD가 만드는 시사 고발 및 심층 보도 프로그램을 성공적으로 도입 또는 부활시키면서 기자 조직에서도 시사 매거진과 같은 새로운 심층 보도 양식으로 대응했다. 초기 PD저널리즘이 영상 능력과 서사 전개(story telling) 능력이 뛰어난 PD들이 새로운 저널리즘적 문제의식을 가지고 시사 보도 영역으로 넘어온 것이라면, 기자들의 시사 매거진 프로그램은 객관성과 균형 감각의 강점을 지닌 기자 집단이 PD적인 제작 방식을 도입한 경우다. 이 같은 PD와 기자 사이의 영역과 제작 양식에서 중첩

---

[2] 직업적 영역 다툼(jurisdiction claim)은 직업사회학의 개념으로 비슷한 역할과 기능을 수행하는 직업군이 나타났을 때, 서로 정체성과 영역 다툼을 벌이는 현상을 말한다(Abott, 1988). 언론 현장에서는 신문기자와 방송기자 사이에 영역다툼이 있었으며, 최근에는 신문방송 기자와 인터넷 기자 사이의 영역다툼 현상이 발생하고 있다.

현상은 각자의 조직문화와 제작관행이 심층적 시사 프로그램에서 어떤 방식으로 표출될 것인가에 관한 새로운 연구문제를 던지고 있다. 문제는 방송 선진국들이 기자와 PD 사이의 직종 분화의 단점을 극복하고 PD와 기자가 협업 체제와 뉴스 PD 제도 등을 끌어들여 성공적으로 정착했던 것과 달리 한국 방송사들은 몇 차례의 기자-PD 협업체제를 시도했으나 실패로 끝나고 말았다는 점이다. 따라서 한국적인 상황에서 여전히 '기자 저널리즘'과 'PD저널리즘'을 구분하고 양쪽의 제작 및 조직 문화를 검토하는 것은 PD저널리즘을 제대로 이해하는 데 필수적인 사항이 되고 있다.

PD저널리즘과 기자 저널리즘을 별도로 이해할 필요가 있는 것은 같은 사안을 보도하면서도 두 저널리즘 양식이 빚어내는 강점과 단점, 그리고 저널리즘 가치 차원의 문제점을 드러냈기 때문이다. PD저널리즘은 새로운 저널리즘 영역을 구축해나갔지만 구현 과정에서 취재 대상 개인이나 집단으로부터 반발·항의·소송 등 사회적 파열음이 잇따라 터져 나왔다. 취재원과의 대치와 갈등은 한편으로는 언론이 표현의 자유를 행사하고 권력 감시 기능에 충실한 결과라고 볼 수도 있다. 그러나 PD저널리즘에 대한 사회적 비판은 상당 부분 언론자유를 말하기 이전에 좋은 저널리즘의 요건인 진실 추구, 공정성 확보와 같은 언론 윤리를 PD저널리즘 제작자들이 제대로 지키지 못한 점에 초점이 맞춰져 있다. 2004년 봄 대통령 탄핵 보도에서 PD저널리즘을 실현하는 프로그램들이 스스로 규정한 공정성 규칙을 눈에 띄게 위반한 사례나, 2005년 말 황우석 보도 파동에서 MBC 〈PD 수첩〉이 취재과정에서 위협·회유·협박 등 취재 윤리를 위반해 사회문제가 된 것은 저널리즘 가치를 구현하는 과정에서 PD저널리즘이 안고 있는 문제가 무엇인가를 여실히 보여준다.

방송사 내부에서는 몇 년 전부터 PD에게 시사문제를 맡기면 안 된다는 애기가 나오고 있었다(구수환, 2005). PD는 시사적인 문제를 다룰 때 기자에 견주어 객관성과 균형 감각이 떨어져 불공정 편파 보도로 문제를 일으켜 자사에 손해를 끼칠 위험이 많다는 이유에서다. 이러한 비판은 기자직과 PD직 사이의 영역 다툼의 소산이라는 시각도 있지만, 여전히 기자 저널리즘과 비견되는 PD저널리즘의 특성과 문제점을 성찰하는 차원에서 조명해볼 필요를 느끼게 한다. 그러나 이 시점에서 PD저널리즘에 문제가 있다고 해서 기자 저널리즘으로 되돌아가는 것은 그다지 바람직해 보이지 않는다. PD저널리즘이 부분적으로 기자 저널리즘에 대한 문제 제기 차원에서 발생했던 역사적 배경을 생각한다면 PD저널리즘이 과거의 기자 저널리즘으로 되돌아가는 것은 방송저널리즘의 퇴보로 여겨질 수도 있다. 기자 저널리즘은 나름대로 특성과 장점을 가지고 있지만 PD저널리즘을 온전히 대체하기에는 여전히 문제점을 가지고 있다. 한국 방송저널리즘의 독특한 현상으로 나타난 두 가지 저널리즘 유형은 서로 대체되는 성격이 아니라는 얘기다. 기자와 PD가 서로 융합하지 못하고 각자의 조직 문화를 간직한 채 저널리즘의 영역에 만났다는 현실적인 조건을 인정한다면 이제 PD저널리즘과 기자 저널리즘은 서로를 반면교사로 삼아 좋은 특성은 살리고 문제점은 서로 보완해가는 현실적인 선택을 통해 전반적인 방송저널리즘의 수준을 한 단계 높이는 길이 남아 있을 뿐이다.

3. '기자 저널리즘'과 'PD저널리즘'의 차이

저널리즘의 유형으로 보면 PD저널리즘은 탐사 저널리즘, 해석 저널리즘, 그리고 주창(advocacy) 저널리즘에 가깝다. 이 같은 대안적 저널리즘 유형은, 기자들이 출입처 취재 관행에 따라 뉴스를 생산하는 전통적인 저널리즘 방식이 언론 본연의 역할과 기능으로 여겨지는 진실 추구에 충실하기보다는 "우리는 있는 그대로 보도했다"는 형식적 객관주의에 기댐으로써 언론보도가 소극적이고 방어적인 위험 회피 전략에 머물고 말았다는 비판에서 비롯됐다(뉴스 조직의 방어적 위험 회피 전략에 관해서는 Tuchman, 1978 참조). 미국의 탐사 프로그램 제작자와 같이 한국의 PD들은 보도국의 게이트키핑과 출입처 제도의 틀에서 벗어나서 정치적 민주화 바람을 타고 그동안 억압됐던 소재와 영역에 접근해 심층적으로 파고들어 탐사 보도하고, 정의로운 자와 소외된 자를 옹호했다. 그런가 하면 PD저널리즘은 때로는 한편에 대한 옹호가 지나쳐서 다른 편을 공박하는 결과를 자아내는 공격 저널리즘의 속성도 보여 사회적 논란에 휘말리기도 한다. PD저널리즘이 이처럼 옹호와 공격 저널리즘으로 흐를 수 있는 가능성은 기자들이 유지하고 있는 객관주의(objectivism) 저널리즘의 취약점에 대한 비판과 반발의 여파로 볼 수 있다. 기자 집단은 PD들의 과감한 옹호와 의견 표명을 취재·보도 과정에서의 위험한 행위라는 생각으로 우려하며 바라보면서도 한편으로는 전통적인 객관주의 저널리즘이 빠른 속도의 사회변화에 적합한 저널리즘 유형인가에 대한 고민을 하고 있다. 기자들은 그래서 나름대로 심층 보도 프로그램을 개척해보고, 갈등적 정치 사안이나 자사 이해관계가 얽힌 문제에서는 과감한 공격적 보도를 감행하기도 한다.

저널리즘의 유형들은 사실 중심 보도와 의견 중심 보도를 양극단에 놓고 나눠보면, 객관적 사실 보도-분석적 심층보도-논평·의견 보도-찬/반 공박 보도의 스펙트럼을 형성한다. 기자 저널리즘과 PD저널리즘은 저널리즘 유형 스펙트럼에서 양쪽으로 분리되어 구분된다. 그러나 두 저널리즘의 유형이 완전히 상호배타적인 것이 아니라 서로 경계가 겹쳐지기도 하면서 한편으로 부러워서 흉내를 내보고 싶은 양가적(ambivalent) 감정 속성을 드러내고 있다. 〈표 8-1〉은 다양한 저널리즘 유형의 스펙트럼 위에서 기자 저널리즘과 PD저널리즘이 각자 역할 수행을 하는 영역을 표시한 것이다.

문제는 기자 저널리즘과 PD저널리즘이 왜 이와 같이 각자 다른 유형의 저널리즘에 기울고, 때로는 집착하는 경향을 보이게 됐는가 하는 것이다. 기자 저널리즘과 PD저널리즘의 성격과 구조를 체계적으로 점검해보기 위해서는 두 저널리즘의 생산조건과 조직문화, 생산과정 등을 점검해볼 필요가 있다. 두 저널리즘을 다음과 같은 차원에서 비교 분석해볼 수 있다. (1) PD와 기자 개인, (2) 취재 및 편집 관행, (3) 취재·보도 조직, (4) 조직의 정치적 성향.

〈표 8-1〉 기자 저널리즘과 PD저널리즘의 저널리즘 유형 비교

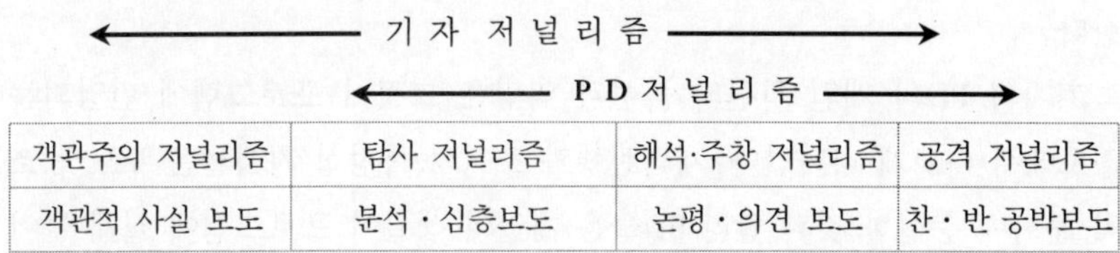

객관주의 저널리즘	탐사 저널리즘	해석·주창 저널리즘	공격 저널리즘
객관적 사실 보도	분석·심층보도	논평·의견 보도	찬·반 공박보도

1) 기자와 PD 개인 차원

PD든 기자든 제작자 개인은 프로그램 내용에 직접적인 영향을 미치는 요인 가운데 하나다. 즉, 제작자의 가치관, 전문성, 이념적 성향 등은 프로그램에 자연스럽게 녹아든다고 볼 수 있다. 제작자의 역할과 관련하여 가장 문제가 되는 것은 직업적 전문성(professionalism)이다. 저널리즘에서의 직업적 전문성은 특정 영역의 전문적인 지식(specialized knowledge)과 특별한 능력을 가지고 취재·보도 업무를 처리하는 전문성(professional skill)과 저널리스트로서 정확하고 공정한 보도를 하게 만드는 윤리성(ethic)으로 나눠볼 수 있다. 이때 전문성은 보도 프로그램의 심층성과 예술성을 꾀할 수 있게 하고, 저널리즘적 윤리성은 신뢰할 만하고 정의롭고 공정한 프로그램을 만들게 하는 자율적인 힘이다.

기자와 PD의 전문성과 윤리성은 개인 각자의 품성과 교육정도에 따라 결정되기도 하지만 제작 현장에서 훈련 과정과 조직 문화의 영향을 받아 형성된다. 특히 윤리성은 자신이 만드는 프로그램의 성격과 추구하는 목표를 이해하는 방향과 정도에 따라 크게 좌우된다. 예를 들어 PD저널리즘의 제작에 참여하는 PD들을 인터뷰한 한 연구는 "PD들이 PD저널리즘의 본질적인 가치를 '개혁성'이라고 보고 있고, 사회적 약자의 관점에서 프로그램을 제작할 의무가 있다고 생각한다"고 보고하고 있다(김연식·윤영철·오소현, 2005). PD들의 이와 같은 소외집단 옹호와 정의 의식을 가지고 있고, 또한 프로그램을 사회 정의를 실현하는 통로로 이해한다는 사실은 그들이 PD저널리즘 프로그램을 제작하면서 균형감각에 사로잡힌 애매모호한 결

론보다는 제작진의 판단이 들어간 '주장'을 선호하는 쪽으로 기울어지게 한다.

기자와 PD의 개인 차원의 특성과 역량은 그것이 프로그램에 반영되는 정도에서 다르게 나타난다. 제작관행과 조직의 특성상 기자들은 보도국 조직 문화에 충실한 것과 달리 PD들은 개인의 색깔이 프로그램에 짙게 들어갈 가능성이 높기 때문이다. 기자 집단은 같은 아이템을 누가 취재·보도 하더라도 비슷한 결과가 나오지만, PD 집단은 누가 연출을 하느냐에 따라 취재 방향과 결론이 다르게 나올 가능성이 높다. 비슷한 정의 의식과 개혁 성향 등을 가지고 있다 하더라도 기자 개인의 주관성은 보도국 조직에 가려지기 쉽지만, PD 개인의 주관성은 프로그램에 반영되기 십상이다. 프로그램에 상대적으로 많은 영향력을 발휘하는 PD 개인들은 프로그램의 객관성이나 공정성과 같은 저널리즘 윤리 문제에 노출될 가능성이 더 크다. 그만큼 기자에 견주어 PD들은 개인 차원에서 공정성 규범과 같은 윤리 문제에 대해 더욱 많은 책임을 지게 된다.

2) 취재·편집 관행 차원

방송 프로그램은 기자, PD와 같은 제작자 개인의 가치관·창의력·성실성 등 개인적 요인에 말미암은 영향을 상당 정도 받지만, 동시에 제작 시스템 관행의 영향도 받는다. 제작관행은 특정 프로그램을 어떤 제작자가 맡든 비슷한 결과물을 생산하게 만드는 무형의 시스템이다. 제작관행은 제작자 개인들의 집합체인 조직의 제작 시스템에 영향을 받는다. 저널리즘 프로그램의 취재·보도 관행은 공영방송과 민영방송과 같은 제도적 차이로부터 보도국 안 의사소통 구조, 경영과 편집의 분리에 따른 편집권 보장의 정도, 취재원과의 관계 문화, 취재·보도 윤리 규정, 시민의 관심사를 파악하는 피드백 시스템, 그리고 항상 미래의 창의력 배양을 위한 여분(redundant)의 인력을 보유하고 있는 탄력적인 인력 운영 등 여러 가지 요인의 영향을 받는다.

〈표 8-2〉 기자 저널리즘과 PD저널리즘의 관행적 차이

기자	짧은 호흡	핵심 전달	원고 중심	객관적 사실	새로운 소재	과학적	연역적
PD	긴 호흡	정황 전달	현장 영상 중심	주관적 시각	새로운 시각	문예적	귀납적

* 원용진(2005)이 작성한 비교표를 수정 보완한 것임.

방송기자들은 대부분 정해진 출입처에서 발생하는 시사 정보에 제한된 영상 능력을 보태며 일상적으로 뉴스를 생산하고 있다. 이와 달리 PD저널리즘은 일정한 출입처가 없이 특정 주제를 중심으로 충분한 영상 능력을 발휘하며 필요한 취재원과 뉴스 현장을 촬영, 편집하는 과정을 거쳐 제작된다. 이러한 취재·보도 관행의 차이는 기자 저널리즘과 PD저널리즘의 형식과 내용에 큰 영향을 미친다.

기자들은 출입처에서 일어나는 뉴스를 신속 정확하게 보도해야 하는 직업적 속성 때문에 뉴스의 핵심을 파악해서 짧은 호흡으로 전달하는 데 익숙해져 있다. 기자들은 새로운 시사정보를 객관화하여 전달하는 데 치중하기 때문에 영상보다는 우선 '사실'이 담긴 원고를 중심으로 뉴스를 제작, 보도한다. 기자 저널리즘은 문예적인 것보다는 논리적이고 과학적인 것을 선호한다. 기자들은 뉴스가 발생하면 먼저 헤드라인이 될 만한 '요점(일본식 현장 용어로는 '야마')'을 감지한 뒤 중요성 순서로 스토리를 풀어나가고, 스토리 위에 영상을 입힌다.

PD들은 다른 제작 논리를 가지고 있다. PD들은 정보보다는 '이야기(narrative)'를 긴 호흡으로 이끌어간다. PD들은 이야기의 구성요소인 사실을 중요시하되, 그보다는 이야기 속에 배태돼 있는 흥미로운 정황, 주관적 해석, 시각 등에 더 큰 비중을 둔다. 이야기를 구성할 때 PD들은 영상을 중심으로 원고를 붙여나가는 식으로 편집한다. 기자들에게는 사실이 중요하지만 PD들에게 사실은 이야기를 엮어나가는 데 필요한 구성요소일 뿐이다(〈표 8-2〉).

취재·보도 관행에서 기자 저널리즘의 문제점은 방송 영상매체를 충분

히 활용하지 못하고 여전히 기사 작성에 많은 비중을 두는 신문 편집의 관행을 따르고 있을 뿐만 아니라 출입처 제도의 제한점과 도식적인 방송뉴스 포맷으로 말미암아 심층취재에 제약이 따른다는 것이다. 그러나 심층취재를 지향하는 PD저널리즘 역시 전체구성과 줄거리, 문예적 편집에 치중하느라 사실 확인과 갈등적 사안에 대한 다양한 의견의 공정한 취급 등에서 문제를 드러내고 있다.

사실을 취재, 보도하는 과정에서 제작 책임자인 PD가 취재와 인터뷰를 하고 원고는 방송작가가 대신 작성하는 관행은 '이른바 한국 PD저널리즘'의 치명적인 약점으로 작용하고 있다(구수환, 2005). 취재 현장의 분위기와 취재원의 동작 하나하나에서도 뉴스의 방향 설정과 관련된 중요한 암시를 얻을 수 있고, 그것이 뉴스에 적절하게 반영될수록 뉴스는 더욱 사실에 가깝고 객관적이고 공정할 가능성이 높다. 직접 취재와 인터뷰에 참여하지 않은 작가가 작성한 원고에서는 공정성 이전에 기사의 사실적 구성에 문제가 발생할 가능성이 높다. 또한 방송 당일까지 편집을 완성하지 못해 추가 취재나 구성의 변화, 취재원 보호 등의 작업을 제대로 수행하지 못하는 것도 부인할 수 없는 현실적 관행으로 정착한 것이 사실이다(문소현, 2005).

PD저널리즘은 사실 전달보다 스토리를 중시하여 사건에 대한 극적인 스토리 구성, 사건 재연, 몰래 카메라 기법 사용 등 선정적 취재방식이 거의 관행화하다시피 해 윤리적 문제를 일으키고 있다.

정보나 이야기의 전달방식에서도 기자 저널리즘과 PD저널리즘의 차이가 발견된다. 프로그램의 중요 테마가 '제작자의 애기'로 전달되는가, 아니면 '다른 사람의 애기를 제작자가 전달하는 식'으로 전달되는가는 보도양식의 중요한 차이를 만든다. 전자가 PD저널리즘이 추구하는 해석적, 주창적 저널리즘의 양식이라면 후자는 기자 저널리즘이 추구하는 전형적인 객관주의 저널리즘 양식이다.

프로그램에서 인터뷰를 배치하는 방식은 기자 저널리즘이나 PD저널리즘 양쪽 모두에서 나타나는 관행에서의 문제점으로 지적된다. 즉, 기자나 PD나 모두 인터뷰 위주로 뉴스나 이야기를 끌어간다기보다는 인터뷰를 프로그램의 주제와 방향에 맞춰 도구적 소품 정도로 사용하는 관행이 발견된다(최영재, 2004). 인터뷰를 프로그램의 도구로 사용하는 관행은 기자든 PD든 모두 시민의 관점이 아니라 제작자의 관점에서 프로그램을 편의적으로 제작하는 잘못된 인습의 결과라고 할 수 있다.

3) 취재·보도 조직 차원

방송 프로그램 생산조직의 구조적 특징은 프로그램의 형식과 내용을 결정하는 경우가 많다. 기자 저널리즘과 PD저널리즘의 차이는 상당 부분 조직적 특성을 반영한다. 기자들은 보도국의 위계적인 게이트키핑 과정을 거쳐 뉴스를 생산한다. 보도국 간부들은 매일 일상적으로 편집회의에서 뉴스 아이템을 결정하고 취재·보도의 방향도 논의한다. 회의의 결과는 다시 기자들에게 전달되어 보도국은 동질적인 가치와 문화를 유지하는 경향이 있다. 기자들은 통상 출입처에서 다양한 생각을 가진 취재원과 만나게 되고, 기사를 작성하는 과정에서 의견의 다양성이 직·간접으로 반영된다. 또한 출입처에서 만나게 되는 다른 회사 기자들과의 경쟁과 협조의 과정이 뉴스에 반영된다. 기자 저널리즘의 뉴스 프로그램 생산조직은 수직-수평적 매트릭스 구조를 가지고 있다. 수직-수평적 매트릭스 조직은 기자들이 기사 정보의 사실 여부를 확인하고 균형적 보도를 하는 데 수평과 수직의 사방에서 도움을 준다. 이와 달리 상하좌우로 짜여진 기자 저널리즘의 구조는 심층보도와 탐사보도와 같은 새로운 취재영역을 개척해나가는 데 제한점으로 작용할 수도 있다.

이와 달리 PD들은 한마디로 개인 플레이를 선호한다. PD들은 아이템 선정회의나 제작회의를 하긴 하지만 일상적이지 않다. PD저널리즘은 책임 프로듀서와 제작 프로듀서 사이의 회의를 거쳐 제작이 결정되면 거의 PD 개인의 역량과 책임 아래 취재와 편집, 제작이 진행된다. 기자 집단에서 일상으로 되어 있는 데스크와 기자 사이의 사실 확인 작업은 PD 집단에서는 거의 찾아보기 힘들다. 〈그림 8-1〉은 기자 조직과 PD 조직의 취재·보도

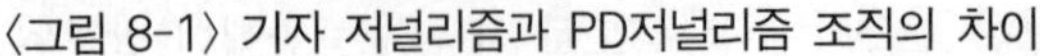

〈그림 8-1〉 기자 저널리즘과 PD저널리즘 조직의 차이

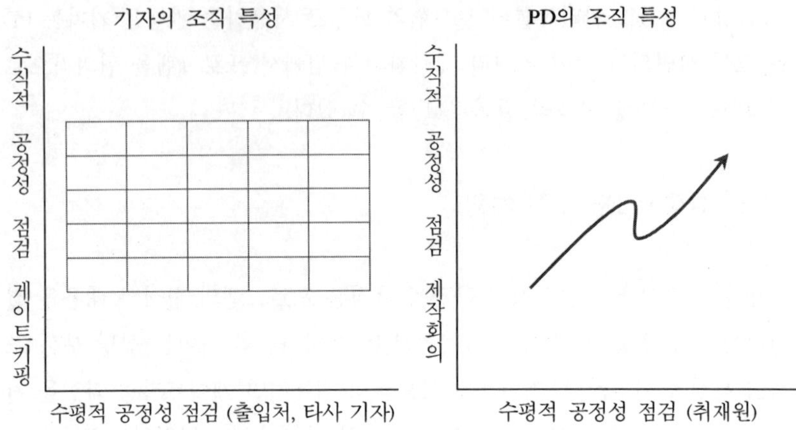

과정에서 동선의 특징을 시각화한 것이다. 공정성 문제와 관련하여 기자는 수평과 수직 조직의 점검을 받지만, PD는 공정성 체크 과정이 생략된 채 개인의 창의력이 중시되는 경향을 보여주고 있다.

책임 프로듀서와 제작 프로듀서 사이의 일상적인 의사소통이 부족한 것이 현실이다. 대체로 아이템 선정단계에서 제작회의를 하고 PD는 독자적으로 프로그램을 제작한 다음, 시사회에서 책임 프로듀서와 본격적인 프로그램에 대한 토론 및 점검을 한다. 그런데 열악한 제작 환경 아래서 시사회가 거의 방송시간에 임박해서 이뤄지기 때문에 프로그램의 흠결이 발견된다고 해도 그대로 나가는 경우도 있다(윤영철, 2005).

PD 조직의 이 같은 특징은 PD저널리즘이 대안적인 문제 제기와 창의적이고 문예적인 접근, 그리고 영상미를 추구하는 데는 적합하지만, 전통적인 저널리즘의 미덕으로 강조되던 사실 확인과 객관성 유지, 그리고 갈등적 사안에 있는 당사자들을 공평하게 대우하는 공정성 확보에서는 취약점을 드러내게 한다.

4) 방송조직의 정치적 성향

방송조직과 정치권력의 관계는 시사 프로그램에 직간접적인 영향을 준다. 언론은 언론사 조직의 창업과 유지를 위해 정치권력으로부터 보조금(subsidy)을 받기도 하며, 취재·보도 과정에서 정치권과 교류, 담합하기도 하고, 또 보도의 결과는 정치과정에 중요한 영향을 미치기도 하는 정치성을 띠고 있다(Cook, 1998 ; Sparrow, 1999). 1980년대 말 민주화 이후 한국 언론은 권력화 과정에서 정파적 언론의 속성을 은폐해서, 또는 노골적으로 드러내었다(강명구, 2004 ; 조항제, 2003 ; 윤영철, 2001 ; 최영재, 2005). 한국 언론의 정파적 속성은 정치권력과의 길항(antagonism) 및 시혜(clientalism) 관계뿐만 아니라 보수(우파)신문-진보(좌파)신문, 보수(우파)신문-공영방송 등 언론 사이의 반목과 갈등으로 이어지고 있다.

특히 PD저널리즘이 정치적 민주화 바람을 타고 태생한 점과 PD저널리즘 프로그램이 소속 방송사의 정치적 이해관계를 일정 부분 반영하고 있다는 사실을 부인하기 어렵다. PD저널리즘은 언론사의 정파성을 반영하거나 때로는 대변한다는 지적을 받은 것도 사실이다. 이러한 사실은 방송사 조직내적 관계 — 사장실과 노조, 핵심 PD들 사이의 관계 — 와 조직외적 관계 — 사장과 집권세력 사이의 관계 — 가 프로그램에 반영된 결과로 해석해볼 수 있다. 특히 방송사 안의 역학구조에서 노조가 차지하는 위상과 노조의 정치적 성향 및 시사 프로그램의 PD들과 노조의 관계 등은 PD저널리즘 프로그램의 정치적 성향과 무관하다고 할 수 없다.

이와 관련해, PD저널리즘 형식의 미디어 비평 프로그램은, 공영방송 조직이 진보(좌파)적 정치권력과 협력관계를 유지하는 것과 달리, 보수(우파)적 신문을 공격하는 역할을 했다는 분석결과도 있다(최영재, 2004).

공영방송이 미디어 비평 프로그램을 신설한 시점 자체가 상당한 정치성을 띠고 있었다는 의견도 있다. MBC의 〈미디어 비평〉은 공교롭게도 언론사 세무조사를 착수한 김대중 정부의 언론개혁 정책이 본격화한 시점과 일치하고 있고, KBS의 〈미디어 포커스〉는 노무현 대통령 출범 직후부터 시작된, 가판구독 금지, 오보와의 전쟁, 거액의 소송 제기 등 신문개혁 정책과 코드를 맞추고 있다는 주장이다(허엽, 2003). 또한 공영방송의 미디어 비평 프로그램이 정치적 편파성에 따라 특정 신문을 집중 비판하는 '조·중·동 비평'이라고 비판하는 목소리도 작지 않다. 정치권력이, 공영방송으로서 신문의 비판적 저널리즘의 활동을 위협하는 데 공영방송의 '미디어 비평' 프로그램이 일조한다는 주장도 있다(김우룡, 2003).

이와 달리 저널리즘 비평 프로그램의 정치적 성향이 공정하고 균형 잡힌 저널리즘 공론장을 형성하는 데 긍정적인 기여를 한다는 평가도 있다. 즉, 《조선일보》《중앙일보》《동아일보》 등 시장 지배적 신문들이 김대중 정부와 노무현 정부의 언론개혁 정책에 격렬하게 저항하고 편파적인 자사 보도로 헤게모니를 유지하면서, 진보적 정부 정책과 대통령 선거과정에서 노골적인 정파적 입장에서 편파보도를 해온 것이 오히려 문제의 근원이라는 것이다. 이 같은 정파적 신문들에 대해 공영방송이나 진보신문의 미디어 비평은 보도의 잘못, 즉 과장, 축소, 은폐, 의도적 오보 등을 비평하면서 반(反)헤게모니적 의미 생산작업을 수행함으로써 왜곡된 공론장을 해소하고 정상적인 공론장을 세우기 위한 노력을 기울였다는 것이다[3](최용익, 2003).

어찌됐든 PD저널리즘이 방송조직의 정치적 성향으로부터 자유롭지 못하다는 사실은 실증적인 연구에서도 입증되고 있다. 최영재(2004)는 2003년 3월부터 2004년 8월까지 방영된 저널리즘 비평 프로그램인 KBS 〈미디어 포커스〉와 MBC의 〈신강균의 뉴스서비스 사실은…〉과 같은 기간 두 가지 프로그램에 대한 《조선일보》와 《동아일보》의 기사내용을 분석한 결과, 공영방송과 조선-동아가 갈등관계를 이루고 있는 가운데, 공영방송은 대통령-정부-여당, 그리고 조선-동아는 야당-보수단체 집단을 두둔하고 있었으며 상대방이 두둔하고 있는 대상에 대해서는 공격적인 태도를 보인 사실을 보여줬다(〈그림 8-2〉).

---

3) 방송의 저널리즘 비평 프로그램이 애시당초 편파적인 보수신문에 대한 언론개혁운동의 성격을 띠고 있거나 아예 언론개혁 운동이 되어야 한다는 시각도 있다(김기태, 2001).

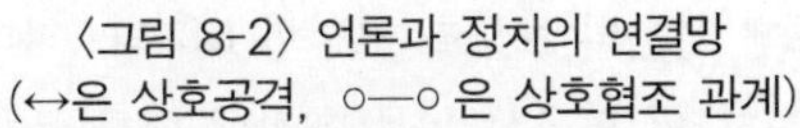
〈그림 8-2〉 언론과 정치의 연결망
(↔은 상호공격,　○──○ 은 상호협조 관계)

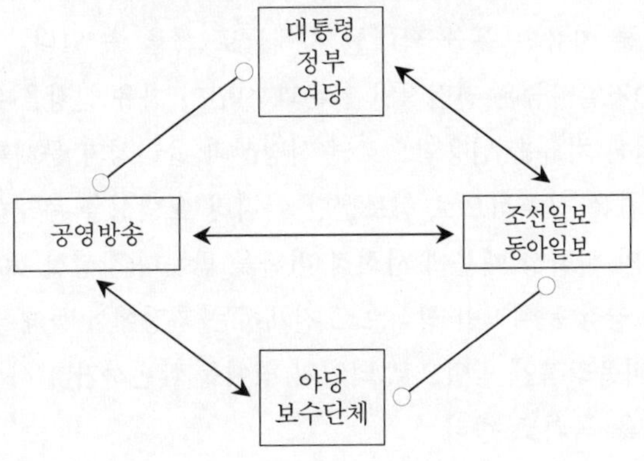

　방송조직의 정치적 성향은 PD저널리즘 프로그램이 평상시에 인권이나 정의, 부패 등 사회 통합적 성격의 사회·문화 문제를 다룰 때는 좀처럼 표면으로 드러나지 않는다. 그러나 정치적으로 민감한 사안이 여론의 갈등과 소용돌이 속에서 전개될 경우 PD저널리즘은 상당수가 정파적 함정에 빠져 불공정 편파 시비를 낳고 있다.

4. PD저널리즘의 언론 가치 실현: 언론자유와 공정성

　앞서 지적한 대로 민주화 바람을 타고 탄생한 PD저널리즘은 권위주의 시대에 금기시되던 중요한 사안들을 탐사하고 보도함으로써 사회적 의제를 다원화하는 데 일정하게 이바지했다. PD저널리즘이 새로운 보도 영역을 개척했고 심층적 보도 방식을 적극 활용했다는 사실은 언론자유의 범위와 깊이를 확대했다는 평가를 받을 만하다. 그동안 금기시됐던 신문사 사주의 불법행위를 고발하는 MBC 〈미디어 비평〉의 보도, SBS 윤세영 회장의 건설사업과 SBS 보도의 공생관계를 폭로한 〈신강균의 뉴스서비스 사실은…〉의 보도(2004년 11월 5일), 쇼핑 업체의 무분별한 이민 상품에 대해

홍보성 기사를 내보낸 신문의 보도를 고발한 KBS의 〈미디어 포커스〉 보도, 그리고 MBC 〈PD 수첩〉의 황우석 논문 조작에 대한 문제 제기 등은 PD저널리즘의 언론 자유의 폭을 확대한 사례들로 꼽을 수 있다.

그러나 PD저널리즘은 전반적인 언론과 시민의 자유 신장을 위한 노력에도 때로는 언론 자유를 남용함으로써 선정성과 윤리성의 문제를 일으킨다.

PD저널리즘은 구조적으로 정보뿐만 아니라 오락성을 추구하기 때문에 때때로 보도의 선정성 때문에 사회적 비판을 받는다(강형철, 2000). 흥미로운 스토리를 영상 문예적인 방식으로 전개하는 과정에서 몰래 카메라와 공개 비방 등 비윤리적인 방법으로 타인의 명예를 훼손하거나 사생활을 침해했다는 비난을 듣기도 한다.

PD저널리즘은 특히 정치적, 이념적 갈등 사안에 대한 보도에서 불공정 편파 방송이라는 비난에 맞닥뜨리곤 한다. 정치적 갈등 사안에서 서로 다른 의견을 가진 정파와 시민, 언론사들은 서로 토론하고 논쟁하기 마련인데 이러한 과정은 이해당사자들의 언론자유의 충돌과 갈등 현상으로 설명할 수 있다(최영재·홍성구, 2004). 이때 논쟁의 조정자로 나서야 할 언론이 자사의 관점만을 대변하고 갈등관계에 있는 상대편의 언론자유를 무시하고 오히려 일방적 공박에 나설 때 바로 보도의 공정성 문제가 발생한다. 자사 또는 자신의 관점을 표현할 수 있다는 언론자유와 권리에 집착한 PD저널리즘은 다른 생각을 가진 사람의 언론자유를 배려하는 공정성 원칙을 유지하지 못함으로써 자칫 선전과 비방, 공격 저널리즘의 함정에 빠진다. 언론이 이처럼 공격 저널리즘의 굴레에 빠져들 때 이성·합리·신뢰에 따라 운영되어야 할 공론장은 서로 불신, 반목, 비방의 장으로 전락하게 된다. PD저널리즘이 자사의 이해관계를 반영하는 데 몰두하는 순간 저널리즘으로서 정당성과 공정성의 위기에 빠진다.

PD저널리즘의 공정성 훼손은 갈등적 사안에 대해 한쪽을 편드는 형태로 나타난다. 〈표 8-3〉에서 보듯, PD저널리즘이 나름대로 규범적 판단에 근거하여 적극적인 의견 표명으로 특정 세력을 편드는 행위는 일단은 언론자유의 영역에 해당한다. 그러나 방송의 편파보도는 공론장에서 다른 의견을

〈표 8-3〉 비평 프로그램의 편향성 (2003. 3. ~ 2004. 8. 방영분 분석)

	미디어 포커스	신강균의 뉴스서비스 사실은…	합 계
중 립	14 (37.8%)	20 (35.1%)	34 (36.2%)
객관평가	22 (59.5%)	23 (40.4%)	45 (47.9%)
편들기	1 (2.7%)	14 (24.6%)	15 (16.0%)
합 계	37 (100.0%)	57 (100.0%)	94 (100.0%)

출처 : 최영재 (2004).

가진 세력을 소외시키고 그들의 언론자유를 무시함으로써 불공정한 보도
가 될 가능성이 높다. 언론자유는 저널리즘 본연의 가치이고 공정성은 방
송저널리즘에 관한 한 좋은 저널리즘이 되기 위한 법적, 윤리적 규범이다.
따라서 PD저널리즘에서 자주 보이는 편파성은 좋은 저널리즘의 기준에 못
미치는 행태로 해석할 수밖에 없다.

5. PD저널리즘의 공정성 구현 방안

우리는 지금까지 민주화라는 한국적 정치조건에서 태생한 PD저널리즘
의 사회성과 역사성, 그리고 기자 저널리즘과 비교한 PD저널리즘의 구조
적 관행의 문제와 불공정성 문제를 언론자유와 공정성 이론에 기대어 검토
했다.

PD저널리즘은 권위주의 시대에 권력을 취재하면서 스스로 작은 권력이
된 기자 집단에 대한 PD집단의 소외의식과 나름대로의 정의의식에서 비롯
된 직업사회학적 태생의 역사를 갖고 있다. 특히 정치적 민주화와 방송사
내부의 내적 편집권 독립이라는 유리한 조건 속에서 탄생한 PD저널리즘은

새로운 취재·보도 영역을 개척해나갔다. 그러나 보도국 조직이 가지고 있는 공정성 점검 구조가 없는 PD 조직은 언론자유에 따른 공정보도의 의무나 윤리적 책임을 놓치는 사례가 자주 나타났다. 더욱이 언론조직이 정치권력이나 다른 언론사와 정파적 경쟁 또는 협력 관계에 들어서면서 PD저널리즘은 일정 부분 자사의 정파적 이해를 대변하면서 더욱 더 불공정 보도 구조로 빠져들게 되었다. 방송사 내부와 외부의 의사소통 구조에서 취약점을 드러낸 PD저널리즘은 가끔 자기주장에 매몰돼 상대편을 공박하는 공격 저널리즘의 함정에 빠져들곤 했으며, 그 과정에서 시청자는 비판적 판단 능력을 갖춘 시민이 아니라 마치 선전과 훈육의 대상인 것처럼 되었다. 나름대로 취재·보도 영역의 확대와 새로운 제작 방식의 개척을 거쳐 대안 저널리즘의 창출에 일정하게 성공한 PD저널리즘은 이제 윤리성과 공정성을 학습함으로써 좋은 저널리즘으로 거듭나야 한다는 과제를 안고 있다.

1) 기자 제도와 PD 제도의 대화 모델

PD저널리즘의 공정성 구현 방안은 어차피 현실 여건의 한계와 가능성을 진단하는 과정에서 아이디어를 구할 수밖에 없다. 먼저 PD저널리즘은 공정성 문제에서 조직적 우위를 보이는 기자 저널리즘 제도를 학습할 필요가 있다. 물론 기자 집단도 여전히 불공정 보도나 취재과정에서 윤리적 문제를 안고 있는 것이 현실이다. 그러나 일상적인 게이트키핑 절차나 다양한 취재원에 둘러싸인 기자는 독자적으로 활동하는 PD에 견주어 의식적 또는 무의식적으로 공정성 문제를 자주 생각하게 된다. 현실적인 직업적 분화와 현행 PD 조직의 커뮤니케이션 구조를 그대로 인정한다 하더라도 PD 개인과 PD 조직 안에 공정성 확보를 위한 제도적 장치의 마련을 고려해볼 수 있다. PD 개인들이 늘 공정 보도의 규범과 원칙을 생각할 수 있도록 정기적인 저널리즘 재교육을 생각해볼 수 있고, 또한 기자 저널리즘이 준수하는 공정 보도 관행을 제작 가이드라인 형식으로 마련해 이를 PD들이 준수하도록 하는 방안도 고려해볼 수 있다.

PD저널리즘을 제작하는 PD는 기본적으로 기자와 같은 언론인(journalist)이기 때문에 최소한 시사·교양국에 배치되는 PD들에 대해서는 그동안 PD 조직에서 제공하지 못하는 저널리즘 교육을 실시하는 것을 제안해볼 수 있다. 사내 교육 시스템이 마련돼 있지 않으면 언론재단 등에 위탁하여 교육을 받게 할 수도 있을 것이다. 비슷한 사례로는 《중앙일보》가 박사, 석사 학위를 가진 전문기자를 모집하여 당시 언론연구원에 위탁교육을 의뢰한 적이 있고, 일부 중앙일간지, 방송사를 비롯해 지방지와 지역방송도 언론재단에 저널리즘 위탁교육을 실시하고 있다. 시사문제를 다루는 프로그램을 만드는 PD저널리스트들이 저널리즘의 기초교육을 받는 것은 너무나 자연스럽다.

저널리즘 재교육이나 제작 가이드라인은 이 책 6장에서 소개한 바와 같이 BBC와 같은 선진 공영방송에서는 구체적인 규정을 마련하여 실천에 옮기고 있다. 국내 방송사도 윤리강령이나 제작 가이드라인을 만들고 있지만 얼마나 현실에서 제대로 실천되고 있는지는 미지수다. 대통령 탄핵 방송이나 PD수첩의 황우석 보도에서 보여준 불공정 문제나 취재 윤리 문제 등은 방송사의 윤리강령을 무색케 한다.

제작 가이드라인은 어디까지나 자율적인 속성을 가지고 있지만 실천을 담보하기 위해서는 적절한 상벌 제도를 보텔 필요가 있다. 가이드라인의 공정성이나 윤리 준수 규정도 취재·보도 현장에 제대로 정착될 수 있도록 취재·보도 제작과정의 단계에 따라 구체적인 공정성 실천 항목을 명시해 공정성 문제가 일상적인 제작관행에 녹아들어가도록 할 필요가 있다. 제작 단계별 구체적 공정성 확보 절차 가운데 비교적 단순한 형태로는 'SAD 절차(SAD Formula)'(Day, 1997)가 좋은 예이다. SAD 절차는 S : 상황 정의(Situation Definition), A : 상황 분석(Analysis)과 윤리 이론의 응용, D : 윤리적 결정(Decision) 또는 판단의 단계로 구성된다. 이런 절차는 제작 기획 단계에서부터 제작 과정 단계, 그리고 제작한 뒤 방영 결정 단계에 이르기까지 언론자유나 공정성과 같은 저널리즘 가치를 제작자와 제작 조직이 구체적으로 생각하고 학습하게 하는 공정성 프로젝트라고 할 수 있다.

(1) 상황 정의 단계는 취재 기획 단계에서 몰래 카메라나 위장 취재, 강압적 취재의 가능성 등 윤리적 문제가 발생할 소지가 있는지를 타진하고 그럴 경우 PD 조직은 저널리즘 가치 차원에서 정당한 것인가를 숙의와 토론으로써 의사결정을 하도록 한다. 특히 제작 전(前) 기획단계에서 윤리성 점검을 강화할 필요가 있으며, 방송 전(前) 시사회를 활성화하고 시사회 이후 방영 전까지 시간적 여유를 두어 실질적인 수정과 보완이 이뤄지도록 할 필요가 있다.

(2) 상황 분석 단계는 취재과정에서 관련법규나 윤리강령의 위반 소지는 없는지를 점검하고 외부의 부당한 압력으로부터 독립적인 위치를 확보하고 있는지, 그리고 제작자 개인은 어떤 편향된 의견과 감정을 가지고 있지나 않은지, 객관성 등을 점검하는 단계이다. 이 단계에서 특히 중요한 점은 취재 결과로 영향을 받을 개인이나 조직을 고려하고 배려하는 일이다. 만약 취재과정에서 어쩔 수 없이 다소간 취재 윤리의 위반이 발생하거나 본의 아니게 취재결과로 피해를 입는 당사자가 발생한다면 그것들이 윤리적 정당성을 어떤 방식으로 확보할 수 있을지를 숙고할 필요가 있다. 상황분석을 위해서는 소재나 사안별로 매우 구체적이고 실질적인 제작 가이드라인의 작성이 필요하다. 이를테면 '종교단체 비리'를 다룰 때, 이와 비슷한 소재를 다룬 수십 년 동안의 노하우가 응축되어 하나의 지침서로 제공될 수 있으며 PD의 전문화와 재교육에 도움이 될 것이다.

(3) 윤리적 결정 또는 판단 단계에서는 취재·보도 과정과 결과에서 발생한 행위에 대한 윤리적 판단과 결정을 하게 된다. 윤리적 판단과 결정은 예상되는 공격과 반론에 대해 정당한 논리적 방어를 할 수 있어야 한다. 윤리적 결정은 대체로 1) 문제의 행위가 도덕적으로 정당한지를 판단하는 규범적 기준과 2) 문제가 된 행위의 결과가 조직에 어떤 해악을 끼쳤는가를 가늠하는 목적론적 기준 등을 바탕으로 하여 판단한다. 공정성 논란과 같은 윤리적 문제는 반복해서 발생할 가능성이 높다. 따라서 제작 조직이 윤리적 정당성을 바탕으로 한 결정과 판단을 내릴 수 있도록 평가 시스템의 체계화가 필요하다. 방송한 다음 정례적으로 평가회를 열고, 외부의 옴

〈그림 8-3〉 SAD 공식의 절차

상황 정의 (Situation Definition)
· 공정성 사안 파악, 사안 관련 사실 수집
· 공정성 사안과 관련된 원칙과 가치 열거
· 사실의 이해·분석을 위한 문제 제기

상황 분석 (Analysis)
· 상충되는 원칙과 가치의 상대적 중요성 비교 검토
· 방송사의 편집정책 등 가외(加外) 요인 검토
· 결과에 의해 영향 받을 집단이나 개인에 대한 검토
· 윤리 이론과 공정성 기준 응용

윤리적 결정 또는 판단 (Decision)
· 판단을 두려워 마라. 판단을 방어할 논리와 근거가 있느냐가 중요하다
· 윤리 이론과 공정성 기준에 바탕을 두고 판단을 방어하라

출처 : Day(1997, 64쪽).

부즈맨을 두어 공정성 평가를 받는 방안도 고려해볼 필요가 있다. 이를 정리하면 위의 〈그림 8-3〉과 같다.

2) PD와 기자의 직종 통합 운영

궁극적으로는 시사 프로그램에 관한 한 기자직과 PD직의 통합 운영이 바람직하다. PD저널리즘은 민주화라는 시대적 배경을 업고 정의의식이 충만한 한 무리의 PD들이 창출해냈다는 점에서 역사성과 사회성을 가지고 있다. 그러나 PD저널리즘의 역사성은 시간이 흐르면서 자칫 저널리즘이 버티고 서 있는 관용의 민주주의와 배치될 수도 있는, 역사의 이름으로 나만이 옳다고 주장하는 '역사주의'4)로 흐르는 문제점을 드러냈다. PD저널

---

4) 여기서 '역사주의'는 칸트 이후 인문·사회과학 분야의 과학주의를 두고 신(新)칸트학파와 대립한 독일의 역사주의와 일맥상통하는 것으로 볼 수 있다. 역사주의는 20세기 들어 비판적 합리주의에 의해 도전을 받게 되는데, 특히 Popper(1983)는 역사주의가 역

리즘은 또한 소속 방송사의 정치·경제적 이해를 대변하는 도구적 구실을 하거나 방송사 안 PD들의 이익을 대변하는 '집단 이기주의'의 함정에 빠지는 문제점도 드러냈다.

기자 저널리즘과 PD저널리즘의 분화는 매우 한국적인 정치사회적 환경에서 발생한 것이지만, 두 저널리즘이 직업적 영역 다툼을 벌이며 각자의 영역에 안주함으로써 분화는 파행으로 흐를 우려를 안고 있다. 저널리즘은 하나일 수밖에 없다. 제작하는 사람들의 집단적 범주가 다르다고 해서 그 가치까지 다를 수는 없다. PD저널리즘이든 기자 저널리즘이든 그것이 추구하는 언론자유와 지켜야 하는 공정성은 같을 수밖에 없다.

PD와 기자 두 직종 사이에 존재하는 폐쇄성을 극복하기 위해서는 아예 입사 때부터 저널리즘에 관계된 '방송직'군으로 선발해 기자와 PD의 구분을 없애는 것도 하나의 대안이 될 수 있다(문소현, 2005). 일본 민영방송 후지 TV의 프로그램 〈도쿠다네(特種)〉처럼, 한 프로그램 제작에 리포터와 기자 겸 PD가 동행하는 PD-기자의 협업 시스템을 구축하는 것도 좋은 본보기가 될 수 있다. 이것은 미국의 보도국, 또는 탐사팀의 취재·보도 조직과 비슷한 형태라고 할 수 있다. 이때 탐사보도를 위한 전문기자 겸 PD를 양성하는 일이 과제로 남는다.

PD와 기자의 직종 통합은 PD 조직의 제작관행의 문제점의 하나로 지적돼온 작가가 기사를 작성하는 잘못된 관행을 개선할 수 있는 계기를 마련할 수 있을 것이다. 현재 PD저널리즘에서 작가 시스템의 문제점은 저널리즘에 대한 이해가 부족한 상태에서 현장 취재도 하지 않은 작가들이 기사를 작성함으로써 결과적으로 사실 왜곡과 불공정 편파 시비를 낳을 수 있다는 것이다. 미국식으로 PD와 기자가 통합된 시스템에서 작가의 역할은 현장과 기사쓰기에 정통한 '스토리 PD'가 맡게 된다. 다시 말해, 통합 시스템에서 PD저널리즘의 기사 쓰기는 현재의 기자 또는 PD가 맡게 되거나,

---

사적 결정론과 전제론, 정치적 급진주의를 지향하는 유토피아주의 문제를 내포하면서 사실상 '민주적 개혁'이 아니라 '독재'를 지향한다고 비판했다.

아니면 작가들이 훈련을 받아 PD 또는 기자의 역할을 수행하면서 기사쓰기를 하는 방식으로 전환된다.

3) PD 조직 안 커뮤니케이션 활성화

시사·보도 프로그램을 제작하는 PD와 기자의 직종 통합 운영이 바람직하지만, 어떤 경우이든 보도 조직 내 커뮤니케이션의 활성화는 보도 결과물의 공정성 담보를 위한 바람직한 장치가 된다. 보도의 공정성이라는 것이 결국은 사회 안에서 다양한 세력의 목소리를 보도 프로그램에 반영하는 과정이라고 한다면, 공정성의 추구는 방송조직 안에서 상하조직 또는 동료들 사이의 풍부한 대화를 거쳐 상당부분 달성될 수 있다.

특히 PD들은 나름대로 문제의식과 독창성과 예술성을 독립적으로 발휘하는 장점이 있긴 하지만 개인 또는 소수의 인식 틀에 갇혀 더 넓게 보지 못하고 균형 감각을 잃을 가능성이 있다(윤영철, 2005). 따라서 PD 조직 안에서도 서로 다른 다양한 의견이 토론의 마당에서 개진되고 반영될 수 있도록 제작과정에서 조직 안 커뮤니케이션을 활성화하여 늘 객관성과 균형성 점검 문화를 마련할 필요가 있다.

(1) 제작 여건과 관행의 개선 : 조직의 여유 인력(redundancy) 확보
PD저널리즘 프로그램이 불공정 편파 논란에 휘말리거나 취재과정에서 윤리 문제를 일으키는 경우는 상당 부분 인력과 예산, 시간 부족과 같은 열악한 제작 환경에서 비롯된다. 보도의 공정성은 결국은 나와 다른 의견을 내가 들어주는 관용의 정신과 다른 사람들에게도 들을 수 있도록 배려하는 여유라고 말할 수 있다. 공정성은 정신과 물질의 빈곤 상태에서 순발력으로 대충 성립되는 것이 아니라, 어느 정도의 여유로움과 숙의가 보장되는 제도적 공간에서 싹튼다.

PD저널리즘의 제작 현실은 빡빡한 방송 일정을 채워나가는 PD 개인이 프로그램의 기획성과 창의성뿐만 공정성까지 책임져야 하는 것이 사실이다. PD들의 다음과 같은 하소연은 제작 현실의 한 부분을 드러낸다. "모든 위험을 PD 스스로 이겨내야 한다는 것이다. 회사에서는 고생한다는 말뿐 관심을 가져주는 사람이 없다. 그래서 PD는 외롭다고 하는 것일까…… 지원을 통한 프로그램 경쟁력을 높이는 것이 아니라 PD들 몸으로 때우라는 이야기다."(구수환, 2005)

PD저널리즘이 공정성을 확보해나가기 위해서는 조직 안에 그에 걸맞은 공정성을 생각하고 학습할 수 있는 공간을 만들어주어야 한다. 보도국도 마찬가지지만 PD저널리즘도 탐사 프로그램을 일정 간격으로 찍어내는 "뉴스 공장"[5] 체제를 가지고 있는 상태에서 공정성을 무작정 요구할 수 없는 노릇이다. 단기적인 효율성을 목표로 하는 조직은 공정성을 담보하기 힘들다. 공정성을 위해서는 조직이 장기적으로 숙의할 수 있는 여유로운 (redundant) 조직,[6] "생각하면서 노는 인력", 다시 말해 필요할 때 투입할 수 있는 "대체 여유 인력"을 확보해두는 것도 필요하다고 본다. 지상파 방송의 치열한 경쟁과 어려운 재정 상황을 감안하면 조직 안의 여유 인력 확보는 꽤 비현실적인 제안처럼 들릴지 모른다. 다매체 다채널 상황에서 방송의 경쟁이 많이 만드는 양적인 경쟁에서 좋은 프로그램으로 큰 승부를 거는 질적인 경쟁으로 전환하고 있고, 더욱이 불공정 편파 프로그램으로 말미암은 방송사의 위험 비용이 커지고 있는 상황을 고려하면 어려울 때일수

---

5) "뉴스 공장(News Factory)"은 Bantz와 그 동료들(1982)의 논문에서 처음 제시된 개념으로 방송뉴스 생산 조직은 제한된 시간 안에 한정된 예산으로 뉴스를 제작, 방영해야 하는 업무의 효율성 때문에 방송기술과 뉴스 포맷의 표준화와 제작인력의 분업화를 꾀함으로써 공장 생산 라인을 닮아간다는 것이다. 이러한 뉴스 공장 시스템에서는 뉴스 양식은 도식화, 제작체제는 관행화함으로써 융통성(flexibility)를 잃게 된다. 뉴스 공장체제는 '공정성' 등을 고려한 '좋은 뉴스'를 만드는 것보다 정해진 시간에 임무를 완성하는 효율성에 더 큰 비중을 둔다.

6) 조직의 여유(redundancy) 개념은 Landau(1969)가 행정 조직 논문에서 처음 제기한 것으로 조직이 점차 복잡해지고 위험에 드러날 가능성이 높아지면서, 이전에는 조직의 능률성 측면에서 불필요하고 기껏해야 있어도 좋고 없어도 좋다고 여겨지던 조직 안 여유 인력의 필요성이 점차 늘어난다는 것이다. 여유 인력은 조직의 효율적인 부분이 작동하지 않을 때 보충해주는 구실을 함으로써 조직의 신뢰성과 예측 가능성, 안정성을 높인다.

록 조직의 여유를 꾀하는 것은 현명한 생존전략이 될 수 있다.[7]

(2) 언론조직의 정치적 독립성 확보

거시적 구조 차원에서 보면, 언론조직의 정치적 독립성 확보 없이는 공정한 저널리즘도 불가능에 가깝다. 언론사 또는 언론사주의 정치적 독립성이 보도의 공정성에 미치는 영향은 굳이 PD저널리즘과 기자 저널리즘을 구분할 필요가 없을 것이다. 보도의 정치적 독립성은 언론조직이 정치적 외압으로부터 자유로운 정도만을 의미하지 않는다. 오히려 언론조직이 의식 또는 무의식적으로 특정 정파에 편파적 성향을 가지게 된 현대적 의미의 정파적 언론 모델은 보도의 공정성이 무엇인가라는 정의 내리기로부터 공정성의 실천 절차에 이르기까지 적지 않은 혼란을 불러일으킨다. 일부 PD저널리즘 프로그램이 2004년 봄 탄핵 보도와 관련해 '역사주의'를 공정성과 혼동한 경우도 언론의 정파적 성향과 관련이 있다. 가령 방송 프로그램을 제작하는 PD들이 대통령 탄핵소추안의 국회 통과를 진보에 역행하는 것으로 판단하고 일방적으로 비판한 것은 역사적으로 정당하고, 언론 자유의 실천이라고 강변할 수도 있지만, 결코 좋은 저널리즘으로서 공정 보도의 기준을 충족시키지 못한 것이다. 이때 방송 프로그램이 공정보도의 기준에 다다르지 못한 큰 이유 가운데 하나는 프로그램 제작자가 인식하든 못하든 많은 부분 방송사와 방송제작자의 인식이 정파성으로부터 자유롭지 못했기 때문이다.

보도 공정성을 위해서는 먼저 방송사가 제도적으로 정치권력으로부터 독립되어야 한다. 방송사의 법적 위상과 사장과 임원의 임면 과정이 정치권력으로부터 자유로워야 하고, 방송사의 재원 조달 등에서도 정치권력의 입김으로부터 최대한 독립적이어야 한다.

언론조직의 정치적 독립성을 기반으로 한 보도의 공정성 확보는 원칙적

---

7) 최근 KBS 보도국이 특정한 임무를 부여하지 않고 자율적으로 취재·보도를 수행하는 '탐사보도팀'을 신설하고 다른 방송사도 비슷한 조직을 만들고 있는 추세는 조직의 '여유(redundancy)'를 활용하기 위한 전략으로 해석해볼 수 있다.

으로 취재·보도 과정의 윤리적 문제이나, 방송의 경우 보도의 공정성은 윤리적 규범인 동시에 법률적 책임도 지는 법적 규범이기도 하다(방송법 6조, 34조 및 100조, 방송심의에 관한 규정 9조 및 60조). 물론 공영방송이든 상업방송이든 정책 결정과 규제 권한을 가지고 있는 정치권력의 영향력으로 자유롭지 못한 것이 현실이다. 그러나 영국 BBC의 사례가 보여주듯이, 정치권력에 안주 또는 야합하려는 유혹을 물리치고 보도의 독립성과 공정성을 유지하는 것이 오늘날 방송저널리즘에게 내려진 법적, 윤리적 명령일 것이다. 이때 방송의 독립성과 보도의 공정성 앞에서 기자 저널리즘과 PD저널리즘의 경계는 의미가 없어진다.

9장
결론: 공정성에 관한 이론적 논의

1. 공정한 보도의 이론적 근거

우리는 앞에서 지상파 TV방송의 보도 공정성과 관련된 여러 가지 문제를 다루었다. 거기서 얻은 가장 중요한 교훈의 하나는 언론 환경이 아무리 변하더라도 정확하고 종합적인 정보를 공정하게 제공하고, 다양한 견해가 활기차게 경쟁하는 토론의 광장을 마련하여 민주적 공론(public opinion)의 형성에 이바지해야 한다는 저널리즘의 기본 임무는 변할 수 없고 변해서도 안 된다는 것이다.

그런데 문제는 공정성은 사회성과 함께 역사성을 지니고 있다는 점이다. 각 사회마다, 역사적 시기마다 공정성 기준이 서로 다르고, 또 달라져왔다는 뜻이다. 실제로 각 사회는 정치·경제·사회·역사·문화·기술 등 사회적 존재 조건이 서로 다르기 때문에 저마다 약간씩 다른 공정성 기준을 갖고 있다. 그리고 같은 사회라 하더라도 역사적으로 미디어의 존재 조건에 따라 공정성 기준은 달라져왔다. 그럴 수밖에 없는 것이 전시와 평화시의 공정성 기준이 다를 수밖에 없고, 소수의 채널이 존재했던 아날로그 시대의 공정성 기준과 다채널, 다매체, 미디어 융합을 가능하게 한 디지털 시대의 공정성 기준이 같을 수 없기 때문이다. 따라서 공정성의 개념적 의미와 실천 기준은 사회의 변화에 따라 주기적으로 재점검해서 발전시켜나가지 않으면 안 된다.

역사적으로 한국 사회에서 지상파 TV방송의 공정성 문제가 가장 치열하게 정치적, 사회적 논란이 된 것은 2004년 대통령 탄핵 방송 보도였다는 데 대해 이론을 제기할 사람은 아마도 없을 것이다. '시대정신을 반영한 공정 보도였다'는 주장과 '시대정신을 빙자한 편파 보도였다'는 주장이 첨예하게 대립되었다. 심지어 공정성 기준에 얽매이면 저널리즘의 으뜸가는 가치인 진실 보도가 훼손되기 때문에 공정성은 불필요하다는 극언까지 나왔다. 독특한 시대적 상황이 아니면 나오기 힘든 극단적 주장이 아닐 수 없다. 2004년 탄핵 방송 보도는 보도 공정성의 의미와 실천 기준, 그리고 그 필요성을 다시 점검할 좋은 기회를 마련해주었다.

바로 이런 점검 과정을 거쳐 결론에 해당하는 이 장의 핵심 주제인 '공정성은 왜 필요한가?'라는 질문이 제기되었다.[1] 이 책을 마무리하면서 우리는 공정성의 필요성, 더 엄밀하게 '보도 공정성'의 필요성을 언론의 임무에 관한 규범(normative) 이론, 공론장(public sphere) 이론, 숙의(deliberative) 민주주의 이론, 시민성(civility) 이론, 관용(tolerance) 이론의 관점에서 살펴볼 것이다. 이러한 문제의 틀(problematics)은 민주사회가 언론에 요구하는 규범적 임무는 자유민주주의의 유지 및 발전과 깊은 관련이 있고, 특히 최근 대의제 민주 정치에 대한 회의가 점차 늘어남에 따라 주목받고 있는 숙의 민주주의의 이상을 실현하기 위해서는 언론의 비판적 공론장 역할이 매우 중요하며, 공론장에서 더 나은 집단적 의사 결정, 즉 숙의적 합의를 이루기 위해서는 시민성·관용·공정성 같은 시민적 덕성이 꼭 필요하다는 논리적 연계를 암시하고 있다.

이런 과정을 거쳐 우리는 공정한 보도가 정보의 진실성과 의견의 타당성 검증에, 더 나은 집단적 의사 결정의 생산에, 사회적 평화와 통합에, 그리고 사회 정의의 발견 등에 도움을 주기 때문에 그 필요성이 확고하게 인정된다는 점을 논변할 것이다.

---

1) "問在答處 答在問處(물음은 답 속에 있으며, 답은 물음 속에 있다)", 《벽암록》上, 白蓮禪書刊行會, 1993, 102~103쪽.

1) 언론의 규범적 임무와 공정성

자유 언론과 민주주의는 상호의존적으로 발전해왔다. 자유 언론 없이 민주주의는 존재할 수 없었고, 민주주의 없이 자유 언론이 존재할 수 없었기 때문이다. 그래서 우리는 저널리즘을 "언론이 자율적 판단에 따라 뉴스를 취재하고 보도하는 활동"으로 정의한다(이민웅, 2003). 이 정의는 무엇보다도 민주주의의 근간이 되는 언론의 독립성과 자율성을 강조하고 있다.

언론, 즉 '저널리즘(journalism)'이라는 용어는 1830년대 중반 서구에서 대중신문 시대가 열림에 따라 신문이 그동안의 후견자였던 정치세력으로부터 독립을 유지하여 정치권력을 비판할 수 있게 된 다음에 비로소 영어사전에 오른 신조어였다(Newhagen & Levy, 1998). 이 시기에 비로소 나름대로 독자성을 갖춘 공공 영역으로서 이른바 '언론의 장(the field of journalism)'이 형성되기 시작했고 현실에 관한 자율적 담론을 생산할 수 있게 되었다 (Stein & Paterr, 1998). 즉, 자율적 판단에 따라 권력의 행위를 포함한 현실을 감시하고 비판할 수 있는 저널리즘이 역사에 처음으로 등장한 것이다. 이렇게 보면 권력을 비판하지 못하는 신문·방송은 저널리즘이 아니라는 뜻이다. 그런 신문과 방송은 권력의 기관지 또는 기관방송이라 부를 수 있을지언정 저널리즘이라고 부를 수 없기 때문이다.

2장에서 지적했지만, 자유로운 언론(저널리즘)은 민주사회에서 전통적으로 특별한 임무를 수행하는 것으로 인정받아왔다. 1) 자유로운 언론은 사회적, 물리적 환경, 특히 권력을 감시하고 비판하는 역할을 해야 한다는 것이고, 2) 자유로운 언론은 지식과 정보로 무장되고 건전한 비판 의식을 갖춘 식견 있는 시민(informed citizen)을 형성하는 역할을 해야 한다는 것이고, 3) 자유로운 언론은 민주사회의 정통성(legitimacy)의 토대가 되는 건전한 여론을 형성하는 공론장의 역할을 해야 한다는 것이고, 4) 자유로운 언론은 사회 갈등을 공정하게 보도함으로써 갈등 해결에 도움을 주는 담론적 실천으로 사회 통합에 이바지하는 역할을 해야 한다는 것이다. 모두 민주주의의 유지 및 발전을 위한 언론의 규범적인 역할이다.

한편 일반 국민의 입장에서는 그들의 생활에 필요한 정보를 폭넓게 얻을 수 있어야 하고, 또 시민으로서 권리를 올바로 행사하기 위해 그들의 의견 형성에 필요한 다양한 정보와 견해를 자유로이 얻을 수 있어야 한다. 이것이 '국민의 알 권리'이고, 언론의 존재 조건은 바로 국민의 알 권리를 대행하는 데 있다. 민주사회에서 언론의 취재와 보도에 일반인이 누리는 것보다 더 많은 자유와 특권을 부여하고 법률이 보호하는 것도 언론이 국민의 알 권리를 대행하기 때문이다. 언론에 부여된 자유와 특권은 언론이 정확하고 공정한 정보를 제공하고 활기차고 제약 없는 토론의 광장을 마련하여 공익에 봉사하는 것을 전제로 한다.

한국의 경우에도 국민의 알 권리는 헌법적 권리로 인정받고 있다. 그러나 과연 어느 정도의 알 권리를 인정받을 수 있는가를 두고 논쟁이 벌어진다. 국민의 알 권리는 헌법의 유보 조항인 제21조 4항과 일반적 법률 유보 조항인 제37조 2항에 따라서 제한이 가능하도록 되어 있다. 그럼에도 제37조 2항에서 보듯이 그 본질적 내용은 침해할 수 없으며, 헌법재판소도 '국민의 알권리'가 비록 헌법에 명문으로 규정되어 있지 않다고 하더라도 헌법 제21조가 보장하는 표현의 자유와 표리일체의 관계에 있는 '자유권적 기본권'인 동시에 '청구권적 기본권'이고, 나아가 현대 사회가 고도의 정보화 사회로 옮겨감에 따라 '생활권적 기본권'의 성질까지도 획득해나가고 있다고 확인한 바 있다(1991. 5. 13. 선고 90헌마133 결정). 헌법재판소의 이러한 결정에 따라 현행 방송법 제6조 4항은 "방송은 국민의 알 권리와 표현의 자유를 보호, 신장하여야 한다"는 명문 조항을 두고 있다. 국민의 알 권리와 표현의 자유가 강조하고 있는 핵심 요건은 자유권과 다양성과 공정성이다. 즉, 국민은 자신의 견해를 자유롭게 말할 권리가 있을 뿐만 아니라, 남들의 다양한 견해를 공정하게 들을 권리도 있다는 것을 강조하고 있다.

훌륭한(good) 언론인이라면 보편적으로 동의할 기자의 임무를 제시한 랜들(Randall, 1996)의 논의도 주목할 만한 가치가 있다. 랜들은 각 문화는 저마다 다른 전통이 있고, 각 언어는 저마다 다른 목소리를 가질 수 있으나, 전 세계의 훌륭한 언론인들 사이에는 문화와 언어를 초월한 좋은 저널리즘과 나쁜 저널리즘을 구별하는 공통의 기준을 만들 필요가 있다고 강조했다. 요점은 좋은 언론인이라면 그가 어느 곳에서 일하든 같은 일을 시도해야 한다는 것이다. 즉, 지성적이며 사실에 바탕을 둔 저널리즘, 의도와 실제 두 측면에서 정직한 보도, 주의·주장(cause)을 위해 봉사하는 것이 아니라 확인 가능한 진실을 토대로 한 저널리즘, 독자가 누구든 그들을 위해 분명하게, 그리고 공정하게 기사를 쓰는 그런 저널리즘을 시도해야 한다는 것이다. 잊기 쉬운 언론인의 기본자세를 간결하게 정리하고 있다는 점에서 의미가 있다.

또한 미국 NBC뉴스의 앵커를 오랫동안 맡은 존 챈슬러(John Chancellor)와 AP통신 워싱턴 지국장을 지냈고 퓰리처상을 받은 월트 미어스(Walter Mears)는 그들의 공저(共著)에서 "뉴스는 변하고 있다. 뉴스가 지금까지 취재해왔고 전달해왔던 것과 똑같은 혁명이 우리 직업의 전 과정에 걸쳐 진행되고 있다. …… 그러나 저널리즘에 대한 민주사회의 기본적 요구(requirements)는 조금도 변하지 않고 있다. 기본적 요구는 간단하고, 기초적이나 실천하기는 어렵다. 기본적 요구란 바로 기사 작성과 보도는 정확하고 신속하게, 그리고 객관적으로[2] 전달하는 것이다"라고 지적했다(Chancellor & Mears, 1995, p.9). 기술이 아무리 발전하고 사회가 아무리 변해도 민주사회에서 저널리즘이 갖추어야 할 기본적인 요건은 변할 수 없고 변해서도 안 된다는 경고다.

이제까지 살펴본 대로 민주사회에서 언론의 규범적 임무는 민주주의의 유지 및 발전과 깊은 관계가 있다. 즉, 언론은 현실에 관한 정보를 정확하고 종합적으로 그리고 공정하게 보도해야 하고, 또 그러한 정보를

---

2) 미어스는 그의 책에서 '객관적으로(objectively)'를 '공정하게(fairly)'와 교환적으로 사용하고 있다. 그는 "내가 특정한 후보를 다른 후보보다 선호하고 있을 때, 어떻게 그들을 객관적으로(objectively) 보도할 수 있느냐"는 질문을 자주 받는다면서, "나는 개인적 선호가 나의 언론 작업에 영향을 주지 않도록 하는 훈련을 받았고, 또 스스로도 단련하고 있기 때문에 가능하다"고 말했다. 그는 이어 "내가 만약 언론 작업을 공정하게(fairly) 수행할 수 없다면 나는 직업을 잃어 식품을 살 돈도 집세를 낼 돈도 벌 수 없을 것"이라고 말했다(p.44 참조).

토대로 자유롭고 활기찬 토론이 벌어질 수 있는 공론장을 제공해야 한다는 것이다.

2) 공론장의 구조 변화와 복원 조건으로서 공정성

공론장(public sphere)은 시민들이 제한을 받지 않고, 다시 말해 집회 및 결사의 자유, 표현의 자유, 출판의 자유가 보장된 상황에서, 공공의 이익과 관련된 문제들을 논의할 수 있는 사회적 영역을 말한다. 토론은 전통적인 도그마나 권위에 얽매이지 않고 비판적 이성의 기준에 따라 진행된다. 규모가 큰 공적 모임에서 이런 종류의 커뮤니케이션은 수용자에게 정보를 전달하고 영향을 미치는 특별한 수단들을 갖추고 있다. 오늘날 신문·잡지·라디오·텔레비전, 인터넷이 여기에 속하는 공론장 매체다. 공론장에서의 자유롭고 공정한 토론 절차는 토론의 결과인 여론에 정당성을 부여하고, 또 그러한 여론의 존재는 자유민주주의 사회의 정통성(legitimacy)의 토대가 된다(Habermas, 1989).

하버마스에 따르면 공론장은 부르주아 사회 발전의 어떤 시기에 필요하게 되었다. 시장 경제의 발전에 따라 등장하게 된 부르주아 집단은 그들이 정치 제도권으로부터 소외된 것을 인식하게 되었고, 그들의 이익을 보호하기 위해서는 사유화 또는 봉건화한 국가의 권력에 도전하지 않으면 안 된다는 판단을 내리게 되었다. 바로 이들 부르주아 계급에 의해 정치적 공론장은 형성되고 촉진되었다. 신문과 출판물의 급속한 팽창은 토론의 자유와 공론장의 원칙(의사 결정의 원칙)을 구축하는 투쟁을 폭넓게 촉진했다. 이러한 투쟁은 절대적 권위를 갖고 있던 국가의 권력을 축소시켜 법률에 규정된 제한된 기능을 맡는 권한(authority)으로 전환시키는 데 성공하게 되었다. 하버마스는 부르주아 계급의 공론장은 오늘날 우리가 알고 있는 자유민주주의 이론과 그 실천을 위한 '합리적 권위'를 구축했다는 것이고, 여기서 합리성의 척도는 공공의 이익, 즉 보편적 이익이었고 그 이익을 보호, 육성해왔다는 것이다.

그러나 역사적으로 합리적이며 보편적 이익을 위한 제약 없는 토론은 언제나 현실과 괴리가 있어왔다. 그리고 그러한 괴리는 자본주의가 발전함에 따라 점점 커져왔다는 것이다. 정당으로 발전한 클럽 모임은 그들의 기득이익을 보호하는 단체로 전락하면서 보편성을 잃게 되었고, 공론장의 대표적 매체인 신문과 방송의 사영화(私營化)는 공공의 이익과 관련된 쟁점들이 상당 부분 배제되거나, 논의된다 하더라도 그 범위(scope)가 제한되는 결과를 불러왔다. 나아가 공론장 그 자체가 억제 또는 축소되었다는 것이다. 즉, 사적 자본의 공적 영역 사유화로 말미암아 공론장의 '재봉건화'가 이루어지고 있으며, 특히 시민사회의 한 영역으로서 공론장의 토대가 되는 생활세계마저 미디어가 생산하는 상품화한 정보와 지식으로 식민화하고 있다는 것이다. 요컨대 현재의 신문과 방송은 진정한 공론장으로서의 역할을 수행하지 못하고 있다는 것이다.

하버마스(1996)는 진정한 공론장을 만들기 위해서는 절차적 조건인 '이상적 담론 상황(ideal speech situation)'을 만들어야 하고 그러기 위해서는 참여와 토론의 기회가 평등하고 공정하게 보장되어야 한다고 강조했다. 각 공론장의 참여자들은 반드시 동등한 발언 기회를 부여받아야 하고, 담론을 지속하기 위해서도 동등한 주장·권고·설명의 기회를 가져야 한다. 그리고 담론의 교환 과정에서 발언자들 사이의 권력 관계도 동등하게 하여 일반 시민들도 사회적 지위나 위계에 구애 받지 않고 자신의 견해나 입장을 자유롭게 개진할 수 있어야 한다는 것이다. 말하자면 비판적 공론장의 절차는 오로지 평등과 공정성이 보장되어야 한다는 것이다. 이와는 달리 롤즈(Rawls, 1993/1998)는 절차적 공정성을 강조하면서도, 숙의적 합의를 이루기 위해서는 일정한 정의의 원칙에 기본적으로 합의해야 한다고 주장한다. 다시 말해 '공정으로서 정의의 두 원칙'3)에 입각하여 공정한 사회적 협력

---

3) 롤즈가 제시한 공정으로서 정의의 두 원칙은 첫째, 모든 사람은 기본적 자유에 대한 동등한 권리를 가진다는 조건이고, 둘째는 사회적, 경제적 불평등은 다음의 두 조건을 충족해야 한다는 것인데, 하나는 공정한 기회 균등의 조건이고, 다른 하나는 그 불평등이 앞으로 사회적 약자에게 최대 이익을 가져다주는 조건이다(Rawls, 1971/1990). 바로

의 조건에 합의해야 한다고 강조한다. 다시 말해 그는 공정성을 사회 정의의 핵심 모멘트로 파악한다.

롤즈는 나아가 공정한 사회적 협력의 조건은 기본적으로 자유롭고 평등한 존재로서 인간을 보는 인간관에 동의하는 것으로부터 시작한다고 말했다. 특히 민주주의를 가능케 하는 가장 합당한 정치적 정의의 개념은 자유주의라고 지적하면서, 자유주의는 우리의 기본권을 수호할 뿐만 아니라 기본권을 효율적으로 사용할 수 있는 물질적 수단을 보장하는 방법(자유시장주의)도 제시한다는 것이다. 따라서 민주사회가 다원주의를 인정한다 해도 자유주의 관점은 가장 심각한 분열적 쟁점들, 다시 말해 공정한 사회적 협력의 토대를 해칠 분쟁을 정치적 의제로부터 제거할 수 있다고 주장한다. 롤즈의 핵심 명제는 중요한 공공 문제에 관한 숙의적 합의를 이루려면 최소한 참여자들 사이에 자유롭고 평등한 존재로서 인간관, 공정한 협력체로서 사회관, 그리고 공정으로서 정의가 구현되는 질서정연한 민주사회로서 국가관(국가 정체성)에 관한 기본적 합의가 있어야 한다는 것이다. 예컨대 부모가 유산을 물려주지 않는다고 해서 부모를 살해할 수도 있다고 믿는 사람들, 다른 의견을 가진 사람들이 보는 책이라고 해서 그 책들을 빼앗아 불태워야 한다고 주장하는 사람들, 공산 세습 독재 체제를 받아들일 수 있다고 믿는 사람들과는 민주사회의 본질적인 문제들에 관한 숙의적 합의는 불가능하다는 것이다. 즉, 토론의 절차도 중요하지만, 토론의 본질(substances)도 중요하다는 말이다.

그러나 한국 사회에서 신문·방송 등 언론이 비판적 공론장 역할을 제대로 수행하지 못하고 변질한 것은, 하버마스가 서유럽 사회를 관찰한 것과는 달리, 사적 자본의 공적 영역 사유화와 함께 정권을 잡은 집권 세력의 끊임없는 공론장 통제 노력이 있었기 때문이다. 즉, 언론사 소유주와 광고주의 언론 활동에 대한 영향력 확대와 집권세력의 직·간접적인 언론 활동에 대한 개입으로 말미암아 자본의 이익에 유리한, 또는 집권세력의

이 두 번째 조건 때문에 롤즈는 신(新)평등주의자로 불리게 된다.

이익에 유리한 정보를 보도하고 여론을 형성하도록 영향력을 행사함으로써 공론장을 왜곡해온 것이다. 특히 구조적으로 집권세력에 취약한 공영방송[4]은 2004년 대통령 탄핵 방송에서 보았듯이, 집권세력을 일방적으로 편드는 편파보도를 저지름으로써 비판적 공론장의 작동을 가로막았다. 또한 탄핵정국을 계기로 방송과 신문뿐 아니라 인터넷 매체들까지도 탄핵 찬성과 탄핵 반대로 갈려 대립하는 이른바 '신(新)정파 시대'로 되돌아가는 모습도 보였다.

집권 세력이 언론을 통제하는 방식은 법적 통제, 취재 활동 통제, 정보 유통 통제, 비공식 통제 등 매우 다양하다. 그러나 자본주의 사회에서 그 효율성이 입증된 통제 방식 가운데 하나는 경제적 통제 방식이다. 재정이 취약한 언론매체에 보조금을 지원함으로써 언론 시장에 개입하는 것도 경제적 통제 방식의 하나다. 물을 켜도록 소금을 먹이는 방식, 달리 말해 자발적으로 협조하도록 만드는 방식이다. 만약 정부가 의견의 다양성을 내세워 특정 언론매체들에게 보조금을 지원한다면[5] 이른바 '보조금 수혜 의견'과 '보

---

4) 방송위원회는 KBS 사장을 대통령에게 추천하는 KBS 이사회 이사 전원의 추천권, MBC 사장을 선임하는 방송문화진흥회 이사 전원의 임명권, EBS 사장과 이사 전원의 임명권을 갖고 있다. 방송위원회는 또 방송 프로그램의 편성과 방송 광고의 운용 등 방송사 수입과 직결된 사항을 심의·의결하는 권한을 가지고 있을 뿐만 아니라 방송 사업자의 허가 및 재허가를 추천, 승인, 취소하는 권한도 갖고 있다. 그런데 방송위원 9명 가운데 3명은 대통령이, 나머지 6명은 국회의장이 3명, 국회 문광위원회가 3명을 추천하는데 실제로는 국회 제 1당과 2당이 나누어 추천한다. 따라서 방송위원회는 최소한 과반수가 친(親)정권 인사로 구성될 수밖에 없는 구조를 갖고 있다. 뿐만 아니라 방송위원 전원을 정치권이 임명함으로써 방송위원회가 정치적 이해관계의 각축장이 되는 것도 문제가 아닐 수 없다. 그래서 방송위원 선임 방식을 바꾸어야 한다는 의견이 설득력을 얻는다.

5) 새 신문법에 따라 신설된 '신문발전위원회'가 그러한 구실을 한다. 국민 세금으로 보조금을 지급하는 신문발전위원회는 정부와는 독립된 법률기관으로 정부의 '들러리' 기관이 아니라는 주장이 있을 수 있다. 그러나 신문발전위는 집권당 출신의 국회의장이 추천하는 2명과 문화관광부 장관의 의뢰를 받아 한국신문협회, 한국언론학회, 전국언론노조, 시민단체가 각 1명씩 추천하는 인사들로 구성된다. 이런 구성 방식으로는 신문발전위원회는 친(親)정권 성향의 인사가 과반수를 차지할 가능성이 크다. 위의 주에서 지적한 것처럼 방송의 재정 수입의 원천인 방송 광고에 관한 정책은 친(親)정권 성향의

조금 지급자 선호 의견'이 풍부해져 이는 또 다른 측면에서 의견 시장을 왜곡할 것이다. 특히 집권 세력의 핵심 이해관계에 중대한 영향을 미치는 사안을 다룰 때 가장 큰 취약점을 드러낼 것이다(Kelly & Donway, 1995). 요컨대 한국 공론장의 '재봉권화'와 '신(新)정파시대'로의 회귀에는 사적 자본의 공적 영역 사유화뿐만 아니라, 한국 사회의 특수성이 반영된 집권 세력의 갖가지 공론장 통제 방식도 적지 않게 작용하고 있다는 말이다.

비판적 공론장은 정확하고 종합적인 정보의 자유로운 유통을 기본 요건으로 한다. 제한된 정보, 오도된 정보, 불공정한 정보를 토대로 해서는 아무리 형식적 절차를 갖춘 토론이 벌어진다 해도 잘못된 결과밖에 나오지 않을 것이다. 최근 한국 사회에서 진행되고 있는 끼리끼리의 형식적인 공청회와 방송 토론회를 살펴보면 알 수 있다. 아직도 공론장의 매개적 성격이 크다는 점을 감안할 때, 언론이 공공 문제에 관한 정보와 의견을 매개하는 과정에서 중요한 사실과 의견을 축소하고 누락하거나, 주변부적 사실을 과장하고 왜곡하는 정파적 불공정 보도를 저지른다면 비판적 공론장은 제 기능을 할 수 없다.

그렇다면 비판적 공론장을 어떻게 복원할 수 있을까? 크게 1) 언론의 정치적, 경제적 독립성의 확보를 보장하는 법적 제도의 확립, 2) 언론 내용을 선별해서 수용할 수 있는 수용자의 활성화, 3) 안팎의 간섭에 저항할 수 있는 편집·편성권의 확보가 관건이라고 하겠다. 이렇게 볼 때, 공정성 확보는 그냥 얻어지는 것이 아니다. 밖으로 법적 제도를 쟁취하기 위한 범국민적 노력, 안으로 편성·편집권 확보를 위한 언론인의 노력, 그리고 불공정 보도를 일삼는 신문·방송을 거부하는 깨어 있는 시민의 공동 노력에 의해 성취될 수 있다. 다시 말해 비판적 공론장의 활성화는 언론인과 시민이 함께 만들어가지 않으면 안 될 과제라고 하겠다.

방송위원회 결정사항이다. 이렇게 볼 때, 방송은 물론이고 보조금을 받는 신문, 인터넷 매체도 보조금 혜택의 철회 위협 등으로 정권으로부터 압력을 받을 수 있다.

3) 숙의 민주주의와 공정성

숙의(deliberative) 민주주의[6]는 대의(representative) 민주주의에 대한 회의 (懷疑)가 커짐에 따라 그 결함을 보완하는 메커니즘의 하나로 주창되었다. 또 숙의 민주주의는 정보 기술의 발달로 커뮤니케이션 압력(communication pressure)[7]이 높아짐에 따라 공공 이슈가 파편화하고 찰나적이며 변덕스런 의사 결정을 강요받기 때문에 그 필요성은 더 큰 것으로 지적되고 있다. 뿐만 아니라 빠르게 진행되고 있는 디지털 정보화는 정보 접근과 확산의 촉진, 참여 시간과 공간 장벽의 제거, 의사소통 방식의 전면적인 변화, '매 개 없는(non-mediated) 커뮤니케이션'의 일정한 실현 등 그동안 어쩔 수 없 이 대의 민주주의를 했던 몇 가지 장애 요소들을 제거 또는 완화함으로써 숙의 민주주의에 대한 논의를 전에 없이 활발하게 하고 있다.

숙의 민주주의는 인간의 오류 가능성에 바탕을 두고 있다. 숙의 민주주

---

6) 숙의 민주주의는 '동등한 시민 사이의 자유롭고 공개적인 논증의 결과와 국가 권력의 잠정적 의사 결정을 제도적으로 이어줌으로써 그 결정을 정당화하는 민주적 통치의 한 형식'으로 정의할 수 있다(이민웅, 2006). 이 정의는 공론장과 숙의 민주주의가 아무리 활성화한다 해도 이것이 바로 국가를 대체할 수 없을 뿐만 아니라 대의 민주주의를 대 체할 수 없다는 점에서, 그리고 민주적 숙의의 결과와 국가 공식 기구의 의사 결정이 따로 논다면 공론장(公論場)은 그야말로 유명무실한 공론장(空論場)으로 전락하고 말 것 이고, 국가 기구의 의사 결정 방식도 결코 민주적이라고 정당화할 수 없다는 것을 함의 한다. 뿐만 아니라 공공 문제에 관한 어떤 결정이 내려졌다고 해서 그 문제에 관한 논 의가 완전히 종결된 것이 아니라 새로운 사실이 밝혀지고 상황 조건이 바뀌면 그 결정 을 다시 검토할 수 있다는 것을 의미한다.
7) 커뮤니케이션 압력은 정보의 양·속도·밀도가 증대함으로서 받는 압력을 말하는데, 1) 폭발적인 정보의 양은 사람들로 하여금 되도록이면 정보의 홍수 속에서 길을 잃지 않기 위해 '건너뛰기(zapping)'와 같은 조급한 커뮤니케이션 행동을 유발하고, 2) 정보의 속도는 뉴스의 순환 속도를 더 빠르게 하고 언론인으로 하여금 정보의 선택과 가공에 필요한 시간을 단축시키며, 더욱이 즉각적인 여론조사로 시민들의 반응을 살펴야 하고, 정치인들도 TV를 거쳐서 공중에 접근하고, 공중도 여론조사 결과를 통해 정치인에 접 근함으로써 공공 쟁점의 생명을 짧게 만든다. 3) 인터넷 커뮤니케이션을 이용할 수 있 는 기회가 늘면서 접근 가능한 정보의 밀도(사람들의 관심을 끌게끔 포장된 자극적 정 보의 범람 또는 과부하)를 더 높이고 더 집중하게 만든다(Bardoel, 1996).

의는 몇 사람이 밀실에서 의사를 결정하는 것보다는 여러 사람이 정확하고 종합적인 정보를 토대로 공개적이고 이성적인 자유 토론을 거쳐 의사를 결정하는 것이 국민의 이익을 더 잘 반영할 수 있다는 가정을 전제로 한다. 그래서 공공 문제에 관한 숙의는 무엇보다도 정확한 정보의 공유, 비판적 이성, 동등한 시민 사이의 자유 토론, 토론의 공개성, 그리고 기존 선호의 단순한 확인이나 집계가 아니라 논증(reasoning)8)을 거쳐 새로운 견해의 창출, 다시 말해 숙의적 합의를 강조한다.

숙의 민주주의는 강점도 있지만 약점도 있다. 먼저 약점을 살펴본다. 숙의 민주주의의 약점은 크게 4가지로 정리할 수 있다. 그 가운데 가장 큰 약점은 결정성의 부족이다. 숙의적 의사 결정 방식은 합의가 이루어지지 못하면 어떠한 결정도 내리지 못한다. 때문에 숙의 민주주의는 결정성 부족의 결함을 보완하기 위해 최종적인 결론에 이르게 하는 여러 가지 다른 의사 결정 방식, 예컨대 투표, 결정권의 위임, 책임자의 명령 같은 것들과 조화를 이룰 필요가 있다(Gutterman & Thompson, 2003). 다음으로 숙의 민주주의의 작동 원리는 여러 가지 도덕적 전제에 기대고 있다. 예컨대 공공 문제에 대한 관심, 이성, 합리성, 절제, 상호존중, 관용, 시민성 같은 까다로운 조건들을 일반 시민들에게 요구한다. 셋째, 선호 집합적 의사 결정 과정에서와 마찬가지로 숙의적 의사 결정 과정에서도 교육과 지식과 정보를 갖춘 엘리트 집단이나 목소리 큰 집단들이 의사 결정 과정을 주도하는 현상이 나타난다(Sanders, 1997 ; Gambetta, 1998 ; Gutmann & Thomson, 2004). 숙의 과정에서도 여전히 작동하는 불평등한 권력 관계는 숙의 민주주의의 목표에 매력을 느끼는 사람들도 우려하는 대목이다. 목소리가 약한 집단 또는 비(非)엘리트 집단의 견해가 무시될 가능성은 여전히 크다는 것이다. 마지막으로, 숙의 민주주의를 포함한 직접 민주주의는 대중영합주의

---

8) '논증(reasoning)'이란 논거(reasons)가 있는 주장(claim)을 서로 교환하는 과정을 의미한다. 여기서 논거는 어떤 주장을 뒷받침하는 사실과 이론을 말한다. 따라서 숙의 민주주의자들은 논증이라는 경연(contest)을 거쳐 사실 관계의 진위(眞僞)뿐만 아니라 그 사실의 해석과 관련된 이론의 적절성도 검증할 수 있다고 본다.

(populism)로 빠질 위험이 크다. 세 번째에서 지적한 목소리 큰 집단에 의한 '동원된 여론(mobilized opinion)'과 소수파 정권의 정치적 대중영합주의가 결합하면 그런 가능성은 더 높아진다. 시민의 다양한 목소리는 시민사회, 지식인 사회, 언론 등에서 공동선에 바탕을 둔 치열한 논의를 거쳐 여과되고 사회 구성원 대다수가 어느 정도 납득할 수 있는 공론(public opinion)으로 만들어져야만 비로소 권위를 갖는다. 대중영합주의가 공적 이성을 갖지 못할 때에는 다수의 횡포(tyranny of majority) 또는 극렬한 소수의 무책임한 전횡으로 권력자의 도구로 전락될 수 있다. 이때 대중영합주의는 민주주의의 가장 큰 위협이 된다(이한구, 2004).

그럼에도 숙의 민주주의는 왜 필요한가? 숙의 민주주의를 지지하는 여러 학자들이 제시한 숙의 민주주의의 강점을 중복을 피해 정리하면 다음과 같다. 먼저 선스틴(Sunstein, 1993)이 제시한 숙의 민주주의의 효용성이다. ① 의견이 다른 사람들 사이의 경연(contest)을 거쳐 사실 관계의 진위(眞僞)가 드러난다. 즉, 진실의 발견에 기여한다. ② 숙의적 경연은 사실 관계의 교정뿐만 아니라 그 사실의 해석에 적용되는 이론의 적절성도 조명할 수 있게 한다. ③ 공공 숙의는 사람들로 하여금 공익의 관점에서 말하도록 한다. 비록 이기적 목적으로 참여한 사람이라도 다른 사람의 지지를 얻기 위해서는 공적 정당화에 호소하지 않으면 안 되기 때문이다. ④ 공공 숙의 과정의 자유롭고 이성적인 커뮤니케이션은 시민성과 같은 시민적 덕성의 수준을 높여 진정한 참여와 숙의를 가능하게 할 것이다.

이 밖에도 감베타(Gambetta, 1998)는 공공 숙의는 더 나은 집단적 의사 결정을 낳고, 더 정당성이 확보된 의사 결정을 낳는 데 기여할 것이라고 주장했고, 피어론(Fearon, 1998)은 민주적 숙의는 결정에 정당성을 부여하여 그 결정의 현실적 집행 능력을 개선시켜준다고 지적했다. 박승관(2000)도 숙의가 한편으로 시민성(civility)을 함양하면서도, 다른 한편으로 시민성에 기대는, 다시 말해 숙의와 시민성이 서로 구성적으로 작용한다고 논변한 바 있다.

우리는 위에서 지적한 숙의 민주주의의 여러 가지 이점 가운데서도 가장 중요한 세 가지 이점은 역시 '더 나은 집단적 의사 결정' '정당성 확보' '시민성 함양'이라고 본다. '더 나은 집단적 의사 결정'은 특정 사회의 문제점을 되도록 시행착오를 줄이면서 점진적으로 개선해나가는 개혁에 주안을 둔 것이고, '정당성 확보'는 민주화한 사회에서 시민의 운명에 큰 영향을 미치는 공공 정책들이 시민의 참여와 동의 없이 결정될 경우 정당성의 문제를 일으킬 뿐만 아니라 그 정책의 순조로운 집행에도 문제가 발생할 수 있다는 점을 성찰한 것이고, '시민성의 함양'은 한국 사회가 힘들게 성취한 민주주의를 공고화하여 선진 민주사회로 들어서기 위한 정치 문화의 형성에 결정적으로 중요하다는 점을 고려한 것이다(이민웅, 2005).

4) 시민성의 의미와 공정성

시민성은 시민사회[9]의 고유한 덕성이다. 시민성은 "정치적으로 의견이 다른 사람을 잘 대우하거나(treat), 잘 대우하게 만드는 적절한 기초를 가진 품성(character)"으로 정의할 수 있다(Smith, 2004, p.15). 요컨대 시민성은 견해가 다른 사람을 공정하게 대우하는 품성 또는 소양을 말한다. 이러한 정의는 시민성을 가족 이외의 모든 타인을 대하는 예절(manner 또는 etiquette)로 보는 것(Carter, 1998 ; McGregor, 2004)이 아니라[10], 범위를 좁혀 정치적으로 의견이 다른 사람을 대하는 자세 또는 품성으로 본다는 것을 의미한다. 또 시민성은 규칙이나 규정의 목록으로 나타날 수도 있지만 반드시 그렇게만 생각할 필요가 없다는 의미도 있다. 토론과 숙의의 상황에 따라 적절하게 조절할 수 있는 시민적 소양이라는 것이다.

---

9) 가장 간략한(minimalist) '시민사회'의 정의는 "자발적(uncoerced) 인간들의 결사체(association) 또는 그 관계적 연결망(networks)의 공간을 일컫는데, 그 공간은 가족·신념·이익·이데올로기 등을 위한 단체들로 채워진다."(Walzer, 1992).

10) 물론 시민성을 가족 이외의 낯선 사람을 대하는 예절로 보는 학자들도 시민성이 자기와 정치적으로 의견이 다른 사람을 어떻게 대하느냐 하는 문제에까지 확장될 수 있고, 특히 공공 숙의 과정에서 다른 사람의 견해에 귀를 기울이고, 심지어 합당한 견해를 관용하는 것은 시민성의 대단히 중요한 측면이라고 인정한다.

　시민성은 부정적으로 말하면, 자신과 의견이 다른 사람의 동기를 비난, 중상하지 않고 거짓말을 하지 않는 것이다. 긍정적으로 말하면, 시민성은 의견이 다른 사람을 존중하고 이들과 정직하게 토론하고, 합의한 내용을 지키는 것이다. 시민성은 정의·자비(慈悲)·협동·신뢰·정직과 같은 다른 시민적 덕성처럼 어떤 규칙의 암송보다는 실천 행위를 거쳐 더 잘 습득된다.

　실천은 크게 두 가지 가치를 성취함으로써 습득된다(Smith, 2004). 하나는 실천 행위의 내재적인(internal) 가치이고, 다른 하나는 외재적인(external) 가치다. 내재적 가치는 특정한 실천 행위 그 자체에 따라서만 성취할 수 있는 가치이고, 외재적 가치는 실천 행위의 성공에 따라 얻어지는 가치이다. 예컨대 바둑 대회에서 승리하여 지위(타이틀)와 상금과 명예를 얻는 것은 바둑 실천의 외재적 가치이고, 바둑을 두는 그 자체의 가치, 예컨대 전략적 상상력, 분석적 수읽기, 경쟁의 강렬함, 집중의 즐거움 등은 바둑을 두어보지 않은 사람은 느낄 수 없는 내재적 가치다.

　마찬가지로 시민성도 실천 행위를 거쳐 더 잘 습득된다. 예를 들어 시민성의 규칙 가운데 '귀담아 듣기'가 있는데 상대의 의견을 귀담아 듣는 척만 해서는 그 규칙의 가치를 제대로 습득할 수 없다. 그 규칙을 실천함으로써 실제로 내재적, 외재적 가치를 얻을 수 있어야 그 규칙의 진정한 가치를 알게 되고 이런 실천 행위가 반복되면 그 규칙을 내면화하게 된다. 그러나 만약 어떤 실천 행위의 바람직한 기준이 정당하게 적용되지 않는다면 실천 행위의 가치는 크게 훼손될 것이다. 예컨대 교수가 학생의 성적을 시험·발표·출석 등 객관적 기준에 바탕을 두지 않고 학생의 외양에 바탕을 두고 처리한다면 공부라는 실천 행위의 내재적, 외재적 가치는 크게 훼손될 것이다. 뿐만 아니라 논쟁적인 사안을 다루는 방송 토론의 진행자, 기자가 개인적 이해관계 또는 방송사와 권력 사이의 관계만 고려하여 특정 정파를 편드는 방송을 한다면 숙의라는 실천적 행위의 내재적, 외재적 가치는 크게 훼손될 것이다(이민웅, 2006).

　시민성이 정치적 숙의 과정에 기여하는 이점은 여러 가지가 있지만 그 가운데서도 정치 과정에 참여한 사람들의 품격을 유지하는 데 이바지한다. 예컨대 토론 과정에서 어떤 사람의 제안을 반대한다면 제안을 반대하는 것이지 제안한 사람 자체를 반대하는 것이 아니라고 강조한다. 사람과 제안의 구분이다. 시민성 이론의 가장 중요한 함의는 정치의 목적이 갈등 상대방을 패배시키는 데 있는 것이 아니라 '더 나은 집단적 의사 결정'을 내리기 위한 것으로 본다는 데 있다. 이럴 경우 자신과 다른 의견을 가진 사람은 더 나은 집단적 의사 결정을 내리는 데 도움이 되는 귀중한 자원(resources)이 된다. 존중할 만한 가치가 있는 대상이 된다는 말이다. 서로가 상대의 가치를 인정하고 품격 있게 행동하는 것이다(Smith, 2004).

따라서 시민성을 발휘하여 논쟁적인 사안에 대한 숙의를 성공적으로 마치면 진실의 발굴, 더 나은 집단적 의사 결정, 그리고 평화를 유지하여 사회적 통합을 가져올 수 있다. 요컨대 TV 방송의 시사·보도 프로그램의 공정한 보도는 공공 문제에 관한, 특히 갈등적이고 논쟁적인 공공 문제에 관한 정보와 토론을 공정하게 제공하는 공론장의 역할을 한다는 측면에서 시민성과 깊은 관련이 있다. 우리는 공공 숙의 과정에 참여함으로써 시민성을 배양할 수 있으며, 동시에 시민성은 공공 숙의를 성공으로 이끄는 데 이바지한다. 이처럼 시민성이야말로 민주적 정치문화의 핵심 요소이다(이민웅, 2006).

5) 관용, 공정성, 그리고 자유

시민성의 덕목에는 호혜성(reciprocity), 상호존중, 신뢰, 공정성, 관용, 귀담아 듣기, 타협, 합의 등이 포함되지만 이 가운데서도 가장 중요한 덕목은 관용이 아닌가 한다. 그만큼 관용은 숙의적 합의를 이루는 데 중요한 요건으로 작용한다는 뜻이다. 즉, 관용은 호혜성, 상호존중, 공정성뿐만 아니라 숙의적 합의에 필요한 귀담아 듣기, 타협, 합의의 기초가 된다고 보기 때문이다.

곰곰이 생각해보면 관용은 소극적(negative) 덕성이다. 관용은 인정하고 받아들일 수 있는 어떤 한계와 참을 수 없는 어떤 한계 사이에서 일어난다. 다시 말해 의견이 다른 사람을 침묵시키지 않고, 그들의 견해가 발언되고 들려지게 하는 것을 배제하지 않을 때, 우리는 관용적이게 된다. 그렇다면 동의하지 않는 견해에 침묵을 지키고, 반대 견해가 등장할 가능성이 있는 장소나 매체를 피하는 것도 불관용이 되는가? 그렇다. 그것도 일종의 불관용이다(Sistare, 2004). 그래서 관용은 표현의 자유와도 일정한 관계가 있다.

요즘 한국 언론, 특히 특정 신문과 방송에 나오는 전문 커뮤니케이터들의 성향에서 이러한 면모가 엿보인다. 특정 방송과 신문에 나오는 커뮤니케이터들의 동질성이 상당히 높다는 말이다. 특정 신문과 방송이 자신들의 편집 방향과 맞지 않는 전문 커뮤니케이터를 배제하는 경우도 있지만, 전문 커뮤니케이터[11] 스스로도 자신과 견해가 맞지 않는 편집 방향을 가진 매체를 기피하는 경우도 있다. 인터넷 매체에 등장하여 댓글을 쓰는 네티즌의 성향도 인터넷 매체의 성향에 따라 확연한 차이를 보이고 있다.

관용의 유형을 살펴보자. 관용은 크게 ① 사람에 대한 관용, ② 법에 의한 관용, ③ 견해와 신념에 대한 관용으로 나눌 수 있다(Sistare, 2004). 먼저 사람에 대한 관용은 내가 싫어하는 사람이나 지역의 사람과 함께 일을 해야 한다면, 그것은 분명히 내가 동의하지 않는 견해를 관용하는 것과는 다른 상당히 높은 수준의 관용을 요구한다. 다음으로 법에 의한 관용은 개인적 관용과는 성격이 다르다. 이것은 국가 수준의 관용이다. 출신성분, 지역, 교육수준에 상관없이 모든 국가 구성원에게 평등한 권리를 부여하는 것이다. 즉, 법에 의한 비자발적 관용은 개인 차원의 관용과는 또 다른 형태의 관용을 요구한다. 국가 수준의 법적 관용은 평등권의 확장·발전과 함께 진화해왔다. 국가 수준의 관용은 때로 특정한 지역, 종교, 또는 견해의 옳고 그름에 대한 중립, 다시 말해 판단 유보(suspend judgement)를 요구한다. 그러나 언제나 그런 것은 아니다. 예컨대 인종 차별, 분서갱유(焚書坑儒), 인권

---

11) 전문 커뮤니케이터란 기자, PD, 토론 사회자, 정치인, 고위 관료 및 전직 고위 관료, 연구소의 연구위원, 기업과 노동조합의 간부, 그리고 대학교수 등 공공 문제에 관한 정보와 견해를 전달하고 토론에 참여하는 사람들을 말한다.

탄압, 세습 공산 독재 체제의 영속화와 같은 반문명적인 또는 극단적인 정치 신념에 대해서도 판단을 유보하는 것은 아니다. 국가적 판단 유보는 대체로 합법적 논쟁의 영역에 속하는 사안에 제한된다.

끝으로 견해와 신념에 대한 관용은 역사적으로 종교적 신념과 교리에 대한 것이었다. 이것이 다른 정치적 견해와 신념에 대한 관용으로 확장돼왔다. 이것은 또 개인적, 국가적 관용과는 성격이 다른 사회적 관용이다. 다른 견해와 신념에 대한 사회적 관용은 반드시 판단 유보를 요구하지 않는다. 관용의 덕성은 자신이 싫어하는 견해를 듣는 것이 비록 우리를 피곤하게 할지라도 그 견해를 말할 권리를 존중하는 것이다. 이렇게 보면 사람에 대한 관용이 가장 그 강도가 세고, 그 다음이 법적 관용이고, 가장 쉽게 수용하고 지킬 수 있는 관용이 자신과 다른 견해와 신념을 존중하는 사회적 관용이라고 하겠다. 관용에 관한 가장 강력한 논변의 하나는 "저는 귀하가 말한 것에 동의하지 않지만 귀하가 그것을 말할 수 있는 권리를 최후까지 옹호하겠습니다"라는 볼테르의 언명이 아닌가 한다(Altschull, 1990/1993, p.162). 이처럼 관용은 공정한 대우나 자유의 권리와도 밀접한 관계가 있다.

우리가 다른 사람이 자유롭게 말할 수 있는 권리를 공정하게 인정한다고 해서 반드시 그들의 신념에 동의하거나 받아들일 필요는 없다. 심지어 그것을 싫어할 수도 있다. 다원주의 사회에서 다양한 견해를 갖고 있는 동료 시민의 지위를 동등하게 인정하는 것은 그들이 가진 견해에 대해서도 동등한 지위를 부여한다는 의미다. 그리고 우리가 다른 사람의 견해를 관용한다고 해서 우리가 선호하는 견해를 포기할 필요도 없으며, 동시에 견해가 다른 사람에게 관용적이어야 한다는 의무를 포기할 필요도 없다. 다만 우리는 평등성 또는 공정성의 원칙을 받아들여 그것을 다른 사람에게 나타내면 된다(Sistare, 2004).

물론 한계는 언제나 있다. 범죄와 폭력을 노골적으로 교사하는 견해, 특정 사회의 보편적 통념이나 가치를 정면으로 거부하는 견해, 의회 민주주의와 같은 특정 사회의 보편적인 정치 신념에 정면으로 도전하는 세습 공산 독재 체제와 같은 극단적 정치 신념에 대해서까지도 동등한 권리를 인정할 수 있느냐 하는 것이다. 그럴 수 없는 것이다. 따라서 평등권의 원칙은 시민성의 한 범주인 관용을 정당화하고 그 실천을 동기화하는 논거들(reasons)의 일정한 부분에 지나지 않는다.

시스테어(Sistare, 2004)는 평등보다는 자유가 사회적 관용을 위한 중심동기(leitmotif)가 되어야 한다고 강조한다. 그는 불관용이 사회의 발전을 좌절시키는 것보다 더욱 철저하게 개인의 발전을 해친다고 본다. 그에 따르면 밀(Mill)은 관용을 위한 논변에서 '개인적 자유'라는 말을 비로소 사용했다는 것이다. 밀은 개인적 자유와 자율의 가치는 관용의 논리에 본원적(ultimate)이고 필수적인 요소이며 관용이 없이는 더 이상 개인적 자유를 변호할 수 없다고 지적했다. 개인의 자유는 남의 자유를 침해하지 않는 한, 자신이 원하는 것을 추구할 수 있고, 남도 그렇게 할 수 있다는 것을 전제한다. 바꾸어 말하면 개인적 자유와 자율은 다원적 가치의 존재를 기본적으로 전제하는 것이다. 그러므로 자신과 다른 가치와 문화와 견해를 관용하지 않으면 개인적 자유의 필요성도 더 이상 옹호하기 어렵다는 것이다(Mill, 1977/1992). 요컨대 자신의 자유를 주장하려면 남의 자유도 공정하게 인정하고 관용하라는 말이다. 이처럼 공정성과 관용은 자유의 핵심 요건이다.

위의 논의를 정리하면 아래와 같은 여섯 명제를 이끌어낼 수 있다.

2. 공정성의 이론적 근거 : 여섯 명제

1) 공정 보도는 정보의 진실성과 견해의 타당성을 검증하는 데 이바지한다

먼저 공정 보도는 그 자체가 목적인가, 아니면 다른 중요한 가치를 실현하기 위한 수단, 다시 말해 목적론적(teleological) 가치인가? 공정 보도는 그 자체가 목적이 아니라 무엇보다도 저널리즘의 으뜸가는 가치인 진실을 발견하기 위한 수단으로서 구실한다. 특히 갈등적, 또는 논쟁적 사안에 대한 진실에 접근하는 데 유효하다. 갈등의 직접 당사자들(opponents)이 갖고 있는 정보와 견해뿐만 아니라 갈등에 의해 영향을 받는 제3의 당사자들(third parties), 중립적 중재자들(mediators), 그리고 조정자들(arbitrators)이 갖고 있는 정보와 견해를 공정하게 취급함으로써 정보의 진실성과 견해의 타당성을 비교 검증하고 판단할 수 있는 기회를 제공한다.

공정성의 중요한 하위 범주 가운데 하나인 불편부당성(impartiality)은 산술적 균형 또는 소극적 중립을 의미하지 않는다. 불편부당성의 진정한 의미는 중립적인 자세로 문제에 접근하되, 진실에 직면해서는 진실에 바탕을 두고 합리적인 판단을 내려야 한다는 것이다. 바로 '적극적 중립성' 개념이다. 다시 말해 진실에 직면하고서도 중립성을 내세워 양시양비론으로 나가서는 안 된다는 말이다(이민웅, 1996).

사실, 엄격한 산술적 균형은 '사고의 진공상태'를 불러와 코드가 맞는 취재원의 정보와 견해가 사태를 지배하도록 이끈다. 양쪽의 주장이 모두 진실 또는 허위라는 보도 자세는 독자에게 판단을 미뤄 결과적으로 냉소주의와 회의주의로 이끌 뿐만 아니라 진실 보도 그 자체도 훼손한다. 정리하면 '적극적 중립성' 개념은 중립성을 가장한 양시양비론적 접근, 그래서 진실 보도마저 훼손하는 판단 유보에서 벗어나는 좋은 이론적 근거를 제공해준다.

공공 문제에 관한 보도와 토론은 승리자와 패배자를 만들어내는 게임이 아니라 진실을 산출할 수 있는 과정이 되어야 한다. 비록 부분적일지라도 지금까지 발굴한 진실을 토대로 합리적인 판단을 내려, 새로운 문제를 제기하고 토론을 유발시켜 진실의 전모를 드러나게 해야 한다. 다시 말해 공공 숙의의 필수 절차인 공공 문제에 관한 보도는 갈등 당사자들의 정보와 견해를 공정하게 다루어 수용자들이 진실의 전모를 발견할 수 있게 해야 한다.

2) 공정 보도는 '더 나은 집단적 의사 결정'을 생산하고, 결정의 정당성을 확보하여 집행을 순조롭게 하는 데 도움을 준다

나아가 공정 보도는 합의가 이루어지지 않은 공적 문제에 관해 다양한 정보와 견해를 수렴하고 검증하여 '더 나은 집단적 의사 결정'을 내리는 데 도움을 준다. 인간은 전지전능하지 않다. 공공 문제에 관한 숙의는 무엇보다도 인간의 정보와 지식과 이해에는 한계가 있고, 또 잘못 판단할 수 있다는 인간의 오류성(fallibility)을 전제로 한다. 그래서 숙의 민주주의는 숙의라는 경연(contest)을 거쳐 다양한 정보와 견해를 교환하고 검증한 다음에 의사를 결정하는 것이 더 정당할 뿐 아니라 국민의 이익을 더 잘 반영할 수 있다고 본다. 따라서 숙의 민주주의의 성공을 위해서는 효율적이고 조직화한 탐사 시스템과 정보, 지식, 견해가 공개, 공유되고, 그래서 시민이 공동으로 소유할 수 있는 공정한 커뮤니케이션 시스템을 필요로 한다. 바로 언론이 그런 시스템 역할을 할 수 있다. 뿐만 아니라 공정 보도는 집단적 의사 결정의 정당성을 확보하고 그 집행을 쉽게 하는 데도 도움을 준다(예컨대 2004년 위도 방사성폐기물 처리장 건설을 반대하는 부안 주민의 폭력 저항의 과정을 생각해보라).

3) 공정 보도는 선진 민주사회로 진입하는 데 꼭 필요한 시민성 함양에 도움을 준다

다음으로 공정 보도는 민주주의를 공고화하여 선진 민주사회로 발전하는 데 필요한 시민성의 함양에 도움을 준다. 시민성은 견해가 다른 사람들을 공정하게 대우하는 시민적 소양을 말한다. 시민성의 목록에는 호혜성, 상호존중, 신뢰, 공정성, 관용, 귀담아 듣기, 공동선에 바탕을 둔 합의 등이 포함된다. 바로 공공 문제의 숙의 과정에 필요한 덕성들이다.

시민성은 반드시 공동체의 이익, 또는 공동선(common good)을 위해서만 필요한 것이 아니다. 개인의 자유와 자율에 우선성을 두는 고전적 자유론의 관점에서도 시민성은 꼭 필요하다. 개인의 자유와 자율은 남의 자유와 자율을 침해하지 않는 한, 자신이 원하는 것을 추구할 수 있고 남도 그렇게 할 수 있다는 것을 전제로 한다. 다시 말해 개인적 자유와 자율은 다원적 가치와 견해의 존재를 기본적으로 인정하는 것이다. 때문에 자신과 다른

356

가치와 견해를 관용하지 않으면 개인적 자유를 더 이상 옹호하기 어렵게 된다.

시민성 이론의 가장 중요한 함의는 공공 숙의의 목적이 갈등 상대방을 패배시키는 데 있는 것이 아니라 앞서 지적한 '더 나은 집단적 의사 결정'을 내리기 위한 것으로 본다는 데 있다. 이 경우 자신과 다른 견해를 가진 사람은 더 나은 의사 결정을 내리는 데 도움을 주는 귀중한 자원(resources)이 된다. 갈등 상대방이 자신이 미처 알지 못하는 정보와 지식을 갖고 있을 수도 있고, 또 자신이 미처 생각하지 못했던 아이디어를 갖고 있을 수도 있기 때문이다. 따라서 시민성을 발휘하여 논쟁적인 사안에 대한 숙의를 성공적으로 마치면 진실의 발굴, 더 나은 집단적 의사 결정, 그리고 평화를 유지하여 사회적 통합을 가져올 수 있다. 그러므로 공공 숙의 과정에서 가장 중요한 것이 공공 문제에 관한 정보와 견해를 공정하게 보도하여 숙의 참여자들이 합리적이고 이성적인 논증을 할 수 있도록 하는 것이다.

4) 공정 보도는 사회 정의의 발견에 결정적으로 중요하다

공정 보도는 사회 정의의 발견 과정에서 결정적으로 중요한 구실을 한다. 어떤 사람들은 정의(Justice)가 공정성보다 우위에 있다는 '정의의 우선성(primacy of justice) 원칙'을 내세워 공정성의 강조는 정의를 훼손할 수도 있다고 주장한다. 우리도 모든 사회적 덕성 가운데 정의의 덕성이 가장 우선한다는 정의의 우선성 원칙을 지지한다. 그러나 정의는 누군가가 일방적으로 주장한다고 해서 그것이 곧 정의가 되는 것이 아니다. 정의는 사회적 덕성이기 때문에 다른 사람들과의 관계 속에서 발견하고 실천할 수 있다.

생각하건대 호혜성, 상호존중, 관용과 같은 시민성에 토대를 둔 공정 보도가 이루어지지 않으면 과연 논쟁적 쟁점에 관한 정의와 시대정신이 무엇인지 제대로 알 수 있을까? 앞서 지적한 것처럼 인간은 전지전능하지도 않고 도덕적으로 완벽하지 않으며 우리의 판단은 지식의 부족과 도덕적 흠결로 제한될 수 있다. 뿐만 아니라 우리는 다른 사람들과 함께 공정한 경쟁과 협력의 조건인 정의를 추구한다. 그러므로 정확하고 공정한 정보와 견해를 바탕으로 자기와 견해가 다른 사람들을 만나 숙의하는 과정은 정의의 발견 과정에서 결정적으로 중요하다. 따라서 시대정신이나 정의의 우선성 원칙을 내세우면서 공정성을 반대하는 사람들의 결정적인 잘못은 정의가 공정한 보도와 숙의 과정 없이 발견될 수 있다는 독단적이고 무류론적(infallible) 가정을 전제하고 있다는 데 있다고 비판하지 않을 수 없다.

5) 특히 보편적 공론장의 공정성은 디지털 시대의 '고립된 공론장'의 폐해를 완화하는 데 도움을 준다

디지털 정보 기술의 눈부신 발전으로 많은 사람들이 더 폭넓은 정보와 지식과 의견에 접근하기 위해 그 기술을 활용하고 있다. 만약 새 정보 기술이 사람들로 하여금 다른 사람들과 숙의를 할 수 있게 하고 정보와 의견을 교환할 수 있게 한다면 새 기술은 자유로운 표현 시스템을 활성화하는 데 도움을 줄 것이다. 그러나 현실은 반드시 그렇지 않다. 최근 디지털 여과(filtering) 기술의 발전은 자기가 싫어하는 정보와 견해에 전혀 노출되지 않고 좋아하는 정보와 견해만 찾아다닐 수 있게 하고, 또 끼리끼리 고립된 영역(enclave)에서 교유(交遊)할 수 있는 길을 열어주고 있다(Sunstein, 2001).

이처럼 비슷한 의견을 지닌 사람들끼리 모인 '고립된 공론장' 안에서의 숙의는 비교적 원활하게 진행될지 모르나, 이들은 '또 다른 고립된 공론장'에 모여 있는 의견이 다른 사람들을 만났을 때 숙의를 성공적으로 진행하리라는 보장이 없다. 끼리끼리만 모여 맞장구치면서 집단적 정체성을 확인했던 사람들은 평소에 반대 의견을 접해볼 기회가 없었기 때문에 상대방의 다름을 인정하거나 그것을 관용으로 품어 안기보다는 배타적이고 독단적인 경향으로 흘러 상대방을 무시하고 제거하는 데에만 급급할 수 있다는 것이다. 다시 말해 지역·계층·종교·정치·취향 등 여러 이유로 고립된 공론장에 모이는 사람들이 그들의 선입견에 맞는 배타적인 정보와 편향된 의견만을 접촉하게 된다면, 그런 공론장은 사회를 더욱 분열적이고 대결적으로(balkanized) 만들 가능성이 높다. 고립된 공론장은 나아가 공동의 경험과 공유된 기억으로부터 형성되는 사회적 결속을 해칠 뿐만 아니라 마침내는 민주주의 자체를 위태롭게 할 가능성도 있다.

디지털 시대의 바로 이러한 위험 때문에 생각이 서로 다른 사람들이 함께 모여 토론할 수 있는 '보편적 공론장'은 더 필요하게 된다. 시민들은 우연하게라도 이런 보편적 공론장에서 자신과 다른 의견을 접촉할 수 있게 되고, 자유롭고 이성적인 토론을 경청하면서 정보와 의견과 경험을 공유할 수 있게 되며 위에서 말한 시민성도 기를 수 있게 된다. 아직도 가장 많은 사람이 이용하는 지상파 방송이야말로 '보편적 공론장'을 제공하기에 가장 적합한 매체이다. 그런데, 여기에는 중대한 전제조건이 있다. 바로 다양한 정보와 견해를 공정하게 제공해야 한다는 조건이다.

6) '동원된 여론'에 의한 '다수의 폭정'을 막기 위해서도 지상파 방송은 모든 사람에게 열린, 특히 반대 의견을 가진 사람에게도 열린 공정한 공론장이 되어야 한다

존 스튜어트 밀은 자유론에서 다수의 폭정은 국가 차원에서뿐만 아니라 사회적 차원에서도 의도적으로 동원된 여론에 의해 나타난다고 지적한 바 있다. 자신들의 의견에 반대하는 의견을 불공정하게 묵살하고 비난하면서 자신들의 정파적 의견을 '시대정신'이라고 밀어붙이는 다수의 폭정은 법을 앞세운 국가의 정치적 폭정보다 더 나쁜 폭정을 저지르는 것이다. 왜냐하면 우리의 인식과 사고와 행위를 구속할 수 있기 때문이다. 2004년 노무현 대통령에 대한 탄핵소추안이 국회를 통과했을 때, 한국의 공영방송이 그랬다.

물론 비교적 드문 경우지만 반대 의견(dissent)이 사회적 결속을 해칠 수도 있다. 그러나 대부분의 경우에는 집단적 편 가르기(group polarization)와 순응주의(conformism)와 사회적 줄서기(social cascades)를 강요하는 다수의 폭정이 더 큰 사회적 해악을 가져온다. 그 이유는 다수의 폭정이 가져오는 이런 현상들은 인간의 이성을 마비시키고, 제한된 정보와 견해를 중심으로 끼리끼리의 고립된 숙의를 만연케 하고, 다른 의견을 가진 사람들을 겁주어 사회적 침묵을 강요하기 때문이다(Sunstein, 2003).

자신의 견해를 자유롭게 말할 수 있고, 다른 사람의 다양한 견해를 공정하게 들을 수 있는 권리를 존중하는 커뮤니케이션 시스템이 있다면, 그것은 다수의 폭정을 막는 매우 유효한 장치의 하나가 될 것이다. 사람밖에 변변한 자원도 없는 나라에서 사람을 집단적으로 편 가르기해서 서로의 힘을 소진시키는 일은 어떤 이유로도 정당화하기 힘든 참으로 어리석은 행위가 아닐 수 없다. 특히 공익을 위해 봉사해야 할 공영방송이 편 가르기와 줄서기에 부화뇌동한다면 앞으로 반드시 후회하게 될 역사적 과오를 저지르는 일이 될 것이다. 다시 한번 강조하거니와 오늘날과 같이 다채널, 다매체, 복합매체 시대에는 가장 쉽게 접근할 수 있고, 또 가장 많은 사람이 이용하는 지상파 방송은 모든 사람에게 개방된, 특히 반대 의견을 가진 사람에게도 개방된 열린 공론장으로서 역할을 수행해야 할 필요성이 더 높아진다.

참고문헌

강만석 (1999). 《텔레비전 뉴스보도 대안모색 연구》. 서울 : 한국방송개발원.

강명구 (1990). 한국 TV뉴스의 내용과 형식에 관한 분석. 《TV뉴스보도》. 서울 : 한국언론연구원.

───── (2004). 한국 언론의 구조변동과 언론전쟁. 《한국언론학보》, 48권 5호, 319~348.

강미은 (2000). 인터넷과 기존 매체 이용의 상호관계에 대한 연구. 《방송연구》, 59호, 179~208.

강상현 (1994). 한국언론의 조직내 민주화에 대한 일 고찰. 《언론과 사회》 6호, 121~145.

강형철 (2000). 탐사보도 프로그램의 제작 특성과 과제. MBC PD수첩팀 (편), 《PD 수첩과 프로
　　　듀서 저널리즘》. 서울 : 나남, 120~159.

강형철 (2004). 《공영방송론 : 한국의 사회변동과 공영방송》. 서울 : 나남.

───── (2004). TV 탐사보도저널리즘으로서 '그것이 알고 싶다'의 성과와 과제. 《TV 탐사 저
　　　널리즘과 그것이 알고 싶다의 성과 및 과제》, 한국언론정보학회 세미나 발제집.

구수환 (2005). 제작현장에서 바라본 PD저널리즘을 말한다. 《프로그램/텍스트》, 12호. 서울:
　　　한국방송영상산업진흥원.

권장원 (2004). 뉴스룸의 공식적, 비공식적 조직문화. 《전환기의 한국형 방송저널리즘》. 서울
　　　: 한국언론학회.

김기태 (2001, 여름). TV의 미디어 비평 프로그램 점검. 《언론개혁》. 21세기 언론연구소.

───── (2004). 《시청자 주권과 시청자 운동 : 한국 언론수용자 운동론》. 서울 : 한나래.

김사승 (2002). 전문기자의 전문화를 제약하는 취재보도관행에 대한 분석. 《언론과 사회》, 11
　　　권 1호, 91~124.

김연식·윤영철·오소현 (2005). PD저널리즘에 대한 제작진의 인식과 제작관행 : MBC 〈PD
　　　수첩〉을 중심으로. 《한국방송학보》, 19권 4호. 79~124.

김영석 (1993). 방송제작자의 인식과 시스템 : 뉴스 제작구조에 대한 연구. 《한국방송학보》,
　　　4호, 69~95.

김우룡 (2003). 방송의 미디어 비평 프로그램을 비평한다. 《쟁점과 토론》, 한국방송학회 세미
　　　나 발제집, 1~14.

김은주 (2002). 《한국TV 뉴스의 취재원 연구》, 이화여대 신문방송학과 석사논문.

문소현 (2005). 《기자 저널리즘과 PD저널리즘의 차이에 관한 연구 : MBC 〈뉴스데스크〉와
　　　〈PD 수첩〉의 제작진과 제작방식을 중심으로》, 연세대 언론홍보대학원 석사논문.

문철수 (1997). 《대통령선거 취재와 보도》(연구보고서 97-02), 서울 : 한국언론연구원.

박승관 (2000). 숙의 민주주의와 시민성의 의미. 《한국언론학보》, 45권 1호, 162~194.

박인규 (2004). 공영방송 KBS의 조직문화와 가치지향성. 《한국언론정보학보》, 24호, 93~119.

白蓮禪書刊行會(1993). 《碧嚴錄 上》. 합천 : 장경각.

부경희 (1995). 《TV뉴스 보도의 국제비교 연구》. 서울 : 한국방송개발원.

——— (1996). 《TV뉴스 프로그램의 종단적 국제 비교 연구》. 서울 : 한국방송개발원.

손승혜 (1999). 《TV 저널리즘과 뉴스가치 (I) : 한국, 영국, 미국의 TV 뉴스 분석》(한국언론재
    단 연구서 99-01), 한국언론재단.

송일준 (1998). 《일본의 테레비 : 체험적 일본 TV 방송론》. 서울 : 나남.

MBC PD 수첩팀 (2000, 편). 《PD 수첩과 프로듀서 저널리즘》. 서울 : 나남.

원용진 (2005). 두 방송저널리즘 : PD저널리즘, 기자저널리즘. 《프로그램/텍스트》 12호, 서울
    : 한국방송영상산업진흥원.

윤영철 (2001). 《한국 민주주의와 언론》(유민문화총서1). 서울 : 유민문화재단.

——— (2004). 공정성 논쟁으로의 초대 : 공정방송 기준에 관한 쟁점을 중심으로. 《전환기의
    한국 언론》 세미나 발제집. 서울 : 한국언론학회.

——— (2005). 《PD저널리즘의 개선방안에 관한 연구》. 서울 : 한국방송문화진흥회.

윤호진 (2004). 《한국, 영국, 일본 공영방송 저녁종합 뉴스 비교분석》. 서울 : 한국방송영상산
    업진흥원.

——— (2004). 제17대 국회의원 선거 관련 TV뉴스 분석 : 총선, 탄핵정국 그리고 방송보도.
    《제17대 국회의원 선거 : 선거방송의 평가와 전망》 선거방송 토론회 발제집. 서울 :
    한국방송영상산업진흥원 · 한국정치커뮤니케이션학회.

이민웅 (1991). 《취재 보도 시스템-방송》. 서울 : 한국언론연구원.

——— (1996). 《한국 TV저널리즘의 이해》. 서울 : 나남.

——— (2001). 《MBC뉴스 발전 전략 연구》. 한양대 사회정보리서치센터.

——— (2002). 좋은 뉴스의 으뜸가는 조건으로서 진실 보도 : 사실, 사회적 구성, 진실 보도,
    재귀성. 《언론과 사회》, 10권 3호, 9~51.

——— (2003). 《저널리즘 : 위기 · 변화 · 지속》. 서울 : 나남.

——— (2005). 숙의 민주주의 4차원과 언론 역할. 《한국언론학보》, 49권 6호, 342~372.

——— (2006). 숙의적 방송 커뮤니케이터 모델 : 숙의 민주주의 이론을 중심으로. 《한국방송
    학보》, 20권 1호, 285~321.

——— · 이창근 · 김광수(1993, 여름). 보도 공정성의 한국적 기준을 위한 연구. 《방송연구》,

180~213.

이재경 (2004). 한국 TV뉴스 양식과 취재 시스템: 그 특성과 한계. 《전환기의 한국형 방송 저널리즘》. 서울: 한국언론학회.

이재현 (1994). 프로그램 편성, 시청자 이미지, 그리고 뉴스 시청행태. 《방송문화연구》, 6권, 189~210.

──── (2005). 인터넷, 전통적 미디어, 그리고 생활시간 패턴: 시간 재할당 가설의 제안. 《한국언론학보》, 49권 2호, 225~255.

이종숙 (2004). 《한국신문의 전문화: 한국 저널리즘의 근대성에 대한 비판적 고찰》, 고려대 박사논문.

이준웅 (2000). 공영방송저널리즘 발전을 위한 시론: 뉴스 프로그램 경쟁력과 관련된 요인에 대한 탐색. 《방송문화연구》. 12호. 165~190.

──── · 김은미 (2004). 《KBS 뉴스 발전 전략 연구》. 서울대 언론정보연구소.

──── · 최영재 (2005). 한국 신문 위기의 원인: 뉴스 매체의 기능적 대체, 저가치 제공, 그리고 공정성 위기. 《한국언론학보》, 49권 5호. 5~35.

──── · 황유리 (2004). 한국형 방송뉴스 도식의 발견: 뉴스의 내용적이며 구성적 특징과 뉴스 제작 시스템. 《한국방송학보》, 18권 3호. 232~292.

──── (2005). 비판적 담론 공중의 등장과 언론에 대한 공정성 요구: 공정한 담론규범 형성을 위하여. 《방송문화연구》, 17권 2호. 139~172.

이창근 (2004). 적절한 불편부당성(due impartiality) 기준의 역사와 성격에 대하여. 《방송문화연구》, 16권 2호, 199~228.

이한구 (2004). 디지털 시대의 다양한 민주주의와 그 정당성. 《디지털 시대의 민주주의와 포퓰리즘》(11~40쪽). 서울: 철학과 현실사.

조항제 (2003). 《한국의 민주화와 미디어 권력》. 서울: 한울.

최영재 (2004). TV 매체비평 프로그램의 정치사회학. 《방송문화연구》, 16권 2호.

──── (2005). 《대통령보도의 특성과 문제점》. 언론법학회 정기 세미나 발표논문.

──── · 홍성구 (2004). 언론의 자유와 공정성. 《한국언론학보》, 48권 6호, 326~343.

최용익 (2003). 《반헤게모니적 담론과 공론장 활성화에 관한 연구: '미디어 비평'을 중심으로》, 한양대 언론정보대학원 석사논문.

한국언론학회 (2004). 《대통령 탄핵 관련 TV방송 내용분석》. 서울: 한국언론학회.

허 엽 (2003). 매체비평 프로그램의 현실과 쟁점. 관훈클럽(편), 《매체 상호비평의 이상과 현실》 세미나 발제집. 3~18.

황용석 (2003). 《뉴스의 다매체전략과 통합 뉴스 룸》(한국언론재단 연구서 2003-11), 서울: 한국언론재단.

──── (2004). 시간과 공간의 맥락에서 본 텔레비전과 인터넷 이용의 상호관계성 탐구. 《방송연구》, 59호, 309~338.

Abbott, A. (1988). *The system of professions : An essay on the division of expert labor.* Chicago : University of Chicago Press.

Abramson, J. B. (1988). *The electronic commonwealth : The impact of new media technologies on democratic politics.* NY : Basic Books.

Allen, S. (2005). Whose truth? The politics of impartiality in British public service broadcasting. Autonomy, accountability and assessment of public service broadcasting Journalism. *The Korean Society for Journalism and Communication Studies,* 1~40.

Altschull, H. (1990). *From Milton to McLuhan : The idea behind American journalism.* 양승목 옮김 (1993), 《현대 언론 사상사》. 서울: 나남.

Baldasty, G. J. (1992). *The commercialization of news in the nineteenth century,* Madison : Univ. of Wisconsin Press.

Bantz, C. R., McCorkle, S., & Baade, R. C. (1982). The news factory. In G. C. Wilhoit & H. De Bock (Eds.), *Mass Communication Review Yearbook Vol 2,* Beverly Hills, CA : Sage. 336~390.

Bardoel, J. (1996). Beyond journalism: a profession between society and civil society. *European Journal of Communication. 11(3),* 283~302.

Barkin, S. M. (2003). *American television news : The media marketplace and the public interest.* Armonk, NY : M. E. Sharpe.

BBC (2004). The BBC's journalism after Hutton: The report of the Neil report Team. http://bbc.co.uk/info/policies.

Bennett, W. L., & Graber, D. (2005). *News: Politics of illusion (6th ed.),* NY : Pearson.

Berger, J. (1972). *Ways of seeing,* New York : Penguin.

Billen, Andrew (2000). Moving news. *New Statesman, September 4,* 35~36.

Brennan, T. A. (1989) The Fairness doctrine as public policy. *Journal of Broadcasting & Electronic Media, Fall, 33(4),* 419~440

Briggs, Asa. (1965). *The golden age of wireless : The history of broadcasting in the United Kingdom.* Vol. 2. London : Oxford University Press.

Broadcast News (2002. 7. 24). Video training for news staff.

Brunson, M. (2004). Putting ourselves beyond reproach. *British Journalism Review, 15(1),* 13~18.

Burns, T. (1977). *The BBC : Public institution and private world.* London : Macmillan.

Calhoun, C. (1992). *Habermas and the public sphere.* Cambridge : The MIT Press.

Carter, S. (1998). *Civility : Manners, morals, and the etiquette of democracy.* New York : Basic Books.

Chancellor, J. & Mears, W.(1995). *New news business.* New York : Harper Perennial.

Chatman, Seymour (1978). *Story and Discourse : Narrative structure in fiction and film,* Ithaca, NY : Cornell University Press.

Christensen, C. (2004). For many, British is better. *British Journalism Review, 15(3),* 23~28.

Cook, Timothy E. (1998). *Governing with the news : The news media as a political institution.* Chicago and London : University of Chicago Press.

Curran, J. (1991). Mass media and democracy : A reappraisal. In J. Curran and M. Gurevitch (Eds.), *Mass media and society.* London : Edward Arnold.

——— (1996). Mass media and democracy revisited, in J. Curran and M. Gurevitch (Eds.), *Mass media and society (2nd ed.),* NY : Routledge.

Dahlgren, P. (1995). *Television and the public sphere : Citizenship, democracy, and the media.* Thousand Oaks, CA : Sage.

Day, L. (1997). *Ethics in media communications : Cases and controversies (2nd ed.).* Belmont : Wadsworth.

De Burgh, H. (2000a). The emergence of investigative journalism. In H. De Burgh (Eds.), *Investigative journalism : Context and practice.* London & New York : Routledge. 26~47.

——— (2000b). Thirty years of British investigative journalism. In H. De Burgh (Eds.), *Investigative journalism : Context and practice.* London & New York : Routledge. 48~64.

Fearon, J. (1998). Deliberation as Discussion. In Entman, R. M. & Bennett, W. L.(Eds.), *Mediated Politics* (pp.44~68). Cambridge : Cambridge Univ. Press.

Fishman, J. (1980). *Manufacturing news.* Austin, TX : University of Texas Press.

Fiske, J. (1992). *Reading the popular.* Boston : Unwin Hyman.

Gambetta, D. (1998). Claro! : An Essay on Discursive Machismo. In Elster, J.(Ed.). *Deliberative democracy.* Cambridge : Cambridge University Press. 19~43.

Gans, H. (1979). Deciding what's news. New York : Vintage Press.

Goldberg, B. (2002). *Bias : A CBS insider exposes how the media distort the news.* Washington : Regney Publishing.

Golding, P. (1981). The missing dimension : news media and the management of social change. in
    E. Katz, & T. Szescko (Eds.), *Mass media and social change*. London : Sage, 63~81.

Gunter, B. (1987). *Poor reception : Misunderstanding and forgetting broadcast news*. Hillsdale, NJ :
    Lawrence Erlbaum.

Gutmann, A., & Thompson, D. (2004). *Why deliberative democracy?* Princeton : Princeton Univ. Press.

Habermas, J. (1996). *Between facts and norms : Contributions to a discourse theory of law and democracy*.
    Cambridge, Massa. : The MIT Press.

Haithman, D. (1988. 1. 19). CBS' "48 Hours" hopes to break down barriers. 《Los Angeles Times》

Hall, S., et al. (1978). *Policing the crisis : mugging, the state and law and order*, London : Macmillan.

Hallin, D. C. (1986). *The 'uncensored war' : the media and vietnam*, NY : Oxford University Press.

―――― (1996). Commercialism and professionalism in the American news media. In J. Curran & M.
    Gurevitch (Eds.), *Mass media and society (2nd ed.)*. London : Arnold. 243~262.

Hargreaves, I. & Thomas, J. (2002). *New news, old news. Independent Television Commission and
    Broadcasting Standards Commission*. London.

Hoyens, W. (1994). *Public television for sale : Media, the market and the public sphere*. Oxford : Westview
    Press.

Independent (2001. 9. 16). The biggest story in decades. How did TV news measures up?

Jeffres, L. & Atkin, D. (1996). Predicting use of technologies for consumer and communication needs,
    Journal of Broadcasting & Electronic Media, 40(3), 318~331.

Katz, E. (1992). The end of journalism? *Journal of Communication, 42(3)*, 5~13.

Kayany, J. M. & Yelsma, P. (2000). Displacement effects of online media in the socio-technical
    contexts of households. *Journal of Broadcasting and Electronic Media, 44(2)*, 215~230.

Keane, J. (1991). *The media and democracy*. Cambridge : Polity Press.

Kelley, D. & Donway, R.(1995). Liberalism & Free Speech. In Lichitenberg, J. (Ed.). *Democracy and
    Mass Media(pp.66~101)*. Cambridge : Cambridge Univ. Press.

Kohn, B. (2003). *Journalistic fraud: How the New York Times distorts the news and why it can no longer
    be trusted*. Nashville : WND Books.

Kovach, B., & Rosenstiel, T. (2001). *The elements of journalism: what news people should know and the
    public should expect*. NY : Crown Publishers.

Kozloff, Sarah Ruth (1987). Narrative Theory and Television In Allen (ed.), *Channels of discourse :
    Television and contemporary criticism(pp.42~73)*, Chapel Hill, NC : The University of North

Carolina Press.

Kung-Shankleman, L. (2001, 2000). *Inside the BBC and CNN : Managing media organizations. (London: Routledge)*. 박인규 옮김 (2001). 《BBC와 CNN》. 서울: 커뮤니케이션북스.

Landau, Martin (1969). Redundancy, rationality, and the problem of duplication and overlap. *Public Administration Review, 29,* 346~358.

Levy, M. & Robinson, J. (1986). *The main source.* Beverly Hills, CA : Sage.

Lichtenberg, J. (1996). In Defense of Objectivity Revisited In James Curran & Michael Gurevitch (Eds.), *Mass Media and Society (2d ed)* (pp.216~231). London : Edward Arnold.

McGregor, J. (2004). Civility, civic virtue, and citizenship. In C. Sistare(Ed.), *Civility and its discontents.* Lawrence, Kansas : University Press of Kansas. 25~42.

McNair, B. (1994). *News and journalism in the UK.* London : Routledge.

――― (2003). *News and journalism in the UK.* New York : Routledge.

McQuail, D. (1986). From bias to objectivity and back. In T. McCormack(Ed.), *Studies in communication, 3,* 1~36.

――― (1992). *Media performance : Mass communication and the public interest.* London : Sage.

――― (2000). *Mass communication theory, 4th ed.* Thousand Oaks, CA : Sage.

Merrill, J. C. (1997). *Journalism ethics: Philosophical foundations for news media.* New York : St. Martin's Press.

Mill, J. S. (1859). *On Liberty.* 김형철 옮김(1992), 《자유론》. 서울: 서광사.

Negt, O. & Kluge, A. (1993, 1972). *The public sphere and experience.* Minneapolis : University of Minnesota Press.

Newhagen & Levy (1998). The future of journalism in a distributed communication architecture. In Bordon, D. & Harvey, K.(Eds.). *The Electronic Grapevine.* 9~21.

Petely, J. (2004). Balancing the books. *British Journalism Review,* 15(1), 23-27.

Pew Research Center (2004, November). Voters Liked Campaign 2004, But Too Much 'Mud-Slinging.'

――― (2004, June). News Audiences Increasingly Politicized.

Popper, Karl (1957). *The poverty of historicism.* 문학과 사회연구소 옮김 (1983). 《역사주의의 빈곤》. 서울: 청하.

Powers, A. & Fico, F.(1994). Influences on use of sources at large U. S. newspapers. *Newspaper Research Journal, 15,* 87~97.

Propp, V. (1970). *Morphology of the folktale. Austin,* TX : The University of Texas Press.

Quentin, Thomas (2006). Report of Independent Panel for the BBC Governors on Impartiality of BBC Coverage of the Israeli-Palestine Conflict.

Randall, D. (1996). *The universal journalist.* London : Pluto Press.

Rawls, J. (1971). *A theory of justice.* 황경식 옮김 (1990). 《사회정의론》. 서울 : 서광사.

───── (1993). *Political liberalism.* 장동진 옮김 (1998). 《정치적 자유주의》. 서울 : 동명사.

Robertson, L. (2003 December, 2004 January). The British invasion. *American Journalism Review,* 48~55.

Robey, Tim (2000. 10. 09). BBC news shifts to 10. *Variety,* 15.

Robinson, J. P., Barth, K., & Kohut, A. (1997). Social impact research: Personal computer, mass media, and use of time. *Social Science Computer Review, 15(1),* 65~82.

Rosengren, K. R. (1980). Bias in news : methods and concepts. In Wilhoit C. G. & de Bock (Eds.), *Mass Communication Review Yearbook, Vol 1. Sage.* 249~263.

Sambrook, R. (2004). Tragedy in the fog of war. *British Journalism Review, 15(3),* 7~13.

Sanders, L. M. (1997). Against Deliberation. *Political Theory. 25(3),* 347~376.

Schiller, H. (1969). The mass media and the public interest. *Television Today,* Washington: Institute for Policy Studies.

Schoemaker, P. & Reese, S. (1996). *Mediating the message. Theories of influences on mass media content.* White Plains : Longman.

Schudson, M. (1978). *Discovering the news : a social history of American newspaper,* NY : Basic Books.

───── (2003). *The sociology of news.* New York : W.W. Norton & Company.

Seaton, J. (2003). Rows and consequences. *British Journalism Review, 14(4),* 26~31.

Shoemaker, P. J. (1996). Hardwired for news: Using biological and cultural evolution to explain the surveillance function. *Journal of Communication, 47(2),* 32~47.

───── Danielian, L. H., & Brendlinger, N. (1991) Deviant acts, risky business and U.S. interests: The news worthiness of world events. *Journalism & Mass Media Quarterly, 68(4),* 781~795.

Sigal, L. V. (1986). Sources make the news. In R. K. Man off and M. Shudson (Eds.), *Reading the news.* New York : Pantheon. 9~37.

Sistare, C. (2004). Toleration. In C. Sistare(Ed.), *Civility and its discontents,* Lawrence, Kansas : University Press of Kansas. 71~92.

Smith, P. D. (2002). *The Virtue of civility in the practice of politics.* New York : University Press of America.

Snoddy, Raymond (2000. 8. 24). What is the BBC to do if no one wants to watch news at 9pm? *Marketing,* 20.

Sparrow, Bartholomew H. (1999). *Uncertain guardians : The news media as a political institution.* Baltimore, Maryland : the Johns Hopkins University Press.

Stein, M. L., & Paterr, S. F. (1998). *The news writer's handbook : An introduction to journalism.* Ames : Iowa State Univ. Press.

Sunstein, C. (1993). *Democracy and the problem of free speech.* New York : Free Press.

――― (2001). *Republic.com.* Princeton : Princeton University Press.

――― (2003). The Law of Group Polarization, In Fishikin, J. & Laslett, P. (Eds.), *Debating deliberative democracy.* Malden, MA. : Blackwell. 80~101.

――― (2003). *Why societies need dissent?* Cambridge, Massa. : Harvard University Press.

Thompson, J. B. (1995). *The media and modernity : A social theory of the media.* Cambridge : Polity Press.

――― (2005). The new visibility. *Theory, Culture & Society,* 22(6), 31~51.

Towler, R. (2002). The public's view 2001. Independent Television Commission. London.

Tribune Business News (2002. 8. 28). TV reporter may quit the BBC after 34 years in move to another channel.

Tuchman, G. (1972). Objectivity as strategic ritual : an examination of newsmen's notions of objectivity, *American Journal of Sociology,* 77(4), 660~679.

――― (1978). *Making news : A study in the construction of reality.* New York : Free Press.

Wallis, R. & Baran, S. (1990). *The known world of broadcast news : International news and the electronic media.* London : Routledge.

Walzer, M. (1992). The civil society argument. in C. Mouffe (Ed.), *Dimensions of radical democracy.* London Verso. 89~110.

Westerstahl, J. (1983). Objective news reporting. *Communication Research,* 10(3), 403~424.

Westin, A. (2003). The downward spiral of television news. *Television Quarterly,* 33(4), 2~9.

Yorke, I. (1995). *Television news.* Boston : Butterworth-Heinemann.

Zettl, Herbert (1992). *Television production handbook (5th ed.),* Belmont, CA : Wadsworth Pub. Co.

찾아보기

― 용 어 ―

― 한국 인명 ―

— 서양 인명 —

지은이 소개

이민웅(李敏雄)은 현재 한양대 언론정보대 교수로 있으며 서울대 중문과를 나와 미국 오리건 주립대(Eugene)에서 저널리즘 석사와 박사학위를 받았다. MBC에서 15년 동안 방송기자 생활을 한 뒤 만학했다. 저서로는 《한국 TV저널리즘의 이해》와 《저널리즘: 위기·변화·지속》 등이 있다. 요즘의 관심 영역은 저널리즘과 민주주의의 상호작용이다.

윤영철(尹榮喆)은 현재 연세대 언론홍보영상학부 교수로 있으며 연세대 신방과를 나와 미국 뉴욕 주립대(Albany)에서 사회학 석사, 미네소타 주립대(Minneapolis)에서 언론학 박사학위를 받았다. 사회학과 언론학의 접목을 시도하면서 미디어사회학과 저널리즘 연구를 진행해왔다. 대표 저서인 《한국 민주주의와 언론》과 《한국 사회변동과 언론》(공저) 외에 PD저널리즘과 방송공정성 등에 관한 논문 여러 편이 있다.

최영재(崔英宰)는 현재 한림대 언론정보학부 교수로 있으며 고려대 신방과를 나와 같은 대학 대학원에서 방송학 석사, 미국 텍사스 주립대(Austin)에서 저널리즘 박사학위를 받았다. 연합통신(현 연합뉴스)과 YTN에서 각각 6년씩 모두 12년 동안 기자로 일했다. 저서로 《현대방송의 이해》(공저)와 논문으로 〈언론자유와 공정성〉 〈공격 저널리즘과 부메랑 효과〉 등이 있으며, 요즘 주된 관심사는 편파 보도의 여론 분열 효과다.

윤태진(尹泰鎭)은 현재 연세대 영상대학원 부교수로 있으며 연세대 신방과를 나와 미국 매사추세츠 주립대(Amherst)에서 커뮤니케이션학 석사, 미네소타 주립대(Minneapolis)에서 언론학 박사학위를 받았다. 문화 연구와 영상 저널리즘 연구를 수행해왔다. 《문화콘텐츠론 연구 : 이론과 실제》 등의 저서와 〈대중문화의 생산구조〉 등 논문 여러 편을 발표하였다.

김경모(金耕模)는 현재 연세대 언론홍보영상학부 부교수로 있으며 연세대 신방과를 나와 같은 대학 대학원에서 석사, 미국 뉴욕 주립대(Buffalo)에서 커뮤니케이션학 박사학위를 받았다. 국제 커뮤니케이션, 저널리즘, 커뮤니케이션 연결망 분석 분야의 연구를 수행해왔다. 〈중앙일간지 국제면의 기사 선정 유사성에 관한 연구〉 등 논문 여러 편이 있다.

이준웅(李準雄)은 서울대 신문과를 나와 미국 펜실베이니아대 애넌버그 스쿨에서 커뮤니케이션학 박사학위를 받았다. 현재 서울대 언론정보학과 부교수로 있으며, 레토릭과 민주주의, 저널리즘 연구, 설득 커뮤니케이션, 커뮤니케이션의 이해 등을 강의하고 있다. 〈비판적 담론 공중의 등장과 언론에 대한 공정성 요구〉 〈갈등적 사안에 대한 여론변화를 설명하기 위한 프레이밍 모형 검증 연구〉 등의 논문 여러 편이 있다.